現代中国研究叢書

質の高い発展を目指す
中国経済

［著］朱之鑫、張燕生、馬慶斌

［監訳］吉田陽介

［訳］李愛文、津田量、姚慧敏、章海英

樹立社

はしがき

　本研究プロジェクトの目的は質の高い発展の歴史的背景、国際環境の大きな変化や時代の特徴などを分析した上で、その基本的な内容、顕在化した問題、さらに深層部の問題をまとめることである。具体的な取り組みとしては、諸外国のこれまでの経験を参考にするとともに、一部の省・市と重点企業への踏み込んだ調査を行い、政策決定にかかわる省庁への意見聴取などを通じて、幅広く意見の収集をして、中国の質の高い発展の内容と、それを推進していく上での課題と具体的な道筋を検討することである。研究方法としては、定性と定量分析、ケーススタディーなどを用いた。その上で、新たな発展理念の下で、需要、供給、生産要素の投入と産出、分配、マクロ経済循環という五つの面から質の高い発展の測定指標を考案して、政策諮問に供することとしたい。

　質の高い発展、現代化経済体系の構築を推し進めるにあたり、以下のことに取り組まなければならない。まず、経済の安定成長の維持、安定を保ちつつ前進を求めることを踏まえ、質・効率・発展の原動力の三つの変革を推し進める。次に、思想の解放、共通認識（コンセンサス）の形成を踏まえ、小さな事柄から取り組み、「五位一体（経済建設・政治建設・文化建設・社会建設・生態文明建設）」の総体的配置と「四つの全面（①小康社会の全面的完成、②改革の全面的深化、③全面的な法に基づく国家統治、④全面的な厳しい党内統治）」の戦略的配置のあらゆる面で、質の高い発展の理念を貫徹・実施する。さらに、真実に基づいて真理を追求し、法則に則ることを基礎に、質の高い発展の客観的法則を把握し、動態的・相対

的・可逆的・漸進的な質的発展の情勢に順応する。

（一）現段階では次の三つの取り組みが必要

第一に、グローバルな見地から、「革新（イノベーション）、調和（均衡成長）、グリーン（エコアクション）、開放（オープンドアポリシー）、共有（成果の分かち合い）」という五つの発展理念の全面的な貫徹・実施から着手し、質の高い発展の豊富な内容を深く理解し、発展の不均衡・不十分という主要矛盾（問題）に焦点を当て、各地域・各官庁は質の高い発展に関する指導原則（ガイドライン）と行動（アクション）プランの策定に取り組まなければならない。

第二に、歴史の新たな出発点にたち、「需要、供給、生産要素の投入と産出、所得配分、マクロ的経済循環」の五つの視点の分析から着手し、質の高い発展を推進する「屋台骨」と構造の枠組みを明確にし、これを各地域・各官庁がそれぞれの実情を踏まえて、現実に立脚し、力相応に取り組み、遠い将来に目を向けるようにし、質の高い発展を推進する重点と手がかりとせねばならない。

第三に、現代化発展の新たな征途において、「指標（成長目標）体系、政策体系、標準（スタンダード）体系、統計体系、業績評価体系、政績（政治的実績）査定体系」の構築から着手し、質の高い発展を推進するためのインセンティブ志向と実績評価の仕組みをつくり、各地域・各官庁が業務の重点を、質の高い体制革新、技術イノベーション及び文化革新の大きなうねりの中に移すよう導かなければならない。

（二）質の高い発展の主な内容

具体的には、①安定成長を基礎に、良質な成長を実現する、②質の高い発展は生産関係と生産力が弁証法でいう対立物の統一を体現していなければならない、③質の高い発展の推進は新時代の主要矛盾を解決するための

鍵である、④現代化経済体系の構築は三大変革を目標とし、全要素生産性（TFP）を向上させる必要がある、⑤質の高い発展は効率のよい成長でなければならない、⑥質の高い発展は、地域・都市農村の質の高い空間配置が必要である、⑦質の高い発展は全面的開放を旨とする経済体制でなければならない、⑧質の高い発展の推進は政府と市場の関係を正しく理解しなければならないことなどである。

（三）質の高い発展の主な特徴

中国が高速成長から質の高い発展に転換したのは、歴史の法則と現実的な選択が共に作用した結果であるともいえる。質の高い発展の推進は、具体的には「成長段階の転換、需給関係の動態的な均衡、効率と公平の統一的考慮、開放、抗リスク、持続可能性」など、六つの項目があげられる。

（四）質の高い発展の基本的な考え方

まず、中国は「大国経済」モデルに転換し、内需中心・双方向の投資・貿易という多重型モデルを構築し、改革開放以降の40年間に形成された「小国型」の開放戦略から、向こう40年間で「大国型」の開放戦略に移行していくということである。次に、生産力の配置を加速するとともに、政府・市場・社会が協調して力を発揮できるようにし、国際分業における国内各地域の協調システムを見直すことである。さらに、従来の不均衡（アンバランス）の矛盾を新たな再均衡（リバランス）の仕組みで解消する、即ち、改革開放以降の35年間で生じた不均衡を向こう35年間の再均衡（傾斜）戦略で是正していくことである。

（五）質の高い発展の体系構築とその相互関係

質の高い発展の「指標体系、政策体系、標準体系、統計体系、実績評価体系、政績査定体系」は整合性ある制度体系であり、相互に補完し合い、

支えあいながら、質の高い発展を制度面からサポートするものである。その中で、指標体系は良質な成長を推進するための根幹・基本であり、政策体系は手段・保障であり、標準体系は質の高い発展の基準・根拠であり、統計体系は指標体系を数値化するものであり、実績評価体系は成果をチェックするものであり、政績査定体系は実績考課の一環と考えてよい。

（六）質の高い発展の指標体系

それは具体的な内容に基づいて分類する必要がある。1つ目は、世界のハイスタンダードな発展指標を参考にすること。2つ目は、地域発展の格差を考慮に入れること。3つ目は、指標体系を誘導指標と考課指標に分け、誘導指標は主にロードマップの役割を果たし、考課指標は業績評価と人事査定の指標として用いることである。

（七）質の高い発展の政策体系

質の高い供給、質の高い需要、質の高い投入・産出、質の高い分配、質の高い経済循環などによって構成される。

（八）良質な成長に向けた重大行動計画

一つ目は、革新駆動行動である。具体的には、国際協力を全面的に推進し、「破壊的イノベーション」を推し進めること、軍民科学技術協同イノベーション体系を構築すること、「政産学研」（政府・企業・大学・研究機関）がともに参加できるイノベーション環境を整え、グローバルなイノベーションネットワークを構築していくことである。二つ目は、調和的発展行動である。それは、地域間協力、都市・農村の連携を促進していくことである。三つ目は、グリーン行動である。具体的には、「青い空、澄んだ水、緑地行動」やエコロジー空間の整備などである。四つ目は開放先導行動である。具体的には、「一帯一路」関連の国際協力の推進、自由貿易

特別区の整備、輸入の積極的な拡大、さらなるビジネス環境の整備に取り組むことである。五つ目は、共有発展行動である。例えば、香港の公共・社会ガバナンスの経験に学び、参照すること、発展の成果を共有すること、公共文化の共同建設・共有などがあげられる。

目　次

はしがき　3

Ⅰ部　総合研究

総論　新たな発展理念と質の高い発展への転換 ……………… 15

一、なぜ質の高い発展が必要なのか　17

二、高速成長から質の高い発展への転換　23

三、質の高い発展への転換とその六つの特徴　25

四、質の高い発展に関する六つの制度設計　31

五、六つの体系の相互関連性　37

六、政策提言　39

七、次の段階における具体的な提言　41

第一章　質の高い発展への転換とその基本条件 ………… 49

一、質の高い発展への転換と時代背景　50

二、新中国の各時代における経済政策の変化　53

三、新たな技術革命と質の高い発展の可能性　62

第二章　質の高い発展の主な内容、課題及びその原因分析 ……………………………… 65

一、主要内容　66

二、主な特徴　70

三、現実的な意義　76

四、直面する課題とその原因　77

第三章　質の高い発展への転換と国際事例……………………… 95

一、海外の経験と教訓　96

二、いくつかの示唆　118

三、リスク及び課題　120

第四章　質の高い発展への転換とその基本構想 ………… 125

一、高速成長から質の高い発展への転換の可能性　126

二、質の高い発展への転換とその課題　129

三、質の高い発展への転換に影響を与える四つのキーポイント　136

四、転換の具体的なロードマップ　137

第五章　質の高い発展への転換とそのための政策提言　139

一、供給側からの取り組み　140

二、需要側からの取り組み　150

三、質の高い投入産出の実現　154

四、質の高い分配制度の構築　156

五、質の高いマクロ経済循環の実現　158

第六章　質の高い発展への転換の具体的取り組み ……… 169

一、革新行動　170

二、調和発展行動　174

三、グリーン行動　176

四、開放行動　176

五、共有行動　181

第七章　質の高い発展への転換をサポートする具体的政策
　　　　　　　　　　　　　　　　　　　　　　　　　　　　185

一、計画によるリードの強化　186

二、過渡期の設定　186

三、部門連動メカニズムを十全化　190

四、企業の自己責任の確認　191

第八章　質の高い発展の数値目標と
　　　　　そのシミュレーション　　　　　　　　197

一、数値目標設定の理論と原則　198

二、数値目標の主な内容　203

三、具体的なシミュレーション　208

四、政策提言　212

II部　テーマ別研究

テーマ一　研究開発投資と質の高い発展　　　　221

一、近年減速傾向の国内 R&D 投資　222

二、低い R&D 強度と基礎研究比率の低下　225

三、研究者数増加率の低下と後継者不足　227

四、イノベーション力のばらつきと成果の地域格差　228

五、イノベーションと R&D 投資に関する政策提言　233

テーマ二　世界的な生産性変革と質の高い発展　237

一、質の高い経済発展と全要素生産性（TFP）　239

二、世界的な生産性の変革と質の高い発展　240

三、経済成長の質を左右する新技術の開発　252

テーマ三　所得分配と質の高い発展 ⋯⋯⋯⋯⋯⋯⋯⋯ 263

一、所得分配の現状と問題点　264

二、所得分配と基本的公共サービス均等化に関する国際比較　276

三、所得分配体系の構築と基本的公共サービス均等化の実現　310

テーマ四　イノベーションと質の高い発展 ⋯⋯⋯⋯⋯ 327

一、イノベーション力向上の基本的条件　328

二、イノベーション力向上の阻害要因　329

三、イノベーション力向上に関する政策提言　330

テーマ五　中米貿易摩擦の長期性と質の高い発展 ⋯⋯⋯⋯⋯⋯⋯⋯⋯⋯⋯⋯⋯⋯⋯⋯⋯⋯⋯⋯ 335

一、中米の技術競争とサプライチェーンの争奪　336

二、中米貿易摩擦の見通し　338

三、政策提言：開放政策の継続と質の高い発展への転換　340

テーマ六　長江内航輸送のレベルアップと地域協調 ⋯⋯⋯⋯⋯⋯⋯⋯⋯⋯⋯⋯⋯⋯⋯ 343

一、長江内航輸送のレベルアップと質の高い発展　344

二、長江内航輸送の成果と課題　348

三、政策提言　350

テーマ七　広東省の質の高い発展実態に関する考察 ……………… 353

一、国内外経済情勢に関する基本的判断　354

二、広東省の経済情勢に関する判断　356

三、地域開発と産業育成に関する具体的提言　366

テーマ八　国内実地調査に関する事例分析 ………… 371

一、質の高い発展のバックアップ体制を構築する広東モデル　372

二、競争優位性を生かして質の高い発展を推進する上海モデル　432

三、高い目標を掲げる江蘇モデル　455

参考文献　470

Ⅰ部　総合研究

総論

新たな発展理念と質の高い
発展への転換

中国経済の現状に関しては、中国共産党第19回全国代表大会（以下、第19回党大会と略）において、「すでに高速成長の段階から質の高い発展を目指す段階へと切り替わっており」、質の高い発展への転換は当面、そして今後の一時期の発展構想の確立、経済政策の策定、マクロコントロールの根本的要求であるという判断が示されている。したがって、研究チームは「五つの理念」の指導の下、質の高い発展への転換と現代化経済体系の構築が必要であるという判断に立ち、次のように主張している。

まず経済の安定成長、「安定を保ちつつ前進を求める」を前提に、質・効率・成長の原動力の三大変革を推し進めること、思想の解放、共通認識の形成を踏まえて、小さな事柄から取り組み、「五位一体」の総体的配置と「四つの全面」の戦略的配置のあらゆる面で、質の高い発展の理念を貫徹・実施する。真実に基づいて真理を追求し、法則に則ることを基礎に、良質な成長の客観的法則を把握し、動態的・相対的・可逆的・漸進的な質的発展の情勢に順応する。

現段階では次の三つの取り組みが必要である。

一、グローバルな見地から、「革新、調和、グリーン、開放、共有」という五つの成長理念の全面的な貫徹・実施から着手し、質の高い発展の豊富な内容を深く理解し、発展の不均衡・不十分という主要矛盾に焦点を当て、各地域・各官庁は質の高い発展に関する指導原則と行動プランの策定に取り組まなければならない。

二、歴史の新たな出発点に立ち、「需要、供給、生産要素の投入と産出、所得配分、マクロ的経済循環」の五つの視点の分析から着手し、質の高い発展推進の「屋台骨」と構造の枠組みを明確にし、これを各地域・各官庁がそれぞれの実情を踏まえて、現実に立脚し、力相応に取り組み、遠い将来に目を向けるようにし、質の高い発展を推進する重点と手がかりとせねばならない。

三、現代化発展の新たな征途において、「指標体系、政策体系、基準体

系、統計体系、実績評価体系、政績査定体系」の構築から着手し、質の高い発展を推進するためのインセンティブと実績評価の仕組みをつくり、各地域・各官庁が業務の重点を、質の高い体制革新、科学技術イノベーション及び文化革新の大きなうねりの中に移すよう導かなければならない。

一、なぜ質の高い発展が必要なのか

第19回党大会の報告は、質の高い発展は「人民の日増しに増大する素晴らしい生活への需要」を満たすためのものであり、新たな発展理念を具現化したもので、革新を第一の原動力とし、協調を内生的特色とし、グリーンを普遍的形態とし、開放を必ず通ならければならない道とし、共有を発展の根本的目標とするものとしている。

(一) 新時代の社会矛盾を解決するカギとしての質の高い発展

第19回党大会の報告は、「中国の特色ある社会主義が新時代に入り、すでにわが国の主要な社会矛盾は、人民の日増しに増大する素晴らしい生活への需要と発展の不均衡・不十分との矛盾へと変化している」と述べている。新時代の社会矛盾を解決するためには、発展パターンの転換、経済構造の最適化(調整)、成長の原動力の転換を図り、経済の高速成長から質の高い発展の転換を推進せねばならない。

質の高い発展への転換は当然ながら、「人民の日増しに増大する素晴らしい生活への需要」を満たすことを根本的目的とし、現在の社会発展のなかで見られる、発展の不均衡・不十分などの社会矛盾の解決に真剣に取り組まなければならない。そのためには、一方で、発展の不均衡問題の解決で第一義とすべき公平を堅持する必要がある。つまり、各級政府が負うべき公共サービスの責任、企業・個人の社会的責任能力を動員して社会的セフティーネットを整え、社会全体の調和と公平を促進するということであ

る。他方で、経済効率を高める必要がある。つまり、市場競争のプレッシャーを頼りに、国際的な協力・支援、公平な競争秩序などを有効に活用することにより、政策のシナジー効果を生み出し、労働生産性と TFP を高めることにより、潜在成長率アップへ繋げていくということである。

（二）新たな発展理念に基づく質の高い発展

2015 年 10 月に召集された中国共産党第 18 期中央委員会第五回総会（第 18 期五中総）において、習近平総書記は「革新、調和、グリーン、開放、共有」を内容とする「五つの発展理念」について系統的に語った。この「五つの発展理念」の実施こそ、現在直面する経済社会の主要矛盾問題を解決するカギである。

現在の段階において、主に資源などの生産要素の投入に頼る経済成長と資源規模の拡大を目指す粗放型発展パターンは持続可能とは言えなくなっており、革新を国の発展の全体的局面の中心に据え、理論面・制度面・科学技術面・文化面の革新を不断に推し進めなければならない。

調和は、経済社会の持続的で健全な発展を実現するための内的要求であり、発展における重大な関係を正しく処理し、国のハードパワーを向上させると同時に、ソフトパワーの向上にも力を入れ、発展の全体性を高めなければならない。

発展は経済成長と環境との関係を正しく処理することが必要である。生態環境の保護こそが生産能力の維持、生態環境の改善こそが生産力の発展という理念をしっかりと打ち立て、一時の成長のために環境を犠牲にしてはならない。

中国共産党第 18 期中央委員会第三回総会（第 18 期三中総）において、開放型経済体制の構築という新たな理念が打ち出されたが、これは諸外国と協力・互恵・ウィンウィンの関係を構築するという戦略の下、ハイレベルな開放政策を実施するということを意味している。

共有は中国の特色ある社会主義制度の本質的要求であり、その意味するところは、全人民が発展の共同構築・共有のなかで、より多くの獲得感を得て、発展の原動力を増強し、人民の団結を強め、共同富裕へと着実に前進するということである。

（三）安定成長の上に実現する質の高い発展

前述のように、中国経済はすでに高速成長段階から質の高い発展の段階に入っている。高速成長の時期は、成長の有無とスピードの問題の解決が重点であったが、現在は成長の質と良し悪しの問題の解決が重点となっている。また、過去の重点は「人民の日増しに増大する物質文化面の需要と遅れた社会的生産との矛盾」の解決であったが、現在の重点は人民の日増しに増大する素晴らしい生活への需要と発展の不均衡・不十分との矛盾の解決となっている。

また、質の高い発展は段階的特徴と全面的特徴が際立っている。段階的特徴とは規模とスピードを強調する時代が終わりを告げ、人民の日増しに増大する素晴らしい生活への需要を満たすという新たな段階に入ったということである。段階的特徴とは、質の高い発展は政治・経済・社会・文化・環境問題などのあらゆる面を具現化し、供給、需要、生産要素の投入産出、分配、マクロ経済循環などのあらゆる面を具現化していなければならないということである。だからこそ、質・効率・原動力の変革を推し進め、質の高い発展の新たな原動力をつくる必要がある。

（四）良好な効果をあげる質の高い発展

質の高い発展は、経済・社会・環境の効果の総合的ガバナンスと改善に体現されなければならない。経済的効果は主に産業がグローバルバリューチェーンにおいてミドル・ハイエンド部分に参入することが目的であり、そのためには、既存の産業をレベルアップさせるか、バリューチェーンを

20　I部　総合研究

新たにつくり出さなればならない。具体的な取り組みとしては、研究開発
への投資拡大を通じて、経済性の高い特許権やブランド、価値のある著作
権や意匠権などを取得することなどが挙げられる。社会的効果については、
社会統治（ガバナンス）能力の向上により、人々の満足度、社会の調和の
実感、幸福感などを高めなければならない。最後に、生態的効果について
は、汚染処理・生態系の保護と修復、循環（リサイクル）型経済、グリー
ン発展などを通じて、人間と自然との調和を図らねばならない。

（五）生産関係と生産力との弁証法的統一を体現する質の高い成長

　第19回党大会の報告は、「『二つの百周年』の奮闘目標を達成して、中
華民族の偉大な復興という『中国の夢』を実現し、人民の生活水準を絶え
ず高めていくために、いささかも揺るぐことなく発展を党の執政・興国の
第一の重要任務とし、社会的生産力の解放・発展を堅持し、社会主義市場
経済の改革方向を堅持し、経済の持続的で健全な発展を推し進めていかな
ければならない」と述べている。その目標を実現するには、市場環境・投
資環境・ビジネス環境・イノベーション環境・政策環境を改善し、社会生
産力を全面的に解放・発展させる必要があり、中でも、政府改革の全面的
深化は重要な部分である。

　市場メカニズムが十分機能する分野では、政府は市場メカニズムが機能
できるようにその環境整備に専念することが大事であるが、市場メカニズ
ムがうまく機能しない分野では、政府は行政力を発揮して、管理プロセス
と管理能力の現代化を図り、公共財や公共サービスに対する社会の需要を
最大限に満たさなければならない。政府・市場・社会が三位一体となって、
はじめて確固たる制度的保障と行動力が構築できるのである。

（六）TFPの向上を内包する質の高い発展

　質の高い発展を推進するには質・効率・原動力の「三大変革」が必要で

ある。質の高い発展の実現には、以下の三つの転換が必要である。第一に、量的キャッチアップから質的キャッチアップへの転換であり、第二に、規模の拡大から構造の高度化への転換であり、第三に、要素駆動から革新駆動への転換である。質の高い発展の推進で最も重要なことは、改革を深化させ、経済発展のなかで TFP の向上させることである。具体的には、現在進められている供給側構造改革を含めて、経済の活性化、イノベーション力と競争力のアップが肝要である。

（七）良質な地域・都市農村の空間配置を促す質の高い発展

　質の高い発展を推進するには、全体的に明確で、境界がはっきりし、互いに補完し合うような地域・都市農村の空間配置を行うことが必要である。さらに言うと、地域間の調和の本質は生産力配置の最適化、地域の発展レベルの同一化を目指す内的調整の仕組みを構築することである。中国の各地域の実情は異なり、質の高い発展の基準もそれぞれ異なる。そのため、質の高い発展は弁証法哲学の観点であり、地域によって「より高い質」の意味が異なる。それは以下の五つである

　第一に、発展の全局面にかかわる高い質である。第二に、局所の転換・高度化にかかわる高い質である。第三に、中国と国内の各地域の歴史的出発点で見る「より高い質」である。第四に、産業を適度に発展させ、法則を尊重し、順を追って一歩一歩進める発展である。第五に、都市と農村の融合を図り、農村改革を全面的に深め、農村の各種事業を推し進める発展である。農村振興の具体的な取り組みとして必要なのは、農業の質的振興を堅持し、「生産能力の安全」という食糧安全保障観を打ち立てること、多様な農村振興の主体を積極的に育むことである。

（八）全面的開放の新たな枠組みに繋がる質の高い発展

　中国は現在、世界に対し責任を負う大国、開放型の経済大国、包摂型発

22　Ⅰ部　総合研究

展の大国を目指しており、そのためには、まず、グローバルな経済ガバナンスのメカニズム・協力に積極的に参加し、国際経済ガバナンス体系の改革と十全化を推進し、世界の貿易・投資の自由化と円滑化に取り組む必要がある。次に、国際ルールを守り、国際秩序の維持に関与し、世界的な価格体系や規則の制定に深く関わり、責任を負い、責任感ある大国になる必要がある。さらに、共同・総合・協力を旨とする安全保障観を打ち立て、バランスのとれた、包摂的で持続的な世界の発展を積極的に促す必要がある。

（九）市場メカニズムを十分活かした質の高い発展

質の高い発展は資源配分における市場の決定的役割を活かすとともに、政府の役割も十分に発揮させなければならない。そのためには、まず、政府の責任として、地域格差の問題に取り組む必要がある。そこで大事なのは華北・西北・東北経済の新旧原動力の転換が著しく遅れている問題、経済の活性化、市場メカニズムが十分機能していない問題や、インセンティブが欠如している問題に具体的な計画をもって臨まなければならない。また、深圳市・仏山市・東莞市といった地方の政府サービス面の有益な経験を参考にし、行政の簡素化と下部への権限委譲に力を入れ、市場環境・商取引環境・投資環境を改善していく必要がある。

次に、質の高い発展が政府の公共財や公共サービスに対する要求にどう応えるかという問題がある。法制度と法治能力の現代化を推し進め、「法の授権がなければ行動できない」「法に禁止規定がなければ実行できる」「法で定められた責任は果たす義務がある」といった法治建設を実施・推進し、公的機関とその職員がよりよい公共サービスを提供するよう努めなければならない。

二、高速成長から質の高い発展への転換

（一）世界の責任ある大国を目指すべき中国

　高速成長から質の高い発展への転換を考えるとき、まず中国経済と世界経済との循環関係に注目する必要がある。中国の国内総生産（GDP）は今や世界GDPの15％を占め、成長への寄与率はアメリカ・日本・ヨーロッパの総和を超えて、30％を占めるまでになっている。そのため、「大国経済」の循環構造を新たに構築する必要がある。従来の「両端を外に置く（原材料の調達先と製品の販売先をともに国際市場に依存する）、中間を国内に置く（製造・加工を国内におく）」という投資と外需に依拠する伝統的経済モデルから内需中心・双方向投資・貿易という多重型の経済モデルに転換し、向こう40年間で改革開放以来40年間続いてきた「小国型」開放戦略から「大国型」開放戦略に移行しなければならない。具体的には、対外投資の拡大を通じて国際経済における影響力を高め、価格決定にかかわり、平等互恵の利益配分メカニズムを構築すること、国際協力や国際的な責任ある行動によって運命共同体の構築を図ること、輸入の拡大を通じて人民元の国際化を推進することである。これが中国経済を高速成長から質の高い発展へと転換を図る必要な条件である。

（二）生産力配置の最適化を推進する質の高い発展

　質の高い発展へ転換するためには、国際分業における国内各地域の協調体系を見直す必要がある。各地域は次のことに取り組む必要がある。東部地域はイノベーションの優位性を発揮して、率先して世界最高レベルの競争に参加する。西部地域は「一帯一路」に依拠して、アジア・アフリカ・ラテンアメリカ・中欧・東欧との協力関係をさらに強めること。中部地域は世界最大の中所得消費者層を有する市場に目を向け、ハイテク製造業、現代的サービス業、良質な生産要素集積地域を発展させる。東北地域は豊

富な資源の優位性と、改革開放要素が重なり合って生み出された優位性を活かして、北東アジアにおける新たな成長の「極」を構築する。

さらに、再均衡メカニズムによって従来の不均衡の矛盾を調整し、向こう40年の再均衡（傾斜）戦略でもって改革開放以来40年間で生じた不均衡を是正しなければならないが、この再均衡戦略の目指すところは内需、ルール、包摂的な質の高い発展に基づくものでなければならない。

具体的な構想としては、中部地域を実体経済、とりわけ製造業発展の戦略的拠点とし、それをテコにして、東部地域がハイテク産業や現代的サービス業を発展させ、グローバルなバリューチェーンのハイエンド部分に加わり、世界的な都市群の建設と共に新たな成長の「極」を形成していくこと、西部地域が「一帯一路」諸国との協力を通じて、新時代の対外開放と協力の拠点を築くこと、東北地域が北東アジアの国々との全面的な協力に参加し、推進することにより、北方の経済の活力、協力の潜在力、市場競争の原動力を引き出し、質の高い発展への転換のモデルケースとすることが挙げられる。

（三）政府・市場・社会の調和の必要性

改革開放以降、中国の最も重要な経験の一つは、政府・市場・社会の関係は対立関係でも、ゼロ・サム関係でも、またはミスマッチの関係でもなく、互いに協力し合う「共同体」であって、いずれも欠けてはいけない、ということである。つまり、市場の役割を強調しても、不公平・不調和・不均衡の問題は解決できず、逆に政府の役割を過度に強調すると、経済の活力が失われてしまう。また、社会の役割を過度に強調すると、経済・社会がばらばらになってしまう恐れがある。

実例を見れば分かるが、開放政策を推進し、市場の「見えざる手」、政府の「見える手」、社会の「協調の手」を上手に使い分け、政府・市場・社会という「三位一体」の協力体制が上手く機能している地域の経済はい

ずれも活気に溢れ、力強く成長しており、社会がどんどん発展し、飛躍を遂げている。

質の高い発展とは質が動態的に向上する発展のトレンドであり、相対的・漸進的・逐次的に変化を遂げるプロセスである。また、経済はそのなかで更に質の高い発展への転換を遂げ、百尺竿頭一歩を進むものでもある。日本を例にとって説明しよう。近年、日本では質の高い発展を支えた制度や質に関する作業をサポートするプロセスが劣化されたことで、製品の質が下がり、研究開発力も低下している。この日本の例からみても、質の高い発展は可逆的なものであるということが見て取れる。

また、高速成長から質の高い発展への転換には、政府の役割、つまり、政府が提供する質の高い公共財や公共サービスが極めて重要である。つまり、政府が提供する質の高いインフラ施設・自然環境・ビジネス環境・投資環境・競争環境などが必要であり、さらに、質の高い労働力・経営者と投資家・ハイレベルな技術・研究開発への支援・整ったインフラ施設・地域を網羅する情報ネットワークなども必要であるが、これらの整備には政府の役割が欠かせない。そのため、政府改革を行い、社会統治体系や統治能力の現代化を推進し、政府・市場・社会が「三位一体」となって取り組むことのできる環境を整備しければならない。

三、質の高い発展への転換とその六つの特徴

質の高い発展への転換について、習近平総書記は次のように述べている。

質の高い発展は人民の日増しに増大する素晴らしい生活への需要を満たすためのものであり、新たな発展理念に基づくものである。質の高い発展を実現させるには、革新を第一の原動力とし、協調を内生的特色をとし、グリーンを普遍的形態とし、開放を必ず通らなければならない道とし、共有を発展の根本的目標としなければならない。

つまり、質の高い発展は、習近平「新時代の中国の特色ある社会主義」経済思想の重要な内容であり、人民の日増しに増大する素晴らしい生活への需要と発展の不均衡・不十分との矛盾を解消し、中国を富強・民主・文明・調和の美しい社会主義現代化強国に築き上げる一環である。これを以下の六つの面から考えてみよう。

（一）段階の転換性

まず、質の高い発展は相対的に高速成長と言える。スピードと質は弁証法でいう対立物の統一である。改革開放以来、中国経済は数十年間にわたる高速成長が続いたが、近年、経済の高速成長を支えてきた需要構造と供給に影響する諸要素に大きな変化が生じ、経済は新しい段階に入っている。

新しい段階では、従来の発展パターンを継続していくことができなくなり、新たな発展パターンへの転換、質の高い発展を推進していかねばならない。この高速成長から質の高い発展への転換は客観的な法則と現実的な選択が共に作用した結果であるとも言える。従来の高速成長はもっぱら量的拡大を追求し、生産要素のさらなる投入を通じて成長率を押し上げてきた。高速成長は量的拡大がポイントであり、その段階で質の問題も意識されていたかもしれないが、成長のスピードが過度に強調された。

しかし、経済成長が新しい段階に入ると、成長の質の向上が重要となってくる。具体的には、質と効率が強調され、「五位一体」総体的配置や「四つの全面」戦略的配置に焦点が当てられ、人間の全面的発達・社会の全面的発展・経済の全面的繁栄が目標とされ、成長率の向上は TFP の向上に求められる。もちろん、質の向上も一定の成長スピードで対応しなければならないため、質の向上に取り組むと同時に、成長のスピードにも注意を払う必要がある。

要するに、従来の高速成長は現在の質の高い発展の土台作りであり、今後の質の高い発展は高速成長の上に成り立つものである。この意味で、質

の高い発展のカギは成長段階の転換にあるのである。

（二）需給関係の動態的均衡性

改革開放40年来、中国の市場経済導入を中心とした改革は次第に浸透しており、経済成長のメカニズムにも大きな変化が生じている。つまり、この成長過程でわれわれは無意識に量的拡大の道を歩んできたが、一方では、広範な民衆の需要構造に大きな変化が生じ、需給のミスマッチが顕著になっている。したがって、質の高い発展の段階では、需給の動態的な均衡、成長の安定化、構造調整の相互作用（インタラクション）が顕著な特徴となる。

動態的な均衡について、供給側では、産業体系が比較的整っており、産業体系を差別化・スマート化・ネットワーク化することで、産業のイノベーション力・需給対応力・ブランド力を高めなければならない。具体的には、「中国製造2025」を実行に移し、「三歩走」（三段階の発展戦略）によって製造強国の仲間入りを図り、製品の質と付加価値の向上に取り組んでいくことである。また、需要側では、市場志向の原則を堅持し、人民大衆の個性化・多様化、絶え間ない構造調整の需要が供給体系と構造の最適化をリードし、供給体系は絶えず需要の変化に迅速に対応すると同時に、市場を積極的に創造していくことも大事である。需給関係の動態的均衡には、経済構造、地域の構造と都市・農村の配置の最適化、成長のエネルギー、原動力の転換などが求められる。このような動態的均衡の維持によって経済運営がより健全で安定的なものになるであろう。

（三）効率性と公平性

効率と公平の統一的考慮は質の高い発展の重要な内容であると同時に、その達成度を図る上で重要な指標でもある。効率とは、資源の効率的配分と、効率的な投入と産出のことであるが、それを高めるためには、さら

に意識の変革、制度と政策の改革により、土地・資本・労働力・エネルギー・地下資源・情報など諸要素の流動化と効率的な配分を図り、生産力と生産関係の相互適応、有機的統一を促さなければならない。また、「革新は発展をリードする第一の力」であるという理念を強化し、科学技術イノベーションに重点的に依拠し、科学技術の寄与率・資本生産性・労働生産性をより向上させ、「大衆による起業・革新」の社会全体で気運を高めて、TFPの向上を図らねばならない。

　特に向こう数十年にわたって、情報技術とインターネットが生産・生活を全面的にデジタル化・ネットワーク化・スマート化していくであろう。したがって、この変革によってもたらされる成長の可能性を活かし、更なる経済成長を推進する必要がある。

　公平性とは、所得分配を平等にすることによって人々の生活への満足度を高めることであるが、質の高い発展では一次分配は効率を原則とし、労働力・資本・技術などの諸要素による寄与度に応じて分配される。つまり、株主は配当、企業は利潤、従業員は給料、政府は税収をそれぞれ得ることになるのである。二次分配においては、政府の所得配分に対しての調整役が大事である。つまり、合法的な収入には奨励、高収入の部分には抑制、違法な収入には取り締まりが必要である。

　税制の所得是正機能の強化により、分配の公平性を維持することが必要であるが、政府の二次分配においては特に低所得者への所得移転が必要である。これによって所得格差を一定のレベルに抑え、所得の顕著な二極化を防がなければならない。これらの施策により、最終的には合理的で、秩序ある分配制度と、「オリーブ型」の所得分配構造の形成が目標である。

　また、公平性とは機会の公平も含まれている。例えば、教育・医療・年金・住宅・社会保障提供の量と質、保障最低限度の上方シフト、社会福祉が平等に受けられる権利の保障などが大事である。さらに、法的環境と社会統治環境を十全化することも必要であり、全ての人民が経済発展の成果

を公平に享受し、共同富裕の道を歩むのを制度面から保障されなければならない。

（四）開放性

質の高い発展を推進するために、さらなる開放政策の実施が必要である。2017年に、中国の輸出入総額は27兆7921億元となり、GDP総額の33.6％を占めるまでになった。外国投資は実行ベースで8775億6000万元となり、前年比7.9％増加し、記録的な規模に達した。現在、中国の世界経済成長への寄与率はトップレベルであり、世界最大の中間所得層人口と最大の社会保障を有している。質の高い発展への転換を図るために、われわれがまず取り組むべきことは、やはり対外開放を更に推し進め、グローバルな協力関係を強化していくことである。

具体的には、「一帯一路」の建設を中心に、国と地域間のインフラの相互アクセス、産業とサービス貿易の全方位的な国際協力を推し進め、自由貿易区ネットワークを築き、平等・補完的・双方向の開放を推進していかなければならない。また、国内各地域開放の枠組みの最適化を図り、対外投資の方法を刷新し、生産協力をめぐる国際協力を促進し、グローバルな貿易・投融資・製品・サービスを提供するネットワークを形成し、その中で経済協力と競争力における優位性を強化していく。そのためには、まず積極的に輸入の拡大を図り、貿易構造を最適化し、貿易の質と収益の向上を推進し、持続可能な経済成長をサポートし、次に外資導入の質を高め、技術・知識集約的な産業への投資を中心に外資を誘致し、研究開発・アウトソーシング分野・西部地域への投資を奨励する。さらに、経済開放の下での経済システムの安全性にも留意し、国際投機資本の中国経済に対する攪乱要因を事前に防がねばならない。

（五）抗リスク性

経済が質の高い発展に入ると、重大リスク、とりわけ金融リスクの防止と回避がこれまで以上に厳しく求められるようになる。中国経済が直面している金融リスクは全体的にコントロール可能なレベルにあるものの、経済成長率が低下するにしたがって、金融市場の変動が激しくなり、金融業界が様々なリスクや脅威に直面しているのも事実である。たとえば、ゾンビ企業への不良債権が高止まりしていること、地方政府の累積債務問題、潜在的な債務リスク、土地開発バブルによる金融リスク、「実体経済離れ」の問題などが完全に解消されていないことなどが挙げられる。

質の高い発展を推し進めるためには、新しいリスク管理体制を構築する必要がある。金融リスクの防止と回避を喫緊の課題として位置付けなければならない。具体的には、レバレッジの解消や「ゾンビ企業」の整理が必要であるが、まずは効果的な対策を講じて、企業債務の増加をくい止め、レバレッジを安定させる必要がある。さらに、債務構造の是正から着手して企業債務の増加を抑えなければならない。それと同時に、経済の構造的不均衡を是正し、金融業務への監督管理体制を整え、バランスシートの回復を図る必要がある。

その他、供給側構造改革を中心にして、国有企業、財政・租税、金融など制度面の改革、重要な部分の改革などの推進に注力し、金融と実体経済、金融と土地開発、金融体系内部の有効な循環を促進させると同時に、違法な金融活動への取り締まりを強化し、金融管理制度のより一層の整備を図る必要がある。

（六）持続可能性

従来の粗放型、エネルギー多消費型の成長は深刻な環境問題を引き起こす。現在、資源の制約が強まり、環境問題が顕在化して、経済の持続可能な成長のボトルネックとなっている。

総論　新たな発展理念と質の高い発展への転換　　31

　質の高い発展の段階になると、「緑の山河は金山・銀山にほかならない」
という環境理念を念頭に、生態系重視を経済成長の「バロメーター」と
し、エコロジーを質の高い発展の「風向計」として、多投入・多消耗・高
汚染型の発展パターンを徹底的に改め、生態環境の根本的な改善に取り組
み、収益性が高く、質が高く、持続可能な発展を成し遂げなければならな
い。このようにして、中国が青い空、緑の山、澄んだ水、美しい環境を有
し、人々が快適に暮らせる美しく住みよい国になるよう努力していくこと
が大事である。

四、質の高い発展に関する六つの制度設計

　質の高い発展の指標体系・政策体系・標準体系・統計体系・業績評価体
系・政績査定体系は整った制度体系であり、この六つの体系は互いに補完
しあい、支えあいながら、質の高い発展の制度的環境を築くものである。

（一）質の高い発展の指標体系
1、分類の根拠
　質の高い発展の指標体系の分類は、発展の具体的な内容を基礎となって
おり、三つに分類できる。一つは「革新、調和、グリーン、開放、共
有」の五つの発展理念に立脚して、五つの二級指標を検討・策定する方法
で、二つ目は「需要・供給・生産要素の投入産出、所得分配、経済のマク
ロ循環」といった発展の内容に立脚して、質の高い発展を指導する五つの
二級指標を検討・策定する方法、三つ目は質の高い発展の要求に立脚して、
質・効率・原動力の変革を推し進め、三つの二級指標を設定する方法であ
る。しかし、いずれの方法も指標の設定が難しいという問題がある。
　本研究は五つの発展理念を念頭に、供給・需要・投入産出・所得配分・
経済のマクロ循環の五つのキーワードから質の高い発展を測定する指標を

抽出し、マクロ経済政策の策定に供するものとする。

２、指標適用の原則

一、国際的な測定指標を参考にする。例えば、世界銀行のビジネス環境指標は、質の高い発展を測定する指標として活用することができる。

二、地域格差を考慮に入れる。たとえば、サービス業の付加価値がGDP に占める比率を大都市の指標とし、製造業の付加価値比率を大都市以外の指標とする。あるいは、産業構造高度化を測定する指標として、ハイテク製造業の第二次産業に占める比率や産業向けサービス業のサービス業全体に占める比率などが用いられる。

三、測定指標を誘導指標と考課指標に分類する。誘導指標は主に政策指導する役割を果たし、考課指標は業績評価と人事査定の指標として利用される。

（二）質の高い発展に関する政策体系

質の高い発展に関する政策体系は以下の五つからなっている。

一、質の高い供給能力のための政策。供給側構造改革を引き続き深め、成長の原動力を生産要素の投入からイノベーションへと転換する。世界から評価されるビジネス環境の構築に努め、産業向けのサービス業と生活向けのサービス業の成長を促し、知的財産権の保護に一層力を入れ、企業間の公平な競争を促進する。供給側構造改革の最適化に取り組み、原材料の利用率を一定のレベルに引き上げて、全体的なレバレッジ比率を引き下げ、地方政府の負債を減らして、金融のシステミックリスクの発生を防がなければならない。企業の経営コストを大幅に引き下げ、企業の国際競争力を確実に高めていかねばならない。

実体経済の成長を促進すべく、企業の経営コストを削減しつつ、企業の情報化やインテリジェント化を推し進め、企業の収益力を高めることが必

要である。実体経済・科学技術イノベーション・現代金融・人的資源の面でバランスのとれた発展が可能な仕組みを作り、ハイテク産業・ハイエンド製造業・産業向けサービス業が共に発展する新たな現代化産業体系を構築する。企業のコアコンピタンスを絶えず高め、最先端技術・設備・新素材などの自給率を引き上げ、製品の質を向上させ、企業と製品のブランド力を育てなければならない。

　二、質の高い市場の需要のための政策　消費の高度化について、個性化・多様化・ハイエンド消費への転換を促し、文化面での消費を拡大する必要がある。投資の高度化においては、国有企業の混合所有制度改革を推し進め、外国投資や民間投資を奨励し、「居住者が必ず住居を持てる」ための土地開発投資や新型都市化への投資を増やし、イノベーション・民生（国民生活）・グリーンなどの分野への投資を促進する。貿易のレベルを絶えず高め、一般貿易の発展を促進し、輸出商品のブランド力と技術付加価値率を高めなければならない。

　三、質の高い投入産出のための政策　経済成長を促す原動力としてのイノベーション力を発揮させ、TFPと労働生産性を引き上げることが必要である。生産安全を前提に、土地利用・資本・人的資源・技術・環境において、それぞれの効率を全面的にアップさせなければならない。

　四、良質な所得分配のための政策　中間所得層をさらに拡大し、資源要素の利用率と再配置の効率を引き上げると共に、業界間、都市・農村間、地域間、住民間の収入格差を縮小させることが必要である。貧困撲滅の長期的に有効な制度を確立し、社会保障のレベルを着実に引き上げ、住居・教育・医療・介護などの分野における改革を深めていかねばならない。

　五、質の高いマクロ経済循環のための政策　マクロ経済の安定成長を保ちつつ、雇用率と物価を一定のレベルに安定させ、実質成長率を潜在成長率に近づけるよう努めることが必要である。目標は財政収入と支出、輸出と輸入、投資率と貯蓄率の均衡を保ちながら、都市・農村間、地域間の調

34　I 部　総合研究

和が取れた発展を実現することである。

（三）質の高い発展に関する統計制度

質の高い発展に関する統計制度は以下の五つから構成されている。

一、新技術・新産業・新業態・新モデルに関する統計指標を新設する。特に「ボトルネックの解消」「弱点の補強」「潜在力の増強」といった項目の実績評価に関する統計指標を新設し、経済成長の新たな原動力や新業態に関する統計の仕組みと方法を早急に整備しなければならない。

二、ビッグデータ、クラウドコンピューティング、インターネットなどの新しいツールを利用して統計の質的向上を図る必要がある。従来の統計への考えを改め、統計技術を高め、統計をとる主体を増やし、統計のプロセスを最適化し、統計の効率と質を向上させなければならない。

三、社会満足度に関する統計指標を増やす必要がある。企業・消費者・住民の満足度に関する統計指標、とりわけ政府の公共サービスに対する住民の満足度や充実感などの統計指標を増やさなければならない。

四、統計の国際的なルールの導入を推し進める。新時代では、国際的な比較、国内の各地域、業界の比較を行うために、統計基準・統計内容・統計手段などの国際化を促進して、統計システムの健全化を図らなければならない。

五、統計の信憑性と公正さを高めることが必要である。地方政府や中央官庁の干渉を排除し、統計システムの客観性・信憑性・信用度を確保しなければならない。統計調査が実施される各段階で、科学的な態度に基づいた、質の高い統計システムを構築することが大事である。

（四）質の高い発展に関する標準

質の高い発展に関する標準は以下の五つから構成される。

一、企業・地方・業界・国内・国際に関する様々なレベルの標準体系を

構築する。

　二、技術・管理・作業などに関する一連の標準を制定する必要があるが、技術に関する標準が特に重要である。

　三、世界標準（グローバルスタンダード）の検討・導入を進め、中国企業が世界標準の制定や改訂を主導することや、それらへの参加を奨励する。

　四、有力企業の工業標準（規格）制定への参加を後押しする必要がある。鉄鋼・セメント・ガラス・焼結機械・水質汚濁関連と十大業界の環境保護・エネルギー消耗・水消耗・製品の質・技術・安全といった標準の作成と実施を強化していく。

　五、農業関連標準の確立を進め、農村振興戦略を確実に実施することが必要である。農業新技術に関する標準の設定により、その産出率を大幅に引き上げ、更に農業の標準のモデル区の整備を推し進める。

　六、サービス業の標準を見直して、サービス業標準のモデル事業を行う必要がある、物流などの分野における標準の制定を加速させなければならない。

　七、社会統治と公共サービスに関する標準を整え、都市管理・コミュニティー管理・末端組織の公共サービスの標準体系を整備に積極的に取り組む。

　八、生態系・土地・水・地下資源・環境保護・省エネの六つの分野で環境保護・低炭素・住みよい環境に関する標準の確立が急務である。

（五）質の高い発展に関する業績評価体系

　質の高い発展に関する業績評価体系は以下の三つから構成される。

　一、業績評価プロセスの有効性を確保する。まず評価制度を十分に検討した上で、質の高い発展に関する業績評価プロセスを最適化し、法律と政策の施行を強化し、評価システムの公正さと信頼性を高めていく。

　二、評価する対象の多様化を進める必要がある。なるべく多くの企業や

組織が業績評価を受け入れるようにすると同時に、評価結果が社会で広く受け入れられるようにしなければならない。

三、業績評価と共に、表彰制度を整える。金銭的な褒賞と口頭による激励、個人と団体への表彰、一般的な表彰とケースに応じたインセンティブを結びつけ、表彰制度の充実を図っていく必要がある。

(六) 質の高い発展に関する政績査定体系

質の高い発展に関する政績査定体系は以下の九つから構成される。

一、国のトップダウン設計と地方の実情に適した体系と結合させる。国家レベルでは中央政府が質の高い発展に関する指標と評価方法を策定し、状況に応じて、その調整を行うが、それ以外は中央と地方との連携、地方政府のモチベーションを高めるために、実情に合う政績評価の指標と査定体系を構築していくことが大事である。

二、現行の査定方法を整理・整頓する必要がある。質の高い発展に関する人事査定制度の制定を契機に、重複する査定や時代に合わない査定、不要な査定などを整理・整頓し、査定制度が十分に機能できるようにしなければならない。

三、試行錯誤・失敗許容の査定の仕組みを確立する必要がある。地方政府が古い考え方にとらわれず、大胆に試行錯誤して、現地の実情に合った質の高い発展の構想、業績評価の方法を積極的に模索するのを奨励し、現行の査定指標に「手足を縛られる」ことは厳に避けなければならない。

四、主体機能区（資源・環境の受容力、既存の開発の密度、発展の潜在力に基づいて区画した代表的な中核機能を持つ地域）の分類に基づき、それぞれ異なる指標を構築する必要がある。例えば、開発の進んだ地域では、成長率指標だけではなく、質に関する指標も査定指標とする。一方、生態系保護地域では、グリーン産業や農業及び生態系保護を査定指標とする。

五、定性的な民意指標を取り入れる必要がある。これにより各行政機関

が上級の行政機関に対して責任を負うか、それとも地域住民に対して責任を負うかが明確になり、市場と社会によるチェック機能も果たすようになる。さらに、地方政府に対する企業や住民による採点などを通して、政府に対する満足度をチェックすることができる。

六、経済関連指標と経済以外の指標とをはっきり区別し、環境保護・生活関連・ビジネス環境などに関する経済以外の指標の比率をひき上げ、地域ごとに異なる査定指標を適用させる。

七、査定制度の公正さと信用度を確保する。関係者すべてを網羅できるような包括的な政績査定体系を構築し、第三者による評価の制度・仕組みを導入することも大事である。

八、査定指標の継続性・厳格性・規範性を確保する。質の高い発展に関する政績査定体系は厳格に実行せねばならず、一旦確立された規約や制度は勝手に変更することは禁物である。重大な政策決定については、問責制度を設けて、生涯責任を問わなければならない。当然のことながら、業績ばかりを追い求めるような近視眼的な行為も戒めるべきである。

九、科学的な人材評価体系を構築する必要がある。才徳兼備の人材を優先的に採用し、法律規範によって公務員の行動を規制し、「才能のある者は昇進させ、凡人なら後進に道を譲らせ、まったく適任でない者は辞退する」というように幹部の登用と退出の制度を整備することも大事である。

五、六つの体系の相互関連性

以上のように六つの体系は互いに深く関連し合い、一つ抜けたら体系全体が成り立たない有機体であり、質の高い発展を推進する制度的基盤をなしている。

指標体系は質の高い発展を推進する核心にして土台であり、「質の高い発展とは何か」という問いに答えるものでもある。指標体系は五つの発展

理念の実現を目標に、質の高い発展の内的可能性を指標面からサポートしており、制度体系の重要な一環となっている。

政策体系は、質の高い発展を推進する手段・保障であり、「質の高い発展をどのように推進するか」という問いに答えるものでもある。指標体系は政策や制度の策定に根拠を与えるものであるのに対して、政策体系はそのための手段と方法を提供しており、発展理念の貫徹・実施を保障するものである。

標準は、質の高い発展を推進するための評価基準・拠り所である。また、この標準は企業・業界・地方政府・中央政府などあらゆる分野を網羅するものであり、しかも、世界標準を参考にしていることから、質の高い発展を推進する際に、国内外の比較対照に評価基準を提供するものでもある。

統計体系は指標体系を数値化したものである。これは質の高い発展の推進に際して、根拠となる具体的な情報やデータを提供し、質の高い発展への動態的モニタリングや信頼性の高い予測を裏付けるものであり、関連の標準体系、業績評価体系、政績査定体系に必要なデータと数値を提供するものでもある。

業績評価体系は成長の成果を測定するものである。これは、質の高い発展の目標が達成したかどうかの評価を与えるだけでなく、政策の効果を検証するものでもある。またこの評価体系は政府官僚の業務目標を質の高い発展に集中させ、政府が政策や方法を適時に変更できるようサポートするものでもある。

政績査定体系は一連の体系構築の最も重要な部分である。これは指標体系とひとつながりになっており、総合的な体系であり、政績査定をより充実させ、政府の管理目標と質の高い発展の目標とリンクさせるものである。

六、政策提言

（一）質の高い供給政策

一、供給能力の質的向上を図る。産業構造の転換の推進を重点に、実体経済の定着・強化・改良を図る。地方の実体経済、とりわけ製造業のパターン転換の新しいルートやモデルの模索を奨励する。ハイテク産業をはじめとする現代産業システムを構築し、サービス業を産業構造の中核にし、グローバルなバリューチェーンにおける中国の影響力を強める。

二、「インターネット＋製造業」を深め、インダストリアル・インターネットを発展させ、製造業・サービス業の資源配分を最適化し、インダストリアル・インターネット産業の供給能力を強化する。

三、イノベーション・消費情報のキャッチ能力・ブランド力・コアコンピタンスを強化し、製品とサービスの質を高め、効率的かつ多様性を持つ供給体系を構築していく。企業での情報担当の専門職を設置して、質の高い発展に必要な情報の獲得能力を強化していくことが大事である。

（二）質の高い需要拡大政策

消費者、特に中間所得層の消費制約要因を取り除き、供給側の高度化を図り、ハイレベルでの需給バランスの均衡を図っていく。更に中間所得層の拡大、都市化のレベルアップ、住民の消費拡大、就業・起業環境の最適化、雇用の安定などに取り組んでいく必要がある。

（三）質の高い投入産出政策

新しい科学技術推進計画の下、基礎研究と汎用技術開発を強化していく。九年義務教育制度を徹底させ、各種の専門教育・職業教育を強化し、生涯学習を内容とする「学習型社会」を構築していく。生産要素の投入と産出の効率を不断に向上させ、実体経済の投資収益率の低下傾向を転換させな

40 Ⅰ部 総合研究

ければならない。人的資本「ボーナス」の優位性を発揮し、労働生産性を向上させ、資源の節約・集約を進め、TFPの向上による経済の持続可能な発展を推進していく。

（四）質の高い所得分配政策

「労働に応じた分配」を基本としつつ、多様な所得分配方法が並存する分配制度を整え、一次分配と二次分配で示された公平と効率のバランスに注意を払わなければならない。そのためには、まず一次分配における公平と効率のバランスについて、具体的には労働に応じて分配することを原則とし、生産要素による分配を貫き、所得分配の効率性と公正さを維持し、勤労所得及び合法な所得を守らなければならない。また、二次分配による所得是正効果を高めることが大事である。税制の所得是正機能によって貧困層向けの社会救済制度を整備せねばならない。国有資本からの上納金は主に生活保障事業に投入し、国有資本の収益は財政収入に組み入れる割合をより高めていかなければならない。

（五）質の高い経済循環政策

経済循環のボトルネックを解消し、生産・流通・所得分配・消費の間のスムーズな循環、国民経済内部のバランスと立地空間の最適化を図り、経済の持続可能な発展を促進していく。香港は国内外市場を繋ぐ重要な役割を果たしており、そのプラットフォームとしての役割を果たすようにすべきである。都市と農村の土地制度の違いを縮小させること。金融の実体経済へのサポート機能を高める。不動産業と製造業とのアンバランスを是正することなどが必要である。政府のマクロコントロール能力を強化し、国の長期発展計画の誘導機能を発揮させ、財政・金融・産業・地域政策の政策効果を強化していくべきである。国有資本・公有資本・民間資本の株の持ち合いや資本参加を奨励し、国有企業の民間資本導入による改革を着実

に推進し、華為（ファーウェイ）モデル、すなわち従業員持ち株制度の導入を奨励する。

　良好なビジネス環境・法制環境・社会環境を構築することが大事である。その構築には、まず政府と市場との関係を明確にすべきである。まず、市場において企業の経営主体としての地位を強化し、行政管理方式を刷新する必要がある。次に目標と具体的な指標の実現を目指して、法治化・国際化・利便化の推進を中心に政策を実施していかねばならない。また、「放（行政簡素化と権限委譲）管（緩和と管理の結合）服（サービスの最適化）」改革を深め、サービス業の開放を推し進め、「スマート政務」の整備を加速する。さらに、知的財産権保護の法制化に取り組み、自由競争と健全な経済環境に対する法的保障を確保し、良好な社会環境の形成により優れた社会統治能力が発揮できるようにせねばならない。

七、次の段階における具体的な提言

（一）重大行動計画

1、革新・協調行動

（1）国際協力の戦略的な構想を明確にし、独創の技術の研究開発に注力

　欧米諸国は成熟した技術の提供を禁じることができても、新規技術の開発を禁じることは難しい。研究開発に関して、一つの有力な方法は、海外に拠点を設けて国際提携を行い、欧米が禁じることができない「破壊的イノベーション」プロジェクトと企業技術を獲得していくことである。たとえば、浙江省はアメリカのシリコンバレーに在米浙江省イノベーションセンターを設立し、海外の優れた研究者とプロジェクトの浙江省への誘致に成功し、中米両国の人材・技術・資本などの協力を実現している。また、資本参加を通じて先端技術の獲得を図ること、たとえば、ベンチャー・キャピタルが海外のベンチャー企業を中心に投資や買収・合併（M＆A）

を通じて知的財産権及び国際競争力を有する企業を買収することなども考えられる。

（2）軍民科学技術協同イノベーション体系の構築を急ぐ

以下の三つのことに取り組む。第一に、軍需国有企業が「黄金株」の役割を発揮し、コア企業の競争力とコントロール力を高める。第二に、国家安全保障と発展の大局に立脚して、軍民科学技術協同イノベーション体系を構築する。第三に、軍需のけん引を強化し、国防科学技術の民間転用を促進するとともに、民用から軍用の転換を最大限に実現する。

（3）中国の特色あるイノベーション環境の整備

科学技術イノベーションを中心に、産業・研究開発・金融・政策の連携を強化し、いわゆる「政・産・学・研・資」（政府・企業・大学・研究機関・投資機関）がともに参加できるイノベーション環境を作り出し、「企業集積＋各産業間の分業と協力＋研究開発拠点のクラスター化」のようなイノベーションネットワークを構築し、研究開発拠点の川上と川下との連携を実現させ、研究成果の事業化を促進する。そのためには、全体的な研究開発の効率を高め、研究開発資金の使用効率と効果を高めなければならない。まず、在来産業のモデルチェンジとレベルアップを図る必要がある。斜陽技術はあっても、斜陽産業はないとよく言われるが、従来型産業については、新しい技術を補強することによって全面的な質の向上を図り、収益性を向上させ、汚染を抑えねばならない。次に、政府は汎用技術とコア技術の開発に力を入れ、研究開発成果の事業化プラットフォームを構築し、コア技術開発プロジェクトの支援、先進設備導入のサポートと研究開発拠点のクラスター化の推進に取り組む必要がある。さらに、広域的なイノベーション・ネットワークを構築し、グローバルな研究開発の協力を強化していくことも大事である。

（4）国際協力を展開し、グローバルなイノベーションネットワークの構築を

産業チェーンを中心に技術開発協力を行い、技術開発チェーンを中心に

資金供給チェーンを形成させる。技術開発と経済効果とのリンク、研究開発の成果と産業成長とのリンク、開発プロジェクトと実際の生産力増強とのリンク、技術開発チェーンと開発人材チェーンの世界的な連携を強化し、グローバルな共同協議・共同建設・共同享受を旨とするイノベーション・ネットワークを構築しなければならない。

（5）アメリカとドイツの経験を参考にイノベーションの環境整備を

まず、シリコンバレーを参考にし、国際イノベーションセンターを設置し、大学の研究チームと産業との連携を促進し、イノベーションの環境を整え、企業の技術開発の活性化を図っていく。包摂性あるイノベーション理念を確立し、開拓精神を尊び、失敗には寛容な態度で臨み、イノベーションのための冒険とハングリー精神を育てていく。大学と研究開発機関のクラスターを作り、知的財産と技術の集積を高め、「富―人材―開発成果」の好循環を生み出していく。ベンチャーキャピタルを活用して、技術開発企業の成長と技術の事業化を実現させる。また、ドイツの「政・産・学・研」（政府・企業・大学・研究機関）連携のイノベーション体制を参考にし、政府系研究機関を設立して、コア技術と汎用技術の研究開発を主導する。開発の必要に応じてプロジェクトを立ち上げることがある一方、状況に応じて開発の方向を転換させることもある。

（6）イノベーション環境の最適化を

まず、技術開発企業の公開入札において公平な参加基準を設定する必要がある。現在の入札基準は技術の開発能力ではなく、会社の売上高と社員数によって参加資格が決められている。有力な技術開発企業でも、往々にして規模や社員数で排除されたり、保守的な審査員に否定されたりすることがある。技術開発企業の参入条件を緩和し、企業のCIO（最高情報責任者）／技術担当者には技術面から製品を選ぶように誘導することも大事である。また、国内企業の仕入れ慣習を改め、基盤ソフトウェアの価値を大事にし、知的財産権をしっかりと守り、国内ユーザーが国産のソフト

44　Ⅰ部　総合研究

ウェアを採用するよう導かなければならない。国内企業は長期にわたって
実用的な価値と人的サービスの提供に目を向け、汎用型の基盤ソフトウェ
アの価値を軽視する傾向が強かったが、基盤ソフトウェアの開発には巨額
な投資が必要であり、投資の回収期間が長いため、誰もがそれを買わなけ
れば、国産の基盤ソフトウェアの開発はますます難しくなる。企業には、
基盤ソフトウェアの開発には巨額の投資が必要だという事情を説明して、
コア技術と知的財産権への意識を高めるよう導く必要がある。

2、技術開発に関する協力強化

（1）地域間調和発展を大いに促進

　まず、京津冀（北京市・天津市・河北省）協同発展戦略に依拠して、北
方のイノベーション集積拠点を整備する。次に、長江の中・上流地域の都
市群の連携を促進し、「一帯一路」構想の産業面でのサポートエリアを形
成する。さらには、粤港澳大湾区（広州市・仏山市・肇慶市・深圳市・東
莞市・恵州市・珠海市・中山市・江門市の9市と香港・澳門（マカオ）の
両特別行政区によって構成される都市圏）の建設を加速し、実体経済・技
術のイノベーション・現代金融・人的資源の協同発展を目指す現代化産業
体系モデル区を構築しなければならない。

（2）都市・農村の調和発展を大いに促進

　都市・農村の調和発展を促進し、農村振興戦略を実施し、農業・農村発
展の質とレベルを全面的に向上させる。緊密な都市・農村地域の協力体制
と、そのための政策体系を構築し、新型都市化の質を高め、工業と農業を
互いに促進・補完させ、全面的な連携関係を構築する。このことにより、
農村振興戦略の実施を加速し、新型都市化の質を高めなければならない。

3、グリーン発展行動

（1）グリーン発展行動

グリーン・低炭素・循環型成長の経済システム、市場志向のグリーン技術の革新体系、グリーン・低炭素で、安全と効率的なエネルギー供給体制を構築し、エネルギー生産と消費の安定を促進する。省エネとリサイクル制度を導入し、全国的な節水運動を行ってエネルギーの消耗を減らし、生産と生活の好循環が形成できるようなシステムの構築に取り組んでいく。

（2）青い空・澄んだ水・緑地行動

石炭と産業排気ガスによる汚染を抑制し、都市の大気環境基準をクリアするための構想を制定し、規制の数値目標を厳格に守らねばならない。重要河川流域や海水の汚染と、飲用水の水源地の水質汚濁を系統的に処理しなければならない。汚水処理施設の整備を急ぎ、料金政策を更に整える必要がある。水の用途によって水域を区分する制度を導入し、土壌汚染区域の分類と分級処理制度を実施し、農業用地の土壌のモニタリング体制と土地開発用地の土壌の環境規制を強化していかなければならない。

（3）グリーン生態空間の設置

グリーンインフラの共同建設・共同享受を推進し、政策の実施度を強め、生物の多様性を保ち、重層的でオープンな基本的生態系ネットワークの整備を加速する。重要な生態系地域では生態回廊と生物の多様性をサポートするネットワークを構築し、各種の自然界の生態系の安定と生態系保護能力を全面的に向上させ、生態系安全障壁を築かなければならない。

4．開放リード行動

（1）「一帯一路」関連の国際協力の推進を

まずは共同協議・共同建設・共同享受の原則を堅持し、「一帯一路」国際協力フォーラムの成果を実行に移すことが急務である。たとえば、国際鉄道幹線道路の建設を推し進め、沿線国・地域との間の税関面での協力を

深める。生産能力をめぐる国際協力を拡大し、中国の製造業及びサービス業の「海外進出」を促進する。対外投資構造の最適化を図り、西部・内陸・国境沿線都市の対外開放を拡大し、経済協力をさらに推進していくことが大事である。

（2）自由貿易試験区の建設推進を

自由貿易試験区の設立を改革の突破口とし、自由貿易試験区建設に関する制度的イノベーションの成果を全国に普及させる。さらに、それを開放政策とイノベーションの相乗効果を発揮する総合改革試験区・開放型経済システムのリスクストレス試験区・政府統治能力をレベルアップする先駆地域にする。それらと並行して、自由貿易港の建設を加速していくことも必要である。

（3）積極的な輸入の拡大を

まず、第一回中国国際輸入博覧会（CIIE）の効果を更に浸透させることを新たな開放政策の一環として取り組んでいくことが大事である。たとえば、輸入博覧会の波及効果・誘発効果・増幅効果を十分に発揮させ、より多くの質の高いブランド製品・サービスを上海経由で中国市場に導入して、世界を網羅する輸入ネットワークの構築に取り組んでいくことなどがあげられる。

（4）ビジネス環境のさらなる整備を

良好なビジネス環境は重要なソフトパワーであり、コアコンピタンスでもある。政府の「放管服」改革を深め、ビジネス環境の改善を推し進め、世界銀行のビジネス環境評価指標の10項目を参考に、ビジネス環境指数の向上に努める。

5. 共有発展行動

（1）香港の公共・社会統治の経験に学ぶ

香港には完備した法治環境、優れた社会統治システムと能力が整ってい

る。そのため、香港の経験を導入し、共同建設・共同統治・共同享受の社会統治システムを構築していくことが大事である。

（2）発展の成果の共有

経済成長を通じて国民生活のレベルアップを図っていくことが何よりも大事である。具体的には、経済成長と国民の収入増加、労働生産性の向上と労働報酬の増加とのリンクを維持し、国民の勤労所得及び財産所得の増加ルートを更に開拓していくこと、業界間、地域間、都市・農村間の所得格差を徐々に縮小していくこと、基本的な公共サービスの均一化を図り、人民の全てが成長の成果を享受できるようにしていくことが必要である。

（3）公共文化の共同建設・共同享受

文化・教育・観光を事業として積極的に発展させ、バライティー豊かな精神文明創造活動を深めることにより、民衆の精神面・文化的な素養の向上に努める。

（二）政策措置

1、政策の誘導

政府官庁は早急に具体的な実施計画を策定し、発展の方向性・突破口・ロードマップ・スケジュール・責任分担を明確にし、質の高い発展への転換を確実に推進する。実施にあたっては質の高い発展への転換の過渡期を設ける必要がある。

2、統計と考課制度の設置

研究開発の具体的な計測指標によりイノベーション能力を計測する。四つの新しい指標（新技術・新産業・新業態・新モデル）により原動力の転換を図り、その効果を計測する。また、発展の不均衡指数及び発展の不十分指数の新設により、新たな経済モデルへの転換の度合いを計測する。

3、制度環境の改革

統治体系・能力の現代化を目標に、「法の授与がなければ施行できない」「法的規制がなければ原則合法」「法に定められた責務は果たさねばならない」などの言葉に象徴される制度環境とガバナンスモデルを検討・実施し、マクロコントロールモデルの法治化・市場化・規則化への転換を加速する。

4、政府部門内部の効率的な連動

中央や地方政府内部の様々なレベルでの協調・連動の仕組みを構築し、各地の実情から出発し、力相応に取り組み、目標を明確にして、長いスパンで推し進めていく必要がある。

5、主体機能区の設置

そのエリアでは、能力づくり・制度の整備・広域ネットワークの建設の三つを中心に取り組んでいくべきである。

6、企業の主体責任

企業は質の高い発展を推進する主体である。企業家の科学技術イノベーションへの意欲を引き出し、ビジネス環境の効率と利便性を高め、知的財産権の保護に取り組み、より多くの企業が世界トップクラスの企業を目指して成長できるようにしていかなければならない。

第一章

質の高い発展への転換と
その基本条件

第18回党大会以降、中国共産党中央委員会は「新常態（ニューノーマル）」下での質の高い発展への転換に大きな関心を寄せている。本章は、改革開放40年間にわたる中国経済の高速成長のなかでの成果と経験を総括した上で、高速成長から質の高い発展への転換の背景と前提条件を分析し、新たな産業革命によってもたらされた発展のチャンスをつかみ、革新駆動を中心に据えて、全要素生産性の向上に取り組むよう提唱するものである。

一、質の高い発展への転換と時代背景

　習近平総書記は第19回党大会の報告において、「わが国の経済はすでに高速成長の段階から質の高い発展を目指す段階へと切り替わっており、まさに発展パターンの転換、経済構造の最適化、成長の原動力の転換の難関攻略期にある」と述べているが、この言葉は今後の中国の経済成長の方向性を明確に示している。また、中央経済工作会議も、「質の高い発展の推進は、当面と今後の一時期における発展構想の確定、経済政策の策定、マクロコントロールの実施の根本的要求である」と強調した。中国経済を高速成長から質の高い発展に転換することはまさに大きな理論的・現実的な意義があるということであろう。改革開放以来、多くの多国籍企業は、安価な生産要素（労働力・土地・環境）を求めて、製造業を中国に移転させ、中国経済の高速成長の推進に大きく貢献してきた。しかし、生産コストが上昇するにつれて、ミドル・ハイエンドの製造企業は先進国へ戻り、底辺の労働集約型の製造業は、生産コストのより低い発展途上国に移転しはじめている。折しも、中国では、資源の制約がますます厳しくなってきており、環境の浄化能力も限界に達している。そのため、従来のような安価な生産要素による粗放で効率の低い成長はすでに維持できなくなっており、効率の良い質の高い発展への転換がどうしても必要になってきたのである。

第一章　質の高い発展への転換とその基本条件　51

　以上からわかるように、質の高い発展の推進は、当面と今後の一時期における発展構想の確定、経済政策の策定、マクロコントロールの実施の根本的要求なのである。第19回党大会は「わが国の経済はすでに高速成長の段階から質の高い発展を目指す段階へと切り替わっており、まさに発展パターンの転換、経済構造の最適化、成長の原動力の転換の難関攻略期にある」と指摘するが、これは新時代における中国経済の鮮明な特徴の一つであると言ってよい。つまり、経済は最初の「あるかないか」が問われる段階から、すでに「質がよいかどうか」という段階に入っており、質の高い発展の推進は、経済社会の持続可能、安定成長のために必然な選択であり、国内社会の重要的な課題の解決、社会主義現代化国家の全面的建設のための必然な選択でもある。

　当面、中国の主要な社会矛盾は人民の日増しに増大する素晴らしい生活への需要と発展の不均衡・不十分との矛盾であり、供給が需要の変化に十分適応できないという構造的な変化をまとめて表現している。人民、とりわけ中所得者層の収入の持続的増大により、消費需要はすでに投資需要にとって代わり、経済成長の主要なけん引力となっている。したがって、消費需要のアップグレードが加速され、商品やサービスの質への要求がますます高まってきている。しかし、供給側は依然として量的な拡張に偏っており、質的な向上にはまだ十分に取り組んでいないのが現状である。そのため、一方では生産過剰になっているのに、他方では質の高い商品を求める消費ニーズが満たされないという事態が発生している。たとえば、近年、中国居住者の海外での買い物や電子商取引による輸入品の購入額はすでに年間数兆元に上っており、人民の質の高い教育・医療サービスに対する需要と供給との間にも大きな隔たりが存在している。これらは、需要と供給の構造的なミスマッチが、すでに中国の経済発展のボトルネックとなっており、供給側改革がカギであることを物語っている。この新時代の社会矛盾を解決するには、当然のことながら質の高い発展の推進が必要になるの

である。

　海外の経験によると、自国を中所得国から高所得国に移行させるには、経済を量的拡大から質の高い発展へ転換できるかがカギとなる。また、世界銀行の研究では、1960年当時101か国あった中所得の国・地域のうち、2008年時点で、高所得段階にまでステップアップできたのは、わずか13の国・地域であり、残りはすべて中所得のレベルにとどまっている。その原因は主に上述の転換ができなかったからだとされている。現在、世界のプロダクトチェーン、バリューチェーンにおける中国の立ち位置はミドルまたはローエンドにあり、技術開発の経済成長への寄与度はまだ低く、先進国に比べるとまだ20〜30％の差があると言われている。また、オリジナルイノベーションが少なく、研究開発成果の事業化が遅々として進まず、多くのコア技術を輸入に頼っているのが現状である。われわれは、科学技術イノベーションと産業構造のパターン転換・高度化を加速させることによって、国際競争における優位性と主導権を勝ち取らなければならない。そのためにも、質の高い発展への転換を加速する必要がある。

　質の高い発展への転換は国際的な技術・産業間の競争に対応するためにも必要である。新技術の発展が目覚ましく、国際的な技術競争が激しさを増している現在、中国が直面している国際情勢はむしろ不安定な要素が増えている。アメリカではトランプ政権になってから、両国間の貿易摩擦をたびたび起こし、対中貿易制裁を執拗にエスカレートさせている。その真の狙いはほかでもなく、中国がハイテク技術、先端的な産業分野で発展していく勢いを抑制・阻止することにある。このことから、中国が質の高い発展への転換によって、改革をさらに深め、自主イノベーションを加速させ、産業のアップグレードを実現することこそが、将来を比較的長いスパンで展望し、国際的な技術・産業をめぐる競争に打ち勝つための決め手になるのである。

二、新中国の各時代における経済政策の変化

　発展理念は経済・社会発展の方向性を明確にさせ、具体的な行動に指針を与え、その発展を導いていくための羅針盤であり、それを政策当局が発展にかんする問題を認識し、正しい判断を下し、行動計画を練るなど、あらゆる知的活動に具現化される。この正しい発展理念があるからこそ、経済発展の正しい方向性が保たれるのである。もちろん、発展理念も永久不変のものではなく、その時々の外部環境や状況の変化に応じて臨機応変に修正していかねばならない。

　新中国誕生から今日までの70年の歴史を振り返ってみると、中国は経済成長の道を模索する過程において、紆余曲折を辿ってきたにもかかわらず、大きな成果を収めたのも事実である。これは、中国共産党の指導の下で、中国の特色ある社会主義社会の実現を目指して、中国が国情と客観的な法則に照らして発展理念と政策をつねに修正しながら進めてきた結果だと言える。また、中国では経済成長を推進するにあたってその時々の経済・社会に対する判断によって、それぞれ異なった発展理念を打ち出してきた。

　それらを次の四つの時期に分けることができる。第一に、新中国誕生から「文化大革命」（以下、文革と略す）前までの復興と「追いつき、追い越せ」の時期。第二に、「文革」の発生から中国共産党第11期中央委員会第三回総会（第11期三中総）開催までの「階級闘争をカナメとする」時期。第三に、第11期三中総から第18回党大会開催までの「経済成長を主導させる」時期。第四は、第18回党大会開催以降の新たな発展理念が打ち出された時期である。

　総じて言えば、中国の経済・社会の発展理念はやみくもな「追い付き、追い越せ」の時代から、経済発展の法則に則って社会主義市場経済体制・メカニズムの整備を模索する時代を経験した。また、最初の企業収益の重

視、粗放型の成長から集約型への転換をも同時に経験している。その上、より長期的な展望を持って、効率・質・持続可能に意を注ぐ発展理念を社会経済の各分野に拡大させ、現在では、この発展理念が経済分野にとどまらず、社会・文化・生態系保護など各分野にまで広がっている。

（一）新中国誕生後の復興と「追いつき追い越せ」の時代

　1949 年から 1952 年までは中国経済の復興期であり、経済成長の基礎固めの時期でもあった。長年にわたる抗日戦争と解放戦争による壊滅的な破壊により、新中国誕生当時、国民経済の復興が大きな課題であった。1949 年 3 月に、毛沢東は河北省平山県西柏坡で開かれた中国共産党第 7 期第二回中央委員会総会の政治報告のなかで、党が農村から都市に入ってからの中心的任務は、あらゆる力を動員して生産事業の復興・発展させるとともに、これこそがすべての仕事の重点であると強調した。新中国誕生後、国内経済が徐々に回復に向かっているなかで、1950 年 6 月に開催された中国共産党第 7 期第三回中央委員会総会において、毛沢東はさらに、工商業の合理的な調整、公私の関係・労資の関係の改善、土地改革の一層の推進などの諸措置を通じて、生産関係の改善を図り、経済主体の活力を引き出さなければならないと述べた。このような正しい路線と有効な政策により、当時の壊滅的な状態にあった国民経済を急速に回復に向かわせていったのである。しかし、全体的には資本蓄積が乏しく、経済的な基盤が脆弱であったために、経済成長は先進国に比べて、明らかに後れを取っていた。

　1953 年から 1957 年までの間、中国では国民経済の社会主義改造を実施すると同時に、国の工業化実現の発展理念が打ち出された。当時の国民経済が順調に復興を遂げていたことを鑑みて、党中央は当面のあらゆる施策の方針として、社会主義改造の過渡期における総路線と総任務を打ち出し、1953 年 9 月の『人民日報』で発表した。この総路線は、10 年、15 年、あるいはもうすこし長い時間をかけて、国の工業化を実現するとともに、農

業、手工業、資本主義工商業に対する社会主義改造を完成さなければならないとしている。この中で、第一次国民経済発展の五カ年計画が策定され、1956年に中国共産党第八回全国代表大会（第8回党大会）が開かれた。同大会報告は「わが国の国内の主要な矛盾は、もはや、先進的な工業国をうち立てようという人民の要求と、立ち遅れた農業国の現実とのあいだの矛盾であり、経済、文化の急速な発展にたいする人民の要求と、当面の経済、文化が人民のこの要求を満たし得ていない現状とのあいだの矛盾である」と述べた。この過渡期の中国共産党の総路線の下、生産関係の生産力への適応が図られ、さらに生産力の増強を加速させたのである。この間、中国経済は安定的に成長し、経済構造が合理的になりつつあり、経済・社会は健全に発展し、人民の生活水準も大幅に向上した。

　経済がまだ十分に成長しておらず、ほぼ白紙状態からの出発ということではあったが、その後の経済回復は速く、経済全体は急速な成長ぶりを見せ、もともと10年か15年の時間をかけて実現する総路線、総任務をわずか4年間で成し遂げたのであった。その一方で、経済運営には盲目的・急進的な傾向が頭をもたげ、西側の資本主義先進国に「追いつき、追い越せ」ということが、経済成長の法則から逸脱して政治的な至上命題となり、実際の生産現場においてひたすら量的拡大を追求し、「イギリスを追い越して、アメリカに追いつく」というような現実とかけ離れた目標が打ち出されたこともあった。こうしたなか、「文革」が始まる前に、すでに「大躍進」や人民公社のような急進的な大衆運動が繰り広げられ、回復したばかりで、まだ足場が固まっていない中国の経済を攪乱する大きな要因となった。

　1958年5月に開催された第8回党大会第二回会議において、毛沢東は「大いに意気ごみ、つねに高い目標をめざし、多く、はやく、りっぱに、むだなく社会主義を建設する」という総路線を唱え、「大躍進」と人民公社の大衆運動が全国で展開された。最初は、工業と農業の生産高を

10年でイギリスを追い越して、15年でアメリカを追い越そうとする構想
であったが、その後、「3年間でイギリスを、5年間でアメリカを追い越そ
う」とのスローガンに変わった。生産関係の面でも急進的な方針で臨み、
農村では短期間で初級合作社、高級合作社、さらには人民公社へと組織形
態を変えていき、「でたらめな指揮」、「浮ついた風潮（水まし報告）」、「共
産化」などの歪んだ風潮が各地に広がった。このような実情から乖離し、
経済法則に背いた理念や政策は、中国の経済に深刻な影響をもたらした。
経済成長率が急速に下がり、国民経済全体が大きく落ち込み、人々の生活
水準も急激に低下することを余儀なくされた。その後の数年間、中国共産
党中央委員会は経済運営の見直しに乗り出し、経済がなんとか回復に向か
うようになった。その結果、1963年から1966年の間、中国経済は徐々に
回復に向かい、国民経済の構造がある程度改善し、投資と消費のバランス
が理想な形に取り戻され、人々の生活も向上し始めたのである。

　総じて言えば、以上のような「追いつき、追い越せ」の発展理念は目標
の実現が至上命題となり、経済法則よりも政治目的の実現が優先され、経
済成長が強制的・政治的な課題となった。そのため、当時の経済成長は経
済法則や国内の実情から乖離してしまい、社会の発展が頓挫し、結果的に
経済が大きな打撃を被ったのである。

（二）「文化大革命」の「階級闘争をカナメとする」時代

　「文革」期間中、中国の政治と経済分野の混乱は1976年まで続いた。な
かでも、1969年に開かれた中国共産党第九回全国代表大会（第9回党大
会）では第8回党大会で採択された中国共産党の新しい運動方針、つまり、
中国共産党の指導の下で社会主義の「四つの現代化」を実現する、という
路線が否定され、「階級闘争をカナメとする」路線が正式に承認されたの
である。「文革」期間中、当時の厳しい経済情勢に迫られ、若干の見直し
は試みられたものの、国民経済全体は停滞と混乱の中におかれていた。マ

クロ経済がバランスを失い、経済活動が政治運動に取って代わられ、具体的な発展理念を云々することはできなかった。1976年にいわゆる「四人組」の失脚により、「文革」がようやく幕を下ろした。しかし、1977年に開かれた中国共産党第十一回全国代表会議（第11回党大会）では「文革」の誤った理論・政策・スローガンについて明確な結論を出すことができなかった。国民経済が徐々に回復して、軌道に乗りはじめたのとは対照的に、「階級闘争をカナメとする」路線はまだ明確に否定されてはおらず、中国共産党の政策目標もまだ社会主義現代化を実現する、という明確なビジョンも示されていなかった。

　総じて言えば、十年の長きにわたる「文革」から、経済の成長にあたって正しい政策理念がなければ、重大な過ちを避けることは難しいという手痛い教訓を得たのである。

（三）第11期三中総から第18回党大会までの「経済成長を中心とする」時期

　1978年12月に第11期三中総が開かれ、中国共産党の路線はこれまでの「階級闘争をカナメとする」路線から「社会主義現代化の実現」に転換し、中国は名実ともに改革開放の新時代を迎えたのである。

　その後数回開かれた党大会においても、決まって「経済成長」が議題の中心となり、明確な成長目標が定められ、改革の経過とそれぞれの段階に応じて、具体的な政策が検討された。

　1982年に開かれた中国共産党第十二回全国代表会議（第12回党大会）では、「社会主義現代化の実現の新たな局面を切り開くために力を結集しよう」を題とする綱領が採択された。

　1987年に開かれた中国共産党第十三回全国代表大会（第13回党大会）の報告のなかで、社会主義の初期段階における基本路線、いわゆる「三歩走」（三段階の発展戦略）が明確に唱えられた。

1992年に開催された中国共産党第14回全国代表会議（第14回党大会）では、はじめて社会主義市場経済体制の導入が打ち出され、経済成長の目標についても大幅な見直しが図られた。1990年代の経済成長目標、つまりGDPの伸び率をもともとの年平均6%から8〜9%に引き上げられた。

1997年開催の中国共産党第15回全国代表会議（第15回党大会）の報告では、新たな「三歩走」発展戦略が打ち出された。すなわち、第一段階では、衣食問題（最低限の生活を保証する問題）の解決である。第二段階では、小康（ややゆとりのある）段階に入ることである。さらに、第三段階では、50年ほどで中進国の仲間入りを果たすことである。

2002年開催の中国共産党第16回全国代表大会（第16回党大会）の報告には、「小康社会の全面的建設」という目標が打ち出され、その中で経済成長の目標については、「構造を最適化させ、効率を向上させることを基礎として、GDPを2020年までに2000年度の4倍増にし、総合国力と国際競争力を目に見える形で強化するよう努める」と明記された。

2007年開催の中国共産党第17回全国代表大会（第17回党大会）の報告には、引き続き「小康社会の全面的建設」という目標が確認され、その中で経済成長の目標については、「発展の調和性を高め、健全で速い経済発展の実現に努める。発展パターンの転換を大きく進展させ、構造の最適化、効率の向上、エネルギー消費の削減、環境の保護を基礎に、一人当たりのGDPを2020年までに2020年の4倍にする」と明記された。

2012年に開催された第18回党大会の報告は「小康社会の全面的完成」という奮闘目標を打ち出し、経済目標については、「経済発展パターンの転換に大きな進展があり、発展の均衡性・調和性・持続可能性の著しい向上を基礎に、GDPと都市・農村住民一人当たり所得の2010年比倍増が実現する」と明記された。

この時期、党中央は経済発展目標を強調するとともに、経済運営の中で発展パターンの転換に重きを置き、経済成長のなかで企業経営と経済発展

パターンの効率向上に意を注いだ。第12回党大会の報告は、中国の国民経済は「多くの面で経済効率が依然として低い。その原因は、比較不能ないくつかの客観要因のほかに、極「左」思想がもたらした企業のやみくもな発展、非合理的な経済構造、経済管理体制と所得分配体制の不備、企業経営の混乱と生産技術の立ち遅れによるところが大きい」と述べ、さらに「第6次五カ年計画」期間中、すべての経済工作（活動）を経済効率の向上を中心とする軌道に乗せなければならないと強調した。

中国共産党第十三回全国代表大会（第13回党大会）の報告には、中国の経済発展パターンを「粗放的経営から次第に集約的経営の軌道に乗せなければならない」と述べた。中国共産党第14期中央委員会第五回総会（第14期五中総）で採択された「国民経済と社会発展『第9次五カ年計画』および2010年までの成長目標制定に関する中共中央の提案」は、「第9次五カ年計画と2010年までの成長目標を実現する上で、カギとなるのは全体的局面に影響を与える次の二つの基本的な転換が必要である。一つは経済体制を、伝統的な計画経済から市場経済へ転換することであり、もう一つは、経済発展パターンを粗放型から集約型へ転換することである。これにより、国民経済の持続的、急速かつ健全な発展と社会の全面的な進歩を促進しなければならない」と述べた。この中で、「二つの転換」が初めて同時に言及され、さらに同文書は、「経済発展パターンを粗放型から集約型に転換させるには経済体制の改革に依拠しなければならない」と強調した。第17回党大会の報告は、「今後の経済発展目標達成のカギは、経済発展パターンの転換加速と社会主義市場経済体制の十全化を大きく進展させることである」と述べた。また、第18回党大会の報告は、「科学的発展をテーマとし、経済発展パターンの転換加速をプロットとすることは、わが国の発展の全局にかかわる戦略的選択である。国内外の経済情勢の新たな変化に即して、新たな経済発展パターンの形成を急ぎ、発展促進の立脚点を質・効率の向上に移す」と述べた。

総じて言えば、第11期三中総から第18回党大会までの35年間は、中国の経済社会の高速成長、大きな変化を遂げた35年間であった。この間、あらゆる分野でたえず改革が行われ、一層の開放が推し進められ、経済・社会の大変貌という成長の成果が、世界の注目を集めた。経済規模は1978年の世界ランキング十数位から2010年には第二位に上昇し、国民の収入も大幅に増加してきた。ただ、認識部族や体制・仕組みなどの不備により、中国経済は高速成長が実現した一方で、さまざまな問題が明るみに出たのも事実である。例えば、GDP、つまり、成長目標の過度な追及、質よりも量の拡張、経済・社会の発展の中での不均衡・不調和・持続不可能の問題の顕在化、粗放型の発展パターン、イノベーションの不足、一部産業の生産過剰、生態系の破壊、所得の格差等の問題が挙げられる。

（四）第18回党大会以降の新たな発展理念

　第18回党大会以降、習近平同志を核心とする中国共産党中央委員会は一連の治国理政（国家統治、政策運営）に関する新たな理念・方策を打ち出した。2015年10月に開かれた第18期五中総において、習近平総書記は、「五つの発展理念」について体系的に論じており、「革新、調和、グリーン、開放、共有」という五つの理念の重要性を強調した。これまで、中国の経済・社会の発展は主に資源などの要素投入に頼る経済成長と規模の拡大による粗放型発展パターンであったが、持続可能なやり方ではなかった。今後はイノベーションを国の発展の全面的局面の中心に据え、理論刷新・制度改革・科学技術イノベーション・文化革新に取り組む必要がある。また、協調は、持続可能な社会発展を実現するための必要条件であり、発展の中で見られる重大な関係を正しく処理し、国のハードパワーを向上させると同時に、ソフトパワーの向上にも力を入れ、発展の全体性を不断に高めなければならない。

　質の高い発展を目指すためには、経済成長と環境との関係に慎重に対処

することが大事である。生産能力を維持すると同時に環境を改善すること
は、生産能力の増強にも繋がるという理念を掲げ、環境問題に十分な配慮
を払い、一時の成長のために環境を犠牲にしてはならないのである。

中国共産党第十八回全国代表大会第三次中央委員会総会（第18期三中
総）において、「開放型の経済体制の構築」という新たな理念が打ち出さ
れたが、これは諸外国と「協力・互恵・ウィンウィンの関係を構築する」
という戦略の下、ハイレベルな開放政策を実施することを意味している。

発展の成果の共有は、中国の特色ある社会主義制度の基本的な特徴であ
る。そのために、全人民が共同建設・共有を旨とする発展の中で、より多
くの獲得感を持てるようにし、発展の原動力を増強し、共同富裕の方向に
前進していかなければならない。

中国の社会・経済発展の現状に照らして、2017年に開かれた第19回党
大会の報告は、当面中国が直面している主要な社会矛盾について新しい見
解を述べた。それは、「中国の特色ある社会主義は新時代に入り、すでに
わが国の主要な社会矛盾は、人民の日増しに増大する素晴らしい生活への
需要と発展の不均衡・不十分との矛盾へと変化している」というものであ
る。この論述は、新時代の中国の経済・社会の各分野の発展を導いていく
ための重要な拠り所である。同年開かれた中央経済工作会議も、「中国の
特色のある社会主義は新時代に入っており、わが国の経済発展も新時代に
入っている。その基本的な特徴は、わが国の経済がすでに高速成長から質
の高い発展に転換しているということである。この転換は、経済の持続的
で健全な発展の必然的な要求であり、中国の主要な社会矛盾の変化と小康
社会の全面的完成、社会主義現代化国家建設の必然的な要求であり、また
経済法則に則った発展の必然的な帰結でもある」と述べた。

三、新たな技術革命と質の高い発展の可能性

　全要素生産性（TFP）は産出とすべての生産要素投入の比率であり、主に技術進歩、効率の改善と規模の経済性などの諸要素が含まれ、成長の質を表す重要な指標である。一般的に言って、成長の質が高いほど、その成長は投入要素の量的な拡大ではなく、投入要素、更には各要素の組み合わせによる効率の向上に頼らねばならない。これを全要素生産性、つまり経済成長への寄与度が高いと表現される。

　21世紀に入ってから、とりわけリマーンショックに端を発した世界金融危機以降、従来の計算方法で算出されたデータによると、世界の全要素生産性は低迷を続けている。たとえば、2008年から2016年の世界の全要素生産性の年平均伸び率はマイナス0.4％であり、1999年から2007年の高い伸びとは対照的であった。なかでも、先進国はすべてマイナス成長であったのに対して、発展途上国は両極化が進んでいる。つまり、一部の全要素生産性の高い国を除けば、他の国はいずれもマイナスの伸びを示している。

　成長への寄与率を見ると、最近、ほとんどの国の経済成長は伝統的な生産要素の投入、つまり、労働と投資の増加によって支えられていることがわかる。たとえば、2012年から2016年までの間、アメリカとインドの要素投入増加のGDPに対する寄与率はそれぞれ61％、71％に達している。しかし、投入要素に内包された質的部分、たとえば、労働力の質的向上などの経済成長に対する寄与率はそれほど高くなく、ほとんどが三分の一に満たない。多くの国で全要素生産性の伸び率は下がってきており、GDPへの寄与度も減少するかマイナスになっている。たとえば、アメリカ0％、イギリス－6％、韓国－21％というような状況である。もちろん一部伸び率の高い国もあり、インドは約21％の伸び率である。リマーンショックに端を発した世界金融危機以降、全要素生産性の低下は、世界的な景気回

第一章　質の高い発展への転換とその基本条件　　63

復を遅らせたばかりでなく、経済成長の質もその影響を受けて、ほぼ足踏み状態となっている。しかし、他の国と比べると、中国はその中でも数少ない例外と言えるかもしれない。2012 年から 2016 年の年平均経済成長率は 7.5％で、全要素生産性の寄与度は 3.4％に達しており、寄与率は 45％を超えており、大国の中でも伸び率がとりわけ高い方だといえる。

　以上からわかるように、先進国は依然として高い水準の全要素生産性をキープしているが、成長への推進が力強さを欠いており、全要素生産性の伸びも行き詰まった状態となっている。それに対して、中国は全要素生産性の絶対値はまだ低いものの、伸び率はかなり高いのが特徴である。したがって、中国はまさに量的成長から質的成長、質の低い発展から質の高い発展への転換期にあると言える。

　世界的な全要素生産性低下の主な原因の一つは、従来の統計方法が新しい成長分野をカバーできていないということがある。たとえば、数多くの新しいサービス業、知識経済、デジタル経済などの部分が統計から漏れる可能性がある。また、無料検索エンジン、E メール、クラウドメモリ、通貨決済を必要としない一部の取引—例えばシェア住宅、シェア自動車—などの新業態を、これまでの統計方法では GDP に算入することができないため、実際の付加価値を過少評価する可能性がある。もう一つは、新たな産業革命はいまだに初期段階にあるということである。たとえば、多くの分野の科学技術イノベーションは、まだ胎動期・導入期にあり、経済の変革を引き起こすような理論的・技術的な進展が見られない。また、目下、ニュー・エコノミーのほとんどがビジネスモデルの革新であり、生産性向上の寄与度は科学技術イノベーションほどではないという点が挙げられる。さらに、新たな科学技術イノベーションと産業周期が以前よりだいぶ短くなっていることから、生産性向上に直接結びつかないという側面もある。

　将来、新たな産業革命が成熟期に入っていれば、ほとんどの国で生産性の V 字回復が見られ、その伸び率はこれまでの三つの産業革命を上回り、

新しい成長期に入る可能性が十分ある。これを実現するには次の三つのルートが考えられる。一つ目は、「インターネット＋」である。特に「インターネット＋製造業」は従来の製造業の効率を大幅に引き上げることが可能である。二つ目は、重要技術と産業の変革である。仮にロボットや人工知能（AI）技術の開発が大きく進展し、さらに広く普及すれば、社会全体の生産・消費・所得分配体系にこれまでにない変化が起こる可能性がある。この変革により生じたエネルギーやショックはこれまでの三つの産業革命のときよりも、より大きなものになるであろう。三つ目は、生命科学、エネルギー貯蔵技術、量子通信などいくつかの研究分野が同時に大きく進展し、実用化され、さらにその相乗効果が発生する可能性が高いことである。

　つまり、今の新たな技術革命を背景に、どの国も質の高い発展に恵まれるチャンスがある。まず先進国では、技術開発を一足早く成功しており、そのイニシアチブを取ることによって、新技術、新産業が次々に誕生している。それにより、近年の全要素生産性の低下傾向を逆転させ、新たな質の高い発展への転換を実現することは十分可能である。もちろん、中国もこのようなチャンスを前にしている。まず、伝統産業においては、これまでと同様に技術導入やその改善を通じて、先進国との距離を縮め、その全要素生産性のさらなる向上を図っていくこと、次に、投入要素の変化、需給のグレードアップ、市場の規模、産構造の変化、改革の加速など新たな優位性を活かして、新産業・新業態・新モデルの普及をできるだけ早く成し遂げ、その全要素生産性を高めて行くことが必要である。

第二章

質の高い発展の主な内容・
課題及びその原因分析

一、主要内容

（一）質の高い発展の主な内容

　習近平総書記は、供給・需要・投入産出・所得分配・マクロ経済循環という五つの角度から質の高い発展の主な内容について、次のように述べている。

　「質の高い発展は人民の日増しに増大する素晴らしい生活への需要を満たすためのものであり、新たな発展理念に基づくものである。質の高い発展を実現させるには、革新を第一の原動力とし、協調を内生的特色をとし、グリーンを普遍的形態とし、開放を必ず通らなければならない道とし、共有を発展の根本的目標としなければならない。」「発展が至上命題であり、人材が第一の資源であり、革新が第一の原動力である。」

　高速成長と質の高い発展の区別について、一つ目は、高速成長は粗放的な拡大や「スピードと規模」が強調され、成長は要素の投入によって支えられていた。それに対して、質の高い発展は「質と効率」が強調され、発展は全要素生産性の向上に依拠して実現する。二つ目は、高速成長はGDP または一人当たり GDP が重要視されるのに対して、質の高い発展は「五位一体」総体的配置や「四つの全面」戦略的配置が重要視され、個人の全面的な発達・社会の全面的な発展・経済の全面的な繁栄が目標とする。三つ目は、いわゆる「成長しているが発展が見られない」現象は世界各国の共通の課題である。これは低所得のアフリカにも発生する可能性があるし、中所得のラテンアメリカや高所得の先進国にも発生する可能性がある。例えば、アメリカの場合、世界的に高度に発達した市場システム、最も充実した監督管理力、最も優れた人的資源を有しながら、1990 年以降、産業の空洞化、所得分配の二極化、インフラの老朽化といった問題に悩まされ、成長の質が下がり続けてきた。また、日本は、質の高い発展で有名であるが、近年企業の製造データ改ざん事件が続出している。これには企業

第二章　質の高い発展の主な内容・課題及びその原因分析　　67

の終身雇用制度の廃止、経済が長期的停滞に陥ってしまったという時代背景がある。つまり、終身雇用制度が廃止された後、企業では生産現場の品質チェック体制の欠如と人員の削減を余儀なくされ、企業への帰属意識や忠誠心のない派遣労働者の自主判断に任せた結果、製品やサービスの質の低下に繋がったのである。

　つまり、質の高い発展のポイントは、最小の資源投入、最少の消耗、最高の収益、最高の品質保障、最も優れた供給側の構築にあり、生産力変革の方向を示している。習近平総書記が中央経済工作会議において、「質の高い発展への転換は当面、そして今後の長期間にわたって発展目標の確立・経済政策の制定・経済運営のマクロ的調整のための出発点である」と述べているように、中国における質の高い発展への転換は歴史的経験と現実的な選択によるものであり、当然ながら今後相当長きにわたって、中国経済社会が発展するための重要な課題であると同時に、目指すべき目標でもある。

（二）質の高い発展、現代化経済体系の構築及び生産力と生産関係の見直し

　習近平総書記は、中央政治局の集団学習（勉強会）において、現代化経済体系の構築とは、イノベーションによるけん引、協同発展の産業体系、統一的で開放され、競争と秩序のある市場体系，効率を体現し、公平を促進する所得分配体系、優位性をはっきりと示し、バランスよく相互促進する都市農村・地域間発展体系、資源節約型で環境にやさしいグリーン発展体系、多元化・均衡化した、安全で高効率な全面的開放型経済体系を確立し、市場と政府の役割がともに発揮される経済体制を構築することなどと述べた。

　質の高い発展を生産力発展の手段として推進していくことは、経済の持続的で健全な発展の必然的要求であり、中国の主要な社会矛盾の変化に適

応するための必然的要求であり、また、経済・社会・自然の法則にしたがって行動するための必然的要求でもある。新時代のこの目標を実現するためには、一定の成長率を維持するとともに、「革新、調和、グリーン、開放、共有」という五つの発展理念の堅持、相互補完・協調協力・開放と許容・平等互恵の精神の継承、より効率的・公平・持続的な成長の推進に取り組んでいかねばならない。その中で、経済発展の質・効率・原動力の変革の推進がカギを握っており、また、生産関係の分野で質の高い発展をサポートしていくためには、現代化経済体系の構築が必要である。

1、質の変革推進と現代化経済体系の構築

マクロ的な視点から言うと、生産・流通・所得分配・消費の好循環、国民経済各部門間の均衡と産業の地域間分布の合理性を求め、市場・政府・社会という「三位一体」のガバナンス体制の構築を推進し、ビッグデータ・クラウドコンピューティング・IoT・AIなどのデジタル化マクロ体系を確立し、さらに「法で定められた責務は果たさねばならない」というように、法定機関の構築のサービス体系を構築する。

メゾ的な視点から言うと、発展のパターン転換、経済構造の最適化、成長の原動力の変革、基本的な公共サービスの均等化を推進し、資源と投入要素の地域間・部門を跨ぐ自由な移動の推進と、再均衡実現のための法律・政策体系の整備、都市・農村、各地域間の調和発展問題の解決につながる内生的原動力メカニズムを確立し、国内の貧困地域、及び海外サハラ以南のアフリカ地域の開発を支援するための国際協力体制を構築しなければならない。その際に最も大きな課題は、能力の増強・制度間の融合・国際的ネットワークの構築である。

ミクロ的な視点から言うと、需要構造を大量消費から質の高い消費への転換を促進する。また、供給体制を小ロット・多品種・高品質・スマート化・「海外進出」へ転換するには、現地化・地域均一化・グローバル化に

第二章　質の高い発展の主な内容・課題及びその原因分析　　69

より生じた新しい需要を活かして、多様化した供給体制を構築する。市場・法治・グローバリゼーションを内容とする現代化経済体系の土台を固め、ガバナンス体系・能力の現代化した公共財供給体系を構築していくことが大事である。

2、効率を求める必要性と現代化経済体系の構築

　まずは労働生産性・資本生産性・土地の利用率・資源の利用率・環境の浄化能力・研究開発の貢献率・全要素生産性を高めるために、市場・投資、ビジネス、イノベーション・法治など制度の有効性と便利性を向上させ、イノベーションによるけん引、協同発展の産業体系を確立し、統一的で開放され、　競争と秩序のある市場体系を完結させ、多元化・均衡化した、安全で高効率な全面的開放型経済体系を確立し、市場メカニズムが十分に機能し、政府のマクロコントロールが効く経済体制を整備することが大事である現代化経済体系の確立過程においては、市場の競争原理を十分に機能させ、各生産要素と自然環境の持つ経済体制転換期に特有の「エコノミック・レント」を完全に解消させることが大事である。開放された競争市場では当然新規参入がどんどん入ってくるので、それらの競争相手との激しい競争は避けられない。つねに競争意識を持ち、混合経済体制の有効性を活かして、さらに、軍需と民需産業の連携、政・産・学・研一体の研究開発体制、全方位の国際協力、という「三位一体」のイノベーション体系の構築に取り組んでいけば、必ずや技術開発の寄与度アップと全要素生産性向上の大きな促進要因となるであろう。

3、原動力変革の必要性と現代化経済体系の構築

　質の高い発展を推進するには、原動力の変革が必要であり、また、原動力がうまく機能するかどうかは制度設計の有無に関わっている。つまり、公平な制度は必ず出資者には配当を、会社には利益を、従業員には給料を、

政府には税収を、というふうに各ステイクホルダーの貢献に対して市場の評価はかならず反映されるのである。

原動力の変革を推進するには、まず、社会が直面する主な課題に取り組まなければならない。それは、一つは人民の日増しに増大する素晴らしい生活への需要はますます広がりをみせ、物質文化面でのより良い生活への要求だけでなく、民主・法治・平等・正義・安全・環境などの面への要求も高まっていることであり、もう一つは、発展の不均衡・不十分の諸問題がこれまで以上に顕在化しているということである。これらの問題に対処するために、現代化経済体系、公平と効率のバランスのとれた所得分配制度、協調・協力の地域成長と資源節約、環境にやさしいグリーン発展体系を構築することが急務である。

次に、合理的なインセンティブの仕組みと制度の設計は、経済法則に適った質の高い発展、社会発展の法則に適った包摂型発展、自然法則に適った持続可能な成長を推進し、現実を踏まえ、社会を構成する個人や組織の要求と社会目標を実現するための一致したインセンティブを見つけ出さなければならない。

二、主な特徴

第19回党大会において、中国の経済はすでに高速成長の段階から質の高い発展の段階に入っており、今まさに発展のパターン転換、経済構造の最適化、成長の原動力の転換の最中であると言ってよい。現代化経済体系の構築はこの難関を突破するために必要であり、中国社会発展の戦略的目標であると述べられている。

質の高い発展は人民の日増しに増大する素晴らしい生活への需要を満たすためのものであり、新たな発展理念に基づくものである。それを成功させるためには、革新を第一の原動力とし、協調を内生的特色とし、グ

リーンを普遍的形態とし、開放を必ず通らなければならない道とし、共有を発展の根本的目標としなければならない。

質の高い発展は習近平「新時代の中国特色のある社会主義経済」思想の重要な部分であり、人民の日増しに増大する素晴らしい生活への需要と発展の不均衡・不十分との間の主要矛盾を解消し、富強・民主・文明・調和の美しい社会主義現代化強国を築き上げるための重要な一環でもある。その基本的な特徴は以下の六つの側面から把握することができる。

（一）成長段階の転換

質の高い発展というのは高速発展に対しての概念であって、スピードと質は弁証法でいう対立物の統一の関係にある。改革開放以降、中国経済は数十年の高速成長を経験してきたが、ここ数年来、高速成長を支えてきた需要と供給に大きな変化が生じている。そのため、中国経済は新たな発展段階に入っていると言える。この新しい段階で、従来の発展パターンの継続がもはやできなくなっており、発展パターンの転換を図り、質の高い発展を推進していかねばならない。つまり、中国経済を高速成長から質の高い発展への転換は客観法則と現実的な選択の両方において必要であると言ってよい。

従来の高速成長は主に量的拡大が強調され、投入要素の拡大によって支えられてきた。高速成長時代の重点はスピードの問題であり、スピードの問題はイコール「パイを大きくする」ことであった。もちろん、その過程でも質の問題がまったく無視されていたわけではなかったが、経済成長が新たな段階に入ると、質の高い発展が大きくクローズアップされるようになった。つまり、成長の質と効率が強調され、「五位一体」総体的配置や「四つの全面」戦略的配置が重要視され、個人の全面的な発達・社会の全面発展・経済の全面繁栄が目標とされ、成長の実現は主に全要素生産性の向上によって支えるということが注目されるようになった。もちろん、質

72　I 部　総合研究

の高い発展は、質を強調すると同時に、発展のスピードにも気を配ること
を意味している。なぜなら、質の高い発展も一定の成長スピードが必要だ
からである。

　以上のように、従来の高速成長によって、質の高い発展に必要な土台が
すでに作られており、現段階の質の高い発展は高度成長の必然的な帰結で
ある。したがって、成長段階の転換は、質の高い発展の大きな特徴と言え
よう。

（二）需給の動態的均衡

　改革開放の 40 年間、中国の市場経済は次第に深化しており、経済成長
のメカニズムに大きな変化が生じている。それは、成長の中でわれわれは
無意識的に生産拡張の道を走ってきたのだが、一方では、最近、人々の消
費志向に大きな変化が生じ、需給のミスマッチが問題になっている。した
がって、質の高い発展の段階では、需給の動態的均衡・安定成長・構造調
整のバランスをどうコントロールかが大きな課題となる。

　供給側を見ると、産業は比較的整ってはいるが、その産業を差別化・ス
マート化・ネットワーク化して、産業のイノベーション力・需給対応力・
ブラント力を高めなければならない。具体的には、「中国製造 2025」を
実施し、「三歩走」を実施することによって、製造強国の仲間入りを図り、
製品の質と付加価値の向上に取り組んでいくことが挙げられる。また、需
要側を見ると、市場志向の原則に則って、個性化・多元化し、絶えず変化
する消費者のニーズが供給体系・構造の最適化をスムーズにリードしてい
る。供給体系は絶えず需要の変化に迅速に対応すると同時に、市場のニー
ズを満たし、生み出している。需給関係の動態的均衡を維持するには、経
済・都市農村・地域の構造の最適化、新たな成長のエネルギー・原動力の
切り替えなどが必要である。このような動態的均衡の維持こそ経済成長の
理想的な形とも言えよう。

（三）効率と公平のバランス

効率と公平のバランスは、質の高い発展の重要な内容であると同時に、その達成度を評価するための大切な指標でもある。効率というと、資源の効果的な配分や投入と産出の効率を指す場合が多いが、それを高めるためには、更に意識を変革し、体制・制度の改革によって、土地・資本・労働力・エネルギー・地下資源・情報など諸要素の秩序ある移動と効果的な配分を図り、生産力と生産関係の最適化を促進していくことが大事である。また、「イノベーションこそが発展をリードする原動力」であるという理念を浸透させ、研究開発を通じて、科学技術の貢献率・資本生産性・労働生産性をより向上させ、社会全体の「大衆による起業・革新」の気運を高め、TFPの向上を図らなければならない。

特に、向こう数十年にわたって、情報技術とインターネットの普及によって生産・生活が全面的にデジタル化・ネットワーク化・スマート化していくであろう。したがって、この変革によってもたらされる成長の可能性をつかみ、さらなる経済成長を推進していくことが大事である。

公平性とは、公平な所得分配を通じて人々の生活需要を満たすことであるが、質の高い発展の段階においては、一次分配は効率が基本であり、労働力・資本・技術などの諸要素の貢献度に応じて分配される。つまり、株主には配当、企業には利潤、従業員には賃金、政府には税収をそれぞれもたらすことになる。二次分配においては、政府の所得分配の調整役としての役割が大事である。つまり、合法的な収入を保護し、高収入を是正し、違法な収入を取り締まることが中心である。

税制の所得是正機能を強化することにより、分配の公平性を維持することが必要であるが、政府の二次分配においては、特に低所得者を優遇することが必要である。これを通じて、所得の格差を一定のレベルに抑え、収入の明らかな二極化を回避しなければならない。これらの施策により、最終的には平等で、秩序のある分配制度と、「オリーブ型」の所得分配構造

74　Ⅰ部　総合研究

を形成することが目標である。

　また、公平性とは機会の公平も含まれている。たとえば、教育・医療・年金・住宅・社会保障の供給の量と質、基本的公共サービスの均等化、公平に社会福祉を受ける権利の保障などである。さらに、法律の整備、社会統治環境を構築して、全ての人民が経済成長の成果を平等に享受し、共同富裕の道を歩むようにしなければならない。

（四）開放性

　質の高い発展を推進するために、さらなる開放政策の実施が必要である。2017 年に、中国の輸出入総額は 27 兆 7921 億元となり、GDP 総額の 33.6％を占めるようになった。外国投資は実行ベースで 8775.6 億元となり、前年比 7.9％の増加、外資の導入は史上最大規模に達した。現在、中国の世界経済への貢献率はランキングトップであり、世界最大の中所得者人口と最大の社会保障網を有している。現在、質の高い発展への転換を図る中国にとって、まず取り組むべきことは、やはり対外開放をさらに推し進め、グローバルな協力関係を強化していくことである。

　具体的には、「一帯一路」の建設を中心に、インフラの相互アクセス、産業とサービス貿易をめぐる協力を推し進め、自由貿易圏ネットワークを確立し、双方向・相互支援を旨とする開放の局面を形成することが挙げられる。また、国内各地域のさらなる開放を図り、国際間の分業・生産協力を進め、グローバルな貿易・投融資・製品・サービスの供給ネットワークを形成させ、その中で国際協力の優位性と競争力のアップを求めていくことである。そのためには、まず積極的に輸入の拡大を図り、貿易構造の最適化、貿易の質と効率の向上を推進し、持続可能な経済成長をサポートする必要がある。次に、外国投資の質を高め、技術・知識集約産業への投資を中心に外資を誘致し、研究開発・アウトソーシング分野・西部地域への投資を奨励する必要がある。さらに、開放経済の下での経済安全保障問題

にも留意し、国際投機資本の中国経済に対する攪乱要因を事前に防がねばならない。

（五）抗リスク性

質の高い発展な成長に入ると、重大リスク、とりわけ金融リスクの防止と回避が以前より一層強く求められるようになる。中国経済が直面している金融リスクは全体的にコントロール可能であるものの、経済成長率が下がっていくにしたがって、金融市場の変動が激しくなり、金融業界が様々なリスクや脅威に直面しているのも事実である。例えば、ゾンビ企業への不良債権が高止まりしていること、地方政府の累積債務問題、潜在的な債務リスク、土地開発バブルによる金融リスク、「実体経済離れの金融投機」問題などが完全に解消されていないことなどが挙げられる。

質の高い発展を推進するためには、新たなリスク管理体系を構築することが必要であり、金融リスクの防止と回避を喫緊の課題として位置付けなければならない。具体的には、レバレッジの解消や「ゾンビ企業」の処理が必要であるが、まずは効果的な対策を講じて、企業債務の増加をくい止め、レバレッジを安定させる必要がある。更に、構造的な債務から着手して企業債務の増加を抑えなければならない。それと同時に、経済の構造的な不均衡を是正し、金融業務への監督管理の枠組みを十全化し、バランスシートの回復を図る必要がある。

その他、供給側の変革を中心に、国有企業・租税・金融など制度面の改革、主要産業の育成を強力に推し進め、金融と実体経済、金融と土地開発、金融体系内部の好循環を促進させると同時に、違法な金融活動への取り締まりを強化し、金融管理制度を整備していくことが大事である。

（六）持続可能性

持続可能性の最大の特徴はグリーン発展だと言われている。改革開放の

初期、中国のエネルギー消費の伸びは成長率の伸びを下回り、その総消耗量も緩やかな増加に止まっていたが、高速成長期に入ると、製造業のGDPに占める比率が上昇し、エネルギーの消耗も急速に増えていた。例えば、2002年から2005年の間に、GDP単位あたりのエネルギー消費が大きく上昇し、2007年のエネルギー消費量は標準炭換算で26億5600トンに達し、世界のエネルギー消費に占める比率も16.8％に上昇した。また、2010年には、中国はついに世界最大のエネルギー消費国となった。「第12次五カ年計画」、「第13次五カ年計画」の期間中、中国政府が一連の省エネ、排ガス抑制政策を実施し、人々の環境意識も以前より高まった。それにもかかわらず、2016年のエネルギー消費量は依然として標準炭換算で43億6000トンに達した。

このように、従来の粗放型、エネルギー多消耗型の成長は深刻な環境問題を引き起こし、中国はすでに気候変動に最も影響されやすい国になっている。そして、現在では、資源の制約が厳しくなり、環境問題が顕在化して、持続可能な成長のボトルネックとなっている。

質の高い発展の段階になると、「緑の山河は金山・銀山にほかならない」という環境理念が唱えられ、生態系重視が成長の「シンボル」、グリーン発展が質の高い発展の「トレードマーク」となり、多投入・多消耗・高汚染型成長が改められ、生態環境の改善、効率的で、質が高い持続可能な成長がもとめられるようになった。今後、中国が青い空、緑の山、澄んだ水を有する、美しく住みよい国になることが望まれている。

三、現実的な意義

（一）戦略的目標

第19回党大会において、「2035年までに、社会主義現代化を基本的に実現する」、「2035年から今世紀半ばまでに、現代化の基本的実現を土台

第二章　質の高い発展の主な内容・課題及びその原因分析　　77

に、わが国を富強・民主・文明・調和の美しい社会主義現代化強国に築き
上げる」と述べている。このことは、質の高い発展を推進し、現代化経済
体系を構築し、この二つの戦略目標を実現するための土台にして前提条件
である。

（二）最善の選択

　第 19 回党大会において、「わが国の経済はすでに高速成長の段階から質
の高い発展を目指す段階へと切り替わっている」という戦略的判断が下さ
れているが、成長のエネルギーを質の高い発展と現代化経済体系の構築に
集中させることは、新時代を切り開くための最善の選択である。

（三）必然の帰結

　人民の日増しに増大する素晴らしい生活への需要と発展の不均衡・不十
分との間の矛盾を解消するためには、「五位一体」総体的配置や「四つの
全面」戦略的配置を統一的に推し進めなければならない。また、そのため
の基本的な取り組みとして、新たな発展理念を貫き、現代化経済体系を構
築する必要がある。

四、直面する課題とその原因

　当面、われわれは回避しがたい以下の三つの問題に直面している。一つ
目は、東部と中西部、南部・北部の発展の大きな不均衡・不十分の矛盾が
非常に大きいという点である。二つ目は、伝統的な労働集約型産業、資本
集約型重化学工業、技術集約型ハイテク産業が、それぞれ直面している転
換期の矛盾と主な問題が異なっているという点である。三つ目は、一口で
質の高い発展と言っても、高・中・低の成長レベルの違いがあり、現代化
段階に入っても、初期の現代化と後期の現代化という違いがある。このよ

うな大国内部の大きな不均衡は、中国の質の高い発展と現代化における最大の特徴だと言えよう。

（一）直面する主要な課題

1、内需拡大の効果をさらに引き出していく必要性

当面、中国で質の高い発展を実現し、現代化経済体系を構築する最大のインセンティブは、経済の需給構造に歴史的な大転換が起きていることであり、中でも、供給側構造的問題が顕在化し、質の高い発展を制約する要因となっている。

まずは、投資効率が低下し、レバレッジが上昇しているということである。具体的に言うと、製造業、土地開発・インフラ投資は、すでにピークを越えているが、外国直接投資、民営企業の投資、新型都市化がもたらす投資、イノベーション・環境・生活基盤などへの新規投資が参入障壁によって制限されており、さらに、公共財とサービスへの投資が極めて不足していることである。そのため、従来のような古いやり方で投資需要を増やすことがますます困難になっている。

次に、最終消費のGDPへの寄与率が依然低いということである。第18回党大会以降、中国の最終消費のGDPへの寄与率がすでに54.9％から58.8％まで上昇し、世界最大の中所得者層を生み出しているが、製品とサービスの供給が消費者のニーズに追いついていない現状がある。たとえば、中国人の海外旅行の消費額はすでに1兆2000億元から1兆5000億元に達しており、家政・介護・教育・医療などのサービスの提供は依然不足しており、社会インフラの供給も需要を満たしていないのが実情である。

最後は、徐々に持ち直した外需が貿易保護主義に脅かされる事態になっていることである。2008年のリマーンショックに端を発した金融危機以降、世界経済の貿易・投資、製造業の回復は遅々として進まず、2017年になってようやく回復基調に乗ったかに見えたが、世界的な貿易保護主

第二章　質の高い発展の主な内容・課題及びその原因分析　79

義・ナショナリズム・孤立主義の台頭により、貿易・投資の中長期的な発展の見通しが立たなくなっている。そのため、中国企業は質の高い発展を通じて、国際バリューチェーンにおける立ち位置と交渉力を高めていかねばならない。

2、需要に対応しきれない供給側の見直し

まずは、中国とアメリカとの間の貿易摩擦が長期化する可能性があるということである。アメリカの「301条調査リスト」には「中国製造2025」により指定されたハイテク製造業、例えば航空・電子（半導体）・精密機械などが多数含まれており、外国企業の中国ハイエンド製造業への投資を阻止しようとするのが目的である。しかも、このような貿易保護主義は欧州、及びその他の地域に蔓延する勢いであり、世界的な貿易・投資・金融自由化の新たな障壁になる可能性が高いと思われる。しかし、別の角度から考えると、このことは逆に中国が供給側構造改革に全面的に深め、自主イノベーションを推進して、ピンチをチャンスに変えるきっかけにもなる。

次に、中国は計画経済から市場経済への移行の中で、まず労働集約型産業からスタートしたことから、受託加工、低価格競争、模倣品生産などのビジネスモデルを大きな特徴としていた。しかし、受託生産から自主開発、低付加価値から高付加価値、模倣品生産から科学技術のイノベーションへの転換はそう簡単なことではなく、まさに「ゲリラ」から「正規軍」に脱皮するようなものである。

この転換を力強く推進するためには、次のような三つの取り組みが必要である。まず一つ目は、いわゆる「双創」（大衆による起業・革新）であり、二つ目は、「双公」（政府が公共施設と公共サービスを提供すること）であり、三つ目は、政府・企業・社会が協力して、産業構造の最適化に取り組むことである。

最後に、実体経済・科学技術イノベーション・現代的金融・人的資本が

ともに発展する産業体系は、大きな試練に直面している。成長を阻むボトルネックを解消するには、一つ目は、知識時代に相応しい一流大学を作ること、二つ目は、一流の直接金融システムを構築すること、三つ目は、カギとなる汎用技術の開発とそのサービスを提供する公共プラットフォームを整備すること、四つ目は、国際的な技術協力ネットワークを構築すること、五つ目は、知的財産権と財産所有権を守る法制度を整備することなどが必要である。

3、人的資本の効果的配置への取り組み

まずは、開放・協力を旨とする人的資本の優位性をより高める必要がある。人口増加率の低下と労働コストの上昇により、中国は今、人口ボーナスの減少に直面し、労働生産性も相対的に低いため、人的資本の育成に本腰を入れなければならない。「新状態」に適応し、イノベーション戦略の実施を速めるという現状からみれば、現在の人的資本の地域分布、需給関係、研究開発能力、貢献意欲などの面で依然改善すべき点が多々ある。具体的には、人材の構造問題が目立っており、ハイレベルな研究開発、技術的なサポート、専門的なスキルを持つ人材がいずれも不足しており、同時に、一人前の現場作業員とそれを育成する職業教育、技術研修システムがまだ整っていない。また、OJT（仕事をしながら、トレーニングを受ける）など実戦経験を通じて育成する熟練工が少なく、従業員のモチベーションを高める体制が整っておらず、人材の養成と社会の需要とのミスマッチが依然として解消されていないなどの現状がある。

次に、ミドル・ハイレベルの企業経営者、管理職が不足していることである。改革開放以降、国内企業の経営は「OJT方式」によって支えられてきたため、低コスト産業の特徴が鮮明に残っており、製品の製造や企業の経営にコア競争力が欠けている実情がある。現在、激しい国際競争と国内産業の高度化に直面しており、企業は、基礎研究・技術応用・開発実験

第二章　質の高い発展の主な内容・課題及びその原因分析　　81

の各段階の統合を図り、研究成果の事業化・商業化へのスピードを向上さ
せ、技術の弱い部分を補強し、開発のさらなる進展、及びその事業化に力
を入れねばならない。

4、急がれる構造的問題への取り組み

　一つ目は、地域間発展の不均衡問題である。統計データによると、2016
年に国内の最も GDP の高い五つの省と最も低い五つの省との間の一人あ
たり GDP 格差は 3.22 倍であった。東部沿海地域と中・西部及び東北地域
との間の一人あたりの GDP 格差はそれぞれ 1.92、1.91、1.70 であり、各
地域間に依然として大きな経済格差が存在している。また、量的な格差以
外に、地域間発展の不均衡は人口の分布、生産力の配置、インフラと公共
サービスの供給の格差が比較的大きい。総じて、地域間の経済格差が大き
く、しかも多くの分野で現れているという特徴がある。

　二つ目は、都市・農村の不均衡問題である。中国の都市化はまだレベル
が低く、2017 年末の全人口に占める都市常住人口の比率は 58.52％である
が、都市戸籍を有する者はわずか 42.35％である。都市・農村の二重構造
問題はまだ完全には解決しておらず、全国範囲でのナショナルミニマムを
さらに推進する必要がある。その他、都市群の形成が中国の都市化の主要
な形態であるが、資源配分はほとんど大都市・巨大都市・特大都市に集中
して行われており、中小都市が相対的に少ない。また、都市機能には改善
すべき点も多いし、　中心都市と周辺地域との連携も不十分である。その
ため、周辺地域との協調、及びその波及効果が十分発揮できていない現状
がある。これを車に例えるなら「エンジンと車両の負荷とがアンバランス
な状態」である。

　三つ目は、所得分配の不均衡である。改革開放以降、中国の国民可処分
所得は確実に上昇してはいるものの、都市・農村間、地域間と業界間、及
び住民間の所得格差が拡大しているのも事実である。国家統計局の 2008

年度の発表によると、国民所得のジニ係数は 0.49 であったが、これは国連に定められたジニ係数のハイレンジ（0.4 ＞）を遥かに上回っており、所得格差が大きいことを示している。中国のジニ係数は 2008 年の 0.49 から 2015 年に 0.462 に下がったように、一時は確かに下降傾向にあったが、2016 年と 2017 年に再び上昇に転じており、所得格差を縮小するための長期にわたる有効な制度の確立が喫緊の課題である。地域別に見ると、2017年に、中国の一人あたりの可処分所得が 3 万元の大台を突破した六つの省・市は、いずれも東部地域に集中しており、西部地域のほとんどの省や市は、ランキングの下位に集中している。また、近年来、都市・農村の所得格差が 2009 年の 3.33 倍から 2.71 倍に縮小しているのを見ると、確かに縮小してはいるものの、業界間の所得格差は逆に上昇しており、平均賃金の最高と最低との間の格差は 3.56 倍にも達している。

5、厳しい試練に直面する生態環境

　中国は長期にわたり高速成長を進めたことから、とりわけ 2000 年から 2012 年までの間に国内の消費内容が「衣・食」から、「住・行（外出）」にシフトしたこと、国際的にはアメリカ発の金融、土地開発バブルによる世界的な「非理性的な繁栄」などの影響もあって、中国経済、中でも土地住宅開発、重化学工業、装備産業に高成長をもたらした。それにより、生態系の保護が疎かにされ、程度の差こそあれ、森林資源の減少・土地の砂漠化・土壌の浸食・大気汚染・水質汚濁などの各種生態系資源の破壊が深刻な問題であった。その反面、生活が豊かになるにつれて、人々の自然環境との調和を求める意識が高まっており、国内において環境問題への取り組みと、美しい生態系の保護に対する希求が強まっている。

6、制度的な制約とイノベーション・金融改革・対外開放の推進

　まずは、イノベーション力とインセンティブ・メカニズムとの間の相互

作用を強化する必要がある。企業の科学技術イノベーション、体制の刷新、文化革新のレベルが低く、イノベーションの原動力・能力の欠如・能力不足が普遍的存在し、とりわけ、民営の中小企業が技術導入から自主開発へ転換する中で、ほとんどが技術難・人材難・資金不足・ブランド欠如・販売ルート不安定・経験や能力不足などの問題に直面している。その対応策として、政府・企業・社会の革新推進に関する三者の協力体制をさらに整備する必要がある。その中で、政府は関連行政サービスを提供すると同時に、指導権を発揮して軍民の高度な融合を推し進め、国有企業と民間企業との提携、官・産・学・研の共同開発及び幅広い国際協力を推進し、重要な技術の開発とその成功を目指して指導的役割を果たし、民間企業のイノベーション不足を補完する必要がある。

　人材の面においては、中・高レベルのリーダー役や現場で陣頭指揮に当たる人材の不足が目立っている。また、オリジナルな研究開発が弱く、基礎研究や技術応用能力が遅れているという実情がある。中国の 2016 年の研究開発投資に占める基礎研究の割合は 5.2％であったが、同年のアメリカの基礎研究投資比率は 17.4％に達している。中国の研究成果の事業化にはそのプロセスが整備されていなかったり、そのための制度が十分機能できなかったりして、イノベーション推進の大きな阻害要因となっている。この他、イノベーションのための動機づけの欠如や遅れた研究開発管理体制などにより、「科学者精神（サイエンティスト・スピリット）」が抑制されていることも問題である。

　二つ目は、金融と実体経済の協同発展の欠如である。近年、生産過剰、貿易摩擦の激化、実体経済成長の減速、投資収益率の低下、大口商品価格と生産要素コストの急上昇などにより、実体経済と金融との間にミスマッチの問題が生じている。その具体的な現れとして、資産価格の上昇、金融資産総額の膨張、投資収益率の低下、実体経済への投資意欲の低下などが挙げられる。そのため、融資総額に占める金融部門内部融資の比率が高く、

大量の資金が金融システム内部で「空転」しており、実体経済への融資が十分行き渡っておらず、とりわけ中小企業の資金難の問題が目立っている。

　三つ目は、生産要素市場の育成が遅れていることである。市場にはもともと幾つかのジャンルに分かれており、末端に農産物、その他の商品市場があり、中間に要素市場があり、その上に金融市場やデリバティブ市場などがあって、はじめて市場経済システムが形成される。1990年代後半、中国国内で商品取引市場が徐々に形成されたが、生産要素市場の改革・開放・育成が相対的に遅れている。そのため、まず労働と土地市場の都市部と農村の分離をはじめとする要素市場での二重構造、二重価格現象が存在している。また要素市場の価格メカニズムが十分に機能していないこと、政府の介入及び介入プロセスの不透明・不規則などにより、価格シグナルが歪められている。さらに要素市場の規制により生産要素の自由な移動が妨げられ、要素資源の効果的な配分が十分に機能していない現状がある。

　四つ目は、全面的開放の新しい構想のもとで、さらなる努力が必要である。現在、中国は世界二位の経済大国、第一の貿易大国と製造大国であり、発展途上国の中で最大の外資受け入れ国である。しかし、良質で開かれた経済を発展させ、貿易強国を築き上げ、世界秩序の維持に積極的に関与し、外資導入の環境を今まで以上によくするためには、新たな試練に立ち向かわねばならない。全面的開放の新しい構想の実施に当たっては、開放のレベルを引き上げると同時に、開放の範囲と領域を更に広げていく必要がある。具体的には、外資参入の市場環境の整備、サービス業、とりわけ産業向けサービス業の外資受け入れにもっと力を入れなければならない。また、海外投資においては、これまで以上に不確定要素と投資リスクにさらされているという現状から、国内経済の安定と実体経済の成長との間のバランスにも十分注意を払うことが大事である。

7、政策の連続性と法整備の推進

政府改革について、いま企業から最も強く求められているのは政策の継続性・透明性・合法性である。もともと政府が政策を立案する前に、政策公聴会や諮問委員会を開くこと、また、政策策定の中では国内外の関係者の意見や提案を広く受け入れること、さらに、政策実施の後で各界の意見のフィードバックをもとにその修正を重ねていくこと、これらすべてが政策の継続性・透明性・合法性を確保するための重要な手順である。しかし、現実には政府部門や地方が政策を実施する中で、一致した意見が見られず、各自が都合のいいように政策を乱用する事例が少なくない。その結果、政策の実施にはっきりとした目標がなく、その成果も望めない。甚だしきは政策立案当初の意図もわからなくなったことさえある。たとえば、本来の供給側構造改革は質の高い発展を推進する重要な手段の一つであるが、一部の中央官庁と地方政府のこの政策に対する理解は十分ではなく、この改革をかつてのレーガン減税やサプライサイド学派の主張と同一視して、全要素生産性の向上という大事な仕事を疎かにすることさえあった。

8、科学的・合理的・中立性の政策評価制度の確立

高速成長から質の高い発展へ転換するには、現在の政策評価制度では間に合わず、新たな科学的な評価制度が必要である。質の高い発展を推進するための現代化経済体系にリンクする政策が必要であり、第18回党大会以降、一連の政策が打ち出されているが、まだその具体的で統一した査定・評価基準がなく、政策実施の具体的なスケジュール・実施状況の掌握が不十分なため、政策の効果的な推進と結果のフィードバックが機能しておらず、政策に対するチェックや見直しが困難である。

（二）深層部の原因についての分析

1、実体経済・科学技術イノベーション・現代的金融・人的資本要素とハイテク産業の育成

　産業体系（システム）は経済体系の根幹であり、現実的に、中国の産業体系はまだ産業チェーンのミドルかローエンドにある。具体的に言うと、コア技術の対外依存度が高く、一部の研究と技術の開発が産業の優位性につながっておらず、科学技術イノベーションの成果も産業の高度化になっておらず、研究開発と産業、研究開発と金融との「乖離」の問題が完全に解消されていない現状がある。科学技術イノベーションの実態を見ると、多くのイノベーションは、単なる「イノベーションのためのイノベーション」であって、実体経済の成長には繋がっていない。統計によると、近年、中国の技術特許権や論文などの研究成果の発表件数は世界のトップレベルにあるものの、研究成果の実用化率はわずか20％前後で、先進国の60〜80％には到底及ばない。さらに事業化率となるとわずか5％で、一段と低くなってくる。また、ハイレベルな産業向けのサービス業が遅れており、金融の実体経済へのサポートがまだ不十分であり、新旧の原動力の切り替えは依然、人材、資金、産・学・研の連携不足などの問題に直面している。総じて言えば、いわゆる「人口ボーナス」から「人材ボーナス」への転換が早急に必要ということである。

2、イノベーション先行型・投資先行型・資源依存型成長と地域経済

　2016年の研究開発（R&D）強度を基準にすると、中国の地方経済は次の三つに分類することができる。

　第一に、イノベーション先行型の地域である。これには広東・上海・浙江・江蘇・北京・山東・天津の七つの省・市が含まれている。その中で、R&D強度の最も低かった山東省は2.34％であり、OECD加盟国平均の2.40％には及ばないが、欧州連合（EU）加盟国十五ヵ国平均の2.08％

を上回っている。2016 年広東と江蘇の R&D 投資金額は全国一、二位にランクインし、それぞれ 2035.1 億元と 2026.9 億元に達している。

第二に、投資先行型の地域である。R&D 強度 1.0 〜 2.2％の地域は合わせて 13 の省・市である。これらの地域の研究開発投資総額は 4958 億6000 万元、全国投資総額に占める比率は 31.63％であった。たとえば、湖北省の R&D 強度は 1.86％、投資総額は 600 億元であり、トップレベルの広東省の 33.9％に相当する。

第三に、資源依存地域である。これら R&D 強度 1.0％以下の地域は 11 の省・市であった。その研究開発投資総額はわずか 888 億元、全国投資総額に占める比率は 5.7％であり、広東省の 44％に相当する金額である（表2-1 を参照）。

以上からわかるように、質の高い発展を推進し、現代化経済体系を構築するには、イノベーション先行型・投資先行型・資源依存型の地域ごとにそれぞれ異なった政策を実施する必要がある。

3、規模の競争力と製造業

2016 年に、中国の製造業総売り上げに占める民間企業・国有企業・外資系企業の比率はそれぞれ 61.2％、27.8％、11％であった。また、民間企業からは華為グループ、蘇寧グループ、山東魏橋グループをはじめ、多くのイノベーション型優良企業が誕生している[1]。その年の世界企業 500 ランキング入りの企業の売上総額は 120.52 億元であったが、それでも中国の企業 16 社がランクインした。しかし、2016 年の中国製造業の R&D 強度はわずか 1.01％であり[2]、全国平均の半分に及ばず、先進国平均の 2.5％の水準を遥かに下回っている。中でも、従来型の製造業の R&D 強度は低く、1％にも達していない。これらの企業は産業構造を高度化する中で、技術難・資金難・人材難・ブランドと販売ルートの欠如などから、生産設備・技術・経営ノウハウの更新能力の不足が目立っており、製造業全

88   I部　総合研究

表2-1　2015年及び2016年中国の各地域における研究開発投資総額

地域	2015年		2016年		研究開発ストレングスの格差（%）
	研究開発投資総額（億元）	研究開発ストレングス（%）	研究開発投資総額（億元）	研究開発ストレングス（%）	
北京市	1384	6.01	1484.6	5.96	-0.05
上海市	936.1	3.73	1049.3	3.82	0.09
天津市	510.2	3.08	537.3	3.00	-0.08
江蘇省	1801.2	2.57	2026.9	2.66	0.09
広東省	1798.2	2.47	2035.1	2.56	0.09
浙江省	1011.2	2.36	1130.6	2.43	0.07
山東省	1427.2	2.27	1566.1	2.34	0.07
陝西省	393.2	2.18	419.6	2.19	0.01
安徽省	431.8	1.96	475.1	1.97	0.01
湖北省	561.7	1.90	600.0	1.86	-0.04
四川省	502.9	1.67	561.4	1.72	0.05
重慶市	247	1.57	302.2	1.72	0.15
福建省	392.9	1.51	454.3	1.59	0.08
湖南省	412.7	1.43	468.8	1.50	0.07
遼寧省	363.4	1.27	372.7	1.69	0.42
甘粛省	82.7	1.22	87.0	1.22	-
河北省	350.9	1.18	383.4	1.20	0.02
河南省	435	1.18	494.2	1.23	0.05
黒龍江省	157.7	1.05	152.5	0.99	-0.06
山西省	132.5	1.04	132.6	1.03	-0.01
江西省	173.2	1.04	207.3	1.13	0.09
吉林省	141.4	1.01	139.7	0.94	-0.07
寧夏回族自治区	25.5	0.88	29.9	0.95	0.07
雲南省	109.4	0.8	132.8	0.89	0.09
内モンゴル自治区	136.1	0.76	147.5	0.79	0.03
自治区	136.1	0.76	147.5	0.79	0.03
広西チワン族自治区	105.9	0.63	117.7	0.65	0.02
貴州省	62.3	0.59	73.4	0.63	0.04
新疆ウイグル自治区	52	0.56	56.6	0.59	0.03
青海省	11.6	0.48	14.0	0.54	0.06
海南省	17	0.46	21.7	0.54	0.08
チベット自治区	3.1	0.30	2.2	0.19	-0.11
合計	14170	2.06	15676.7	2.11	0.05

出所：2015年及び2016年『全国科技経費投入統計公報』, 中国国家統計局、科学技術部、
　　　財政部, 2016年11月10日、2017年10月10日

第二章　質の高い発展の主な内容・課題及びその原因分析　89

表2-2　2016年製造業における規模以上の企業の研究開発投資

業界	研究開発投資総額（億元）	研究開発ストレングス（%）	業界	研究開発投資総額（億元）	研究開発ストレングス（%）
農産物加工業	249.7	0.36	医薬品製造業	488.5	1.73
食品製造業	152.8	0.64	特殊機械設備製造業	577.1	1.54
アパレル業	107.0	0.45	汎用機械設備製造業	665.7	1.38
紡績業	219.9	0.54	自動車製造業	1048.7	1.29
家具製造業	42.9	0.49	輸送設備製造業	459.6	2.38
化学工業	840.7	0.96	コンピュータ、通信設備	1811	1.82
製紙業	122.8	0.84	精密機械製造業	185.7	1.96
製造業合計	10580.33	1.01	電気機械器具製造	1102.4	1.50

出所：中国国家統計局、科学技術部、財政部、『全国科技経費投入統計公報』、2017年10月10日

体のレベルアップは厳しい状況に直面している（表2－2を参照）。

4、イノベーションを推奨する必要性

　まず、市場経済の下で、企業はイノベーションの主体であり、企業のイノベーション意欲欠如の大きな原因は次の通りである。一つ目の原因は、利益が薄いことである。利益が薄いこととイノベーションに対する慎重さが相まって、結果として一種のポジティブ・フィードバックが形成された。二つ目の原因は、イノベーションを奨励するインセンティブの欠如である。ほとんどの企業では、イノベーションのインセンティブ制度も失敗保障のシステムも整備されていない。三つ目の原因は、イノベーションに挑戦する雰囲気の欠如である。中国の歴史の中では、意気投合したグループの面々が互いに励まし合いながら、楽しみも苦しみも共に分かち合うような雰囲気の中で、新しいことに挑戦し、事業を成し遂げるという逸話はよくあるが、厳しい管理体制が敷かれる近代企業組織の中ではこのような伝統文化から来るチャレンジ精神が必ずしも活かされているとは言えない。四つ目の原因は、イノベーションに必要な人材が不足していることである。イノベーションと言っても結局はやはり人材がカギであるが、企業に必要

90　I部　総合研究

表 2-3　一部の都市の GDP 及びその有名ブランドの比較

都市	GDP (億元)	1 人当たり GDP (万元)	工業生産額 (億元)	工業付加価値額／GDP（%）	有名ブランド（個）
仏山市	8630	11.56	21264	54.68	157
寧波市	8541	10.85	14440	44.10	83
青島市	110103	10.88	17416	36.49	135
蘇州市	15475	14.56	35767	41.13	117
無錫市	9210	18.94	15084	33.39	83
保定市	3110	2.98	4699	41.02	28
洛陽市	3783	5.56	6531	41.07	27
株洲市	2512	6.26	3764	47.66	41
襄陽市	3694	6.55	7054	50.26	49
蕪湖市	2699	7.36	5258	54.77	30
泉州市	6647	7.75	13331	52.13	152

なチャレンジ精神が高く、開発能力を持つ優秀な人材は、必ずしもそのような人材が十分とは言えない。またなんとか人材を集めようと努力する企業もあるが、なかなかうまくいかないことが現状である。このほか、イノベーションに対する財政支出がまだ少ないという問題もある。特に中・西部地域では税収が財政の一般支出を賄うのがやっとであり、イノベーションに財源を回す余裕がないのである。

5、ブランドの育成と地域分布

　表2-3でわかるように、仏山・寧波・青島・蘇州・無錫などの中規模の工業都市の中で、有名ブランドが一番多いのは仏山であるが、仏山は広東省の中で深圳に次ぐGDP二位の工業都市である。また、仏山の経済は生え抜きの中小民営企業が中心であるが、有名ブランドでは、民間企業が製造業の大半を占めている寧波や、外資系企業中心の蘇州、産業基盤が整備されている無錫などよりも多い。

6、加工貿易から自主開発・自主ブランド・自主販売網整備への転換

改革開放以降、中国企業は主に「両端を外に置く、中間を国内に置く」という経営モデルを取ってきたが、これは「小国経済モデル」である。また、国内の改革では、いわゆる「川底の石を探りながら川を渡る（試行錯誤しながら事を運ぶ）」というやり方で進めてきたため、政府部門にも企業にも制度や法律をなおざりにする一面があった。しかし、現在の中国の経済規模は世界経済の15％、貢献率では30％を占めるまでになっている。そのため、中国経済は従来の輸出中心から内需中心、内需と外需をともに重視するモデルへ転換させ、知的所有権と独自のブランドを持ち、優れたマクロ経済環境、ビジネス環境、法制度が整備される「大国経済」モデルを目指して、経済成長が新たな段階に移行する必要がある。

7、需給関係の不均衡と制度問題

経済が減速していくにしたがって、公共投資・公共サービスの供給拡大が財政政策の大きな役割として注目されるようになっているが、現状では公共財や公共サービスの供給は、まだ種類が少なく、その上、投資制度の未整備と法的支援が欠如していることなどから、公共投資の質と規模に直接影響するはめとなっている。公共財やサービス供給の質と構造が住民の需要に十分応じきれていないだけではなく、所得の一次分配、二次分配の制度の未整備、現行税制の所得是正効果の不十分なことなどから、所得の分配メカニズムが歪められ、社会全体の消費性向が低下し、消費構造のレベルアップの大きな制約要因となっている。

8、発展の不均衡・不十分の問題

改革開放の40年間、市場化改革は農村よりも主に都市を中心に展開されてきたために、農村地域の生産要素の配置は依然として、半市場化か非市場化の状態にある。また、都市・農村間の財産権の不平等、戸籍をめぐ

る権利・利益の不公平などにより、農村の労働力、土地と資本などの資源が都市にどんどん流出しているにもかかわらず、都市の資本、技術と労働力はほとんど農村に入っていない。まさにこのような大規模な農村からの生産要素の流出が都市の発展と繁栄をもたらすと同時に、都市・農村間の格差を引き起こしているのである。それに、地域間の不均衡問題も本質的にはこの都市・農村間の格差に起因するものだと言ってよい。このほか、産業化を推進するために、エネルギーや原材料の価格が長い間、低く抑えられ、企業の業績評価もコストの削減とは関係なく、売り上げによって評価された。このエネルギーの低価格が企業のコスト削減意識の欠如などとあいまって、エネルギー利用効率の低下と深刻な環境汚染を引き起こす結果となっている。

9、財産権確立の必要性

イノベーションの効果に限って言えば、今、民間企業のほうがより効率的だと言える。それは民間企業では財産権が明確で、所有権が保障され、激しい競争の中で、企業経営者が強い危機意識とイノベーションへの意欲をもっているからである。そのため、他の所有制企業よりもイノベーションの効率がよく、競争力も向上している。それに対して、国有企業と合弁企業では委託代理関係がうまくいかず、実際に余剰支配権と余剰請求権が行使できないため、インセンティブと監督の仕組みがうまく機能せず、イノベーション活動が思うようにできないのが現状である。とりわけ国有企業では経営者任期中の余剰請求権と余剰支配権がある程度行使されてはいるが、もともと企業の生産効率を引き上げるための監督メカニズム、インセンティブ・メカニズムは、国有企業経営者のイノベーションの推奨にはつながらず、イノベーションの効果があまり表れなかった。そのため、所有制の改革、とりわけ民間と国有資本がともに参入し、所有権を持つ混合所有制による改革が急務である。

10、経済成長とマクロコントロールの役割

当面、社会情勢全体に変化が生じており、異なった所有主体間の相互参入と再編が見られ、経済の構造的不均衡が顕著に表れている中で、経済の実態を正しく表す統計指標が必ずしも整備されているとは言えない。その背景には、現代化経済体系を支える市場のモニタリングシステムと政策環境の未整備がある。また、政策施行にあたって、その実行力が欠けていること、政府がサポートやリードの役割が十分に果たしていないことなどが挙げられる。

註
1) 張燕生、成長原動力の転換こそ新たな成長の決め手[J]。グローバリゼーション、2018（1）。
2) 張、前掲論文。

第三章

質の高い発展への転換と
国際事例

一、海外の経験と教訓

　世界の主要先進国が、かつて量的な経済発展から質の高い発展へ転換する過程において、さまざまな経験や教訓があったことはいうまでもない。目下、中国経済の直面している課題を検討するにあたって、マクロ的には世界経済史にあったいくつかの大恐慌や成長の過失について考察し、ミクロ的には産業・イノベーション・教育分野における各国の経験を丁寧に検証することが必要である。また、大国の経済成長の転換期の特徴や経験を吸収するだけでなく、中・小国の経験も参考にしなければならない。さらに、粤港澳大湾区（広東・香港・マカオのグレートベイ・エリア）や東部地域、ひいては国全体の成長にサポートやリードの役割を発揮させるためにも、外資導入やイノベーションなどの面で、香港が中国の経済成長に果たしてきた役割を分析する必要がある。

（一）アメリカ

　アメリカは 1800 年以降、第一次産業革命が起こり、1884 年あたりにすでに、農業国から工業国への脱皮を実現していた。経済規模は 1894 年にはじめてイギリスを上回り、世界一の資本主義工業国になったのである。その主な現れは以下のとおりである。

1、産業革命の草創期から農業・軽工業・重工業・交通輸送業の調和的発展

　第一次産業革命が始まった頃、アメリカはまだ農業中心の国であり、欧州諸国より遥かに遅れていた。1810 年には同国の人口の 95％がまだ農村人口であり、長い間、農業が米国産業の基本であって、「西漸運動（Westward Movement 西部開拓）」と農業の技術革命の同時進行がアメリカ農業の急成長のカギであった。政府の支援、農業教育の普及と農産物展示会の主催などにより、農機具や農業機械の技術革新が促進され、農業

生産性が大幅に向上した。また、農作物栽植と牧畜業がともに成長したことがアメリカ農業のもう一つの特徴である。最終的には、牧畜業の成長が農業を上回り、牧畜業が提供する原材料が軽工業の成長を促したのである。さらに、農業と軽工業の成長により、海外への輸出が増え、貿易黒字が国内の工業化に巨額の資金をもたらしたのである。アメリカ政府は農業と軽工業を発展させると同時に、鉄鋼業・製造業・交通輸送業の発展にも力を入れてきた。特に、全国を縦横に走る交通網の整備が、20世紀アメリカの近代化の基盤となったことは周知の事実である。

2、生産力アップのカギは、移民受け入れと技術導入

　アメリカの経済成長は、以下の二つの原因による。第一に、ヨーロッパからの移民を受け入れ、中国人や黒人労働者を入国させたことである。人口の増加が成長の基礎的条件であるが、産業革命の初期、アメリカの人口はわずか700万人であり、1㎢あたり1.6人であった。そのため、ヨーロッパの移民を受け入れ、労働力を増やして、市場を拡大することが急務であった。その一方、ヨーロッパは人口の膨張と政治的な混乱の渦中にあったため、米国が移民政策を実施するのに非常に有利な状況であった。1820年から1900年の80年間に、計2000万人がアメリカに移民し、同国が独立を宣言した当時の七倍に相当する人口になった。これにより、アメリカの総人口は一気に7600万人にまで増加した。

　第二に、外国技術の導入と普及を通じて産業の育成を図ることである。アメリカは最初からただ外国技術を真似るのではなく、導入・普及の上に先端技術の開発にも挑んだ。独立当時、アメリカは技術的に非常に後れており、多くの企業は手工業中心の町工場であり、農業技術以外は基本的にイギリスに頼り、その真似をしていた。アメリカで第一次産業革命が始まったとき、イギリスはすでに産業革命の成熟期に入っていたため、当時世界で最も優れた産業技術を持つ英国から技術を導入し、設備を購入する

ことができた。

19世紀末から20世紀初めに、アメリカは第二次産業革命のチャンスを活かして、新しい技術の開発に積極的に取り組み、技術水準も単なる模倣からオリジナル技術の開発に重点を移した。たとえば、第二次産業革命のシンボルであるモーター、ディーゼル及び電気技術などは、いずれもアメリカの技術の導入・普及・再開発の成果であった。また、新しい電気理論とモーターの製造技術はイギリスとドイツで開発されたものだったが、モーターの最終的な完成と電気の広汎な利用は、アメリカの発明家によって成し遂げられたのである。アメリカはまさに、この電力革命を通じて19世紀末から20世紀初めに、ヨーロッパの資本主義諸国を追い越すことに成功し、また、科学技術イノベーションの中心もヨーロッパからアメリカに移ったのである。

3、教育と研究の推進、イノベーションによる生産性向上

独立当初、アメリカの教育と研究は非常に後れており、また政治的には自由と民主の基盤を確立することが大きな課題であった。当時、国内の新興民主勢力はこの目標の実現を教育の普及に託し、「教育がすべてを決める」というスローガンを打ち出して、教育の普及に精力的に取り組んだ。1900年に、アメリカでは、技師が4万5000人、大学在校生が23万人となり、人口1万人あたり31.4人の大学生を有するようになった。当時、人口1万人あたりの大学生数はドイツが8.3人、フランスが7.6人、イギリスが6人であったことを考えると、アメリカがいかに教育普及に力を入れたかがよくわかる。教育の成功により、アメリカの研究開発も大きく進展した。研究開発体制は個人中心から、組織による共同研究という新しい段階に移行し、イノベーションの進歩と変革の原動力になったのである。

また、特許権制度の創設やイノベーションの奨励政策はアメリカの技術進歩と普及に大きな役割を果たした。「特許権法」の施行により、より多

第三章　質の高い発展への転換と国際事例　99

くの研究者・技術者・職人が、積極的にイノベーションに取組み、アメリカは一躍、技術進歩の最も速い国となり、研究成果も当時のイギリスやフランスを遥かに超えるようになった。綿技術・靴製造・造船・電報・電話・電球・映写機など23の技術開発は当時のアメリカの経済成長に多大な役割を果たした。とりわけエジソンの電球製造技術（1879年）の発明により電力の利用技術が大きく進んだことをきっかけに、アメリカのイノベーションはヨーロッパ依存から脱却して、独自の道を歩むようになったのである。

4、世界一の実用科学、製造技術と製造技術開発中心のイノベーション

　技術の開発には、科学理論の応用が必要であり、また、研究開発は生産過程での応用を目的とし、実験により実用技術の開発を最優先課題にすることが大事である。アメリカでは、19世紀末から20世紀初めに、大量生産の必要に応じて、研究開発の体制もますます組織化され、各種の総合研究所や工業実験室が設置されるようになった。1876年にエジソンによってアメリカ初の大型産業実験室が設立され、百名近い研究者・技術者・技師が集まった。その後、多くの大企業で産業実験室や研究所を立ち上げられた。例えば、有名なベルシステム（Bell System）の基礎研究は当時、イギリスやドイツ留学から帰国した科学者や技術者によって行われ、1914年までアメリカ全土で三百六十五の産業実験室や研究所が設置され、一万人近い研究スタッフを擁していた。総じて、アメリカでは第二次産業革命時の研究開発は発明家を中心に行われ、研究者や技術者との連携が大きな特徴であった。このことは、技術の開発は科学理論の応用が必要だということを雄弁に語っている。

　また、投資家や経営者が研究開発を支援し、その成果を事業化して利益を生み出すという特徴があった。つまり、アメリカの研究機関のほとんどは投資家や経営者の出資によって設立されたものであり、研究開発は事業

化に直結し、営利を目的とし、製造過程で生じる課題の解決が中心である。その優れたところは新しい技術・設備・製品がいったん開発されると、すぐに商品化・事業化されるようになり、技術移転の中で見られる煩雑なプロセスや時間を省くことができるので、予想以上の効果が得られたということである。

5、政権の安定と制度設計・政策実施

　独立後、アメリカの政治は二大政党間の政権交代により展開されてきた。このような政治の統一と安定の中で、連邦政府は政治・経済の改革を推進し、アメリカ経済の飛躍的な成長に必要な環境整備に取り組んできた。南北戦争後の百年あまりの間に、アメリカ本土で一度も大規模な戦争や政治的な混乱がなかった。これは世界の大国の間では稀にしか見られない現象である。このことがアメリカの工業化に安定した社会環境をもたらしたと言ってよい。19世紀末から20世紀初めに、アメリカでは経済の自由競争から独占への移行にあわせるように、国家組織と政治体制に一定の改革と改正が行われた。その結果、政治の二大政党制がより強固で、安定したものとなり、また南北戦争後の南部地域の成長により、民主党と共和党との間の違いもますます小さくなっていった。「保守的」な共和党と「革新的」な民主党が互いに相手を批判しながらも政権交代が順調に行われた。これが自由民主の政治体制を一層強固なものにし、また、政治の安定は社会的な矛盾を緩和させる政策の選択を可能にし、見直しが利く柔軟性をもつ社会にもなったのである。さらに、社会経済体制の柔軟性と効果的な運営が、政策の試行錯誤に対する社会の許容度を高め、好循環が生まれたのである。

6、利益誘導式の教育と産業の空洞化・バブル化・バーチャル化

　1990年以降、アメリカ経済は産業の空洞化に直面している。その一つは、生産コストの上昇により、製造業が大量に海外へ転出し、厳しい雇用

喪失をもたらしたこと、もう一つは、アメリカの経済・産業構造における金融・土地住宅開発・建設業の占める比率が上昇したことにより、経済の空洞化が一層加速し、実体経済・製造業がメキシコやベトナムなど、低コストのラテンアメリカやアジアに移転したことである。中でも、教育問題が典型的な構造的問題として注目されている。現在、アメリカの大学でエンジニアリングを専門に勉強する学生がどんどん減っており、それを勉強する学生はほとんどが外国人留学生である。アメリカ人の大学生も多いが、ほとんどの学生がビジネスを専攻しており、エンジニアリングを専攻する学生は栄養学・栽培・保健などよりも人数が少ない。アメリカの教育はオープンで、国際的であるだけに、資本主義の営利性や合理主義的な志向が強く、大学教育や職業の選択は金儲けが唯一の目的となっている。たとえば、金融業・土地住宅開発業・エンターテイメント業界などで働く人の年収が高いため、毎年大量のエリートたちが競って就職しており、若い人でもこのような職業につくと、年収は優に百万ドルを超えることになる。このため、アメリカ経済の空洞化が進み、実体経済・イノベーション・研究開発に取り組む人が減少すると同時に、経済全体がより空洞化し、バブル化とバーチャル化を加速している。

7、所得や富の分配の不公平と社会の分断が課題

　アメリカでは資本主義経済に成長をもたらしたと同時に、所得や富の分配の不公平が目立っている。このことは経済に大きな影響を与えるだけでなく、人的資本の効果的配置を妨げ、アメリカの政治と経済に大きな影響を与えている。

　所得分配について、アメリカの連邦議会予算局（CBO）のデータによると、1989年から2013年の間、アメリカの所得ランキング上位10％の家庭所得の全米家庭所得に占める比率は三分の二から四分の三に拡大しており、中間の40％（ランキング51％から90％）の家庭所得の占める比率

102 Ⅰ部　総合研究

は30％から23％に減少し、残りの最下位50％の家庭所得の占める比率は3％から1％に減少している。また、アメリカの貧困率は高止まりしており、1986年（貧困率13.6％）から2015年までの三十年間の貧困率は平均13.5％である。つまり、平均するとアメリカ人は七人中一人が貧困状態であり、五人に一人の子供が貧困状態である。しかも、これら貧困人口の中できちんと就職できている者はわずか40％である。この貧困問題は教育や医療環境を悪化させ、各階層間の経済的・社会的流動を妨げ、世代間の格差をもたらしている。

（二）ドイツ

　ドイツは工業化が始まるまでは後れた農業国であり、その製品も最初は「粗悪品やコピー商品」の代名詞であった。しかし、その後の絶え間ない成長により、工業化が進み、現在ではすでに多くの分野で進んだ製造技術をもつ先進国となっている。

1、実体経済とハイエンド製造業を中心とする成長

　歴史上、ドイツは1920年代に悪性インフレを経験し、甚大な被害を受けた。このため、経済成長の不安定に対して常に強い警戒心を持っている。経済成長の中で、ドイツ政府は実体経済とハイエンドの製造業を中心に政策を進め、住宅価格を低く抑え、金融を実体経済の支えとし、金利水準を安定させ、悪性インフレ及び社会の激動を事前に抑制することに成功した。世界的に見ても、住宅価格の長期安定を保つ国は少ないが、ドイツ政府は「それを独り成し遂げ」たのである。1977年から今日まで、ドイツの国民所得は約3倍に増加しているが、同じ時期の住宅価格の名目値はわずか60％しか上昇していない。住宅価格が低く抑えられたおかげで、国民の幸福度が高く、不動産と金融業界は暴利をむさぼることはなく、優秀な人材と豊富な投資資金を実体経済の成長に集中させ、優れた「メード・イン・

ジャーマニー（Made in Germany）」の構築に成功したのである。

　ドイツの土地住宅開発政策

　第一の特徴は、安定した住宅供給、成熟した賃貸市場、住宅の個人所有率が低く、賃貸率が高いことである。ドイツ政府は低価格住宅の建設を力強く推進しており、86％のドイツ人がさまざまな形の住宅手当を受けている。ドイツの法律は借手の権利を擁護しており、「住居賃貸借法」によると、賃貸料の上げ幅は通常賃貸料の20％以上を超えてはいけないことになっており、それを超えると、法律違反になるため、借手は裁判所に提訴することができる。また、50％を超えれば、刑事事件であると厳しく規定されている。そのため、ドイツでは、住宅の個人所有率が低く、賃貸率が高いのが特徴で、住宅の個人保有率はずっと40％前後に留まっており、50％以上の家庭は借家で生活している。

　第二の特徴は、住宅投資利益率を４〜５％に抑えており、これは実体経済の平均利益率よりも低い水準であり、また、土地の住宅開発への投機的な行為や開発業者の法外な利益を厳しく規制していることである。ドイツの住宅投資利益率は長期にわたって４〜５％に維持されており、住宅取引において、取引対象物件が取得してから10年未満の場合は、取引利益から25％の特別所得税を徴収することになる。また、取引において、販売価格が通常価格を25％以上上回る場合は、取引当事者は裁判所に告訴することができ、さらに50％を超えた場合は、即時に「法外利益」と見做され、販売当事者は高額の罰金と最高三年間の禁固刑に処されることになる。

　第三の特徴は、長期安定の住宅金融政策である。ドイツでは「預金前提の融資」と固定金利という二つの柱からなる住宅金融制度がとられている。第一に、個人が住宅貯蓄銀行から融資を受ける際、まず当該銀行に積み立て貯蓄をする必要がある。一般的に積立が50％以上になって、はじめて

融資が受けられることになっている。第二に、預金金利と貸出金利は固定金利が取られている。預金金利と貸出金利はそれぞれ3％、5％に定められており、貸出期間は平均11.5年となっている。

2、世界トップレベルの大学よりも優れた職業教育が特徴

学術的教育と職業教育を同時に進める「デュアルシステム」がドイツ製造業発展の基礎となっているのに対して、ドイツ大学の世界ランキングにおける順位は高くはなく、上位50位内にランクインするのがやっとである。というのも、ドイツの大学の運営資金は財政予算からの拠出が中心であり、研究に使われる資金が相対的に少ないのが現状である。この資金不足が研究活動の足かせとなり、間接的には学生の質にも影響を与えている。また、大学は理系大学が多く、総合大学が少ないのが特徴である。また、ドイツの大学では、教育と研究が分離されており、研究を担っているのはむしろ各種の研究機関や協会であり、それらの機関では研究のための人材も資金も豊富にある。

3、米独間の激しい金融競争とドイツ銀行の危機

ドイツの金融制度は直接金融ではなく、間接金融が中心であり、金融技術の革新や制度的変革が少ないのが特徴である。中でも、ドイツ銀行はドイツ国内、ひいてはヨーロッパ最大のユニバーサルバンクであり、五回連続で「グローバルなシステム上重要な銀行」（G-SIB）の一員となっている。ドイツ銀行は長らくドイツ金融業の経営の安定やシステムの安全の象徴であったが、金融のグローバリゼーションと利益優先の流れの中で、次第に目先の利益を求めるようになり、堅実な経営の伝統が失われ、短期利益中心の投資業務に偏っていった。ドイツ銀行の危機の主な原因について、次の三つが考えられる。一つ目は、銀行自身の経営問題。二つ目は、国の金融監督システムの盲点。三つ目は、米国が意図的に圧力をかけた結

果である。これら内外の諸要素の影響により、ドイツ銀行の国際業務の経営危機は結局グループ全体の危機となり、さらにはドイツ、ヨーロッパ全域の銀行システム安全を脅かす発火点になるのであった。また、米国の新たな圧力に直面しているドイツでは、銀行内部の監督システムの盲点を突く形で、銀行の国際経営リスクが次の金融危機の発火点になる可能性が十分にある。そのため、ドイツはいわゆる「ホイッスルブロワー」に警戒しつつ、金融機関に勤めている外国籍管理職や最重要ポストの担当者に対するチェックをいっそう強めていかなければならないであろう。

4、伝統産業の情報化時代のパーソナリティー・シェアリング・環境保護などへの適応が課題

　製造業は一貫してドイツの誇りであったが、フォルクスワーゲン社はドイツ自動車のトップランナーであるにもかかわらず、そのデータ改ざんは会社自身を経営危機に陥れたのみならず、技術に磨きをかけ、高品質を誇っていたドイツの製造業にも深刻なダメージを与えている。これはフォルクスワーゲン社が自社製造のディーゼル車の排気ガスデータを改ざんして、アメリカ国内での環境基準をクリアしようとする事件であったが、その動機はやはり自動車市場のシェア獲得であった。都市環境と大気汚染が深刻化する中で、車の排気ガスは各国政府が抱える大きな社会問題となり、排気ガス規制の対応策として、新エネルギー車（NEV）・ハイブリッド車・電気自動車（EV）が次々と開発されている。これに対して、自動車業界の名門、トップメーカーのフォルクスワーゲン社は、危機感をあらわにし、データの改ざんまでして市場シェアを確保しようとしたのであろう。しかし、競争の激しい車市場においては、新エネルギー車・ハイブリッド車・EV車・スマートカーのほうが情報化時代のパーソナリティ、シェアリング、環境保護などにより適しているのは明らかである。寡占、独占体質の自動車業界は今まさにこの情報化社会の到来を否応なしに受け入れね

ばならない局面に立たされている。これは名門のメーカーにとっては、これまで守り続けた事業を新しい成長モデルに取って代わられることであり、情報化時代の到来に積極的に対応すべく、自身の変革を図らないと、淘汰されるということである。

（三）日本

　戦後の日本経済は、主に「戦後復興—高度成長—安定成長—バブル経済—短期的な回復—震災からの復興」という五つの段階を経験してきたが、1990年代以降、日本経済はまさに長期にわたる「構造的低迷」に陥っている。これを以下のようにまとめることができる。

1、アメリカとの経済摩擦と円高ドル安

　1985年の五か国蔵相・中央銀行総裁会合の「プラザ合意」により、円相場は急騰し、日本の輸出産業は大打撃を受け、競争力を失った。その後、日本は労働集約産業を中心に技術と資金を積極的にアジア周辺地域に移転していったため、製品の日本への逆輸入が急増し、もともとあった経常収支の黒字が徐々に減少するとともに、電子製品など伝統産業の空洞化が急速に広がっていった。急激な円高の影響を受けて、日本の国内企業は大量倒産に追い込まれ、2014年に日本のソニーが赤字続きのエレクトロニクス事業の再生に取り組む事態となった。それに対して、トヨタ自動車は積極的な海外投資、グローバルな生産・販売を通じて、円高によるコストの上昇を分散させ、1952年から2010年までの58年間、長期的な経営黒字を保ち続けてきたのである。

2、バブル経済と不充分な産業構造の調整

　1980年代以降、日本国内では土地と株の価格が異常に上昇し、経済のバブルが生まれたのだが、実をいうと、これは日本の産業構造シフトの不

十分さに起因したものである。1990年代以降、アメリカはパソコンやインターネットを中心とする情報産業の成長を戦略の重点に据えたのに対して、日本はスーパーコンピュータや大規模集積回路（LSI）の開発に重点を置き、パソコンやソフトウェアなど個人消費者向けの電子機器の開発には目を向けなかった。しかし、これも本質的には、日本は大企業の利益を優先させ、世界的に新しい情報産業が成長する中で、産業構造の調整が遅れてしまったためである。

3、日本経済の停滞と貿易保護主義

日本は、経済復興期・高度成長期・安定成長期の数十年間に、一貫して貿易保護主義政策を採ってきた。また、古い慣例と経験を中心とする企業経営などもあり、国際金融危機のようなショックに弱いのが日本経済の特徴である。例えば、有名な音響機器メーカー「山水電気」など業界トップの倒産はその保護主義的な政策の行き詰まりのよい例であろう。ようするに、業界の大企業が寡占、独占の地位を築いているため、中小企業の生存はつねに脅かされている。これがまた日本の産業構造全体のバランスに悪影響を与えている。

4、産業のモデルチェンジと政治・経済の発展の方向性が不一致

日本では、常に政治と経済の不一致が存在している。日本の経済については、アジアへの進出・回帰が大きな特徴であるが、その一方、政治はかならずしも経済の方向性と一致していない。政治的には、日本は依然として米国追随が大きな特徴である。周辺地域では、中国・韓国・ロシアとの間に領土問題があり、その上、靖国神社参拝・慰安婦・歴史教科書の問題などもある。これらはすべて日本政府が政治的意図を実現するための外交手段であり、当然、アジア周辺国との経済協力はうまくいかなくなる。総じて、このような政治と経済の政策不一致は日本の経済成長と地域の安定

に悪影響を与えている。

5、終身雇用慣行の崩壊と製造業の質的低下

近年、日産自動車の無資格検査問題や神戸製鋼のデータ改ざん問題などの日本製造企業の相次ぐスキャンダルにより、人々の「メイド・イン・ジャパン（made in Japan）」に対する信仰を崩壊させてしまった。その原因として、バブル経済の崩壊、景気の長期的低迷、国際競争力の低下などを前にして、日本の大企業が相次いでリストラに踏み切り、日本国内の雇用を悪化させたことが挙げられる。つまり、1990年代から日本の雇用市場に変化が現れ、多くの企業がパート労働者や派遣労働者の雇用を増やして、柔軟な雇用制度を実施するようになった。折しも、国内企業の合併やM&Aなどが盛んになったため、企業のほうも従来の終身雇用慣行を止めざるを得なくなった。しかし、このような終身雇用の崩壊が製造業の質的低下を招いたことも事実である。

（四）イギリス

1、有数の金融大国

イギリスでは、金融業の進化と成長により、金融経済の国民経済に占める割合が高く、金融業が経済成長のカギを握ると言ってよい。具体的には、国際金融をリードする三大金融市場として、ロンドン、ニューヨークと東京が挙げられるが、伝統的な金融大国であるイギリスは、ロンドンの金融センターとしての地位を活かして、国際金融市場で大きなシェアを長期にわたってキープしている。とりわけ、1986年の「金融ビッグバン」をきっかけに、イギリスの金融業は大きな成長を遂げた。現在、ニューヨーク、東京、フランクフルトなどの激しい追い上げに直面してはいるが、それでもロンドンの金融センターの地位はまだ安泰である。例えば、国際銀行間融資、外国為替取引、デリバティブサービスにしても、または国際株

式市場、債券市場、保険市場にしても、ロンドン市場は依然として優位性を保っており、イギリスの経済成長に大きく寄与している。

　比べてみると、イギリスの金融業にはいくつかの特徴がある。第一に、スイスやオランダのような国の場合は、国内市場が小さく、金融業の成長は海外市場に頼るしかないが、イギリスは大きな国内市場があり、金融業はまず成長のためのマーケット・シェアを確保することができる。第二に、ニューヨーク市場や東京市場はドルと円に関連する取引が中心であるが、ロンドン市場はそれらと違って、いわゆる本当の意味での国際金融市場としての役割を果たしている。つまり、ロンドン市場はいわゆるオフショア市場であり、第三国の通貨や、第三国通貨を支払い手段とする金融商品や、デリバティブ商品の取引が中心である。それは、イギリス国内にいながら、すべての金融商品の取引ができるということを意味している。第三に、歴史的な経緯から、イギリスの金融機関のグローバル化が早くから進められ、大手の金融機関だけでなく、中小の金融機関もその海外金融資産の比率が高いのが特徴である。

２、イノベーション意欲の欠如が課題

　イギリスは、第一次産業革命では非常に大きな成功を収めたが、それ以降の新たな産業革命にはあまり意欲が示さなくなり、これといった成果も見られなくなった。それは、産業革命を成功させるために、新しい技術や設備を導入する巨額の投資が必要であるが、当時のイギリスの企業は旧来の蒸気設備を取り替えるよりも、別のルートで稼いでいた。つまり、当時の最も強い植民国家であったイギリスは植民地への強奪によって経済的利益を容易に手に入れられるため、科学技術イノベーションにはさほど興味を示さなかった。また、当時のイギリスでは、保守的な考え方を持つ人が多く、既存の研究や技術を大事にするあまり、新しい技術開発を疎かにしてしまったのである。例えば、電球の技術は独占的なガス業界企業の反対

を受けて、遅々として普及しなかったことが、そのよい例である。それに対して、当時の新鋭としてのアメリカやドイツは新技術の採用にはとても積極的であった。これらの国はイギリスのように植民地支配の経済利益が得られないため、かえって新しい科学技術イノベーションを強く求めたのであろう。事実、当時のアメリカとドイツは技術の開発と普及のどちらにおいても積極的であり、イギリスを追い越して、新たな産業革命によってたちまち競争優位を勝ち取ったのである。

（五）スイス

　スイスは経済が高度に発達して、豊かさでは世界で個人収入の最も高い国の一つとなっている。その上、観光資源が豊富にあり、「世界の公園」と称されるほどである。国民は高い生活水準と社会福祉が確保されており、一人当たりGDPは81324ドルに達している。当然、経済の成長は競争力のある産業の支えが必要であるが、スイス経済は製造業とサービス業を中心に、特色ある成長を呈している。

1、多元的・ハイレベルな産業構造

　スイスはヨーロッパの中央にあり、先進的な産業構造を持っており、化学・医薬・観光・金融業が発達している。機械工業がスイス製造業の大きな比率を占めており、国際的に同類製品の中でも高級品が多く、国際的評判が高く、強い競争力を持っている。また、スイスは医薬品の生産大国でもあり、医薬品・診断技術・精密化学製品・ビタミン・合成香料・植物保護製品・獣薬品・産業用特殊化学製品・染料塗料など多くの製品の生産が世界のトップレベルである。時計製造はスイスの伝統産業であるが、1980年代以降、時計産業の集中を進めた結果、時計メーカーの企業数は1600から600にまで減少した。スイスは世界有数のオフショア金融センターであり、その競争優位性は厳格な預金者個人情報保護制度、優れた資産管理

サービスと質の高い管理スタッフにあると言われている。最後に、観光業は製造業・金融業に次ぐ第三のリーティング産業であり、また第四の輸出産業でもある。

2、産業選択と製品付加価値の向上

今日のような優れた経済実績は、スイス外交の中立政策と密接な関係があり、この外交政策はスイス国内産業の成長に有利に働いている。スイスには産業を成長させるのに不利な条件が二つある。一つは資源が乏しいこと、もう一つは国内の需要が少ないことである。これらは総じて産業の発展に不利な条件であるが、逆説的に言うと、これはスイスの輸出産業の成功に有利に働いた可能性もある。つまり、スイスは選択と集中を行い、主に機械製造・医薬品・精密機械などを発展させたのである。特徴として、これらの産業は精度が高く、ハイテク技術、高い付加価値、強いブランド力を持っているということである。

3、高齢化、福祉支出の膨張と定年退職制度の改革

スイスは有名な高福祉国であり、社会福祉や介護システムが整備され、世界で高齢者に最も優しい国と言われている。また、スイスは65歳定年をいち早く導入した国でもあるが、これは国民の平均寿命と関係がある。つまり、スイスはヨーロッパで最長寿の国であり、男女の平均寿命はそれぞれ81歳と85歳に達しているため、これを支えるには、膨大な社会福祉支出の財源が必要である。したがって、国家財政支出を軽減させるために、定年退職年齢の延長がまず有力な選択肢として取り上げられるのである。

4、世界で最も優れたイノベーション環境

2017年現在、グローバル・イノベーション指数（GII）ランキングでスイスは七年連続で一位の座をキープしている。イノベーションの条件とし

て、政策環境・人材・インフラ整備・市場・ビジネス環境の五つの指標があり、また、その成果を図るために、知識や技術の産出とアイディアの提供という二つの指標がある。イノベーションを推進するにあたって、スイスには優れた人材・一流の研究機関・高いイノベーション力という三つの有利な条件がある。その結果、最新の技術とビジネス環境がスイスの高い生産力と経済成長の原動力となっている。スイスには六十以上の大学を有しているが、スイス連邦工科大学チューリッヒ校（チューリッヒ工科大学）、スイス連邦工科大学ローザンス校（EPFL）、ジュネーブ大学、チューリッヒ大学は世界大学ランキングの上位にランクインしており、さらにその中の二つの工科大学はベスト 20 にランクインしている。これらの大学とさまざまな国際研究機関との間に協力関係が結ばれており、多くの優れた外国研究者との共同研究が頻繁に行われている。スイスにはイノベーションの伝統・優れた研究開発環境・効率的な登録と認証制度・優秀な労働者が備わっているため、有名な多国籍企業グループが競って進出する国でもある。また、スイスのイノベーションはほとんどがボトムアップ型で、企業が中心であり、政府の役割はサポートと支援に限られ、規制ではなく、企業に必要なイノベーション環境を整備していくことである。具体的には、政府部門の役割は規制の緩和・減税・法の順守などであり、その結果として、税金が安く、人材が集まり、環境がよくなったため、国内企業の成長意欲が高まり、海外企業の進出も増えて、スイス経済にプラスの影響を与えるようになったのである。

（六） 韓国

1、国民主体の経済成長と成果の共有

韓国では「新村運動（セマウル運動、「勤勉」「自助」「協同」を基本精神とした地域開発運動）」とその後の自主開発活動が韓国の経済成長に大きな役割を果たした。

第三章 質の高い発展への転換と国際事例 113

　1970年代に、韓国では政府の主導と支援の下、「新村運動」が始まり、その目標はまず農村の生活環境の整備であったが、その後次第に自主開発活動に変わっていった。それは、もともと韓国では国民主体の経済成長が特徴であり、成果も国民で分かち合っていたため、「新村運動」は最終的に影響力と連帯感が一段と広がって広範な社会互助活動となり、道徳感化の媒体となり、国民のモラル、文明意識と結束力がともに向上する結果となった。この新村運動とその延長線上にある「オリンピック新村運動」（1988年）「募金運動」（1997年）は韓国の経済建設と経済危機からの脱出に大きな役割を果たした。また、これらの諸活動はその後の農村開発の物質的・文化的な基盤を整えることになった。

２、政府の役割は規制から助言への転換

　戦後、韓国では民主と独裁という構図で政権交代を繰り返してきた。第三回から第五回までの軍事政権の主導の下、当時たいへん遅れていた韓国経済を成長軌道に乗せた。まず、政府は「選択と集中」の方針にしたがって、新村運動と五カ年計画を通じて指導的な役割を果たした。具体的には、有望産業への支援・指導などを通じて、大企業の市場開拓を積極的にサポートし、漢江の奇跡と称される輸出加工型経済成長を成し遂げたのである。

　漢江の奇跡は、独裁的な政府の強力な関与によるものであるが、このような政府の関与は市場経済の原理には必ずしも一致していない。実際に、韓国政府の「選択と集中」の下で進められた財閥中心の経済成長は確かに韓国を中所得国、先進国へと成長させてきたが、これは市場経済本来の展開とはかならずしも一致しておらず、かえって韓国の質の高い発展の妨げになった。その後、韓国政府が経済の自由化に力を入れ、競争原理を導入するための経済改革を余儀なくされることになったのは周知のとおりである。

114　I 部　総合研究

　実は「新村運動」も後半になると、推進の主体は政府から次第に民間機関に衣替えした。政府はただそのための専門機関を置いて、指導を行うにすぎなかった。また、政府は農業と農村の経済・社会・文化・教育の全面的な発展を促進する政策を打ち出したが、それは、新しい時代の農村開発と新村運動の継承を可能にし、「新村運動」のいっそうの広がりと持続的な成長を加速しようとすることが目的であった。

3、産業構造の調整、技術及び金融イノベーションの推進

　1980 年代後半、韓国は技術集約型産業とサービス業の推進に力を入れ、いわゆる中所得の罠の回避に努めてきた。この時期に実施された「先端産業発展五カ年計画」（1989 ～ 1993）では、技術開発の主体を政府から企業へ移して、企業を研究開発の主体にせねばならないと述べている。つまり、企業は経済成長の主体であり、市場の需要をいち早くキャッチして、また優秀な人材を育てて、かれらに研究開発能力を付けさせることは、生産諸要素の効率を引き上げるための最も有力手段であるということである。さらに、この計画では、研究開発の企業経営における位置づけを明確にしており、はじめて研究開発の最終目的は企業の生産性と収益の向上であり、各生産要素の効率アップであると定められたのである。1998 年から韓国は産業構造の調整を加速し、ハイテク産業の育成を経済成長の中心に据え、コンピュータ・新素材・精密化学などの育成を国の目標にした。この目標の実現に向け、韓国国内では「頭脳強国・頭脳興国」のスローガンが掲げられ、「科学技術革新のための特別法」「ベンチャー企業育成に関する特別措置法」「科学技術発展長期計画」などの一連の施策を通じて、技術のレベルアップ、産業構造の高度化を実現するよう積極的に取り組んできたのである。

　実際に、1997 年のアジア金融危機からの回復も実は政府の経済と金融の改革によるところが大きかった。

第三章　質の高い発展への転換と国際事例　115

　経済が政府主導から市場主導へ転換する中で、金融手段は政府の政策推進の最も有力な手段であった。当時、国際通貨基金（IMF）の協力もあって、韓国政府はIMFの570億ドルの緊急融資を利用して危機を乗り越えると同時に、その助言を受け入れ、経済改革を行った。それにより、政府の役割を明確にさせ、官製経済の弊害を取り除き、「政府主導型」経済から、「市場主導型」経済への転換に成功したのである。

（七）シンガポール
1、実体経済中心の経済成長
　独立当初、シンガポールの経済基盤は貧弱であり、独自の産業がなく、中継貿易が経済活動の中心であった。しかし、この経済構造は輸入国の注文をうけいれ、受け身の行動を取らねばならず、独自の政策を推進することが困難であった。この状況を変えるために代替産業を育成して、実体経済で競争力をつけねばならなかった。実際、製造業の振興は国の経済基盤を強くするだけでなく、雇用を増やして、経済規模の拡大にもつながる。歴史的に見て、製造業中心の実体経済成長はどこの国にとっても必要不可欠のコアコンピタンスなのである。

2、国際分業への参画と自国の経済成長
　中継貿易から加工貿易の時代に変わっても、シンガポールは一貫して自らの優位性を活かして、自国の状況に適した産業の育成に取り組んできた。特に一部の先進国では資本集約型産業の育成と産業構造の転換を推進するため、労働集約型産業をできるだけ外国に移転させたが、その時、シンガポール政府は逆に労働集約型産業を積極的に受け入れて、輸出産業の育成に取り組み、経済の高速成長を実現したのであった。というのは、当時、シンガポールはまだ経済成長の初期段階であったため、成長を促進していくことが至上命題であり、労働集約型産業を受け入れて、独自の産業を育

成していくことが最善の選択であったからである。事実として、それぞれの国の置かれた政治的・経済的な状況によっては、経済成長の段階もスピードも異なるし、先進国か発展途上国かによっても大きく異なるのである。これは当たり前のことなのかもしれないが、ここで言いたいのは、それを素直に受け止めて、国際競争の中で自国を正しく位置づけることが何よりも大事だというである。

3、人的資本が経済成長の原動力

　シンガポール政府は、貿易立国・人材強国・資本富国の三大成長戦略を打ち出し、人材・貿易・資本を同一視しつつ、教育を普及させ、国民の教養を高めることを国是としてきた。とりわけ、人的資本の開発を最優先事項とするエリート教育理念には世界に冠たるものがある。具体的に、シンガポールは経済成長における教育の役割を最重要課題としており、1980年代初期に、「経済の構造転換ビジョン」とともに「教育報告書」が公表され、大学教育の拡充が図られた。1986年に「経済委員会報告書」が公表され、小・中・高各種教育の規模拡大とともに、労働力の質的向上が唱えられた。さらに、1991年には21世紀における「経済政策企画書」が公表され、教育と人的資本育成の重要性が強調された。実際に、技術のグレードアップと新たな経済発展への転換期において、以上のような長期戦略が大きな役割を果たした。

4、クリーンな政府が経済成長のソフトパワー

　シンガポールの「エリート教育」は、経済成長に質の高い労働力を供給しただけでなく、政府官庁にも優秀な公務員を送り続けた。公務員に対しては、「公務員規定及び規律条例」「汚職防止法」などにより形成された厳しい法的な監視体制、汚職調査局（CPIB）や苦情受機関などの法執行部門の効率的な法律執行があって、政府のクリーンなイメージがいっそう鮮

明になっている。このような政府のイメージは、対内的には国民の政府に対する信頼感を高め、金融政策の根幹である中央準備金制度の維持、つまり、国民貯蓄の増加、国家貯蓄制度の運営から、民間企業や個人への融資サービス、更には国民の所得や貯蓄の増加を制度的に保障することになる。また、対外的には、外資系企業誘致の有利な条件となり、また、ヘッドクォーターエコノミーの環境整備にもプラスの影響を与えた。これにより、多くの多国籍企業がシンガポールに本社を移すようになり、省エネで効率的な経済成長が可能になったのである。

　また、シンガポールは政府の強力なリーダーシップにより、経済成長が成し遂げられたと言ってよい。つまり、政府として明確な経済成長計画があり、その政策誘導によって経済成長の方向性が示されており、限定的ではあるが、経済成長に一定の制度的保障が与えられたと言ってよい。

　しかし、このような優遇政策は企業の競争力アップに悪影響を与える側面もある。つまり、一旦市場が開放され、政策の優遇がなくなると、いままでの低賃金や低い手数料などによる低コストだけでは、国内産業の成長は難しくなるということである。シンガポールの今後の経済成長は新しいビジョンとそれに対応する政策が必要であろう。

（八）中国台湾
1、加工貿易による経済成長と新たな成長のボドルネック

　台湾の経済成長は「政策誘導」と「加工貿易」が大きな特徴であるが、その成功のカギはむしろアメリカからの技術導入とそれを生産過程に徹底的に普及させたことにあると言ってよい。しかし、生産のサイクルがどんどん短縮されると、これまでの「模倣から応用へ」の技術導入は製品のモデルチェンジに間に合わず、成長もいままでのとおりにはいかなくなり、自主イノベーションがどうしても必要となってくる。まず、1949年から21世紀初頭までの間、台湾経済はアメリカに大きく依存していた。具体

的に言うと、初期には経済援助と直接関与、後期には技術導入とアメリカへの輸出が主導的な役割を果たしたので、独自の力で経済成長を成し遂げたとは言えない。また、長期にわたる加工貿易中心の成長パターンは自主イノベーションを難しくしており、経済成長に陰りが見え始めている。つまり、アメリカがイノベーションの停滞、経済の減速に直面すると、台湾経済も不況に入っていくというのが特徴である。具体的に言うと、もともとのリーティング産業がすでに競争力を失っているのに、新しい産業の育成が思うようにできないので、台湾経済は従来型産業に頼って、現状を維持せざるをえず、さらなる成長の可能性を見出せないのが現状である。

2、政治弊害と経済成長

21世紀に入ってから、台湾内部では国民党と民進党との間で政権交代が繰り返され、政党間の絶え間ない争いが政府の政策決定能力を弱めさせており、その結果、改革のコストが上昇すると同時に、新しい成長戦略の策定と実施がより難しくなっている。また、中国本土がアメリカに変わって、台湾最大の貿易パートナになったにもかかわらず、双方の間に安定した交流が続けられないのが現状である。とりわけ蔡英文当局が双方の対話は「92年コンセンサス」を前提としないと表明した後、双方の関係は悪化の一途をたどっている。こうした中で、台湾当局が自身の持つ経済成長のボトルネックを取り除くことはむしろ不可能であろう。

二、いくつかの示唆

以上のように、アメリカ・ドイツ・日本・イギリス・スイス・韓国・シンガポールなどの先進国と中国台湾の経済成長の経験について、簡単に考察してみたが、これを以下のようにまとめることができる。

第一に、安定的で、柔軟性があり、政策の是正・調整能力のある政府こ

そ、政策決定と実施に柔軟性を持たせることができ、持続可能な経済成長を保つことができる。

　第二に、実体経済への応用を中心に研究開発の目標を設定し、その実施に取り組んでいくことが必要である。具体的には、研究開発と製造過程との連携、実用技術の優先、事業化のための研究開発の優先などが挙げられる。また、新しい技術・設備・製品の量産体制への移行は、移行プロセスと手続の簡素化、開発効率の向上が必要である。さらに、グローバルな競争を視野に国のイノベーション計画を策定し、国際市場の需給変化に対応する能力を高める必要がある。

　第三に、利益誘導式の教育を行い、バブルの発生に警戒し、産業空洞化・バブル化・バーチャル化を防ぐ必要がある。そのために、土地住宅開発や金融などの潜在的なリスクを事前に防ぐ具体的な政策を打ち出すとともに、科学技術イノベーションへの投資を増やし、実体経済の成長に取り組んでいかねばならない。

　第四に、経済と社会の必要に応えて、世界の一流大学の建設と専門教育の普及に力を入れ、社会により多くの人材を送り出していく必要がある。

　第五に、金融の国際競争力を向上させる必要がある。具体的には、人民元の国際化、国際的な影響力、競争力を持つ銀行グループの育成、ニューヨークやロンドンのような金融センターの整備などを通じて、国際金融市場の競争に参加していかねばならない。

　第六に、競争力・活力のあるイノベーション環境やビジネス環境を整備する必要がある。政策環境・研究開発・インフラ整備・市場環境・ビジネスルールなどを含むイノベーション環境を整備していかねばならない。また、政府の規制を緩和して、税率を引き下げ、知的財産権の保護を強化して、公平・公正なビジネス環境を確保しなければならない。さらには、イノベーションのための登録認証制度を整備して、優れた研究者とその研究成果を守らなければならない。

120 I部 総合研究

　第七に、中国の特色ある社会主義国家の建設を中心に、社会的なコンセンサスの形成に力を入れ、経済成長に必要な社会的・政治的な環境整備に取組み、社会全体の結束力を向上させ、経済成長に必要なポジティブなエネルギーを最大限に引き出すことが大事である。

三、リスク及び課題

（一）経済危機

　前述した先進諸国の成長の歴史を見ると、たとえば、アメリカの四回にわたる経済危機のように、自由放任の資本主義国では周期的に経済危機が発生する。

　1857年と1929年に、アメリカではそれぞれ鉄道建設ラッシュと自動車産業の急成長などにより、経済危機が発生した。この二つの危機について、いずれも危機発生の前には、鉄鋼・石油・ガラス・ゴムなどの産業が空前の繁栄を迎えており、鋼材と鉄の生産はともに過去最高を更新した。同時に、銀行の融資額は空前のレベルに達しており、証券市場では、証券価格は値上がりの一途をたどっていて、土地住宅開発の投機が横行していた。しかし、表面的な繁栄の裏で、長期にわたるやみくもな投資による経済のアンバランス、農業の停滞、労働者の失業などの問題が顕在化し、ますます増えていく供給能力に対して、需要が相対的に不足したため、経済危機が発生したのである。その結果として、企業の生産が減少して、労働者は職を失い、商業が持続的に委縮した。1929年から1933年まで、アメリカでは工業生産が56.6％減少し、そのうち、鉄・鋼材・自動車の生産量はそれぞれ79.4％、75.8％、74.4％減少した。労働者の失業は1200万人以上に達し、企業の倒産件数は少なくとも13万件に達した。

　1980年から1982年までのアメリカの経済危機は二度の石油ショックによるものであった。つまり、当時の石油価格の異常な上昇が工業製品の価

格上昇をもたらし、アメリカをはじめ、西側諸国の経済は1980年代初期に軒並み「スタグフレーション」に陥った。つまり、当時の経済は高いインフレ率であるにもかかわらず、失業率が高止まりしたまま、成長率も下がり、貸出金利・国債利回りがともに高い水準で推移するという状況であった。

2008年のアメリカ発金融危機は世界的な不況を引き起こした。そのきっかけはリーマン・ブラザーズが連邦破産法の適用を裁判所に申請し、経営破たんしたため、アメリカ史上最大の金融機関の倒産となった。このアメリカ発の金融危機は表面的には土地住宅開発ブームが失速し、サブプライムローン問題が発生したため、金融への監督の欠如やデリバティブ取引での投機行為によるものとされているが、この史上まれに見る金融危機は、アメリカの自由経済体制の弊害をありありと見せつけたのである。

日本では、経済の面で、円レートの上昇、企業の終身雇用制の廃止や持ち株制度の解禁により、賃金コストが圧縮され、製品の質が低下する結果を生み出した。政治の面で、法律改正により、米軍を支援するための自衛隊海外派遣ができるようになり、中国を念頭にアメリカからの武器の大量輸入に踏み切っている。このような一連の誤った対応により、1991年から2010年までの間に、日本経済はずっと景気後退が続いた。具体的に言うと、この間に経済の実質成長率が下がり続け、ゼロ成長の年もあった。例えば、1991年から2011年の間、年平均成長率は1％に満たず、国民は「バブル経済」の崩壊、土地住宅価格の下落、政局の不安定、首相の頻繁な降板などを経験している。

(二) 戦争の脅威

戦争により、経済が壊滅的な打撃を受けることは現実的によくあることである。2000年以降、アメリカの防衛予算と実質支出が次第に上昇しており、防衛支出は2001年の2800億ドルから2014年の6100億ドルまで上

昇している。特に、ブッシュ政権は経済的には新自由主義経済政策を、政治的には新保守主義政治を推進するために、国内では、石油・軍事・金融産業の利益を優先させ、一部の利益集団に富が集中するようになり、表面上の繁栄が謳歌されていた。また、対外的には強権によって、「自由」「民主」を他国に押し付けるために、先制攻撃的に戦争を仕掛けて、他国政権の転覆を図ったり、戦略的地域を占領したりしてきた。その挙句、イラクという主権国家の侵入までしたのである。オバマ政権になってから、アメリカはイラクからの撤退を始め、「単独主義」を止める代わりに、実力を背景とする「多国間主義」をとるようになった。また、リビア侵攻後は、指揮権を NATO（北大西洋条約機構）に譲り、同盟国には防衛支出を増やせと強要しているのである。しかし、当の米国はアフガニスタンからの撤退がまだ終わらないうちに、またイランとの緊張が高まっている。

（三）政局の不安

　資本主義国家の政党政治の弊害が、ますます露呈している。アメリカでは、ポピュリズムが勢いづいており、大企業集団がホワイトハウスの政策決定を左右するようになっている。しかし、ポピュリズムは国家意識が薄く、アメリカの大国としての責任を考えずに、貿易保護主義政策を推進するので、同国の国際的地位とイメージのアップにはマイナスであろう。

　日本では、平均で一年半の間隔で首相が交替している。2007 年から 2013 年の間に、首相が六人も変わっており、経済・財政政策の継続が難しくなっている。

（四）社会矛盾が激化

　2010 年に、アメリカの貧困率は 15.1％、貧困人口は 4620 万人であり、52 年来最も高い数値を記録した。社会の富はウォールストリートに代表される一部の金持ちに過度に集中しており、貧富の差がさらに拡大してい

る。高い財政赤字・債務残高・失業率・人種差別などにより、アメリカ国内の社会的な軋轢は激しさを増している。2011 年 9 月 17 日に、アメリカの一部のデモ参加者の呼びかけにより、「ウォール街を占拠せよ」が展開されたが、それが一か月しないうちにアメリカ、ヨーロッパ、日本、オーストラリアなど 82 か国の 951 の都市に広がっていった。住宅・医療・教育費の値上がりに直面し、何千何万もの人が解雇、賃金カットされている一方、銀行関係者は大量の財政支援を受けながら、高い給料をもらっており、国民の不満が噴出する事態となっている。

（五）少子高齢化社会の到来

　先進国のほとんどが高齢化社会を迎えている。中でも、日本は特に顕著になっており、すでに経済の成長と科学技術イノベーションに悪影響を与えている。国連の統計によると、2015 年に、世界の 60 歳以上の老齢人口は 9 億 100 万人であり、世界総人口に占める比率は 12.5％であったが、2030 年になると、老齢人口は 14 億、率にして 56％増加すると予想され、総人口に占める比率も一気に 16.6％に達するということである。さらに、2050 年になると、老齢人口は現在の倍の 21 億人であると予想され、総人口に占める比率も 20％に達する計算である。

　少子高齢化は今や日本最大の課題・負担となっており、日本の経済低迷と内需不振の主な原因となっている。1973 年以降、日本の女性の合計特殊出生率は人口置換水準（2.1）をずっと下回っており、2004 年には 1.29 まで低下している。これと同時に、65 歳以上の老齢人口の総人口に占める比率は 7.6％から 20.0％にまで上昇している。総人口は 2004 年から減少し始め、2050 年には 1 億人となり、65 歳以上の人の総人口に占める比率も 35.7％にまで上昇する見込みである。

第四章

質の高い発展への転換と
その基本構想

質の高い発展を推し進めるには、高速成長から質の高い発展へ転換する内的な関連性を分析し、経済・社会・環境の内的法則性を把握し、政策の立案・実施を通じて、市場・政府・社会の三者間の新たな役割分担を求めることが大事である。

一、高速成長から質の高い発展への転換の可能性

高速成長から質の高い発展への転換を実現するには、小国経済モデルから大国経済モデルへの転換、不均衡発展から均衡発展への転換、「川底の石を探りながら川を渡る」から「法に基づく国家統治」の統治モデルへの転換が必要である。また、質の高い発展を図るには、中国経済と世界経済、国内の東部・中西部・東北部の地域間協力、政府・市場・社会の三者の関係を適切に処理する必要がある。

（一）三つの転換

まず、成長モデルを小国モデルから大国モデルへの転換することである。大国経済の運営システムを早急に構築し、従来型の「両端を外に置き、中間を国内に置」き、投資と外需に依存する「小国経済」モデルから、内需中心で、しかも内需・外需の均衡がとれた「大国経済」モデルへ転換させる必要がある。中国の GDP 総額の世界経済に占める比率、世界経済に対する貢献率はそれぞれ 15％と 30％であり、寄与率ではすでにアメリカ・日本・ヨーロッパの合計よりも高くなっている。そのため、現在の中国経済をさらに高いレベルにシフトさせることは、これまで 40 年間続いた小国経済モデルを、向こう 40 年の間に大国経済モデルに転換させ、中国経済を原材料・部品・製品の販売を海外に依存し、製造・組立てを国内で行うという従来の成長パターンから、輸出と輸入のバランスがとれた成長パターンにシフトさせ、その上で輸入拡大の推進を通じて人民元の国際化を

進めていくということが大事であり、またこれは中国経済を高速成長から質の高い発展へ転換させる基本的スタンスでもある。

次に、再均衡の見地から旧来の不均衡を正していくことである質の高い発展への転換は、新たな再均衡思考で改革開放以来の不均衡を正すことが大事であり、また、内需中心の成長を目指すものでなくてはならない。地域の角度から言うと、将来の成長センターを目指して、中部地域を新しい製造基地とし、もともとの成長地域である東部地域を先進国市場へ進出する基地として、技術開発、ハイエンドサービス業へのシフトを進めることが重要である。西部地域は労働力、「一帯一路」及び資源の優位性を活かして、さらなる対外開放を推進していくことが大事である。

さらに、「川底の石を探りながら川を渡る」やり方から、「法に基づく国家統治」を結びつけたやり方が必要である。改革開放40年来、中国の経済成長が大きな成果を収めている中で、その特筆すべき経験の一つは、いわゆる「川底の石を探りながら川を渡る」というやり方であった。これは歴史が証明した「中国の特色が豊かで、中国の国情に適った改革法である」。改革開放の経過をもう一度振り返ってみると、「川底の石を探る」のは、多くが「下から上（ボトムアップ）」のやり方であり、事業を推進する中で大胆な試行錯誤をしながら、経験を積んでいくということが特徴であった。

今や中国経済はすでに新しい段階に入っており、改革の系統性と複雑性が一段と高まっており、改革の難易度も著しく増した。そのため、今必要なのは「上から下へ（トップダウン）」の大局観で、全体の局面を統括し、各種の関係をはっきりさせて処理し、質の高い発展の妨げになる体制的問題や障害を取り除くことが必要である。それについて、第18期三中総は、改革開放の経験を総括した上で「トップダウン設計と『川底の石を探りながら川を渡る』との結合」が必要であると述べた。

トップダウン設計の強化は、法に基づく国家統治に依拠しなければなら

ない。「川底の石を探りながら川を渡る」やり方には、政府の管轄外からの介入、政府の職責不履行や不適切な履行ななどの弊害があり、それらは法に基づく国家統治で克服することが必要である。その一方、トップダウン設計の場合は、案件の重要性、具体的な要求などに応じて、データの収集や政策の統一的計画が必要であり、法に基づく国家統治も、トップダウン設計を強化・実施・推進する上で必ず通るべき道である。

（二）三つの関係

まず、中国経済と世界経済との循環関係を理解するためには、生産要素・需要・供給・ミクロ・マクロの角度から、分析のフレームワークと指標体系を設定せねばならない。生産要素は高速成長を支えていた水、電気供給・道路・ガス・投資などのハードな要素だけでなく、イノベーション・教育・人材・制度などのソフトな要素も含まれている。需要については、地域・国内・国際という三つの次元からの分析が必要であり、また、供給に関するミクロ・マクロの定義を地域や世界にまで範囲を広げて考える必要がある。

要するに、要素投入と産出との間の最適な組み合わせをどのように構築するのか、国際分業に参加するための国内各地域の位置づけをどのようにするかが問題なのである。具体的には、東部地域を率先してイノベーションに取組み、ハイレベルな国際競争に参加する地域、西部地域を「一帯一路」構想の要として、アジア・アフリカ・中東欧地域との協力関係を推進する中心地域、中部地域を中国の製造業の集積地域、とそれぞれ位置付けるということである。

次に、内需と外需の循環、及び「一帯一路」構想については、地域協力の推進を通じて質の高い発展への転換を促進することが目的である。具体的に言うと、再均衡戦略（傾斜戦略）により、従来の成長で生じた不均衡や発展の不十分問題を是正し、新たな地域開発と開放政策とを結びつけて

実施していくということである。それによれば、中部地域は戦力実施の中心地域であり、国内市場の供給基地である。東部沿海地域は外需中心、世界市場依存地域であり、新しいイノベーション戦略実施の重点地域である。西部地域は「一帯一路」構想実施の重要地域であり、東北地域は韓国・モンゴル・ロシアなどの国とは地政学的に関連の強い地域である。このことから、内部循環と外部循環の良好な発展が実現するのである。中・西部地域を海外進出、「一帯一路」構想実施の中心地域とすべきであり、東部地域での経済成長の経験を中、西部地域、さらには国境を越えて海外まで広げていくことが大事である。

　さらに、制度の見直しを通じて、政府・市場・社会の協調を促進し、質の高い発展への転換を実現していくことである。このための「放・管・服」の中心的目的は質の高い発展に適した統治能力・体系の現代化を行うことである。たとえば、外国と比較してみて、同じ設備・製造技術・原材料を使用しているのに、なぜ中国の工場で生産された製品が消費者のニーズに応えられないのかという疑問がよく出てくるのだが、その原因の一つはやはり統治体系の問題であり、それはつまり、生産関係がいかに生産力の発展に適応していくかということである。

二、質の高い発展への転換とその課題

（一）革新駆動

　革新駆動は質の高い発展を実現する上で最も重要な議題である。第19回党大会と中央経済工作会議は、「中国の特色ある社会主義が新時代に入り、わが国経済の発展も新時代に入っている」と述べたが、同時に、新時代における中国経済の基本的な特徴について、高速成長から質の高い発展の段階に入っているとも述べた。また、第19回党大会閉会後はじめての政府活動報告において、質の高い発展の実施について具体的な政策が挙げ

られている。

　産業の面では、まずインターネット・ビッグデータ・AI技術の実体経済への応用という三つの応用と、5G・ロボット・新エネルギー・バイオ医薬品など10の新技術の開発が挙げられる。報告は「世界の新たな科学技術革命・産業変革の大勢を把握し、革新駆動型発展戦略を踏み込んで実施し、経済の革新力と競争力を不断に高める」と述べているが、われわれは以下三つの理由から、これは十分成功する可能性が高いと考えている。一つ目は、要素賦存の条件であり、「わが国には世界で最大規模の人的資源を有しており」、人材ボーナス、整備された産業基盤と製造チェーンは技術のレベルアップに有利である。二つ目は、市場の大きさであり、巨大な国内市場は企業のイノベーション需要をもたらし、市場での技術交換を通じてキャッチアップの期間を短縮できる。三つ目は、制度的優位性であり、限られた資源を集中投入して、事業を成就させる、これこそがあらゆる分野で実証済みの制度的優位性である。このような政府からの政策支援と巨額の投資は、イノベーションの成功に資するものである。

（二）地域間・都市農村間の調和発展

　地域間の協調は実質的には生産力配置の最適化の問題であり、質の高い発展はより質の高い発展でなければならない。これは相対的・漸進的に成長する過程でもある。また、各地域間の事情が異なるため、当然、質の高い発展の基準もそれぞれ異なってくる。具体的には、一、国の経済全体に関わる質の高い発展、二、個別の産業分野のアップグレードに関わる質の高い発展、三、国や地域のそれぞれの事情に適した質の高い発展、四、産業を適度に発展させ、法則を尊重し、順を追って漸進的に推進していくことである。

　質の高い発展を推進するには、市場の持つ資源配分の機能を十分に活かすのと同時に政府の役割も大事である。また、都市化を進めていく中で、

第四章　質の高い発展への転換とその基本構想　131

大事なのは労働力・土地・資本などの生産要素の自由な移動であるが、労働力の自由な移動には阻害要因があまりにも大きい。農村からの出稼ぎ労働者を都市に定着させるには、行政の一段の規制緩和が急務である。

　農村振興を通じて都市・農村の調和発展を推進すること自体が質の高い発展を実現するための有力な手段である。農村振興への推進は、決して都市化を否定したり、抑制したりすることではなく、その目標は都市と農村が刺激しあい、補完し合い、全面的な連携を通じてともに成長していくような新しい都市と農村関係を築くことである。発展の不均衡・不十分な問題については、むしろ農村のほうに顕著に現れており、そのため、今の貧困撲滅活動は、まさに農村振興の有力な取り組みと言える。したがって、都市・農村の協調には、農業、農村への政策支援、農村振興に関する法制度の整備が必要である。

　また、貧困問題は単に農村の成長によって解消するのは困難であり、都市化を推進してこそ、解消が可能である。したがって、都市・農村の格差の解消を貧困撲滅活動と同時に推進していく必要がある。

（三）　金融市場とリスクコントロール

　世界トップ 500 社と国内トップ 500 社の事業構成を比較すると、国内では金融業が圧倒的な強さを示しているのに対して、先進国ではいずれも製造業中心の企業がランクインしているというのが特徴である。これは、金融業は実体経済から離れて、一人歩きするのではなく、実体経済、とりわけ製造業の成長をサポートしていくことの重要性を物語っているのである。

　まず、第 19 回党大会が開催されるまで、中国の金融業は厳しい累積債務問題に直面していた。この問題は、動態的で、つねに変化しているため、特別な措置で対応せねばならぬ問題でもある。また、中国の金融市場のハイレバレッジの問題も焦点の一つである。これは間接金融の限界が示されているのかもしれない。つまり、間接金融とりわけ銀行融資の増加は、企

業のレバレッジの拡大につながるということである。したがって、国内金融の政策目標は、融資ストックの構造調整が大事であり、そのためには直接金融の比率を引き上げるほかないのである。

また、当面の金融リスクに対応するには、全体的なレバレッジ比率に注目するだけでなく、ミクロの具体的な取引のレバレッジの引き下げにも注意を払う必要がある。問題は投機的な取引が多いため、まず投機への取り締まりを強化し、金融機関のレバレッジへ規制を更に厳しくしていく必要がある。その上で、中国の特色ある制度設計を活かして、製造業の成長に有利な金融システムを構築していかねばならない。

資本市場の育成、金融市場の成長とリスクコントロールに関しては、新たな思考が必要である。理論的には、資本市場の育成は資源の効果的配分が目的であり、また資本市場という場合、ただ株式市場のことだけではなく、長期金融機関とりわけ支配権の獲得を目的とする投資の育成にも力を入れる必要がある。また、金融のイノベーションに関しても、厳重なチェックが必要である。例えば、多くの金融イノベーション案件はシャドーバンキングの形で行われており、その内実は外部資金を内部資金に転換させた操作である。この種の新業態に対しては厳しい態度で選別し、その健全な成長を促していかなければならない。

（四）対外開放

中国の対外開放には三つの特徴がある。一つ目は、先進国の自然に進化してきた現代化に比べて、中国の現代化は濃縮された現代化である。二つ目は、新時代の成長は小国経済モデルから大国経済モデルへの転換が必要である。小国経済モデルは基本的に輸出中心の成長であるが、大国経済モデルの場合、輸出だけでなく、輸出から輸入への転換も必要であり、世界に市場を開放することが特徴の一つである。今、国内企業の製造チェーンに対する主導力が弱く、製造業が海外進出する場合、バリューチェーンの

ハイエンド部分の現地化（ローカル化）に特に留意する必要がある。輸出する部分は生産工程であり、研究開発の部分であってはならない。三つ目は、向こう十年間、中国経済は高度成長から質の高い発展への転換に全力で取り組んでいかねばならないということである。

また、内需と外需との関係を適切に処理する必要がある。中国の国内市場の規模はアメリカの約 1.3 倍であり、日本なども国内市場の規模が相対的に小さいため、どうしても外需依存になりがちだが、中国はこれらの国とは事情が違う。国内市場が十分広いので、内需拡大をさらに推進していく必要性も可能性も高い。問題はどのようにして取り組んでいくかである。総じて言うと、内需拡大は質の高い発展にとっても重要な意味がある。なぜなら、質の高い発展だけでは経済周期の問題を解消できないからである。

（五）所得格差の問題

質の高い発展を実現するには、ミクロ的な面での不均衡・不十分という問題に取り組み、業界間・地域間・都市と農村間の所得格差を解消しなければならない。業界間・地域間・都市と農村住民の所得が経済成長とともに上昇できるようにし、所得分配制度改革のテンポを速め、一次分配制度のさらなる整備、二次分配の所得調整機能の向上を促進し、国民所得の公平を表すジニ係数を引き下げるように力を入れることが大事である。

（六）生態環境の保護

質の高い発展は、またグリーン発展でなければならない。まず、大事なのは、政府が法制度・政策誘導・世論などを通じて、人民のグリーン発展意識を向上させることである。例えば、国土開発の最適化を目標として、その下で地域それぞれの開発計画・産業発展の優先順位を考え、経済・社会・環境保全に各地域が果たす役割を明確にし、人民により多くのエコ製品やサービスを提供することである。そのためには、生態系保護戦略の策

定、大きな川・湖・海・山の生態系ガイドラインを設定したり、無謀な開発を禁止し、大々的な生態系保護キャンペーンを行ったりする必要がある。

資源節約型社会・環境に優しい社会の実現を加速させなければならない。具体的には、総排出量の削減、経済成長・産業化・都市化と生態系保護の両立、広域大気汚染の解消、地上水の水質改善、全国範囲での水源地環境の整備、生態系の回復などが挙げられる。

次に、政策誘導—たとえば、グリーン財政やグリーン金融などの政策—を通じて企業のグリーン生産や消費者のグリーン消費を促していかねばならない。目標は省エネ・省資源企業が大きく成長して、グリーン発展の指標がクリアにし、中国を世界最大のクリーンエネルギー・エコ社会に築いていくことである。

（七）政府の役割と政策誘導システムの転換

質の高い発展を推進するために「有効な市場」と「有為な政府」のどちらも欠かせないが、これは複雑な系統的事業である。当面、質の高い発展を推進していくために、成長の基本方針の決定、政策の立案、マクロ経済への介入の前提条件として、指標体系・政策体系・標準体系・統計体系・業績評価体系・政績査定体系を整備していく必要がある。市場の面では、特に所有権制度の構築と生産要素の市場配分を突破口として、重要な分野での制度改革を推し進めなければならない。政府の面では、質の高い発展にふさわしい制度設計に取り組み、新しい成長の要求に応じて政府の役割と職務を全うし、公正で効率のある市場環境を確立することが急務である。

そのためには、一つは政府の施政内容を見直す必要があり、政府は義務教育・公的医療・公的交通などの基本的なサービスと社会保障の充実に力を入れるべきである。人民の日増しに増大する素晴らしい生活への需要を満たすために、政府の責任は、いわゆるナショナルミニマムを確保することであり、市場のほうは、より多くの選択肢を提供して、消費の質を一層

高めることである。例えば、教育・インフラ整備・基礎研究・公共サービス・社会保障などの面で、政府は主導的な役割を果たすべきであるが、技術イノベーションや企業の成長などについては、公正な市場環境の形成が大事である。こうして、はじめて機能する市場、つまり、技術の普及や新製品を次々と生み出すような競争市場が形成されるのである。

目下、科学技術イノベーションやハイテク産業の振興を奨励するために、各地方政府により、さまざまな優遇政策や奨励政策が打ち出されているが、想定されていた効果があるとは言えない。実は、科学技術イノベーション及びその普及は優遇や奨励政策よりも「公正で効率のある市場」のほうが大事なのである。

もう一つは政策誘導の転換であり、高速成長から質の高い発展への転換は、地方主導の政策誘導への転換が求められる。今までの中央財政主導の公共投資による経済成長は次のような問題をもたらしている。①国民の最終消費支出のGDPに占める比率が低い。②政府の公共投資が大きな比率を占めているため、民間企業の投資コストが上昇し、クラウディングアウトが発生している。

今後、権限を移譲することにより、地方政府の質の高い発展を推進する意欲を高めるような政策誘導が必要である。つまり、第一に、地方政府主導の政策実施を強化し、企業・住民の政策決定に対する参加と発言力を拡大する。第二に、従来の中央政府主導の政策誘導を改革するためには、地方政府に対する業績評価制度を見直す必要がある。具体的には、①地方政府の業績評価について、従来の地域のGDPの評価から地域の住民総収入の評価に転換する。②業績の評価指標として、消費支出のGDPに占める比率、住民の可処分所得のGDPに占める比率を追加する。また租税の徴収を生産段階から消費段階へ変更する。③業績評価について、さらに効率的で、持続可能な公共サービスの提供という項目を追加する。④業績評価に企業や住民の意見を取り入れる。⑤業績を測定するにあたって、数値の

水増しなどの不正を厳重に取り締まる。以上のようなことが考えられる。

三、質の高い発展への転換に影響を与える四つのキーポイント

　質の高い発展への転換について、第19回党大会の報告で次のような説明がなされている。

　経済発展の重点を「実体経済」に置き、「供給体系の質的な向上」に主力を傾ける。「質第一、効率優先」の二大原則を堅持し、「質の変革、効率の変革、原動力の変革」の三大変革、及び「質・効率のより高い、より公平で持続可能な発展」という明確な目標とするというものである。質の高い発展への転換を推進するにあたって、次のことに注意する必要がある。

　第一に、質の高い発展を実現するには、量的拡大の追求から質の追求への転換、規模の拡大から構造の高度化への転換、要素駆動から革新駆動への転換という三つの転換が必要である。

　第二に、質の高い発展は、中国の発展段階及び基本的な状況に合致するものである。先進国と単純に比較するのではなく、中国の大国としての特殊性と重要性を十分に考慮し、発展の不均衡・不十分の是正に力を入れなければならない。

　第三に、質の高い発展の基本は、改革の一層の推進を通じて、経済の活性化を促進し、イノベーション力と競争力を向上させることである。基本的な取り組みとして、これまで進めてきた供給側構造改革も含まれる。

　第四に、質の高い発展への転換がさまざまな課題に直面していることである。例えば、競争的な市場環境をいかにして創設していくのか、さらなる制度改革を通じて、いかにして要素投入型発展から革新駆動型発展に転換するか、いかにして教育制度の改革を深め、人材育成を加速させていくのか、いかにして地域の空間構造を最適化して、土地資源を効果的に利用

するのか、いかにして社会の流動性を高め、中所得層を増やしいくのか、いかにして土地制度の改革を加速させ、土地資源の有効利用を実現するのか、いかにして際立った環境問題を解決し、汚染物質排出がピークに達しているという課題に対処するか、いかにしてリスク管理体制の構築に取り組み、高速成長の中で積み重なったリスクを解消していくのか、いかにして対外開放、とりわけサービス業の開放を加速させ、先進国との間の生産性格差を縮小していくのか、いかにして改革を全面的に深め、質の高い発展に相応しい制度環境を確保していくのか、などである。

四、転換の具体的なロードマップ

中国の現代化戦略について、第19回党大会の報告では「二歩走（二段階）」戦略が明記されている。それは、第一段階は2020年に小康社会の全面的完成を土台に、2035年までに社会主義現代化を実現する。第二段階は2050年までに、富強・民主・文明・調和の美しい社会主義現代化強国を築き上げるという構想である。

この戦略の実施に当たっては、現代化経済体系の構築に取組み、それにより中国を経済大国から経済強国へ転換させる。つまり、第一次現代化と第二次現代化を分けて考えると、中国の東部・中西部の各地域はそれぞれ二回にわたって現代化を経験することになる。現代化レベルを全体的に高めるには、一次現代化目標達成の省・市（自治区）をさらに増やして、未達成の省・市（自治区）をゼロにすることが基本的な条件である。

具体的に言うと、革新駆動型地域（2017年時点でR&D強度が2.4%以上）は2050年までに第二次現代化目標を達成する。投資駆動型地域（2017年時点でR&D強度が1%〜2.4%）は2050年までに第一次現代化目標を達成し、その中のほとんどの地域はさらに第二次現代化の目標を達成する。資源駆動型地域（2017年時点でR&D強度が1%以下）は2050

年までに第一次現代化の目標を達成する。これを実現するためには、対外開放をより推進し、過去 40 年間続いてきた「小国経済」モデルから「大国経済」モデルに転換させ、全国各地域の R&D 強度、とりわけ製造技術と製品の質をさらに向上させなければならない。その結果として TFP の向上と国民の所得のさらなる向上が期待される。

2020 年、2035 年、2050 年という時間軸にしたがって、全国の経済発展を展望してみると、第一段階は、2020 年までに工業化の後期に入り、小康社会を全面的に築き上げる。具体的な指標として、全国の R&D 強度は 2.5% に達し、工業化社会の基本的な目標を達成し、製造大国の地位をより強固なものにする。主要産業の付加価値生産 1 単位当たりのエネルギー消耗・原材料消耗・汚染水や排気ガスの排出量を一段と減少させる。貧困撲滅の目標を達成し、一人当たりの所得が世界銀行の基準を上回る。TFP の経済成長への寄与率が 30% に達する、などが挙げられる。

第二段階は、2035 年までに社会主義現代化国家の目標を達成する。具体的には、製造業が世界製造強国の中間レベルに達し、研究開発能力が大幅に上昇し、すべての面で工業化社会の目標を達成する。国全体が高所得国家の仲間入りを実現し、TFP の経済成長への貢献率が 50% に達することなどが挙げられる。

第三段階は、2050 年までに中国を富強・民主・文明・調和の美しい社会主義現代化強国を築き上げるという目標である。具体的には、経済・社会・文化などのすべての面で近代化の目標を達成し、製造業大国の地位をより強固なものにする。総合的な実力で世界製造強国の仲間入りを果たし、TFP の経済成長への寄与率が 70% に達し、経済全体が先進国の仲間入りを実現するようになる。また、グローバル化の時代に相応しく、中国が国際公共財の供給者として、ルールや価格形成の参加者、グローバルガバナンスの主要メンバーになれるよう努力しなければならない。

第五章

質の高い発展への転換と
そのための政策提言

現在、中国経済はすでに新しい時代に入っており、その基本的な特徴は、高速成長から質の高い発展への転換である。質の高い発展を推進し、現代化経済体系を構築するには、「革新、調和、グリーン、開放、共有」の五つの新たな発展理念を掲げ、供給側構造改革を主軸に、全面的に推進していかなければならない。

一、供給側からの取り組み

現在の供給体系は、質の高い製品とサービスを十分に提供することができない。そのため、質の高い発展を推進するにあたって、供給体系の質的向上が最重要課題であり、それを産業構造のパターン転換と高度化、経済のミドル・ハイエンドへの転換を突破口として、経済全体の質的向上を図っていかねばならない。

（一）実体経済・科学技術イノベーション・現代金融・人的資本が、ともに成長する現代産業体系を構築し、供給体系全体の質的向上を図る

実体経済は発展の主体にして基盤であり、イノベーションは発展をリードする第一の原動力である。金融は現代経済の核心にして「血液」である。人的資源は発展の第一の資源である。この四者の調和的発展は、現代化経済体系の大きな特徴であり、供給体系全体の質的向上、産業の国際競争力アップ及び国の経済力強化のカギを握っていると言っても過言ではない。

1、実体経済競争力の確実な強化

産業は経済の根幹をなすものであり、実体経済の成長こそ経済成長の本質である。質の高い発展を推進する上での最重要課題は、産業構造の高度化を推進することによって実体経済の着実な強化を図っていくことであ

る。さらに、実体経済から出発して、市場の法則にしたがって行動して質の高い発展を実現し、人類社会と自然界の法則にしたがって行動して調和的発展を実現し、社会の法則にしたがって行動して持続可能な発展を実現する。例えば、実体経済を中心に生産要素の配分を進め、従来の奨励策中心の産業政策をルール中心の政策へ転換すること。消費者のニーズに応えるための供給能力をいっそう向上させ、製造業とりわけハイエンド製造業の量的拡張から質的向上への転換を推進し、さらに情報技術の普及を推進していくこと、これまで実施してきた「三つの解消、一つの低減、一つの補強(過剰生産能力の解消、過剰在庫の解消、過剰債務の解消、コストの低減、脆弱部分の補強)」の政策措置をさらに推進し、ストック、とりわけ、質の粗悪な生産の削減を引き続き実施すること、質の高い生産を増やし、新しい有望産業の育成に取り組み、質の高い製品供給を拡大していくことが挙げられる。

　具体的な取り組みとして、まず製造大国から製造強国への転換を図り、「中国製造2025」モデル地域を設置するとともに、各地域の実体経済、とりわけ、製造業のアップグレードへの新たな取り組みを奨励する。新型製造業とりわけハイエンド技術の育成に力を入れ、インターネット、ビッグデータ、AIの実体経済への応用を加速させ、ミドル・ハイエンド消費、イノベーションのリード、グリーン低炭素、シェアエコノミー、サプライチェーン、人的資本サービスなどの分野で新たな成長可能性とリソースを見つけ出す。競争力のある伝統産業のレベルアップを図り、伝統産業のデジタル化・ネットワーク化・スマート化を推進していく。サービス業の成長を加速させ、世界標準(グローバルスタンダード)に照準を合わせて、レベルアップを図っていく。世界レベルのハイテク製造業クラスターの育成に着手し、中国産業を世界産業チェーン、バリューチェーンのミドル・ハイレベルにコミットできるようにする。さらに、研究開発・生産・管理・サービス提供のモデル変革を進め、「中国製造」の新しい優位性を確

保していく必要がある。

　次に、戦略的な有望産業を中心とする現代産業システムの構築に取組み、次世代情報技術、ハイエンド装備製造、グリーン低炭素、バイオ医薬、デジタル経済、新素材、海洋経済などの産業の育成に力を入れていく。資源と環境の制約に直面している現在、質の高い発展を実現するには生産要素の有効配置と生産力の空間配置の最適化が必要である。そのため、産業の集中・集積・集約を推進し、企業の「園区（パーク）」への集積、産業のハイエンド製造への集中を奨励し、競争力のある「成長の極」の構築に取り組んでいかねばならない。

　さらに、サービス型製造業（Service-Embedded Manufacturing）の育成を通じて中国産業全体の世界バリューチェーンのミドル・ハイレベルへのシフトを促していくことが大事である。当面、中国のサービス型製造業はまだ初期段階にあり、サービスの種類が少なく、生産規模も小さく、製造企業が同時にサービスも提供するのに制度的制約があるのも実情である。そのため、ここでは国家レベルでサービス型製造業を国際的競争戦略の一環として位置付け、ビジョン・制度・資源配分・政策実施などの面から取り組み、「インターネット＋製造業」「製造業＋サービス業」の新業態を推進していくよう提言する。

２、実体経済に対する科学技術イノベーションの貢献

　科学技術イノベーションの実体経済に対する貢献率の向上、質の高い経済発展への転換を推進するにあたって、まずは新たな「大衆による起業・革新」（双創）を強化し、政府の公共財の充実、公共サービス（双公）の拡大が必要である。起業・革新を推進するには、優れた投資環境、起業環境及びビジネス環境の整備、科学技術イノベーションに有利、有効な環境づくりが大事である。公共財・公共サービスを増やすには、行政改革の加速が必要であり、行政及びそのガバナンス能力の現代化が必要である。現

段階では、中小企業の技術・ブランド・人材・販路・資金・経営ノウハウの不足といった問題を解消するために、政府からの公共財・公共サービスの支援がどうしても必要である。具体的には、大学・研究機関・企業以外の第四の勢力として、政府は国レベルのイノベーションプロジェクト、基礎研究と汎用技術開発、制度や環境整備などの面で、中小企業に公共サービスを提供し、製造技術・原材料・主要部品の調達などのボトルネックの解消に取り組んでいく必要がある。さまざまなレベルの職業教育と技術研修制度を整備して、企業に必要な従業員を育成すること。科学技術イノベーションを有効に進めるために、国際的に影響力のあるハイレベルのプラットフォームを設置し、優秀なイノベーションチームと個人を結集させ、より多くの研究成果を生み出していくこと。産・学・研、政府と出資者の協力を密にして、研究成果の事業化を加速していくと同時に、グローバルなイノベーションネットワークの構築に取組み、国際的なイノベーションの協力に貢献しなければならない。

3、実体経済をサポートする金融能力の強化

　これまで実施してきた「三つの解消、一つの低減、一つの補強（過剰生産能力の解消、過剰在庫の解消、過剰債務の解消、コストの低減、脆弱部分の補強）」の政策措置をさらに推進して企業の負担を軽減し、実体経済の活性化を図る。それと同時に、実体経済をサポートする金融システムの整備に取組み、融資コストを削減するとともに、中小企業の融資難と融資コストの割高問題を解決する必要がある。長期的に、金利・為替レートの決定メカニズムの改革にメスを入れ、金融政策の誘導機能を十分活かし、市場金利及び融資コストの削減を実現する。直接金融を積極的に発展させ、さまざまな資本市場の役割を活用していく。銀行の経営リスクによる資金コストの上昇をできるだけ抑えて、中小企業の融資難を緩和させる。市中銀行の経営理念の転換を推進し、中小企業への貸付の増加を誘導していく。

企業の健全経営やコンプライアンス意識の向上、信用力の向上に努めることが大事である。

4、人的資源の最適化による実体経済の成長

イノベーションは中国の経済・社会発展の第一の原動力であり、そのための人材は最も第一の資源である。人的資源を有効に活用するためには、第一に、国家イノベーション体系の核心は、国の教育と研究開発への支援と計画である。具体的には、初・中等教育における科学技術の重視、大学教育の全面的なレベルアップや基礎研究分野における最先端研究課題へのアクセスなどが挙げられる。国家イノベーション体系には、企業の研究プロジェクトへの資金投入なども含まれている。当面、中国は経済のパターン転換期と調整期にあり、経済の「実体経済離れ」が注目されているが、この問題を解くカギは長期的な技術開発能力を育てることである。そのためには、基礎研究と実用技術開発の両方への取り組みが大事であるが、中国では特に後者の強化が必要である。具体的には、大学の専門教育と人材育成の役割、研究機関の基礎研究の役割、企業の技術開発の役割と政府の汎用技術の開発・普及の役割をそれぞれ果たすことである。そのため、政府はコア技術の開発、技術コンサルタント、技術移転機関の規範化などの公共サービスの提供や公共プラットフォームの構築に取り組んでいくことが大事である。

第二に、人材育成の環境整備に力を入れ、「人間本位」の革新インセンティブ制度を設計し、戸籍・住宅・子供の就学などの特別優遇政策を実施し、人材養成の特区や人材受け入れのグリーンチャンネルを設置する。

第三に、国際的な人材ネットワークの構築を推進し、国や地方の人材受け入れ計画などを通じて、世界最先端の研究者、世界的に有名な学者を受け入れること、産業イノベーションセンターなどの研究施設を国際研究チームに開放することが大事である。具体的に、国レベルの戦略、例えば

「一帯一路」イニシアチブや「中国製造2025」ビジョン、さらには、産業・企業の具体的な必要に応じて、計画的に技術者・研究者などハイレベル人材を育成することなどが考えられる。

第四に、グローバル意識・マネジメント能力・社会責任感のある経営者・管理者陣を育成し、企業家のイノベーション精神を引き出すことが大事である。

第五に、製造企業の競争力を高め、若い人材が製造企業へ進んで就職するように導くことが必要である。

第六に、伝統文化の継承と革新のバランスに気を配り、伝統文化を受けつぐ一方で、新しいものを受け入れ、さらに国際協力を積極的に推進して、海外の優れたものをたえず取り入れることが必要である。

（二）製造企業のネットワーク化・スマート化を推進し、「インターネット＋製造業」を加速させ、インダストリアル・インターネット、生産・サービス資源の配置の的確で効率的な最適化を図る

「インターネット＋製造業」の発展モデルはスマート化生産のもとでのモデルの革新であり、このようなモデルの導入はインダストリアル・インターネット・情報収集・分析技術の開発など、基礎的な条件の整備が求められる。

1、インダストリアル・インターネットの導入

インダストリアル・インターネットの導入を加速し、ネットワーク、プラットフォーム、リスク防止システムの構築に取り組み、ヒト・情報・モノの一体化した製造装置を構築する必要がある。これにより、産業に関連するビッグデータの集積を促し、製造工程の無人化を内容とする新しい生産モデルを可能にし、ネットワーク、ビッグデータ、AIと実体経済との高度な融合を加速し、在来産業の高度化を実現する。

2、情報処理迅速化の推進

　企業レベルでは、企業ビッグデータの収集・開発・利用を推進し、情報モニター部門と操業現場・生産管理部門・企業経営トップとの間の情報共有が迅速かつスムーズに行われ、企業経営のデジタル化・科学化・緻密化を実現する。また、産業の面では、産業ビッグデータの共有を通じて、「情報の孤島」現象を解消し、産業の川上と川下、さらには産業間の情報共有を促進して、各産業分野のネットワーク化、スマート化を実現していくことが大事である。

3、情報インテグレーションの強化

　インターネット・IOT・AI技術を利用し、企業の仕入れ・生産・管理・販売・消費者などを有効に繋げ、企業の生産・販売・財務・物流のデジタル化・ネットワーク化・インテグレーションを促進していく必要がある。データを生産要素として収集・利用し、企業ひいては産業のビッグデータ収集・分析・利用の水準を向上させ、情報のインテグレーション・資源の有効配置に取り組み、企業経営の能率と競争力の向上を実現していくことが大事である。

4、情報のインフラ整備と国際ネットワーク構築の推進

　ネットワークの改良、とりわけ通信速度の向上、料金の引き下げに取組み、企業内外の情報インフラの整備を強化していく。また、国際ネットワークの構築を推進して、技術イノベーション情報の交換を促していくことが大事である。そのためには、ネットワークロゴの分析システムの構築を進め、インターネットロゴを通じて、情報の共有を促進し、国際サプライチェーンと企業生産システムとの間のコミット、企業間・地域間・産業間の品質管理体制の統合を実現していく。

5、在来産業のインテリジェント化と産業構造の高度化

在来産業のインテリジェント化には二つの意味がある。一つはCPS（Cyber-Physical Systems）により、工場の製造設備と情報システムとのコミットを実現し、生産現場のデータをクラウド コンピューティング・センターにアップロードして、そこで処理された情報が再び生産現場にフィードバックされ、生産の無人化を実現していくということである。もう一つは、データの収集・処理、受注管理、製造の無人化、オーダープラットフォームなどを通じて、オーダー製造を実現することである。このオーダーのデータが一定の量になると、データの処理を通じて流行の予測、小ロット生産、消費者とのコミュニケーション及び個人向けサービスが実現できるようになる。これにより、マーケティングの効率を高め、物流と在庫のコスト増や生産投入のリスクを回避すると同時に、在庫管理・配送・販売効率の向上にも役立つのである。

（三）イノベーション力・需要ニーズの捕捉力・ブランドの影響力・コア競争力を高め、製品とサービスの質を確保して、良質・効率的で持続可能な供給体系を構築

新時代に入り、人民の素晴らしい生活への需要が日増しに増大し、多くの消費者の需要は、すでに基礎消費段階から商品差別化の段階に入っており、商品の多様化・個性化が求められている。そのため、高質でハイレベルな製品の供給を増やし、供給構造をミドル・ローエンドの商品からミドル・ハイエンドの商品へシフトし、質の高い商品で市場の変化、国民の消費需要を満たしていくことが大事である。

1、品質第一理念の確立

まず、各産業・企業が品質第一の理念をしっかりと守り、中国製造（made in China）・中国建設・中国サービスのイメージアップに取り組ん

でいく。そのためには、企業が「職人気質」を大いに発揚し、製品の質の向上に努めると同時に、「品質第一、信用本位」の企業文化の構築に力を入れることが大事である。また、企業の経営者は「品質と信用を重んじる」経営理念を守り、信用第一で、調和の取れた社会雰囲気の形成に責任を果たす。政府は、社会的信用度の高い企業をモデルケースとして大々的に推奨し、信用を高めるキャンペーンを繰り広げていくことが大事である。品質に関しては、全員参加の QC 活動が大事であるが、コンシュマリズムの立場から「3・15世界消費者権利デー」の役割を活かすことも大事である。これらを通じて社会的な品質意識を高め、品質大国の実現に取り組んでいく。

2、イノベーション力・需要ニーズの捕捉力・製品のブランド力・企業のコア競争力向上の推進

まず、企業の技術イノベーションをサポートするための包摂的な政策体系を充実させ、イノベーションの推進を図っていく。そのためには、国の技術移転制度を整備し、専門能力が高く、サービス意識の強い技術仲介組織を設置し、地域別・業界別の技術市場の形成に力を入れ、知的所有権の開発・保護・使用を強化して、研究開発成果の事業化を促進していくこと、資源配分の効率化を図り、投資と市場の環境整備を通じて、世界トップレベルの研究者を積極的に受け入れ、定着させ、研究開発に専念できるよう努める。

次に、企業内のさまざまな形のイノベーションを推進していく必要がある。たとえば、技術イノベーションを通じて企業のコアコンピタンスの向上を、制度革新を通じて企業の組織力の向上を、管理手法のイノベーションを通じて企業の行動力の向上を、ブランドのイノベーションを通じて企業のブランド力の向上を、文化のイノベーションを通じて企業の結束力の向上を促進していく。企業のイノベーション力、需要の捕捉力、ブラ

ンド力、コア競争力の強化、製品とサービスの質的向上により、小ロット・個性化・分散化の需要変化に適応し、良質・能率的で多様化した供給体制の形成に取組み、国民の新しい消費需要に対応していく。

さらに、ブランド戦略を積極的に実施していく。そのためには、ブランド意識の強化、ブランド構築の推進、さらに、企業文化、とりわけブランド文化の形成が大事である。具体的には、ブランドの競争力を高めるため、ブランド構築の工程管理、つまり、ブランドの名称・個性・認知・位置づけ・拡散などについて細部まで検討する必要がある。品質はブランドの命であり、ブランドの維持は品質の定着と向上に必須である。そのためには、ブランドのイノベーション・価値の向上・影響力の維持・製品のアフタサービスなどが欠かせない。

3、製品とサービスの質的向上

第一に、品質の基準を引き上げ、製品の品質向上に取り組んでいく必要がある。そのために、主要産業、重点分野、とりわけ生産と流通の各段階を中心に品質管理を強化し、企業の品質管理を徹底していく。国際品質基準に照準を合わせ、製品とサービスの品質向上に取組み、中国製造が良質のシンボルになるように努めていく。また、資金・人材・技術などの生産要素の成長産業への集中を奨励し、良質でハイレベルな製品の供給を増やしていく。

第二に、品質チェック体制を強化する必要がある。そのためには、第三者として政府・企業・消費者間の橋渡し役を務める品質チェック専門組織や業界協会の役割を発揮させ、会員企業にはトレーサビリティーシステムに関するサービス、消費者には製品品質情報や消費情報検索と検証のサービスを提供していく。また、移動通信・ビッグデータ技術を利用し、信用向上や偽造防止のトレーサビリティーなどのシステム構築に取り組み、国内の信用システムを整備していかねばならない。

150　Ⅰ部　総合研究

ようするに、製品とサービスの品質向上の主体は企業であり、企業には製品とサービスの質で勝負する意識、品質の確保は自己責任であるという意識、業界団体や関係者には消費者の権利・利益を守り、品質の向上に関与する意識、消費者には品質を検証、チェックする意識をそれぞれ定着させなければならない。

4、企業の品質向上と政府の監督

品質については、日本の品質管理、末端管理の経験を参考にし、生産現場に関わる一連の品質管理システムを構築しなければならない。特に日本の品質向上の経験を参考にすると同時に、品質低下の教訓も戒めとせねばならない。

5、自由貿易港の設置と地域生産基地・イノベーションセンターの推進

一群の自由貿易港の整備を加速し、新たなプラットフォームで中国の対外開放をより発展させ、グローバリゼーションの新局面を切り開いていく。これは国際競争力の向上に必要であり、「一帯一路」関連産業発展の重要な手がかりである。これらの自由貿易港は、国際間の貿易・投融資・製品、サービスの生産・情報発信地、物流・資金・情報・人材の集積地、イノベーションセンターとしての役割を果たしていくことが大事である。

二、需要側からの取り組み

質の高い発展を実現するには、消費需要、とりわけ中所得者層の需要拡大を促進し、供給側の高度化を図り、より高いレベルの需給の均衡を実現しなければならない。

（一）中所得者層の拡大

中所得者層の比率を拡大するには、経済のパイを大きくして、低所得者の収入を大幅に増加させること、税制や社会保障制度の整備、教育を受ける機会均等の確保を通じて、中所得者層の後顧の憂いを解消することなどが必要である。また、中国の実情に適した最低賃金法、社会保障法の制定を急ぎ、法の整備を通じて、労働者の基本的権利・利益の擁護に取り組んでいかねばならない。

（二）都市化の推進

都市化を推進し、農村人口を都市に定住させることにより、総人口に占める都市人口の比率と中所得者層の比率を引き上げ、消費需要の拡大に繋げていくことが必要である。

1、都市化率の向上と消費需要の拡大

都市で働く労働者は中所得者層になりやすいため、農村人口の「市民化」によって都市化を推進することが大事である。具体的には、戸籍制度の改革を加速させ、都市部に安定した職を持ち、生活基盤もしっかりしている農村人口を都市部に定住させ、都市住民と同様の権利と義務を付与することが特に重要である。

2、公共財の供給と都市化の推進

都市交通・食料品市場・停車場などの公共施設の増設、「城中村」開発、古い団地の再開発、付帯施設の充実化、条件の整った住宅へのエレベーターの取り付けなどを通じて、都市環境の整備に取り組んでいくことが必要である。

152　I 部　総合研究

3、人情味のある都市管理

　都市管理は行政サービスの緻密化、人情味のある管理により、すべての住民に平等の機会が与えられ、便利で楽しい生活ができるようにしていくことが目標である。

（三）消費需要の拡大

　消費需要の拡大が質の高い発展のカギを握っている。第一に、消費能力の向上を図る。その有力な手段として、雇用を拡大し、住民の所得水準、とりわけ農家と低所得者の所得をアップさせ、消費の拡大に繋げていくことが大事である。第二に、供給構造の十全化を図る。例えば、観光などの各種サービス消費を拡大して、都市・農村住民の多様で多重的な消費需要を生み出す。第三に、消費者の消費マインドを高める。そのためには社会保障制度の整備に力を入れ、みんなの教育・医療・老後の生活の後顧の憂いを解消して、消費マインドの向上に繋げていくことが大事である。第四に、伝統消費を確保し、新型消費を積極的に拡大して、潜在的な消費を掘り起こす。そのために、サービスの供給拡大、サービスの質の向上とともに、観光・文化・スポーツ・健康管理・介護・教育研修などの潜在的な需要を掘り起こすこと、伝統消費のアップグレードを推進すると同時に、新たな消費需要を生み出し、ネットショッピングや宅配便などの新たな消費モデルを普及させる必要がある。第五に、消費環境の整備である。市場環境への監督とりわけ政府の食品や医薬品の安全に対するチェック体制を強化し、便利・安全・安心な消費環境を確保することが大事である。これらの政策を通して、人々の消費に対する不安を解消し、一部海外に流出した消費を国内に回帰させるようにしていかねばならない。

（四）雇用環境の整備

　雇用促進のための行政サービスを強化し、職業技能研修の普及に力を入

れ、「インターネット＋」を利用して、新型雇用を開拓し、退役軍人の再就職、身体障碍者など、ハンディを持つ人の就職への支援策を徹底する。また、出稼ぎ労働者の就職を促進し、賃金支給の遅延問題を解消する。さらに、労使交渉制度を定着させ、性別や出身地による差別を解消し、より平等で内容の充実した雇用が実現できるように努力していかねばならない。そのためには、次の五つの具体的な措置が必要である。

第一に、対応性のある雇用安定化措置を講じる。例えば、多種多様な職業教育、技能研修制度の強化、遠隔教育、生涯教育、高齢者教育の推進、幼児・学歴前教育制度の充実が必要である。

第二に、雇用政策の広報を徹底させる。国務院の一連の指示にしたがって、説明・周知を徹底し、企業の不安を解消していく。「無許可の就職斡旋」「ブローカ」など、違法行為への取り締まりを強化し、企業の雇用拡大への支援に力を入れ、企業の業績回復の自信を取り戻していかねばならない。

第三に、雇用情勢のモニタリング・分析・研究を強化する。就職や失業の動態的なモニタリングシステムの整備に力を入れ、観測点を増やし、雇用情勢の分析の迅速化を進め、政策の意思決定に確実な根拠を提供しなければならない。

第四に、重点とする社会階層、集団の雇用安定を図っていく。大学卒業生の就職特別計画の実施、出稼ぎ労働者の就職拡大や時短で一時帰休労働者の再就職を促進し、就職が困難な人々の支援策を強化し、基本的な雇用確保に取り組んでいくことが大事である。

第五に、起業による雇用の拡大を図る。具体的には、起業への支援策を充実させて、雇用機会を増やしていくということである。

三、質の高い投入産出の実現

質の高い発展を実現するには、質の高い投入と産出が必要である。つまり労働・資本・土地・資源・環境などの生産要素の投入と産出の効率を高めて、実体経済の資本収益率の低下に歯止めをかける必要がある。

（一）人的資本ボーナスの活用と労働生産性の向上

第一に、教育の普及を通じて、人的資本の蓄積を加速させ、労働生産性の向上を促進する。つまり、高校教育の普及、総人口に占める大卒者人口の比重増加を通じて、中国を低技能、低学歴労働力中心の国から高技能、高学歴労働力への転換の促進、重点分野の技術者に対する教育・研修の強化、研究費のGDPに占める比率の向上に取り組む。

第二に、教育・医療・社会保障など人的資本の蓄積に関連する社会インフラ整備への投資を奨励する。

第三に、構造的失業の解消を目的とする新たな雇用政策を模索し、労働者の技能が産業構造の変化に適応できないことからくる構造的失業の解消に取り組むことが大事である。

（二）資源の節約・集約と持続的成長の維持

質の高い発展を実現するには、資源節約、環境保護の基本的国策を貫き、土地、鉱山とエネルギーの節約、集約的利用を強化して、持続的成長を維持していかなければならない。そのためには、以下のことに取り組む必要がある。

第一に、資源利用について、節約・集約・リサイクルの意識を高め、資源利用の根本的な転換を促し、資源利用過程の全面的なモニタリングを実施し、資源利用の全体効果を引き上げていく。

第二に、エネルギーの節約、節水型社会の構築、土地の集約的利用を力

強く推進する必要がある。また、地下資源の有効利用を強化していく。具体的には、グリーン鉱山とグリーン鉱業発展モデル区の整備、鉱山資源節約と総合利用プロジェクト、鉱山資源の保有、備蓄プロジェクトの実施により、鉱山資源の採掘率、選鉱の回収率、総合利用率を向上させ、鉱山探査のブレークスルーを目指して、取り組んでいくことが大事である。

第三に、循環型経済の発展に力を入れ、勤倹節約のライフスタイルを推奨して、資源の有効利用を制度面からサポートする。

（三）全要素生産性の向上と質の高い発展への転換

質の高い投入と産出を実現するには、全要素生産性を更に向上させ、経済の規模的拡張から質的成長への転換を推進していく必要がある。そのためには、以下のことが求められる。

1、技術進歩による生産性の向上

これは生産要素の投入以外に、技術進歩・制度改革・管理技術改善などの無形要素の変革により、経済成長を実現することを意味している。例えば、新しい技術や製造方法の採用、新しい市場や製品の開発、組織改革、管理の改善などにより、従業員の労働意欲を高め、企業の生産性を向上させることなどがそれである。

2、生産要素の新しい組み合わせによる企業収益の向上

労働力・資本・土地・技術・管理などの生産要素の組み合わせの最適化を図り、労働・資本・土地・原材料・環境・技術の生産性を絶えず向上させ、出資者には配当、企業には内部留保、従業員には給料、政府には税収を、それぞれ実現させるように革新・起業の活力をひきださなければならない。品質第一・効率優先を堅持し、生産要素の組み合わせを粗悪・低効率分野から精緻・高効率の分野へシフトするよう取り組んでいくことが大

事である。たとえば、労働力を生産性の低い農業部門から生産性の高い製造業部門へ移動させることにより、全要素生産性を向上させることが可能である。

3、市場メカニズムの活用と完全競争の実現

優秀な者を昇格させ、無能な者を降格させ、不適格者を辞めさせるような「創造的破壊」の仕組みを構築し、生産要素の有望産業、企業へのシフトを促す必要がある。

4、革新駆動の実践を模索

以下の六つの転換が必要である。

それは、（1）技術と制度のイノベーションを同時に推進し、国家イノベーション体系の構築に取組み、規模の拡張を中心とする粗放型成長から、質と効率を中心とする持続可能な成長へ転換する、（2）生産要素の組み合わせは伝統的な要素を中心とするパターンからイノベーション要素を中心とするパターンへ転換する、（3）産業構造はバリューチェーンの低いところから高いところへ転換する（4）イノベーション力は「追い付き・横並び・トップランナー」の同時進行と「追い付き」中心から、「横並び・トップランナー」中心へ転換する、（5）資源配分は研究開発中心から産業・イノベーション・資金チェーンそれぞれの必要に応じた配分へ転換する、（6）イノベーションの主体は少数の研究者中心から大衆参加へ転換する、ことである。

四、質の高い分配制度の構築

「労働に応じた分配」の原則を守り、いくつかの分配が併存する所得分配制度を維持し、一次分配と二次分配を通じて、効率と公平との関係を正

しく対処していく必要がある。

（一） 一次分配の公平と効率の同時実現を目指す

一次分配では、第一に、「労働に応じた分配」の原則を守り、投入要素を基準とする分配制度の整備に取組み、より合理的で秩序のある所得分配を目指す。そのためには、最低賃金の制定、低所得者の権利・利益の保護、正常な賃上げメカニズムの確立、サラリーマンなど給与労働者の所得向上の確保、賃金支給保障システムの構築、遅延なく満額での支給、知的価値を基準とする分配政策の実施、優れた技能を持つ人の優遇、所得分配政策の持つ誘導的役割などを活用し、知識・技術・管理を基準とする分配を推進していかねばならない。

第二に、真面目に働き、合法的な所得の獲得を奨励し、中所得者層を拡大する。さらに、低所得者の収入を増やし、高所得収入を調整し、違法収入を取り締まらなければならない。

第三に、経済成長と住民収入の増加が足並みを揃えるという原則を守り、労働生産性を向上させると同時に、労働報酬を引き上げる。

第四に、住民の労働報酬と資産収入の獲得ルートの多様化を推進する必要がある。まず、新しい業態への就職を進め、所得獲得ルートの多様化を実現する。次に、金融資産投資・実業投資・賃貸サービスなどを通じて資産収入を増やしていく。その上に、法律によって国民の財産権の保護を強化していかねばならない。

（二） 二次分配と所得格差の是正

二次分配では、税制の持つ所得格差是正の役割、貧困撲滅活動の持つセフティーネットの役割を生かし、特に、富のストック部分の格差是正に取組み、高所得者には調整、中所得者には拡大、低所得者には保障するという方針を貫き、社会の流動性を高め、階層の固定化解消に取り組んでいく。

そのために、以下のことに取り組む必要がある。

　第一に、税制の持つ所得格差是正の役割を活かす。具体的には、総合と分離課税の長所を活かした個人所得税制度の整備を加速させること。一部のハイエンド商品とサービスの消費を消費税の課税対象にすること、利益の社会還元やチャリティー活動の奨励などが挙げられる。

　第二に、貧困層に対する有効なセフティーネットを構築する。具体的には、財政予算における国民生活支援の支出を増やすこと、公的資産処分の収入を社会保障支出に繰り入れること、国有企業収益の財政上納金の比率を段階的に引き上げることなどが挙げられる。

五、質の高いマクロ経済循環の実現

　質の高い経済循環については、経済循環の阻害要因を取り除き、生産・流通・分配と消費間のスムーズな循環、マクロ経済を構成する各部門・地域配置の均衡を実現すること。また、「あるなし」から「良し悪し」への意識転換を図り、経済成長を量的拡大から構造の最適化への変革を促進していくこと。さらに、生産要素の最適組み合わせを目指していくと同時に、経済の持続可能な成長に取り組むことが必要である。

（一）マクロ経済を構成する各部門や地域配置の均衡と生産・流通・分配・消費間のスムーズな循環の実現

　マクロ経済を構成する各部門及び地域配置の均衡を実現し、都市・農村からなる地域分業の最適化を図り、均衡発展が経済の基本的な特徴になるように取り組まなければならない。

1、マクロ経済を構成する各部門の均衡

　具体的には、雇用者報酬・営業余剰・固定資産減耗・間接税税収の均衡

を図り、従業員・企業・政府の三者間の利益の最適化を図ること。消費と投資の均衡を求め、経済・産業の成長、さらに、成長の成果を国民へ還元するようにし、内需と外需の均衡を求めて、内需と外需が同時に成長するようにすること。最後に、経済成長の質と収益の向上を促進し、商品と貨幣の均衡を求め、機能資本と擬制資本のバランスを保つこと、などが挙げられる。

2、地域間の協調と産業配置の最適化

　具体的には、成長の後れた地域では成長のチャンスを見つけ、旧革命根拠地・少数民族地域・辺境地域・貧困地域の経済成長と生活の改善を推進すること、全国を「四つの地域」に分けて成長を進めていくことが必要である。つまり、優遇策を講じて西部地域の開発を後押し、さらなる改革を通じて東北地域の工業基地の振興を進め、優位性を活かして中部地域の興隆を促し、イノベーションを基本として東部地域のさらなる成長を実現する。「三大戦略」の実施、つまり、北京の非首都機能の移転を中心とする京津冀協同発展による地域経済圏の形成、生態保護優先・エコ成長を中心とする揚子江流域経済帯建設、新しい対外投資の模索を中心とする「一帯一路」構想の実施。都市圏構築を中心に、大・中・小都市・町の協調的な発展を促し、農村戸籍の都市戸籍の転入を加速させる。農村振興に力を入れ、現代農業の産業化を推進し、その生産・経営システムの構築、新しい農業経営者の育成、農業をサポートするサービス網の整備などを通じて、いわゆる「三農」問題の解消に力を入れ、農村と都市とをお互いに協力し合いながら発展させていくこと。その際、農村関係者も都市と農村の一体化戦略や重要政策の決定に参加し、国土整備・資源開発・有効利用の計画策定に参与し、政府関係部門の指導の下で、計画の実施と運営に関与していくことなどが挙げられる。

　もう一つは、都市圏建設の推進を通じて、市場独占・流通経路の独占を

排除し、地域の経済統合を実現すること。海外の経験によると、地域経済の協調と統合を推進するには、域内都市の協力と相互補完がカギであり、密接な連携、効果的な分業、高度に統合された都市圏や都市群が必要である。また、都市圏建設の加速、地域経済統合の強化により、地域の閉鎖を打破し、さらなる生産力の向上を実現し、より広い範囲での資源配置の最適化、優位性の相互補完と調和発展、さらに、地域配置・生産要素・産業構造などの違いにより一つの都市単独では担えない経済的役割や実現不可能な規模の経済性及び集積効果を可能にする。

さらに、香港特有の優位性を発揮することが大事である。香港は長期にわたって国際的な金融・貿易・海運のセンターとしての地位を保っており、アメリカのヘリテージ基金（The Heritage Foundation）から、二十三年間にわたって最も自由な経済地域として評価されてきた。世界経済フォーラムにより毎年発表される『世界競争力（Global Competitiveness Report）』では、五年連続で世界競争力ベストテンにランクインしている。2017 年 9 月に発表された「グローバル金融センター指数（Global Financial Centers Index, GFCI）」では、香港はニューヨーク、ロンドンに次いで第三位であった。

香港は中国の改革開放の参加者にして貢献者であり、中国の経済成長に欠くことのできない役割を果たしてきた。「一国二制度」という特殊な立場を利用して、国内と海外とを繋ぐ「スーパーコネクター」の役を果たしてきた。具体的には、香港は自由貿易港・国際貿易センター・国際金融センター・国際海運センターとして、中国の対外交流の橋頭堡となり、外国資本の中国への進出、中国企業の海外進出の仲介地としての役割を果たし、中国の市場経済への移行、世界経済システムへのアクセスにおける重要なサポーター役になっている。また、香港には世界の一流の大学や証券市場、世界的な影響力を持つ国際金融センター、優れた統治体系・能力があるため、国内各地域は香港のグローバリゼーション・市場経済・国際法治制度

第五章　質の高い発展への転換とそのための政策提言　　161

などの経験を取り入れ、香港の特殊な立場を利用して中国の質の高い発展
に取り組んでいくことが大事である。

　最後に、中国の土地制度の二重構造を解消する必要がある。制度的障壁
をなくして、農村地域での開発用地の取引市場を構築すること。具体的に
は、農村地域の開発用地の取引に関する租税政策・担保融資制度など一連
の関連制度の整備を加速させ、取引可能な土地を増やし、土地使用権満期
時の法制を制定し、各地の実状に合った政策をそれぞれ打ち出さなければ
ならない。

3、生産・流通・分配・消費間の有効な循環の実現と成長のアンバランスの是正

　国内経済では、需要と供給、金融と実体経済、土地住宅開発と実体経済
という三つのアンバランスがある。

　第一に、需要に対応するための供給のルートを整備して需要と供給のア
ンバランスを是正する。また、一つのルールで統一した金融市場の構築を
加速させ、政策のスムーズな浸透を図る必要がある。金融が実体経済をサ
ポートするには、市場による資源配分、有効な金融市場の働きが必要であ
る。これによって初めて資金の供給がスムーズになる。その上、金融市場
へのモニタリング、とりわけ、中央銀行の監督権限を強化することも必要
である。具体的には、金融法規を統一し、金融市場の国内外に向けての開
放を加速させ、政策のスムーズな浸透を図り、競争原理を通じて、部門
間・産業間・企業間の資金の有効配分ができるようにしていくことが大事
である。

　第二に、金融の実体経済へのサポートをスムーズにし、金融と実体経済
とのミスマッチを解消する必要がある。まず、銀行の独占を打破して、マ
クロレベルの金融システムを整備することが必要である。具体的には、金
融市場をさらに開放し、さまざまな資本の参入を受け入れ、競争原理を活

かして市場を活性化し、金融市場の成長を促していく。銀行業の参入基準を引き下げ、参入意向のある民間資金に市場開放をし、企業に多様な資金調達ルートを提供する。実体経済へ潤沢な資金が流れるようにし、企業の資金調達コストを引き下げていく。インターネット金融の健全な発展を促し、そのための金融監督制度の整備を加速していくこと。国際資本の流出・流入を厳しくチェックして、システム的・広域的な金融リスク発生を防ぐためのボトムラインを守ることなどがあげられる。もし、金融を流れる水と譬えれば、これを持って中小企業、「三農」などを含む実体経済という木に潤いを与えるようにしていくことが大事である。

　次に、動態的な資本市場の構築を加速し、直接金融を積極的に推進していく必要がある。そのためには、①グローバル資本市場の構築を加速し、さまざまな投資家や資金需要者のニーズに応え、金融資源の有効利用とリスク防止に取り組んでいくことが大事である。そのために、主板市場（メインボード）、二板市場（創業ボード）、三板市場（店頭株式市場）からなる多層的資本市場の構築に力を入れる。また、このような市場の差別化を通じて、市場リスクの分散と市場効率の向上を図ることが必要である。②積極的に直接金融市場を育成することが大事である。具体的には、中小企業の上場基準をさらに引き下げ、直接金融市場の規模の拡大を図っていくこと。直接金融商品の種類を増やし、指定事業収益債、転換社債、永久債などの混合型金融商品の開発に力を入れ、インフラ資産の証券化やインターネット金融などの健全な発展を促し、国内企業が国際金融市場から資金調達するための手続きを簡素化する。③格付け機関、会計・法律事務所などの関連機関への監督を強化し、証券・基金・先物取引などの金融機関の兼業の可能性を検討し、一定の基準を満たした金融機関が、リスク分離を確保した上で、証券業に参入することを推進していく必要がある。④投融資事業の発展を促進し、保険資金の資本市場への参入を段階的に拡大し、信託投資や銀行の資産運営などの投融資業務・ベンチャーキャピタル・ビ

第五章　質の高い発展への転換とそのための政策提言　163

ジネスエンジェルなどのプライベートエクイティーの発展を推進していくことなども視野にいれる必要がある。⑤金融監督、システミックリスクの防止に関する法整備を着実に進め、法律、法規を拠り所にして、金融詐欺、違法の資金集めなどへの取り締まりを強化し、投資者の権益をしっかり守ることが大事である。

　第三に、「住宅は住むもので、投機の対象ではない」という原則を守り、土地住宅開発と実体経済とのアンバランスの是正に力を入れる必要がある。具体的には、まず、「住宅は住むもので、投機の対象ではない」ため、土地住宅開発に対しては次の五つのコントロール、つまり金融・土地使用・税制・投資・立法などの政策手段を通じ、土地住宅開発市場への介入が必要である。たとえば、土地使用の政策としては、土地の総供給量、各種用地の比率・公開入札価格を規制することが挙げられる。金融関連の政策としては、開発業者が自己資金で土地を取得する原則をしっかりと守り、開発業者が複数の口座を使って資金調達することを禁じ、住宅ローンの違法供給に対する取り締まりを強化することが挙げられる。税制政策としては、高価格の物件には抑制、中価格の物件には奨励、低価格の物件には優遇という差別化をつけ、住宅税あるいは住宅管理運営税を導入し、土地増値税の可能性を検討すること。住宅賃貸政策としては、公営の住宅賃貸制度の整備に注力し、民間の住宅賃貸市場の育成を促進していくこと。また、土地利用については、地票制を取り入れる必要がある。地票制とは、放置される農村の住宅地、及びその付属施設用地、郷鎮企業用地、公共施設用地などの農村建設用地、開墾により増加した用地に交付する使用許可書のことである。地票制は、土地資源配置の空間制限を解消し、農民に一定の財産権を与え、農村のさらなる発展、農村人口の都市への転入を促進することを通じて、土地住宅開発とりわけ土地供給の拡大を図っていくことが目的である。

　次に、住宅関連の法律整備を推進し、人民の財産所有権を守る必要があ

る。海外で立法、関連事業者の指定、法令の制定などにより形成された中低所得世帯を対象にした住宅ローン供給制度を参考にし、中国の「住宅法」「土地住宅税法」「住宅賃貸法」など住宅関連法律を整備する必要がある。

（二）マクロコントロールの革新・十全化と財政・金融・産業・地域開発政策の相乗効果

　現在、中国経済が直面している問題は、周期的な面もあるが、重大な構造的不均衡が経済後退の主因であると言ってよい。したがって、供給側構造改革を手始めに、需要と供給の動態的均衡を実現することが大事である。具体的には、マクロコントロールを革新・十全化し、質の高い発展に適した制度の整備に力を入れることである。質の高い発展の要求に応じて、「五位一体」総体的配置を統一的に進め、「四つの全面」戦略的配置をバランスよく推し進め、供給側構造改革を軸に、成長の安定・改革の促進・構造の調整・民生の改善・リスクの防止に取り組む。改革開放を大いに推進し、マクロコントロールを革新・十全化し、経済発展の質・効率・原動力の変革を推進し、重大リスクの解消、貧困撲滅、汚染防止・対策の難関攻略戦で確実な成果を収め、消費マインドを安定させ、民生の改善に力を入れ、経済・社会の持続的で健全な発展を促進する。質の高い発展のための指標体系・政策体系・標準体系・統計体系・業績体系・政績査定体系の整備に取り組み、国家建設長期ビジョンの下、財政・金融・産業・地域開発などの政策の相乗効果を引き出すことが大事である。

　質の高い発展を推進するには、市場・政府・社会の「三位一体」の連携が必要である。たとえば、大型プロジェクトやインフラ施設の建設は、経済発展の血液を供給する「動脈」の問題であるが、経済発展の「毛細血管」の循環不調を解決するには市場・政府・社会の「三位一体」の連携の問題となる。具体的には、一つ目は、市場という「見えざる手」の資源配

分の役割を活かして、市場秩序と企業経営をスピード重視から質重視に転換すること。二つ目は、政府という「見える手」を使って、市場環境の整備に力を入れること。つまり、政府の役割は、市場環境を整備し、「狼を部屋に引き入れ、狼と踊り、チーム精神を培う（市場を開放して外国と競争し、国内のプレイヤーの結束を強める）」ことが必要である。そのためには、政府は制度的な枠組みを整備し、行政簡素化と権限委譲、企業の負担軽減、利民政策は、政府よりも民間セクターを優先させ、減税や補助金などの政策措置を通じて国内市場の競争力を高めていくことが大事である。三つ目は、社会の「協調の手」を活かして、業界団体の役割を発揮させていくこと。これら互助組織を通じて人材・知識・技能を大事にする社会的な雰囲気を作り出すことが目的である。

　さらに、混合所有制を推進していく必要がある。目下、中国はすでに製造業大国となっており、効率的な金融システムのサポートが必要であるが、現在の金融システムは有効に機能しているとは言えない。たとえば、金融業界では国有金融機関が90.7％の比率を占め、国有企業の独占状態となっていることから、真の意味での市場取引はなく、市場メカニズムが機能していない。そのため、金融業界では、十分な競争メカニズムが形成されておらず、効率が悪く、レントシーキングが横行している。混合所有制を推進するには、国有・公有・私有資本相互の持ち株や経営参加を受け入れる必要がある。また、公有制経済間の株権の多様化に向けた改革を推し進めるとともに、国有企業の混合所有制改革発展のモデル事業を穏当に推し進める必要がある。さらに、民間企業の国有企業への資本参加、民間資本が支配権を持つ混合所有企業の設立、または国有資本の民間企業の株取得を進めていくことが大事である。これとは別に、華為のような従業員持ち株制度も有力な選択肢としてあげられる。また、農村の土地制度や集団所有権制度の改革を推し進めて、都市・農村の融合的発展を実現することも大きな課題である。

166　I 部　総合研究

表 5-1　2016 年中国における国有企業、民営企業及び外資系企業が占める割合（%）

業界	国有企業	民営企業	外資系企業
医療・ヘルス	89.9	10.1	0.02
卸売・小売	61.9	34.2	3.9
建設	53.2	46.4	0.3
文化	86.6	12.5	0.9
教育	73.4	25.4	1.1
金融	90.7	7.8	1.5
旅館、ホテル	54.4	43.1	2.4
不動産	29.6	67.8	2.6
科学研究	69.9	26.5	3.5
経営・リース	76.2	15.4	8.4
飲食	35.0	56.0	9.0
製造業	27.8	61.2	11.0

（三）現代財政制度の整備と金融システム改革の推進

以下のことに取り組む必要がある。

（1）現代財政制度の整備を加速し、権限と責任が明確で、財力の配分が適切で、地域間の均衡がとれた中央と地方の財政関係を確立する。(2) 全面性・透明性・規範性が高く、標準的・科学的で、拘束力のある予算制度を確立し、実績に基づく管理を実施する。租税制度改革を深め、地方税体系を健全化する。(3) 金融システムの改革を深め、実体経済をサポートする能力、直接金融の比率を高め、多層的な資本市場の健全な発展を促す。(4) 貨幣政策とマクロプルーデンス政策を柱とするコントロールの枠組みを整え、金利と為替レートの市場化改革を推進する。(5) 金融リスク管理体制の健全化を図り、システミックリスクの防止というボトムラインを守る。

（四）質の高い発展の目標設置とベンチマークの徹底

1、先進国や地域を目標とする

経済発展の質を高め、イノベーションの環境を整備し、金融の実体経済をサポートする能力を向上させ、国際化・法治化・市場化の環境を整える

には、国内外の有力な地域を手本とし、ベンチマークを貫くことが何よりも大事である。

第一に、日本の東京を目標として、質の高い経済発展を促進する。具体的には、TFP の向上、単位投入産出率、単位用地産出率をベンチマークの指標とし、さらに、一人当たりの所得・企業利益率・税収などの指標を追加する必要がある。

第二に、アメリカのシリコンバレーを目標とし、イノベーションの環境を整備していく。具体的には、GDP に占める R&D の投資比率、特許協力条約（PCT）への特許権申請数、ハイテク企業の規模と質などをベンチマークの指標とすることが必要である。

第三に、アメリカのニューヨークを目標とし、金融の実体経済をサポートする能力を高めていく。具体的には、直接金融の比率、中小零細企業への貸し出し金利などをベンチマークの指標としていくことがあげられる。

第四に、中国香港を目標として、国際化・法治化・市場化の環境を整えていく。経済自由化・経済社会の法制化・ビジネス環境などをベンチマークの指標としていく必要がある。

2、質の高い発展を推進するための品質標準の整備

まず、製品品質標準をつくる必要がある。製品品質標準づくりは現代経済体系構築の最重要課題であり、拘束力のある品質標準設置により、製品の品質を高め、中所得者層の消費を拡大していくことが必要である。ここでの中所得者とは洗練された消費者のことである。

次に、生産過程の質・環境基準の構築も大事である。この基準は、単なる指標の構築にとどまらず、生産・製造の各工程で徹底的に適用させていかねばならない。たとえば、1970 ～ 80 年代の日本では、品質管理の具体的な基準を生産現場で徹底していくことにより、行政指導に頼らずに企業努力による品質の向上が可能だったのである。

第六章

質の高い発展への転換の
具体的取り組み

170　Ⅰ部　総合研究

　質の高い経済発展を促すための具体的な取り組みについては、革新行動、調和発展行動、グリーン行動、開放行動、共有行動の五つの行動があげられる。

一、革新行動

（一）軍民連携の技術イノベーションシステムの構築

　アメリカではかつてハイテク産業を発展させるために、防衛産業振興の政策を実施し、強い防衛産業の育成を実現すると同時に、民間のハイテク産業の振興にも役立った。アメリカの経験を参考にし、軍民連携の科学技術イノベーション体制の構築を加速させる必要がある。そのためには、第一に、軍需企業の持つ「優位性」を活かして、コア技術の競争力を確保する。第二に、国家の安全と経済成長という大局から、軍民提携の科学技術イノベーション体制を構築し、軍民による知的資源の共有を促進していく。第三に、軍需企業の主導の下、軍需技術の民間移転を促進すると同時に、民間技術の軍需への供与を促し、軍民技術連携の有力的なプロジェクト、ハイレベルプロジェクトの建設、軍民共同運営のプラットフォームの設置、インフラ、重要な実験室及び研究施設の共同使用を進め、障壁を取り除いて、科学技術イノベーション成果の双方向の流動を促していくことが大事である。

（二）国際協力戦略の見直しとコア技術の開発

　欧米諸国は成熟した技術の導入を封じ込めることができても、新規技術の開発を封じ込めることはできない。技術開発に関して一つの試みは、海外に拠点を設けて国際提携を行い、欧米諸国で禁じていない新規の研究開発と生産技術を獲得するということである。たとえば、浙江省はアメリカのシリコンバレーに在米浙江省イノベーションセンターを設立し、海外の

優れた研究者とプロジェクトを浙江省へ誘致し、中米両国の人材・技術・資本などの協力を推進することに成功している。また、資本参加を通じて先端技術の獲得を図る。つまり、ベンチャーキャピタルの海外ベンチャー企業への投資、国内企業が資本参加やＭ＆Ａを通じて知的財産権と国際競争力を持つ海外企業の買収などが選択肢として挙げられる。

（三）中国の特色あるイノベーション環境の構築

　科学技術イノベーションを中心に、産業・研究開発・金融・財政政策など各セクターの連携を強化し、いわゆる「政・産・学・研・資」（政府・企業・大学・研究機関・投資機関）がともに参加するイノベーション・プロジェクト拠点を設置し、「企業集積＋産業間の分業と協力＋研究開発拠点のクラスター化」のようなイノベーションネットワークを構築し、研究開発拠点の川上と川下との連携を実現させ、研究成果の事業化を促進する必要がある。そのためには、研究開発の効率を高め、研究開発の投資効率と質・効果を高めることが必要である。まず、在来産業のモデルチェンジとレベルアップを促進する。「斜陽技術はあっても、斜陽産業はない」とよく言われるが、在来産業は新しい技術の導入を通じて生産効率と収益性を向上させると同時に、工業汚染を抑えることも可能である。次に、政府による汎用技術とコア技術の開発が大事である。たとえば、江蘇省の経験では、地元政府による産業振興ファンドの設置や汎用技術開発機構の設立などがある。また、ドイツの経験では、政府系研究機関を立ち上げ、主要技術、コア技術の開発を主導し、科学技術イノベーション体制を補強することなどがある。最後に、政府は研究開発成果の事業化プラットフォームを構築し、コア技術開発プロジェクトの支援、設備導入のサポートと研究開発拠点のクラスター化の推進に取り組む必要がある。例えば、広東省東莞市では今まで中国最大の研究開発のインフラ施設として、中国破砕中性子源（CSNS）の招致に成功し、2007 年の建設開始から 2018 年の稼働ま

での十何年の間に、その周辺地域に多くの研究施設と企業が集まり、完全なCSNS関連の産業チェーンとイノベーション環境が形成されている。

（四）研究開発グローバル・ネットワークの構築

グローバルなオープン・イノベーション・ネットワークを構築する必要がある。現在の科学研究とイノベーション活動は、地域横断的・学際的・分野横断的な特徴を呈している。同時に、競争的・動態的・複雑な仕組みであるため、単一の企業や地域では、大規模なイノベーション活動を遂行することができなくなっており、グローバルなオープン・イノベーション・ネットワークの構築が必要である。つまり、産業チェーンを中心に技術開発チェーンを配置し、技術開発チェーンを中心に資金供給ルートを形成させる必要がある。技術開発と経済成長とのリンク、研究成果と産業とのリンク、開発プロジェクトと実際の生産力増強とのリンク、技術開発チェーンと人材育成の国際的協力のリンクなどを強化し、グローバルな共同協議・共同建設・共同享受を旨とするノベーション・ネットワークを構築することが大事である。

（五）アメリカとドイツの経験の取入れとイノベーション活動の推奨

まず、シリコンバレーを参考にし、国際イノベーションセンターを設置し、大学の研究チームと産業界との連携を促進し、イノベーションの環境を整え、企業の技術開発の活性化を図っていくこと。そのために、包容力のあるイノベーション理念を確立し、開拓精神を尊び、失敗に対する寛容な態度、イノベーションのための冒険とハングリー精神を推奨する。大学と研究機関のクラスター化を推進し、知的財産と技術の集積を図り、「資本—人材—開発成果」の好循環を作り出していく。ベンチャーキャピタルを活用して、技術開発企業の成長と技術の事業化をサポートしていくことが大事である。統計データによると、アメリカではベンチャー投資の経済

第六章　質の高い発展への転換の具体的取り組み　173

に対する貢献度を示す投入産出比率は1：11であり、技術イノベーションへの貢献は一般投資の三倍だと言われている。

　また、ドイツの「政・産・学・研」（政府・企業・大学・研究機関）連携のイノベーション制度を参考にし、政府系研究機関を設立し、コア技術と汎用技術の研究開発を主導することが大事である。ここでの研究開発は、民間企業を補完する形で行うことが基本であるが、状況に応じて方針を微調節することもある。ドイツでは、研究開発の経費の50%が連邦政府から、残りの50%は各州政府が捻出することになっている。ドイツの四大研究協会の内、フラウンホーファー協会はヨーロッパ最大の応用科学研究機関であり、72の研究所と研究機関、25000名の研究スタッフとエンジニアを有し、年間研究予算は23億ユーロに達している。またここはドイツの「インダストリー4.0」戦略をいち早く提案したところでもある。

（六）イノベーションに相応しい社会環境の整備

　まず、製品の公開入札において公正な参加基準を設定することである。現在の入札基準は技術の開発能力ではなく、会社の売上高と社員数によって参加資格が決められているため、一部の企業は、往々にして規模や社員数で参入から排除されたり、保守的な審査員に否定されたりするので、参入条件を緩和し、主催企業のCIO/技術担当者には入札企業の技術能力で選択するように勧めることが大事である。また、国内一部の企業の考え方を改め、基礎的ソフトウェアの重要性を重視し、その知的財産権をしっかりと守り、国産ソフトウェアをより採用するよう指導していく必要がある。国内企業は長い間APPの価値とサービスの提供を重視する傾向が強く、汎用型ソフトウェアの価値を疎かにしてきたが、基礎的ソフトウェアの開発は巨額な投資が必要であり、投資の回収期間が長いため、採用する企業が少ないと、国産基礎ソフトウェアの成長は難しい。したがって、企業には、基礎的ソフトウェアの開発には巨額の投資が必要である意識や、コア

技術や知的財産権に対する保護意識を高めることが必要である。

二、調和発展行動

（一）地域間調和発展を大いに促進

　質の高い発展を実現するには、地域間調和発展戦略が率先して役割を発揮することが必要である。第一に、京津冀協同発展戦略にしっかり取り組み、北方のイノベーション拠点を建設する。第二に、長江の上・中流地域都市群の協力や経済の活性化を促進し、中西部経済への波及効果を求めていくこと。第三に、粤港澳大湾区の九市と香港・澳門（マカオ）の両特別行政区によって構成される都市圏）の建設を加速し、中国経済成長の「トップランナー」の役割を果たさせ、世界の成長センターを目指して取り組んでいくことが必要である。

　国際分業に対応する国内の地域間協力体制の見直しを進め、生産要素の最善の投入産出の組み合わせを実現すること、具体的に言うと、東部地域は率先して新たな科学技術イノベーションに取り組み、グローバルなハイレベルの競争に参加すること、西部地域は「一帯一路」構想の基地として、アジア・アフリカ・中東欧地域との協力関係を推進すること、中部地域は中国の製造業の集積地域とそれぞれ位置付け、推進していくことが大事である。

　地域振興の推進にあたっては、ナショナルミニマムの普及、都市・農村間の格差の縮小などを通じて、各地域の比較優位性と潜在成長力を十分活かしていくこと。また地域成長の新しい局面を切り開き、旧革命根拠地・少数民族地域・辺境地域・貧困地域への支援を強化すること。資源依存型地域における成長モデルの転換を推進すること。海洋経済の潜在的可能性を伸ばしていくことなどが必要である。

（二）都市・農村間の調和発展を大いに促進

　都市・農村間の調和発展を促進し、農村振興戦略を実施して、農業・農村の質の高い発展を全面的にバックアップする。都市・農村間の協力体制と、そのための政策体系を構築・健全化し、都市化の質を高めるとともに、工業と農業の相互促進、都市と農村の相互補完・全面的融合、共同繁栄を旨とする新型都市・農村関係を構築する。

　まずは、農村振興戦略を実施することである。そのためには、大局的な思考で長期計画を策定し、都市部と農村部の連携を促進する体制を整え、改革と科学技術イノベーションにより、農村発展の新たなエネルギーを引き出すことが必要である。具体的には、農業における供給側構造改革を推進し、農業・林業・牧畜業・漁業・種子事業の発展を促進し、現代農業産業パークや特色ある農産物指定区域の建設を加速させ、食糧生産の安定と質的向上を図る。新しい農業経営体の育成、農家への支援強化、「インターネット＋農業」の推進などを通じて、複数ルートからの所得増加、農村地域における第六次産業の成長を促進する。農地に関しては、これまでの農業基本経営制度を守り、農村土地制度の改革を深め、請負地の「三権（農村の土地の所有権・請負権・経営権）」分離を守ることが大事である。たとえば、第二回土地請負が満期を迎える場合は、さらに三十年の延長を認め、土地請負制度の長期安定を保っていく。その上、農村部のインフラ整備、農村事業の全面的な振興、農村地域にある従来の慣行の見直しなどを通じて、自治・法治・徳治を主内容とする社会管理体制を構築し、農業・農村の現代化を加速させることが必要である。

　次に、新型都市化の推進に力を入れることである。具体的には、都市群構想を中心として、大中小の都市や町の協調的な発展を促進していくこと。都市の戸籍制限を緩和させ、居住者証明証制度を全面的に導入し、農村人口を都市に定住させ、都市部と農村地域の協調的な発展を図っていくこと。また、公共財、公共サービスの供給をすべての都市住民に行き渡らせ、公

共交通・綜合スーパー・停車場などの公共施設を増設すること。「城中村」の開発、旧い団地の再開発、付帯施設の十全化、条件を満たした住宅へのエレベーターの取り付け、排水管の敷設、地下多目的トンネルの建設などを含む関連施設の整備を加速させる。最後に、新型都市化の推進は人が中心であり、行政サービスの緻密化、温もりのある都市管理により、住民すべてに平等に機会を与え、便利で楽しい生活ができるような環境を提供することが大事である。

三、グリーン行動

(一) グリーン発展行動

まず、四大グリーン体系の構築に取組み、グリーン低炭素のライフスタイルを提唱する。たとえば、グリーン低炭素・循環型経済システムの構築、グリーン生産と消費に関する法制度・政策を充実させる。市場志向のグリーン技術革新体系を構築し、グリーン金融を発展させ、省エネ・環境保護産業、クリーン製造業、クリーンエネルギー産業を大きく成長させ、グリーン低炭素で、安全かつ効率的なエネルギー供給体制を構築し、エネルギー生産と消費の改革を促進していくこと。省エネ・リサイクル制度を構築し、全国的な節水を行い、エネルギーと原材料の浪費を減らし、生産システムと生活システムの循環的リンクに取り組む。簡素・適度、グリーン・低炭素なライフスタイルを提唱し、贅沢・浪費、派手な消費を戒め、節約型政府やグリーン家庭・学校・社区（コミュニティ）・外出などの行動を実施することが大事である。

(二)「青い空、澄んだ水、緑地」行動

大気汚染処理について、「四つの規制と一つの強化」プランを実施することが大事である。石炭と産業排気ガスによる汚染を抑制し、都市の大気

環境基準をクリアするための計画を着実に実施し、数値目標基準を厳格に守ること。具体的には、「第13次五カ年計画」期間中、大型、中型都市の年間重汚染日数を25%減少させ、二酸化硫黄・窒素酸化物の排出、重点地域の粒子状汚染物質（PM2.5）の濃度を削減する。具体的には、市内区域の粉塵汚染を抑制する、道路・工事現場の粉塵、農作物の茎の野外焼却を禁止する、車の排気ガスを抑制し、車・船用燃料油の基準値モニタリングステムを構築する、飲食店の油煙と揮発性有機物の汚染を抑制し、大気汚染モニタリング能力を強化する、

　水質汚染処理について、「六つの解消と一つの保障」プランを着実に実施することが重要である。たとえば、重要河川流域や海水の汚染と、飲用水の水源地の水質汚濁を全体的に改善すること。産業排水・都市生活汚水・ゴミによる汚染を解消すること。水質劣化する湖水の汚染処理により、劣化レベルⅤ類水域を解消し、都市の変色水域を削減することにより、都市部市街区域の変色水域を10%以内に抑えること。地下水の安全を確保し、北京市・天津市・河北省・山西省など、華北地域の地下水を補給・復元することなどである。同時に、汚染水処理施設の建設を加速し、料金政策をさらに見直す必要がある。たとえば、水の用途によって水域を指定する制度を導入し、主要河川・湖など水源地の水質合格率を80%以上に引き上げることがあげられる。

　土壌汚染処理については、土地安全計画を実施することが基本である。そのために、土壌汚染区域の分類と分級制度を実施し、農業用地の土壌の安全監視体制と開発用地の土壌の環境規制を強化することが必要である。具体的には、化学工場の跡地の土壌汚染処理や河川流域の重金属汚染処理などに取り組んでいくこと、「第十三次五カ年計画」期間中、全国で農業用地や建設用地の汚染土壌除去試験区をそれぞれ100ほど、土壌汚染防止モデル区域を六つ設置し、約70万haの農地の汚染除去を実施して、約310万ha農地の汚染監視体制を構築することなどが挙げられる。

（三）エコロジー空間の建設

　グリーンインフラの共同建設・共同享受を推進し、政策のサポートを強化し、生物の多様性を守り、重層的で開かれた生態系の建設に取り組んでいくこと。重要な生態系地域では生態回廊と生物の多様性を監視するネットワークを構築し、各種生態系の安定性と生態系保護能力を全面的に向上させ、生態系安全の防御壁を築くことなどが大事である。具体的には、インフラ施設・緑地林地・生態系産業など重点プロジェクトの推進に取り組み、揚子江経済ベルト地域生態系保護モデル区域の設置を加速させること。生態系保護のガイドラインを設置し、「第十三次五カ年計画」期間中に、約700万 ha の植林、200ha の農地輪作試験、湿地の保護修復地域の拡大、国立公園制度の導入を推進していくこと。さらに、海の埋め立てに関する規制、「海外産業廃棄物」の輸入禁止に取組み、環境違法行為に対する取り締まりを強化していくことなどが考えられる。

四、開放行動

（一）「一帯一路」関連の国際協力の推進

　協同協議・共同建設・共同享受の原則を堅持し、「一帯一路」国際協力サミットフォーラムの成果を実行に移す。国際鉄道幹線道路の建設を推し進め、沿線参加国・地域と税関の協力を深める。生産能力をめぐる国際協力を拡大し、中国の製造業とサービス業の「外に出て行く（海外進出）」を促進する。対外投資構造の最適化を図り、西部・内陸・国境沿線都市の対外開放を拡大し、経済協力を展開する。

（二）自由貿易区の指定と改革開放の推進

　自由貿易区の指定を政策推進の突破口とし、第一回中国国際輸入博覧会（CIIE）の開催をきっかけとして、対外開放をさらに推進し、市場参入規

制を大幅に緩和し、外資導入を積極的に実施して、全面的開放の新局面を切り開き、質の高い発展のための国際競争優位性の構築に力を入れていくことが大事である。具体的には、自由貿易区の指定に関する制度的イノベーションの成果を全国に普及させ、自由貿易区域が開放政策とイノベーションの相乗効果を発揮する総合改革試験区・オープン型経済体制のリスク・ストレス実験区・政府統治能力を全面的に向上させる先行区、「一帯一路」構想を実施するための海外進出の拠点になるよう政策を徹底していくこと。自由貿易港の建設を加速し、研究開発の能力をアップさせ、外国資本の参入規制をさらに緩和させ、自動車製造・金融サービス・通信・インターネット・文化教育分野での対外開放の試験を積極的に推進すること。さらに、金融技術のイノベーションを加速させ、自由貿易口座の適応対象・範囲・融資機能を拡大していくことが挙げられる。

（三）積極的な輸入拡大

　輸入を拡大し、輸入構造の最適化を図り、ハイテク技術・設備と質の高い消費財をより多く輸入することが大事である。当面、第一回中国国際輸入博覧会（CIIE）の効果をさらに持続させ、開放拡大のための措置を実施する。具体的には、関税や輸入の各種手数料を引き下げ、電子商取引による輸入を拡大させ、輸入の潜在的な可能性を引き出していくこと。市場アクセス、とりわけ、サービス業の市場アクセス規制を緩和し、外資導入に関する法改正を加速させ、オープンで透明性の高い渉外法体系を構築し、世界一流のビジネス環境を整備していくこと。自由貿易区のさらなる改革を推進し、海南省全域で段階的に自由貿易港政策を実施する方針・構想を打ち出し、できるだけ速く中国特色のある自由貿易港の建設を加速させていくこと。博覧会の波及効果・誘発効果・増幅効果を十分に発揮させ、より多くの質の高いブランド製品・サービスが上海を通して中国市場に導入し、世界を網羅する輸入ネットワークの構築に取り組んでいくことが挙げ

180　Ⅰ部　総合研究

られる。

（四）さらなるビジネス環境の整備

　ビジネス環境は重要なソフトパワーであり、コアコンピタンスでもある。政府は「放・管・服」改革を重点にビジネス環境の改善を推し進め、世界銀行のビジネス環境評価指標で挙げられた十項目を参考に、ビジネス環境指数の向上に努める必要がある。具体的には、以下の二つのことを行う。

　第一に、「引き算」をすることである。つまり、権限委譲、手続きの簡素化、企業負担の軽減に取り組むこと。企業経営に関する法体制の改革を推進し、「証照分離（審査・認可と商業登記の強制的順序をなくし、どちらからでも手続きができるようにすること）」、「営業許可書（認可）が先、行政許可書（登録）が後」の改革に取組み、市場の活性化と社会の起業・革新の活性化に取り組むことが必要である。

　第二に、「足し算」をすることである。つまり、経過と事後のチェックに力を入れ、行政管理、とりわけ、新たな産業・業態・経営のモデルへの監督管理は規制するのではなく、寛容な態度で臨み、政府の行政サービスを提供するという形でサポートしていくのである。

　第三に、「掛け算」をすることである。改革と政務（行政）サービスの最適化に取り組み、スマート政府の建設を急ぎ、企業などの市場主体と住民サービスの「オンライン上での受理」、「1回で手続き完了」を実現する。ビッグデータセンターを整備し、データの収集・共有・共同利用を推進し、オンライン上での審査・認可を早急に進め、「オンライン行政ホール」のサービス能力と影響力を向上させる。

第六章　質の高い発展への転換の具体的取り組み　181

五、共有行動

(一) 香港の社会統治経験の導入

　香港の経験を取り入れ、国際化・法治化・市場化の環境を整え、共同参画を中心とする社会管理体制を構築していく必要がある。香港は長期にわたって国際的な金融・貿易・海運のセンターとしての地位を維持してきており、アメリカのヘリテージ財団（The Heritage Foundation）により、二十三年間にわたって最も自由な経済体制と評価され続けてきた。世界経済フォーラムが毎年発表している『世界競争力報告（Global Competitiveness Report)』では、五年連続で世界競争力ベストテンにランクインしている。2017 年 9 月に発表された「グローバル金融センター指数（Global Financial Centers Index, GFCI)」では、香港はニューヨーク、ロンドンに次いで第三位であった。

　また、香港には世界一流の大学や証券市場、世界的な影響力を持つ国際金融センター、優れた統治体系・能力があり、国内各地域は、香港のグローバリゼーション・市場経済・法治制度などの経験を取り入れ、香港の特殊な優位性を活かして中国の質の高い経済発展に取り組んでいかねばならない。

(二) 発展の成果の共有

　発展の成果の共有は、質の高い発展の目的である。発展の中で民生を改善し向上させるとともに、民生の手薄な部分を補強し、貧困撲滅の目標を期限通り達成し、質の高い雇用を実現していくことが大事である。具体的には、経済発展と住民所得が足並みを揃えて増加するという原則を踏まえ、労働生産性の向上とともに、労働報酬を引き上げ、住民の労働報酬と資産収入の獲得ルートの多様化を推進していくこと。ミクロレベルでの不均衡・不十分を是正し、業界間・地域間・都市農村間の所得格差を縮小して

いくこと。業界・地域・都市農村の所得向上を経済成長にリンクさせ、所得分配制度の改革を加速させ、一次分配の労働に応じた分配、二次分配の所得是正機能の強化を通じて、住民所得のジニ係数を引き下げること。社会保障制度の構築、基本的公共サービスの均等化を通じて、発展の成果が全人民に広く行き渡るようにすることなどが考えられる。

社会主体が責任を十分果たすことにより、発展の再均衡を実現する必要がある。分配の不均衡は公平性の問題であるが、発展の不十分は効率性の問題である。絶対的貧困問題の解消は基本的公共サービス問題の解決がカギである。人民の素晴らしい生活への基本的な要求に応えるには、生活需要を確保することが大事である。不均衡を解消し、共同富裕を実現するためには、大企業・先進地域・中高所得者層が社会的責任を果たしていかねばならない。同時に、インセンティブとプレッシャーのメカニズムを導入して、発展の再均衡を実現することも大事である。また、企業について、経営の業績を評価すると同時に、その社会的責任についても評価すべきである。

（三）文化革新の成果を共有

公共文化サービスの供給システムの整備、質の高い公共文化の供給拡大、文化・教育・観光・体育などの調和的発展、多彩な文化活動の振興により、国民に質の高い文化サービスを供給することが大事である。さまざまな文化イベントの開催を通じて、人民の精神的・文化的な素養の向上に努め、公共文化サービスへの需要に応えなければならない。

（四）法制度整備の加速

制度の構築が大事である。革新駆動は人間がカギとなるが、優れた制度・政策環境・管理監督によってサポートすることも大事である。われわれは法治社会を目指して、法制度の構築、つまり、党委員会の指導、政府

の権力行使、社会との協同、大衆の参加、法的保障を旨とする社会統治を充実させ、大衆化・法治化・スマート化・専門化のレベルを高め、「五位一体」「四つの全面」の配置を実施していくことが必要である。

第七章

質の高い発展への転換を
サポートする具体的政策

質の高い発展をサポートする具体的な政策としては、計画によるリードや、マクロ的な調整・政府内部の政策協調・地域間の協調・企業の自己責任意識の確立などがあげられる。

一、計画によるリードの強化

国家発展計画の戦略的方向づけの役割を十分発揮させる。具体的には、国レベルで『質の高い発展推進のための全体的行動要綱』（以下『行動要綱』と略す）を編成して打ち出し、さらに、具体的な実施プラン、各段階における行動計画と主要目標、ロードマップ、タイムテーブル及び責任分担を明確にし、計画の確実な実施を確保すること。地方政府として、『行動要綱』の全体要求と地域の具体的可能性を考慮した上で、実施意見（ガイドライン）と行動計画を策定することが大事である。その際、地域の特色と優位性を活かしつつ、質の高い発展の全体的効果をも考慮に入れる必要がある。

二、過渡期の設定

中国経済の高速成長から質の高い発展への転換を実現するには、原動力・構造・モデルの新旧転換には、少なくとも、五年から七年の転換期・過渡期が必要である。この間、転換に対する資金と政策のサポート、マクロコントロールの体制・メカニズムを構築する必要がある。

体制・メカニズムは質の高い発展を保証するものである。マクロコントロールを革新・十全化するには、財政・金融・産業・地域開発などの政策協調メカニズムを健全化し、質の高い発展の制度環境を確保する必要がある。市場メカニズムの有効性、企業などのミクロ主体の活性化、マクロコントロールの適度な実施を通じて、質・効率・原動力の変革の推進をサ

ポートする。改革を一段と深め、市場の資源配分機能が十分発揮できる体制・メカニズムの充実、行政管理体制改革の推進、独占禁止、要素市場の健全化、価格メカニズムによる真の資源配分の誘導を通じて、市場の「見えざる手」と政府の「見える手」の活用を目指していくことが大事である。イノベーションについては、研究成果による利益分配に関するインセンティブメカニズムが必要である。この革新インセンティブ政策の適応範囲を、国有企業まで拡大することを提言したい。この外、国有企業のイノベーションの加速、製品の品質向上、世界一流企業との対等な競争、優秀な研究者の受け入れと昇進・昇給制度の整備が急務である。政府としては、限られた資源を集中的に投入し、最重要課題の解決に取り組むこと、また、政府のイノベーション支援は、重点企業に絞り、「バラマキ」は戒めるべきである。さらに、イノベーションのプロジェクト審査に関する行政手続きの簡素化、公立職業学校の人材育成と企業の実際の要求とのマッチング、企業内の研修に対する財政支援などいくつかの課題に取り組んでいくことが必要であり、政策の協調については、地方交付税制度を十全化し、公共サービスの均等化メカニズムを打ち立てる。グリーン行動については、環境関連の法違法行為の懲罰メカニズムを十全化し、違法行為を厳しく罰し、「違法のコスト」を引き上げる。

　マクロコントロールモデルの法制化・市場化・ルール化への転換を加速させる。具体的には、第一に、政策の安定性を保ち、市場の自信を強めることが大事である。目下、中国のマクロコントロールは世界のマクロ政策のスピルオーバー効果と国内景気変動の影響に直面している。マクロコントロールモデルの法制化・市場化・透明化への転換を急ぎ、マクロ経済政策の継続性・安定性を保ち、各種政策の統一的考慮・協調の役割を発揮させることが大事である。とりわけ、アメリカとの貿易摩擦が激しさを増している現在、その重要性が一層クローズアップされている。

　第二に、政策の確実な実施が大事である。その中で、国の法律法規・政策の変化、新時代の要求を踏まえ、私営企業に対する各種の奨励策を精査

して、必要な改正と新設を急ぎ、時代にそぐわなくなった部分を廃止することが必要である。

第三に、政府は中央の指導力の維持と地方の独自性の発揮との間のバランスに配慮する必要がある。中央政府は地方に十分な施政の余地を残すよう提言したい。具体的には、中央政府は方針を決めるが、政策の施行は中央主導ではなく、地方に一定の政策空間を残すことが大事である。中央政府の施政について、権限を拡大するのではなく、権限委譲をさらに進めるべきである。地方経済に対して、補助金を支給するのではなく、さまざまな規制を緩和すべきである。国有企業はワンセット主義ではなく、守るべきは守るが、控えるべきは控えなければならず、拡張すべきは拡張するが、撤退すべきは撤退しなければならない。減税の特別措置は、国をはじめ各地方政府の財政事情を考慮する必要がある。末端の区や鎮の政府は財政力が弱く、財政制度の一番脆い部分である。中央政府として、まずリスク評価を行い、リスクの高い業界には応急の補助金を支給し、財政が逼迫する地方政府には申告手続きを待たずに特別地方交付税を支給する必要がある。

第四に、適応性ある対策を打ち出し、経済運営上の難関をともに乗り越える良好な環境を整える必要がある。地方政府や企業への政策規制の緩和を加速し、短期的には中央政府は「一城一策（各都市の実情に合わせて、個別に対策を実施する）」、省・市・県の地方政府は「一企一策（各企業に対して個別の対策を行う）」を実施することを提言したい。ただ、長期的に見ると、やはり技術・資本・人材・制度などの面での構造改革が大事である。具体的には、五年から七年（2022～25年まで）の時間をかけて、コア技術・産業・人材などの面でのボトルネックの解消に取り組んでいく必要がある。さらに投資が実体経済、とりわけ製造業に集中することを奨励すること、質の高い発展への転換を中心に装備産業・ハイテク産業・新興産業に必要な専門知識・技能を持った人材の育成を急ぎ、体制・メカニズムを十全化し、全面的な改革を推進していくことなどが考えられる。

第五に、将来性のある大型プロジェクトの導入を積極的に推進して、地方の産業構造の転換をサポートする。

　第六に、香港の経験を取り入れ、現代統治体系を整備していく必要がある。中国の経済が高速成長から質の高い発展へ、伝統的経済体系から現代化経済体系へ、伝統的な統治方式から現代的な統治モデルへそれぞれ転換させるには、香港の経験を取り入れることが極めて重要である。香港には、世界一流の大学や証券市場、現代サービス供給体系、優れた統治体系・能力があり、粤港澳大湾区建設の目的はまさに相互の優位性の補完、協力・相互作用、平等互恵を実現することにある。香港の持つ優位性を発揮させ、全方位の国際協力の窓口・懸け橋にするには、香港の統治体系・能力を構築する経験を取り入れる必要がある。たとえば、香港空港の貨物輸送効率は世界一とされているが、それはイノベーションによるビジネスモデルの優位性だけでなく、進んだ法治制度によるところが特に大きい。つまり、「法の授権がなければ行動できない」「法に禁止規定がなければ実行できる」「法で定められた責任は果たす義務がある」などの原則が根底にあるからである。

　実体経済のコスト引き下げに力を入れる必要がある。具体的には、第一に、「放・管・服」の改革を加速させ、企業への行政審査認可事項を最大限撤廃することである。そのためには、権限リスト・責任リスト・ネガティブリストの再確認、許可手続きの精査、手続き時間の短縮などを通じて、行政の効率を上げ、企業により良いサービスを提供する必要がある。第二に、ビジネス環境を整備し、制度的な取引コストの削減に取り組んでいくことである。そのためには、企業の税金、各種分担金、融資、社会保障支出の削減を徹底し、企業から長年にわたって訴えのあった身体障害者雇用納付金、労働組合納付金の納付比率の問題に取り組み、企業の負担を軽減する必要がある。競争の公平を阻害する体制・メカニズムや方法を整理し、所有制を区別することなく、国有・民間・外資系を同一視し、公平

な市場とビジネス環境を整備する。民間企業の重要分野への参入に関する規制を緩和し、民間企業の投資拡大に取り組んでいくことなどが大事である。第三に、企業への減税や各種分担金削減に力をいれ、企業の負担軽減を推進していくことである。そのためには、民間企業への資金面での支援を強化し、技術や製品販売の面で将来性があるが、資金繰りの面で問題がある企業に、資金供給の道を開くことが必要である。また、国有銀行の小口融資制度などを通じて、中小企業の融資拡大を図り、貸し倒れ積立金制度を通じて、中小企業の資金難や資金コストの上昇問題を緩和する。減税、各種分担金の削減に取り組み、増値税（付加価値税）の改正を推進し、物流・メンテナンスなどの人件費が中心で、前段階の納税も控除できない業界には、売上に対する課税税率を引き下げる。また、中小零細企業に対する課税最低限を引き上げる。たとえば、年間売上2000万元以下の企業を小規模納税者と見なして、3〜5％の税率を適用する。年金や健康保険の企業分担金率の削減に取り組み、社会保障制度の見直しを加速させ、企業の負担軽減を推進していく。各種の仲介サービス料の引き下げに力を入れ、企業生産に必要な石炭・石油・電力・ガス・輸送などの要素供給を確保し、民間企業の発展にさらなる環境整備を図る。

三、部門連動メカニズムを十全化

　部門連動メカニズム（政府内部の政策協調）を十全化し、質の高い発展推進に向けた連動業務執行指導小組（グループ）とその直属の弁公室（事務所）を設置し、政策協調に関する組織・調整・督促・指導の仕事に当たらせる必要がある。各メンバー官庁にはそれぞれ担当者を一人ずつ指定して、この仕事の連絡に当たらせる。また、各地域にも同様の連動業務執行指導小組と弁公室を設置し、地域内の政策協調に取り組んでいくことが大事である。

第七章　質の高い発展への転換をサポートする具体的政策　　191

　地域の発展には、バランスと協調が必要であり、東・中・西部地域はそれぞれの優位性を活かし、地域間の協調、幹部の交流、制度の整備、地域を跨ぐネットワークの構築などを通じて、地域間の協調メカニズムを確立することが大事である。その中で、基本的公共サービスの均等化や一人当たりの所得格差の解消に力をいれることが特に重要である。

　次に、先に豊かになった地域から他の地域への支援を強化することが大事である。例えば、広東省は構造の転換、原動力の転換が早く、すでに急速な発展の軌道に乗っており、山東省など転換が遅れていた地域は転換を決断する時期に来ている。現在は、先に豊かになった地域から後れた地域への支援が必要である。具体的には、支援を通じて後れている地域の能力づくり（主に人材育成）、制度整備（制度の確立後、一部条件の整った地域で普及させる）、ネットワークの構築（技術のシナジー効果）を強化していくことが挙げられる。

　さらに、東部の進んだ地域と他の地域との幹部交流制度を確立する必要がある。東部沿海地域には数多くの優秀な若手幹部がいるため、地域内、さらには全国範囲での幹部交流制度を確立し、これらの幹部の交流を通じて、進んだ管理経験と管理ノウハウを中西部に伝え、中西部の発展に貢献するようにすることがぜひとも必要である。

四、企業の自己責任の確認

（一）質の高い発展の実現と経済活性化の主役である経営者

　経営者を育てる条件としては、第一に、経営者が育つ環境を整備することである。そのためには、企業家精神の啓発・保持・高揚に取組み、経営者を尊重し、経営者の役割を発揮させることが必要である。また、「恒産ある者は恒心あり（経済的な基盤のない者は、しっかりとした道徳心を持てない）」という言葉のとおり、法に則り、経営者の財産所有権を守るこ

とや、競争が公正に行われ、会社経営はかならず信用を重んじるような市場環境を整備すること。そして、イノベーションには失敗許容のサポートメカニズムを確立し、経営者のチャレンジ精神とイノベーション意欲を最大限発揮させていくことが大事である。

第二に、企業の自主経営権を擁護し、イノベーションの環境を整備することである。そのためには、研究開発の資源と政策支援を企業に集中させ、産業政策を今までの行政指導中心から制度構築へ転換させることが求められる。そして、中堅企業のイノベーション力を向上させ、ハイテク企業の育成に取組み、技術開発型中小企業、コア技術型企業を数多く生み出すことや、多段階職業教育と技術研修制度を整備し、企業経営の優れた人材をより多く養成していくことが大事である。当然、企業自らイノベーションに取り組むことが基本である。たとえば、科学技術イノベーションを通じてコア技術力を向上させ、制度革新を通じて潜在的競争力を掘り起こし、管理手法の革新を通じて経営能力を高め、ブランド革新を通じて企業の社会影響力を広げ、文化革新を通じて企業の結束力を向上させることなどが上げられる。

第三に、企業の社会責任感を高めることである。具体的には、企業に品質で勝負する、自社製品の品質には自らが責任を持つという意識を植え付け、会社全体が品質を向上させ、消費者の権益を守ること。また、消費者には品質で商品を選択するという習慣を身につけさせることが挙げられる。市場原理に従い、需要の変化に応じて供給体制を調整し、また供給の変革によって新しい需要を生み出す。企業としては、国民の新たな消費需要に応えるために、技術イノベーション力・需要捕捉力・ブランド影響力・コアコンピタンス・製品とサービスの品質の向上に力を入れ、良質で、しかも多様な需要に迅速に対応できるような供給体制を構築すると同時に、「小ロット」、個性化・分散化される需要の変化にも対応していかねばならない。

第七章　質の高い発展への転換をサポートする具体的政策　193

　第四に、ブランド戦略を実施することである。ブランドは製品の品質・イメージ・影響力の現れであり、企業の実力とコア競争力のシンボルでもある。いわゆる「四つの名、六つの創」とは十の行動計画のことであり、その中で、「四つの名」とは、「有名ブランドの創出、有名企業の育成、その道の名人の結集、有名パークの建設」のことであり、「六つの創」とは、「技術の創新（革新）、ブランドの創響（つくって名を轟かせる）、品質の創優（良いものをつくる）、創新とスマート技術の融合、クラスターの創建（建設）、グリーン創先（優先）」のことである。目標は「中国製造」のブランド化、世界的な名品製造拠点にシフトしていくということである。

　第五に、民営の中小企業を大企業に成長させていくことである。例えば、広東省の仏山市では私営の中小企業の成長により、経済の急成長を成し遂げたが、私営企業のさらなる成長には大きなネックも存在している。それを解消するには、トップダウン式の制度改正を通じて、人材・技術・資金・販売ルートなどへの支援が必要である。

（二）企業の中米貿易摩擦への対応能力の強化

　現在、中米貿易摩擦が激化している中で、企業の対応能力を強化することが大事である。具体的な措置として、以下のことが考えられる。

　第一に、輸出市場の多様化を推進する必要がある。企業の「海外進出」に優遇政策を講じて、アメリカ以外の市場開拓を奨励すること。「一帯一路」、粤港澳大湾区などのプラットフォームを利用し、EU・日本・韓国・ASEAN・アフリカ市場の開拓を推進し、労働集約型製品のアフリカ市場への輸出拡大に力を入れる。企業の海外産業集積地域への参入を推進し、それらの地域内のインフラ整備の参画などを通じて、生産基地の移転を促進し、製品原産地の多角化を実現すること。そして、企業への資金供給をさらに円滑化させ、銀行の貸し出しを増やして、企業の資金繰り問題を緩和させ、とりわけアフリカと「一帯一路」地域の市場開拓は巨額の資金投

入が必要なため、政府の資金面でのバックアップが大事であるが、以上の提案はいずれも政府の資金面での支援が必要である。

第二に、企業の「外に出て行く」へのリスクヘッジシステムを構築する必要がある。貿易知識の研修を通じて、企業に関税政策及び世界貿易機関（WTO）のルールを普及させること。そして、企業に投資先国の法律支援・金融情報提供・人材養成などのサービスを提供し、企業の「外に出て行く」のリスクを軽減させ、貿易事業に参入する企業を育成していくこと。企業が海外の展示会、上海で開催する中国国際輸入博覧会への出展を奨励し、輸出先国の情報をより多く収集して、海外展示会への出展ルートを確保すること。企業の貿易リスクによる実損の評価を通じて、損失補てん制度を構築すること。たとえば、国レベルでは貿易関連の減税を実施して、企業の不可抗力による損失を軽減すると同時に、為替レートの安定を通じて、為替変動による損失を軽減させ、企業の生産と経営の安定を図り、国際市場での価格競争力を維持していくことなどが考えられる。

第三に、新しい産・学・研の共同体を構築する必要がある。ゼロスタートの重要独創的イノベーション（0-1）については、全国の力を結集して、法制とルールに基づいた新型挙国イノベーション体系で対応していくこと。そして、コア技術の研究開発（1-10）については、各方面の力を結集して、新しい産・学・研の共同体を構築して対応していくこと。また、研究開発成果の事業化、国際化（10-N）の分野では、市場の資源配分の機能、政府の調整機能を十分発揮させ、双エンジン駆動の体制を構築していくことが大事である。

第四に、中小企業などの零細経済や民間企業への支援を強化する必要がある。具体的には、これらの企業の国内市場開拓、製品の国内販売のためのプラットフォームを構築すること。そして、企業に対する金融支援を強化し、企業が融資コストや経営リスクを減らす目的での貿易保険の加入を奨励すること。また、製造工程のレベルアップのために、企業が投入した

設備投資資金などの人的・物的資源の中で、融資部分の利子支払に対して財政からの支援などが上げられる。

第五に、企業としては、サプライチェーンの川上と川下・仕入・製造と販売・国内販売と輸出が統合される企業共同体を構築し、厳しい競争に備える必要がある。これは、新しい試練を受け、リスクをチャンスに変え、ともに成長する大事な協力体制である。これにより、緊密な協力組織、資金と技術開発チームが形成され、資本の蓄積が加速され、企業を事業経営体から資本経営体に脱皮させることが可能になる。

第八章

質の高い発展の数値目標
とそのシミュレーション

一、数値目標設定の理論と原則

（一）数値目標設定の理論体系

1、三つの理論体系

　数値目標設定の理論体系を決める上で、数値目標の分類が最も重要である。それは質の高い発展について、どのような角度からそれを測るかということである。これらの測定指標は、それぞれ異なりつつもお互いが支え合い、整った体系をなすべきである。したがって、数値目標設定の分類は、質の高い発展の内容を基礎とすべきである。質の高い発についての具体的な内容の説明は、以下の三つである。一つ目は「革新、調和、グリーン、開放、共有」という五つの発展理念に基づくものである。二つ目は、質の高い「供給・需要・投入産出・所得分配・経済循環」という発展の特徴に基づくものである。　三つ目は「質・効率・原動力の変革」という発展の要求に基づくものである。

　以上の三つの説明に対応する質の高い発展の数値目標体系の構築については、三つの案がある。一つ目の案は、新たな発展理念に基づき、数値目標の体系は「革新、調和、グリーン、開放、共有」という五つの面から評価の指標をとるというものである。二つ目の案は、質の高い発展の特徴に基づき、指標体系は「供給・需要・投入産出・所得配分・マクロ経済循環」という五つの面から評価の指標を取るというものである。三つ目の案は、質の高い発の要求に基づき、「質・効率・原動力」という三つの面から評価の指標をとるというものである。

2、三つの指標体系の比較

　以上の三つの案にそれぞれ特徴がある。一つ目の案は、数値指標の選択が比較的容易である。なぜなら、「革新、グリーン、開放」などの指標体系を構築するために、学界の研究や政府の政策実施の中ですでに数多くの

類似した指標体系が考案され、参考にすることができるからである。したがって、発展理念に対応する各項目の測定指標を決めることも可能である。二つ目の案は質の高い発の特徴をよく表しており、「供給・需要・投入産出・所得配分・マクロ経済循環」の五つの項目は互いに深く関連しあっており、各項目の発展への具体的な要求が示されている。さらに、マクロ経済循環の指標は、マクロ経済の持続可能という側面から質の高い発展の実現をサポートすることになる。この五項目に基づく数値目標の体系は、政策体系と相互に補完し合い、支え合っている。三つ目の案は、比較的簡潔であるが、数値指標の選択に際し、その分類が困難であるという問題がある。本研究は二つ目の案を質の高い発展の数値目標として取り上げ、それを数値目標の体系と称することとする。

（二）適用の原則
指標体系を決めるには以下の原則に従うこととする。

1、国際的な測定指標を参考にする
国際的に数種類の指標に注目する必要がある。その中の一部の指標はすでに相当の影響力を持つようになっている。たとえば、世界銀行のビジネス環境指標は、企業に効率的にサービスを提供できるよう政府を誘導する役割があり、市場開放の度合を示す重要な指標でもある。国連の持続可能な成長指標は、経済・社会・自然の三つの分野における均衡のとれた成長について、具体的な取り組みを求めている。また、別の国際組織が唱える競争力やイノベーション力といった指標なども、質の高い発展をリードできる指標として注目されている。

2、地域発展の格差を考慮する
地域それぞれの産業構造が異なり、成長の段階も異なるため、「絶対

的・単一」な指標で評価することは難しい。たとえば、産業構造について、サービス業の生産総額が GDP に占める比率だけで測ると、農業や第二次産業のレベルアップの必要性を見逃してしまうことになる。現代農業の生産総額が農業に占める比率、ハイエンド製造業の生産総額が第二次産業に占める割合と現代の生産関連サービス業のサービス業に占める割合といった一連の指標で評価すれば、地域間の格差も考慮に入れて、経済全体のレベルアップを図ることができるので、いずれの産業についても質の高い発展に資する指標となる。

3、測定指標を誘導指標と考課指標に分ける

誘導指標は「網羅的・指導的・横断的・首尾一貫」などの特徴を有し、地方の質の高い発展を細かく評価し、不足や格差を是正して成長の方向を示すものであり、100 以上の指標が含まれている。考課指標は「重要性・リード機能・公正性・調整可能」などが求められ、地方政府の成長への取り組みを確実に評価することができ、「統制・監督・促進・奨励」などの施策に資するものである。このような考課指標体系は、指標項目はそんなに多くはないが、住民の満足度などの民生に関する指標を取り入れることにより、市場と社会によるモニタリング機能があるので、質の高い発展を観察する大事な指標である。

（三）質の高い発展の特徴を示す指標

この指標体系は「供給・需要・投入産出・所得配分・マクロ経済循環」という質の高い発展の五つの特徴について、それぞれの内容を明確な数値指標により示すことができるので、質の高い発展を図る指標として最適である。

1、良質な供給の形成

　まずは、供給側構造改革をしっかりと進め、経済の原動力を生産要素投入からイノベーション主導へ迅速に転換させ、「規模・スピード型」から「品質・収益型」への転換、「低コスト・低価格」から「品質・サービス」への転換を推進することが大事である。そのために、グローバル化した優れたビジネス環境の構築に取り込み、サービス企業の規模と効率を高め、知的財産権の保護を強化し、企業間の公正な競争を促進すること。供給側を最適化し、設備稼働率を妥当なレベルに維持し、全体的なレバレッジと地方政府の負債レベルを下げ、金融のシステミックリスクを避けるように取り組んでいくことが大事である。

　企業の経営コストを大きく削減することを通して、企業の国際競争力を高めることが必要である。そのために、実体経済の成長を促し、企業の経営コストを削減し、企業の情報化・スマート化を強化し、企業の収益力を向上させること。実体経済・技術イノベーション・現代金融・人的資源の調和的発展を促して、ハイテク産業・先端製造・生産関連サービス業がともに成長する現代産業体系を構築すること。企業のコアコンピタンスを高め、最先端技術・設備・新素材などの自給率を引き上げ、製品の品質を高め、製品のブランド力を強化していくことが大事である。

2、良質な需要の創出

　まずは消費・投資・輸出入のアップグレードを積極的に推し進めることである。たとえば、消費のアップグレードについては、質の高い製品とサービスに対する需要を高め、消費の個性化・多様化を奨励し、文化サービスの消費レベルを不断に向上させることが大事である。投資をアップグレードするためには、国有企業の混合所有制改革を進め、投資の構造を最適化し、ハイテク産業と先端製造業投資を積極的に推進すること。また民間投資を積極的に促し、固定資産投資における民間投資の割合を高めるこ

とが必要である。貿易のアップグレードについて、貿易の通常取引をより拡大し、輸出商品のブランド力と技術付加価値を高めることがあげられる。

3、良質な投入産出の維持

まずは経済成長の原動力であるイノベーションの役割を発揮させ、TFPを引き上げることである。そのために、工業生産の付加価値を高め、投入産出の収益の最大化を図ること。安全の確保を前提に、土地利用・資本・人的資源・技術・資源・環境において、全面的な能率向上に取り組んでいくことが大事である。

4、良質な所得分配制度の確立

まずは住民の所得水準を向上させ、中間所得層を拡大することである。そのために、所得分配の効率を重視しつつも、分配の公平に気を配り、業界間・都市農村間・地域間・住民間の収入格差を縮小させる。全力を挙げて貧困撲滅の目標を達成し、貧困の根本的な原因を突き止め、貧困脱却のための長期的に有効な取り組みを続けていく。住民に「後顧の憂い」がないように社会保障のレベルを着実に引き上げ、住居・教育・医療・介護などの分野における改革を深化させていくことなどが大事である。これは内需を高めるための基盤整備であり、また人材の育成、優秀な人材を良質な経済成長に結集させるためにも、有効な分配制度の確立は欠かせないのである。

5、良質なマクロ経済循環の構築

とりあえず、マクロ経済の安定成長の維持、大きな景気変動の防止、失業率と物価の一定レベルでの安定、実質成長率を潜在成長率に近づける取り組みなどが考えられる。その具体策として、内需と外需両方でのマクロ経済の成長、財政収入と支出、輸出と輸入、投資率と貯蓄率の均衡を保ち

つつ、東部・中西部地域間・省間・市間といった地域間の均衡のとれた成長を促進することが大事である。

二、数値目標の主な内容

上述した分類・原則・内容に基づき、指標を取り入れる際に、原動力・質・効率の改革を考慮に入れて、質の高い発展を図るための誘導指標と考課指標を構築してみた。

まず、良質な「需要供給・投入産出・所得分配・コア競争力・マクロ経済循環」という五つの面で評価の指標を割り出す。

良質な供給は「ビジネス環境・供給構造・実体経済・産業構造・コアコンピタンス・ブランド影響力」という六つの面から評価の指標をまとめる。

良質な需要は「消費のアップグレード・投資の最適化・輸出の質的向上」といった三つの面から評価の指標をまとめる。

良質な投入産出は「総合効率・土地効率・資本効率・科学技術効率・安全生産・労働生産性・資源効率・環境」といった八つの面から評価の指標をまとめる。

良質な所得分配は「住民の所得水準・住民の所得増加率・貧困撲滅・社会保障・住居・都市化」といった六つの面から評価の指標をまとめる。

良質なマクロ経済循環は「マクロ経済の安定的成長・マクロ経済の内需と外需の均衡成長・地域間の均衡成長」といった三つの面から評価の指標をまとめる。

204 I部 総合研究

表 8-1 質の高い発展の指標体系（誘導指標）

一級評価指標	二級評価指標	三級評価指標	指標数
良質な供給	ビジネス環境 [1]	企業設立コスト	1
		建設許可証取得コスト	2
		電力獲得コスト	3
		財産登録コスト	4
		融資コスト	5
		投資者をサポートする能力	6
		納税コスト	7
		貿易取引コスト	8
		契約実行コスト	9
		破産手続きコスト	10
		刑事事件の低減率	11
		民事訴訟の再審率	12
		法制に対する満足度	13
		知的財産権の保護能力	14
	供給の構造	生産設備の稼働率	15
		住宅市場の脱周期化	16
		レバレッジ	17
		中堅、大企業のバランスシート	18
		GDP に占める国債残高の比率	19
		不良債権比率	20
	実体経済	GDP に占める税収の割合	21
		情報化率	22
		融資の加重平均金利	23
		各種融資残高に占める中小零細企業向け融資の割合	24
		地域 GDP に占める民間企業の割合	25
		中堅、大企業の売上利益率	26
	産業構造	一次産業生産総額に占める現代農業の割合	27
		中堅、大企業の生産総額に占めるハイテク企業の割合	28
		中堅、大企業生産総額に占める先進製造業の割合	29
		サービス業生産総額に占める現代サービス業の割合	30
		GDP に占める「三新」経済の割合	31
		GDP に占める新興産業の割合	32
		文化関連産業生産総額に占める文化クリエイティブ産業の割合	33
		GDP に占める文化関連産業の割合	34
	コアコンピタンス	製造業の質的競争力指数	35
		コア技術の自主開発率	36
		新素材の自給率	37
		製造設備の自給率	38
		製品の歩留り	39

| 第八章　質の高い発展の数値目標とそのシミュレーション | | | |

良質な供給	ブランド力	ユニコーン企業数	40
		ステルスチャンピオン企業数	41
		世界ブランドランキング500入りの企業数	42
良質な需要	消費のレベルアップ	住民の消費率	43
		経済成長への最終消費の寄与率	44
		エンゲル係数	45
		可処分所得に占めるサービス消費の割合	46
		消費支出に占める文化娯楽消費の割合	47
		GDPに占める六大サービス業（文化・スポーツ・ヘルスケア・介護・教育・教養）の割合	48
		消費総額に占める通信機材・スポーツ娯楽用品・化粧品などの消費割合	49
		消費総額に占めるネット販売の割合	50
	投資の最適化	投資総額に占める民間設備投資の割合	51
		ハイテク産業投資に占める外資の割合	52
		「一帯一路」沿線国の対中直接投資額	53
		実行ベースで見た外資導入の総額	54
		直接金融と間接金融の比率	55
	輸出の質的向上	海外市場への経済依存度	56
		輸出に占める一般貿易の割合	57
		輸出に占めるサービス貿易の割合	58
		貨物輸出に占めるハイテク製品輸出額の割合	59
		貿易総額に占める「一帯一路」沿線国の割合	60
良質な投入産出	総合生産性	全要素生産性（科学技術進歩の寄与率）	61
		工業の成長率	62
	土地生産性	土地の産出	63
		建設用地の産出	64
	資本生産性	投資依存度（投資のGDPへの寄与率）または投資係数	65
		資本生産性	66
	科学技術の生産性	GDPに占める研究開発投資の割合	67
		人口1万人当たり特許権保有量	68
	労働力の有効利用	人口1万人当たりの研究開発者数	69
		特許権申請件数対研究開発投資の比率	70
	安全生産	1億元GDPの生産事故死亡率	71
		1万台乗用車保有の事故死亡率	72
	資源の生産性	全就労者労働生産性	73
		生産年齢人口の平均収入と教育を受ける年数	74
		GDP1万元当たりのエネルギー消費量	75
		GDP1万元当たりの水使用量	76
		一次エネルギーに占める非化石燃料消費の割合	77
		PM2.5濃度	78
		Ⅲ類水以上の地表水の割合	79
		地表水対Ⅴ類水体の比	80
		単位GDPにおける二酸化炭素の排出量	81

良質な投入産出	環境の質	単位 GDP における主要汚染物の排出量	82
		工業汚染の処理率	83
		都市生活排水の処理率	84
		都市ゴミ無害化処理率	85
		農村ゴミ無害化処理率	86
		都市の緑化率	87
		GDP に占める環境保護投資の割合	88
		森林保有面積	89
		森林被覆率	90
良質な所得分配	住民の収入実態	ジニ係数	91
		都市と農村住民 1 人当たり可処分所得の割合	92
		業界間最高賃金と最低賃金の割合	93
		東部と西部地域の住民 1 人当たりの可処分所得の割合	94
	住民の収入増加	住民の 1 人当たり可処分所得	95
		住民可処分所得の伸び率と GDP 成長率の比較	96
		GDP に占める労働分配総額の割合	97
	貧困撲滅	農村の貧困人口発生率	98
	社会保障	基礎社会保険の加入率	99
		コミュニティサービスセンターの数	100
		人口千人当たりの医師数	101
		一般会計予算に占める国民生活関連歳出の割合	102
	住宅条件	1 人当たりの住宅面積	103
	都市化	戸籍保有人口の都市化率	104
良質なマクロ経済の循環	マクロ経済の安定成長	失業率	105
		GDP 成長率	106
		消費者物価指数	107
		設備投資価格指数	108
		生産者物価指数	109
	マクロ経済の内外均衡	財政赤字	110
		経常収支残高の GDP に占める割合	111
	地域の均衡成長	東部・西部地域それぞれの GDP 成長率	112
		東部・西部地域 1 人当たり GDP 割合	113

1) http://chinese.doingbusiness.org/data/exploreeconomies/china#protecting-minority investors.

第八章　質の高い発展の数値目標とそのシミュレーション　207

表 8-2　質の高い発展の特徴を示す指標（考課指標）

一級評価指標	二級評価指標	三級評価指標	指標数
良質な供給	ビジネス環境[1]	企業設立コスト	1
		融資コスト	2
		知的財産権の保護能力	3
	供給の構造	生産設備の稼働率	4
		レバレッジ	5
		GDP に占める国債残高の割合	6
	実体経済	GDP に占める税収の割合	7
		情報化率	8
		中堅、大企業の売上利益率	9
	産業構造	中堅、大企業の生産総額に占めるハイテク産業の割合	10
		サービス業生産総額に占める現代サービス業の割合	11
	コアコンピタンス	新素材の自給率	12
		生産設備の自給率	13
		製品の歩留り	14
	ブランド力	ユニコーン企業数	15
		ステルスチャンピオン企業数	16
		世界のブランドランキング 500 入りの企業数	17
良質な需給	消費の高度化	経済成長への最終消費の寄与率	18
		エンゲル係数	19
		消費に占める住民の文化娯楽消費支出の割合	20
	投資の最適化	投資総額に占める民間設備投資の割合	21
		ハイテク産業に占める外資の割合	22
	輸出の質的向上	輸出に占める一般貿易の割合	23
		貿易に占めるサービス貿易の割合	24
		貨物輸出額に占めるハイテク製品の割合	25
良質な投入産出	総合効率	全要素生産性（科学技術進歩の寄与率）	26
		工業生産総額	27
	土地利用効率	建設用地の産出	28
	科学技術の利用効率	投資依存度（設備投資 GDP 成長への寄与率）または投資係数	29
	科学技術の利用効率	GDP に占める研究開発投資の割合	30
		人口 1 万人当たりの研究開発者数	31
	安全生産	1 億元の GDP の生産事故死亡率	32
		全就労者労働生産性	33

良質な投入産出	労働力の有効利用	生産年齢人口の平均収入と教育を受ける年数	34
		GDP1万元当たりのエネルギー消費量	35
	資源の利用効率	GDP1万元当たりの水使用量	36
		一次エネルギーに占める非化石燃料消費の割合	37
		PM2.5濃度	38
	環境の質	地表水のV類水体割合	39
		工業汚染物の処理率	40
		森林被覆率	41
良質な所得分配	住民の収入レベル	ジニ係数	42
		都市住民と農村住民の1人当たり可処分所得の割合	43
		業界間最高賃金と最低賃金の割合	44
		東部と西部地域住民1人当たりの可処分所得の割合	45
	住民の収入増加	住民1人当たりの可処分所得	46
		住民の1人当たり可処分所得の伸び率と1人当たりGDP成長率	47
	貧困撲滅	農村の貧困人口発生率	48
		基楚社会保険加入率	49
	社会保障	一般会計歳出に占める国民生活関連歳出の割合	50
	住宅条件	1人当たりの住宅面積	51
	都市化	戸籍保有人口の都市化率	52
マクロ経済の循環	マクロ経済の安定成長	失業率	53
		GDP成長率	54
		消費者物価指数	55
	マクロ経済の内外均衡	財政赤字	56
		GDPに占める経常収支残高の割合	57
	地域の均衡成長	東部と西部地域におけるGDP成長率	59
		東部・西部地域1人当たりGDPの割合	60

1) http://chinese.doingbusiness.org/data/exploreeconomies/china#protecting-minority investors.

三、具体的なシミュレーション

　入手したデータに対する定量分析を行い、上述の指標から重要な指標を抽出し、質の高い発展の特徴を示す計測可能な数値指標を作成した（表8-3参照）。

　以上の指標体系にしたがって、2012〜2016年のデータを使って中国の

表 8-3　質の高い発展の特徴を示す数値指標（計算用）

一級評価指標	二級評価指標	指標数
良質な供給	GDP に占める税収の割合	1
	中堅、大企業の生産総額に占めるハイテク産業の割合	2
良質な需要	経済成長への最終消費の寄与率	3
	総額に占める民間設備投資額の割合	4
良質な投入産出	貨物輸出額に占めるハイテク製品の割合	5
	工業生産総額	6
	建設用地の産出	7
	GDP に占める研究開発投資の割合	8
	GDP1 万元当たりのエネルギー消費量	9
良質な所得分配	都市住民と農村住民の 1 人当たり可処分所得の割合	10
	住民 1 人当たりの可処分所得	11
	基楚社会保険加入率	12
	戸籍保有人口の都市化率	13
良質なマクロ経済循環	失業率	14
	GDP に占める経常収支残高の割合	15
	東部と西部地域における 1 人当たり GDP の割合（市レベル 1 人当たり GDP の最高対最低の比率）	16

図 8-1　中国の質の高い発展を示す指数の推移

質の高い発展を測定してみた。加重平均の統計方法を採用し、2012 年を基準とし、同年の指標を 100 とする。

図 8-1 は中国の質の高い発展を示す指数の推移である。そこから 2010 年から 2011 年は質の高い発展を示す指数が大きく上昇し、2011 年から 2014 年までは穏やかな伸びとなり、2015 年、2016 年になると、また右肩

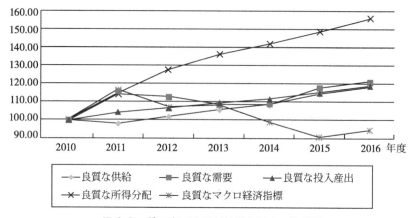

図8-2　質の高い発展の特徴を示す一級指標

図8-3　良質な供給を示す指標の推移

上がりの上昇になっていることが読み取れる。

　図8-2は質の高い発展の特徴を示す指標の2010年から2016年までの推移である。伸びが高いのは良質な所得分配であり、この時期に中国の所得分配が改善したことを示している。良質な投入産出は2010年から2016年まで持続的上昇を示しており、良質な需要は2011年に著しく伸びたものの、その後下がり続け、2014年から再び上昇に転じている。良質な供給は、2011年に一時的に下がったが、その後、緩やかに上昇している。良

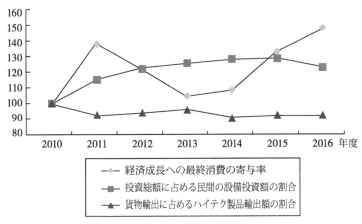

図 8-4　良質な需要を示す指標の推移

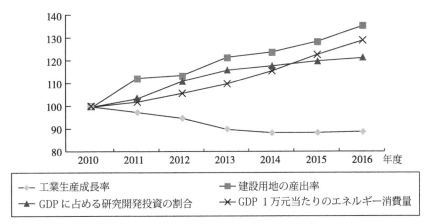

図 8-5　良質な投入産出を示す指標の推移

質なマクロ経済循環は 2011 年に上昇し、その後は急速に下がり続けていることが分かる。

前述の景気変動の原因はいずれもこれらの指標から確かめることができるのである。

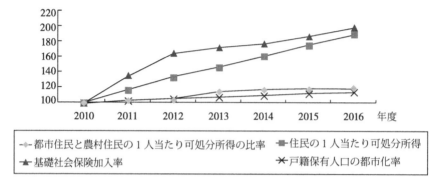

図8-6　良質な所得分配を示す指標の推移

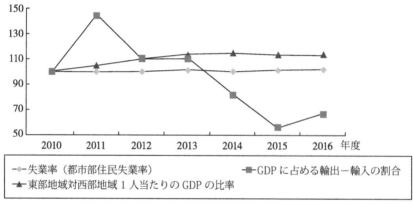

図8-7　良質なマクロ経済循環を示す指標の推移

四、政策提言

(一) 質の高い発展に関する統計体系の強化

　質の高い発展に転換するにあたって、現代的な統計体系を構築するだけでなく、統計手法の刷新と制度の改革も急ぐ必要がある。優れた統計体系は、数値目標に基づくもので、科学・客観・効率という原則にしたがって、

各指標におけるデータの集計・分析・利用こそ、質の高い発展に対する動態的モニタリングと正確な予測が実現できるのである。

　一、新技術・新産業・新業態・新モデルに関する統計を強化する。質の高い発展の数値目標に基づいて具体的な統計指標を割り出し、特に「弱点の補強」に力を入れ、経済発展の新たなエネルギー、新業態に対する統計制度や統計手法を早急に整えることが大事である。

　二、ビッグデータ、クラウドコンピューティング、インターネットなどの新しいツールを活用することである。つまり、ビッグデータ、クラウドコンピューティング、インターネットなどを利用し、従来の統計の考え方を改め、統計技術の向上を図り、統計の対象を増やし、統計のプロセスを最適化し、その効率と質の向上に取り組んでいくことが目的である。

　三、社会満足度に関する統計を増やす。客観的なデータ以外に、主観的な指標、たとえば、企業・消費者・住民の各満足度などに関する統計データを増やす必要がある。それは主に、政府のビジネス環境に対する企業の満足度、企業製品に対する消費者の満足度、政府の行政に対する住民の満足度、政府の公共サービスに対する住民の満足度などが含まれる。

　四、統計の国際的なルールの導入を推進する。統計の基準・内容・手法などの国際化を促して、統計データを同じ基準で作成し、データの国際比較を行うことができるようにすることが大事である。

　五、統計の信憑性と公正さを高めることである。統計の客観性を確保するために、統計体系に関する制度設計を改善し、地方政府や行政官庁の干渉を排除する。統計調査を実施する各段階において、測定、データ抽出方法の設計、統計範囲の確定、サンプルの選択、サンプルグループの選択、データの収集から分析、結果の解読まで、すべて科学的な態度で臨むこと。統計手段の改革を推進し、段階的に経済・社会・科学技術・環境に関する網羅的・科学的・標準的な統計システム、さらに各指標が相互に補完し合い、支え合うようなシステムを構築していくことなどが考えられる。

（二）質の高い発展のための業績評価体系の整備

質の高い発展のための業績評価システムの設置は、指標体系と統計データに基づいて、経済成長の効果を正確に評価することが目的である。

第一に、業績評価プロセスの有効性を確保する。トップダウン設計の強化と業績評価プロセスの最適化を実現するために、評価目標の確立、評価範囲の選定、評価指標の設定、評価対象の選択、評価結果に基づく改善などが必要である。

第二に、評価対象の多様化を確保する。なるべく多くの対象者が業績評価を受けるようにすると同時に、評価の結果が社会で広く受け入れられるようにすることが大事である。

第三に、有効な表彰制度を整えることである。金銭的な褒賞と言葉による激励、個人への表彰と団体に対する表彰、一般的な表彰とストックオプションによる表彰を使い分け、表彰制度を充実させることは、質の高い発展の目標達成のために特に必要である。

（三）質の高い発展のための政績査定体系の最適化

質の高い発展に関する政績査定体系は、主に政府と公務員の業績に対する評価システムであり、政府の業績評価に計量的なデータ情報を提供するものである。政府がグリーン低炭素経済の時代において質の高い発展の「舵取り役」を果たすよう、政績査定体系は指標・スタンダード・統計・業績評価の体系とともに役割転換をすることが大事である。この査定体系は結果に対して科学的かつ客観的な評価を行うと同時に、今後の方向性を明確にし、政府内に競争原理を導入して、行政執行の中で生じたゆがみに対して適時に改善措置をとることが目的である。そのために、以下のことに取り組む必要がある。

第一に、全体の制度設計を中央政府が担当すると同時に、地方政府に一定の調整余地を与える必要がある。質の高い発展に関する指標体系の構築

は新しい情勢と新しい背景のもとでの新たな課題である。そのため、ここで中央政府は国家レベルで質の高い発展に関する指標体系と査定方法を考案すると同時に、地方政府の指標体系と査定方法の策定に対しても指導の役割を強化するよう提案する。同時に、各地域の経済成長をより正確に測定するため、それぞれの格差を考慮して、地方政府に調整の余地を与える必要がある、つまり、地方政府は経済成長の現状と統計データの収集・処理の可能性などに応じて、指標体系を微調整することができる。

第二に、現行の査定方法を見直す必要がある。いま、各地方政府に対しては、さまざまな査定体系があり、その対応にかなりの行政資源が費やされている。いまや、質の高い発展は経済成長、社会発展の中心課題であり、質の高い発展に関する査定方法の策定を契機に、この方法と重複する部分や食い違った部分、不要になった部分などを統合、整理することが大事である。それによって、質の高い発展に見合った査定方法の重要性をクロスアップして、査定体系の役割が発揮できるようにすることが目的である。

第三に、査定にあたり、失敗容認メカニズムを構築する必要がある。これによって、査定のための査定、査定制度が進めば、進めるほど、実情とかけ離れてしまい、末端では「机上の空論」がますます増え、データの捏造などいびつな現象も増えてくる。より有効な査定指標体系を構築し、地方の成長を誘導・促進し、「手探りでの失敗」を容認し、現地の実情に見合った成長モデルの模索を奨励し、査定指標による「束縛」を避けることが大事である。

第四に、地域の分類に応じて、それぞれ異なる指標を構築することである。例えば、開発の進んだ地域では、成長率指標より経済構造、エネルギー消耗、自主イノベーションなどを中心に考課する。北京・上海・広州・深圳などの地域では1人当たりGDPの伸び率、サービス業付加価値の比率、ハイテク産業の割合、全要素生産性、農業の収益などを中心に考課する。重点開発地域では、工業化と都市化を中心とする考課体系を構築

し、産業の成長を優先させる。生態系保護地域では、エコ産業や農業の成長と生態系保護の指標を中心に査定する。開発禁止区域では、自然文化資源の保護を優先させる査定などが考えられる。

第五に、世論調査の指標を取り入れる必要がある。人事査定の制度設計は上級者に対する責任と下級者に対する責任を示す指標間のバランスをはっきりさせ、下級者に対する責任のほうに重きを置くべきである。また、市場と社会のモニタリング機能を活かして、企業や市民に対するアンケート調査を査定体系に取り入れることにより、これまで、地方政府が上級政府にだけ責任を負う悪習を改め、有権者に対して責任を負うようにすることが大事である。

第六に、経済関連の指標と環境保護・生活関連・ビジネス環境など非経済関連指標との関係を正しく対処する必要がある。環境保護・生活関連・ビジネス環境などに関する非経済関連指標の割合を適切に引き上げ、地域ごとに異なる査定指標体系を構築することが必要である。

第七に、査定制度の公正さと中立性を確保する必要がある。「業績」を中立的で公平な立場で査定することで、「アスリート」と「審判」の役割を同時に兼任するようなことを避け、査定の公平さと客観性を確保する。網羅的な政績査定体系を構築し、関係者全てを対象とし、第三者による中立的評価を導入することなどを通じて、「お上の意思に従う」弊害を排除することが大事である。

第八に、査定指標の継続性・権威性・規範性を確保する必要がある。質の高い発展に関する行政考課は確実な実行がカギであり、また、一旦確立した制度やシステムは勝手な変更が禁物であり、政府の任期や幹部の交代などのために指標体系を勝手に変えてはいけない。さらに、問責制度を設けて、重大な政策の決定に対して、生涯責任を負わなければならない。一方、経済の持続的な成長のためには、業績ばかりを求めるような近視眼的な行為を断固として戒めるべきである。

第八章　質の高い発展の数値目標とそのシミュレーション　　217

　第九に、人材登用に有利な査定制度を構築する必要がある。つまり、才徳兼備の人材を優先的に採用し、法律法規で公務員の行為を規制し、公務員、特に幹部の登用にあたっては、「才能があれば昇進させ、凡人は優秀な人にその座を譲らせ、才能のない人はやめさせる」といった昇進と退出の制度を整備する必要がある。このような制度やメカニズムを生かして、質の高い発展をサポートすることが大事である。

Ⅱ部　テーマ別研究

テーマ一

研究開発投資と
質の高い発展[1]

新時代において、中国経済の至上命題は、質の高い発展への転換を成功させることである。第 19 回党大会で取り上げられた重要な戦略の一つは、新たな発展理念を貫徹し、現代化経済体系を構築することである。こうした中、当面の最重要課題は、現代化経済体系を支えるイノベーションの役割を十分に発揮させ、革新型国家の建設を加速させることである。

まず、研究開発（R&D）投資は中国のイノベーション活動の重要な構成部分であり、新しい技術の獲得において重要な役割を果たしており、国と地方の科学技術振興、科学技術イノベーション力、経済成長と社会保障などに直接関わっている。イノベーションを原動力とする成長戦略の下で、中国における R&D 活動[2] は近年著しい進展があった。にもかかわらず、発展途上国の中国は、先進国に追いつくためのイノベーション資源（イノベーションの投下資金・研究者）不足が深刻である。そのため、国のイノベーション投資の意思決定に際し、有力な科学的根拠が求められ、限られた資源を十分に利用できるようにすることが大事である。本研究では、現在の中国における研究開発への投入の規模・仕組み・産出の規模などを分析し、R&D 活動の展開における問題点を明確にし、その対策・提案を考える。これにより、社会全体のイノベーション力がいっそう向上し、また、科学技術イノベーションが成長の原動力として機能できるようにすることが目的である[3]。

一、近年減速傾向の国内 R&D 投資

図 1 に示すように、中国の R&D 投資は 2013 年までの 10 年近い高い伸びに終止符が打たれ、2014 年以降は R&D 投資の伸び率が鈍化し、10%前後で推移するようになった。

企業の R&D 投資は現在の中国全体の R&D 投資の中で最も割合が大きく、2016 年の企業 R&D 投資は全体の R&D 投資総額の 78.47% を占めた。

テーマ一　研究開発投資と質の高い発展　223

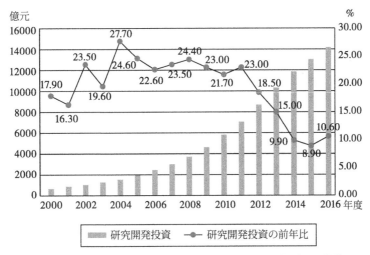

図1　2000～2016年の国内研究開発投資とその伸び率の推移

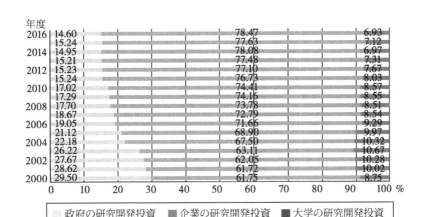

図2　2006～2016年、全国の研究開発投資の分布（研究主体別）

もう一つの重要なR&D投資は政府の公的資金であり、これはいわば国家の財政支出の一部であるが、2016年の企業・政府のR&D投資は全体のそれの93.07%を占めている（図2参照）。

企業・政府の研究開発投資の伸び率が共に低下したため、R&Dの伸び率が鈍化している（図3参照）。実は2012年から企業の研究開発投資の伸び率が低下しはじめているが、その後、中国経済の下押し圧力が大きくなるとともに、企業収益がさらに減少したために、2015年の全国のR&D投資の伸び率はわずか8.9%に過ぎなかった。また政府のR&D投資の持続的な低下は、国全体のR&D投資の減少につながっていることが読み取れる。

情報化時代において、技術開発は企業の成長を左右するコア競争力である。また、技術開発の成功は研究開発の投資に左右されており、R&D投資の持続的な増加こそ国の科学技術競争力を高めることができる。中国の研究開発の投資は毎年増加しているものの、ここ数年の伸び率が減速している。それにより、技術イノベーションの成長をさらに減速させ、国際競争の優位性を失い、結局のところ、中国の国際影響力を落とす可能性さえ

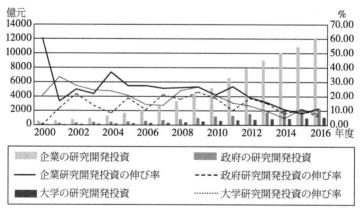

図3　2006〜2016年の中国の研究開発投資とその伸び率の推移（研究主体別）

あるのである。

二、低い R&D 強度と基礎研究比率の低下

図4に示すように、近年中国のR&D投資額は急速に増加しているが、そのR&D強度は依然として低い。R&D強度、即ちR&Dの対GDP比率は、ある国や地域の科学技術イノベーションへの取り組みを評価するための重要指標である。2013年、全国のR&D強度が初めて2.08%を超え、その後2%超で安定的に推移してきており、2016年には2.11%となり、中国の技術開発能力の逐次的な上昇、米日などの先進国との差がさらに縮小していることが伺える。しかし、この水準にはまだ向上の余地がある。アメリカを例に取ると、この10年間、同国のR&D強度は年平均2.65%以上を維持している。しかしアメリカのR&D強度は、実は他のOECD加盟国に比べて、とりわけ高いというわけではない。したがって、中国は経

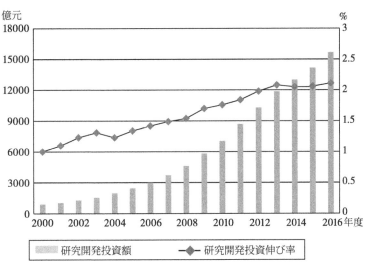

図4　2000～2016年の中国研究開発投資額とその投資伸び率の推移

済の質の高い発展の実現、産業構造のさらなる高度化を推進するためには、引き続き研究開発R&D投資を増していく必要がある。

　以上のR&D活動の分類から、実験経費支出は総額においても成長率においても基礎研究費と応用研究費をはるかに上回っていることが分かる（図5参照）。2016年を例にすると、R&Dの基礎研究費・応用研究費・実験経費支出はそれぞれ822億8900万元、1610億4900万元、1兆3243億3600万元であり、その割合はそれぞれ5.2%、10.3%、84.5%であった。しかし、基礎研究はR&D活動において重要な役割を果たしており、基礎研究水準は応用研究と実験研究水準を大きく制約している。これまでのデータによると、アメリカ・ドイツ・日本などイノベーション先進国は、基礎研究投資においてほぼ一致した特徴を示しており、基礎研究・応用研究・実験研究の割合は約1：2：5を保っている。つまり、基礎研究の投資割合は12%～15%、応用研究の投資割合は25%前後、実験研究の投資割合は60%～63%である。

　比較すると、中国のR&D投資はすぐに成果が出る実験研究に偏っており、基礎研究と応用研究では人的資源も研究能力も不足していることがわ

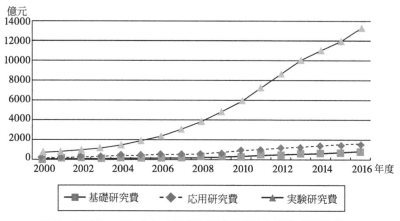

図5　2000～2016年の研究と実験研究費の推移（類型別）

かる。したがって、自主イノベーション、とりわけ独創的イノベーション力の向上に力を入れることが大事である。

三、研究者数増加率の低下と後継者不足

全体的に見ると、実労働時間で計算したR&D研究者のFTE（フルタイム当量）[4]は年々増加傾向にあるにもかかわらず、伸び率については、2013年に初めて10%を下回って8.81%となり、更に2015年と2016年は5%以下にまで低下し、年間の伸び率はそれぞれ1.30%、3.17%であった（図6参照）。人材はR&D競争の担い手であるので、研究者の増加率が低いことは研究活動の展開やイノベーション力の向上に大きく影響する。

研究者分類の推移を類型別に見ると（図7参照）、実験研究に従事している者が大きな割合を占めている。2016年を例にとると、オリジナリ

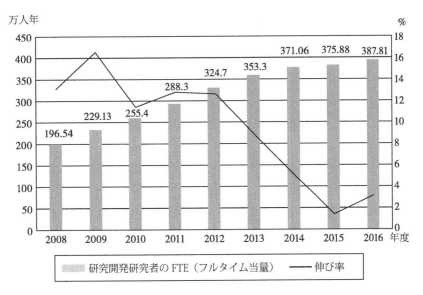

図6　2008～2016年の研究開発者のFTE及びその伸び率の推移

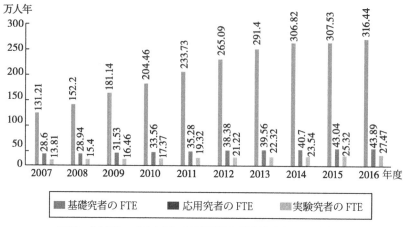

図7　2007～2016年の研究開発者別統計とその推移

ティが求められる基礎研究・応用研究を行う研究者のFTEは研究者全員のFTEの18.40%を占めるのみであり、2015年の18.19%と比較して0.21%しか増加していない。新しい知識・発明の源である基礎・応用研究は、国・地域の技術開発と国際競争力の向上にとって必要不可欠であり、中国の基礎研究と応用研究者の人手不足に留意する必要がある。

四、イノベーション力のばらつきと成果の地域格差

　経済がグローバル化する中で、競争の優位を決定する要素の中で、特に重要なのは、その国・地域におけるイノベーション力であり、それこそが経済成長を促進する重要な要素である。第19回党大会の報告は「革新は発展をリードする第一の原動力であり、現代化経済体系を構築する上での戦略的支えである」と述べている。近年、中国のGDPの着実な成長に伴い、地方のイノベーション力もたえず向上しているものの、いまだに問題を多く抱えているのが現状である。

各地域におけるイノベーション資源には大きな格差があり、地域ごとにR&D投資額とR&D強度を評価指標とし、各地域のイノベーション投資の格差を検討した。また、各地域におけるイノベーションの成果にも大きな差が存在ており、ここで、各地域における特許申請件数と特許授与件数をイノベーション成果の評価指標とし、各地域におけるイノベーション産出の格差を分析した。

(一) 地域間のイノベーション資源の大きな格差

横断面で見ると、図8に示すように2016年はR&D投資額にしろR&Dストレングスにしろ、東部地域は、中部・西部・東北の各地域を大きく上回っている[5]。R&D投資額から見ると、東部地域は中部・西部地域の約5倍、東北地域の約16倍であり、東部地域のR&D強度は、西部地域や東北地域の約2倍である。

これまでの流れをみると、図9と図10に示すように、21世紀以降の各

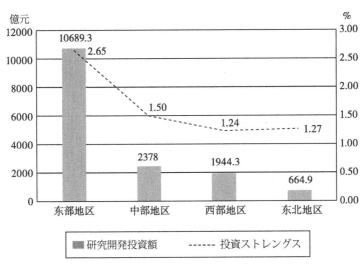

図8　2016年の各地域の研究開発投資額と投資強度

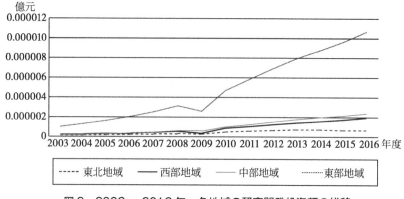

図9　2003～2016年、各地域の研究開発投資額の推移

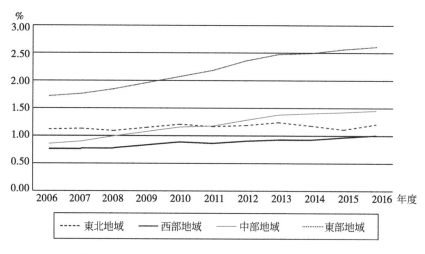

図10　2006～2016年の各地域投資強度の推移

地域におけるR&D投資額とR&D強度は年々上昇している。地域の投資額と成長率から見ると、東部地域のR&D投資額とR&D強度の伸び率が最も高く、他の三つの地域の先を走っている。これらの指標からわかることは、他の三つの地域はいずれも伸び率が低く、中部地域は西部地域と

東北地域よりやや高いが、東北地域のR&D投資額は最も少なく、しかも、R&D強度は長い間ほとんど変化が見られない。結局、横断面・時系列のどちらから見ても、東部地域のイノベーション力がもっとも高く、他の地域を明らかに上回っていることが分かる。

(二) イノベーション成果に見られる大きな地域間格差

横断面で見ると（図11参照）、2016年の特許申請件数も特許授与件数も、東部地域は中部・西部・東北の三大地域を大きく上回っている。特許申請件数では、東部地域は中部地域・西部地域の約4倍、東北地方の約20倍であり、R&D強度を見ると、東部地域は西部・東北の各地域の約4倍となっている。

時系列的に見ると、図12、図13が示すように、21世紀になってから、各地域における特許申請件数も特許授与件数も年々増えていることがわか

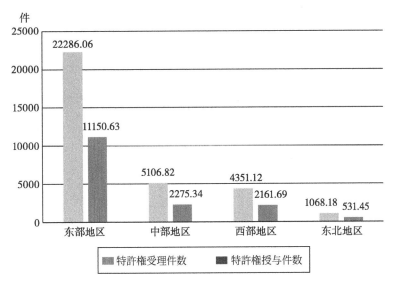

図11　2016年の各地域特許権申請、受理件数

232　II部　テーマ別研究

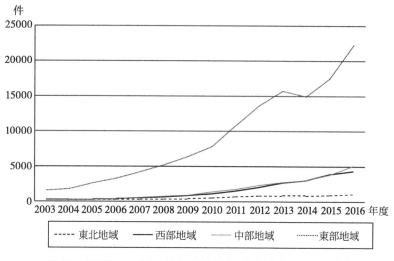

図12　2003～2016年の各地域特許権申請受理件数の推移

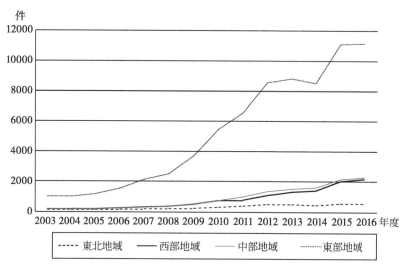

図13　2003～2016年の各地域合計特許権授与件数の推移

る。地域の現状から見ると、東部地域は特許申請件数と特許授与件数のいずれにおいても増加が速く、他の地域より成長率が高いことが読み取れる。また、これらの指標によれば、他の三大地域はいずれも成長が遅れており、中部地域は西部地域と東北地域をやや上回っているが、東北地域は特許申請件数と特許授与件数のどちらも少なく、増加率も低い。結局、横断面においても時系列においても、東部地域のイノベーション成果が最も多く、他の地域を上回っていることがわかる。

五、イノベーションと R&D 投資に関する政策提言

　中国の質の高い経済発展と現代化経済体系の構築において、イノベーションは非常に重要な役割を果たしており、成長の原動力としての役割も大きく期待されている。しかし、世界のイノベーション先進国と比べると、いくつかの問題を抱えているのも実情である。たとえば、上述の国と比較して依然として R&D 投資が少なく、イノベーション力が低く、優秀な技術開発人材やイノベーション資源及び成果は地域格差が大きく、イノベーションの質と効率はさらに向上する余地がある。イノベーション力は質の高い発展を左右する重大要素であり、イノベーションを根気よく推進して、はじめて良質で効率よく、持続的かつ活力のある成長が可能になる。それを達成するには、以下のことに取り組む必要がある。

　第一に、R&D 投資を増やすことである。まず中央政府は研究開発への投資をさらに拡大することが大事である。なぜなら、この投資は社会の他の組織の研究開発投資に対して一定のデモンストレーション効果があるからである。　そのためには、中央政府は科学技術開発予算の伸び率を一定のレベルに維持する必要がある。一般的に言って、中央財政の科学技術開発への予算が増加すれば、地方政府の研究開発への投資を誘発する可能性があり、研究開発の予算総額の増加につながる。さらに、開発のための市

場環境を整備し、企業の技術イノベーション意欲を引き出して、企業のR&D投資の増加を促進することも大事である。

第二に、基礎研究と汎用技術開発の奨励・誘導である。基礎研究と汎用技術開発への投資は、新しい科学理論を生み出し、先端技術を発展させる上で欠かせないものである。第19回党大会の報告は「世界の科学技術の最先端を目標に、基礎研究を強化し、先見性のある基礎研究と先導性のある独創的成果によって大きなブレークスルーを実現する必要がある」と述べている。基礎研究への投資を引き続き増加させ、学科体系の完備と全体的レベルアップを推進し、科学研究拠点の配置を最適化すると同時に、科学研究の中で発見された法則に従い、研究に必要な条件と環境を整えることが何よりも大事である。

第三に、イノベーション人材育成制度の構築である。第19回党大会の報告は、「国際レベルの戦略的科学技術人材、科学技術リーダー人材、若手科学技術人材、ハイレベル革新陣を数多く育成する」を述べている。とにかく、この新時代において、人材の育成に適した制度を構築することは何よりも大事である、その具体策として、たとえばイノベーションの必要に応じて多様な人材を育成すること、技術開発のためのインセンティブメカニズムを導入すること、人事考課制度、所得分配制度に知識とイノベーションの貢献度を取り入れること、参加者全員のイノベーション意欲を引き出すことなどが挙げられる。

第四に、地域間のイノベーション力の不均衡を是正することである。地方政府は各自の課題を十分把握し、イノベーションに関する有効な奨励策を打ち出す必要がある。たとえば、西部地域は教育事業を大いに発展させ、優秀な人材を引き入れる政策を導入すること、東北地域は企業のイノベーションに対する意欲を高めること、中部地域は引き続き科学技術イノベーションに相応しい環境を整備し、技術開発成果の事業化を強化することを中心に政策を進めることなどが挙げられる。

註

1) 執筆者：銭雪松、華中科学技術大学教授、博士後期課程指導教官。丁滋芳、華中科学技術大学院生。

2) R&D：「研究開発」の意。科学技術分野において、新しい知識を生み出す活動、またはその知識を新たな技術に転換させるための一連のイノベーション活動を指す。具体的に基礎研究、応用研究及び実験研究などが含まれる。

3) 本章におけるデータは『中国統計年鑑』『中国科学技術統計年鑑』『中国ハイテク産業年鑑』『全国研究開発経費投入統計公報』等による。

4) R&D研究者のFTE（フルタイム当量）は研究開発に投入する人的資源を測る国際的な指標であり、フルタイムで働く研究従事者（一年間R&D活動に投入する時間が勤務時間の90％以上を占める者）の仕事量とパートタイムで働く研究従事者の仕事量との合計である。

5) 国家統計局のウェブサイトにおける中国の地域区分にしたがって、北京市、天津市、河北省、上海市、江蘇省、浙江省、福建省、山東省、広東省及び海南省を東部地域；陝西省、安徽省、江西省、河南省、湖北省及び湖南省を中部地域；内モンゴル自治区、広西壮族自治区、重慶市、四川省、貴州省、雲南省、チベット自治区、山西省、甘粛省、青海省、寧夏回族自治区及び新疆ウイグル自治区を西部地域；遼寧省、吉林省及び黒竜江省を東北地域とする。

テーマ二

世界的な生産性変革と質の高い発展[1]

生産性は投入と産出の比率のことであり、その測定方法は様々であるが、労働生産性と全要素生産性の概念がよく用いられている。一般論として、粗放型経済発展は要素投入の拡大によって実現されるため、全要素生産性の存在はほとんど無視されている。しかし、質の高い発展となると、成長は主に要素の利用率の向上、特に技術進歩によって実現されることになる。通常、これを全要素生産性の概念によって示されるのである。

　従来の方法で計算してみると、21世紀以降、世界の生産性の伸び率が低下していることがわかる。多くの先進国では全要素生産性の伸び率が持続的に低下し、一部の国ではマイナス伸びになっている。発展途上国は二極化しており、中国など一部の国では生産性の成長率が安定的に推移し、先進国よりも高くなっている。結論から言うと、先進国の経済発展の質は高い水準を維持していながらも、質の高い発展を促す原動力が弱まり、発展の質を一層向上させることが困難である。中国などの一部の発展途上国は経済発展の質が今一つであり、先進国とはまだ大きな差があるが、その成長率は高く、量的成長から質の高い発展へ、労働集約型成長から資本技術集約型成長へ転換する大事な時期に入っていることが分かる。しかし、新たな経営モデル、新たな技術革命が起きようとする中で、従来の生産性の算出方法では、こうした変革がもたらす影響を過小評価する傾向があることに注目する必要がある。

　新たな産業革命に際して、各国それぞれにチャンスがあることはもちろんだが、先進国は世界の新しい技術・産業を生み出すことにより、困難を乗り越え、生産性の伸び率低下を食い止め、より質の高い発展を実現する可能性がある。中国にとって、新たな産業革命は質の高い発展を実現するチャンスになる可能性が高い。つまり、既存の産業では引き続き先進国の経験を参考にしながら追いつくことにより、先進国との格差を縮小し、既存産業の全要素生産性の持続的向上を図る。同時に、生産要素の変化・所得の増加・需要のシフト・市場規模・構造変化・改革の加速などの有利な

条件を生かして、新産業・新業態・新モデルをまず発展させ、その全要素生産性を高めるよう積極的に取り組んでいくことが大事である。

一、質の高い経済発展と全要素生産性（TFP）

　生産性とは１単位当たりの投入による産出との組み合わせ、すなわち投入と産出の比率であり、同じ投入でより多くの産出が得られれば、生産性が向上したことになる。マクロ経済でもミクロ経済でも生産性の概念が使われているが、前者の場合は供給側の概念として、通常１つの国の産出と資源投入の比率を指し、後者の場合は１つの企業の産出と資源投入の比率を指す。生産性には様々な分類があり、その中で最もよく使われるのは労働生産性と全要素生産性である。

　労働生産性は産出に占める労働投入の比率であり、一般的に以下の四つによって決められる。第一に、労働者の１人当たりの資本ストックであり、たとえば機械設備などの設備投資である。第二に、労働者の１人当たりの資源所有であり、たとえば土地・鉱産物などである。第三に、労働者の持つ知識や技能などの知的資源であり、労働者の就業年数・研修時間・職歴などが含まれる。第四に、技術要素であり、たとえば設備の先端性・生産工程のイノベーション・経営ノウハウなどの要素が含まれる。全要素生産性（Total Factor Productivity, TFP）は、産出と全要素投入量の比率である。すなわち、資本・労働などの生産要素投入が同じでも、産出が増加する部分であり、主に科学技術イノベーション・効率向上・規模の経済などによるものであり、各要素の組合せや効率を示すものである。具体的には、産出の伸び率が要素投入の伸び率を上回った部分から算定されるのである。もちろん、全要素生産性は成長の質を評価する重要な指標であり、質の高い発展の場合、経済の成長は要素投入の規模を拡大するのではなく、要素の使用の効率と各要素の組み合わせと深く関連している。粗放的な成

長の場合はまさにその反対である。

　また、生産性の伸び率にも重視する必要がある。労働生産性の伸びは労働者1人あたりが有する資本・資源・技能・知識の増加に依存する。たとえば、1人当たり機械設備などの物的資本の増加、労働者の技能向上、技術の進歩などにつれて、労働生産性が伸びていく。一般の経済実態としては、1人当たりの資本ストックがつねに増えていく傾向であり、労働者の教育を受ける年数が増加していることが確かめられる。この二つの要素によって労働生産性は一定の伸びを確保することになる。さらに技術進歩の要素が加われば、労働生産性の伸びは一層高くなるはずである。通常、技術進歩は全要素生産性によって確認することになるので、理論的には労働生産性の伸びは全要素生産性の伸びより高い。

　いまの労働生産性のマイナスの伸び、すなわち、1単位あたりの労働産出の低下は産業革命以来、非常に稀な現象であり、特に持続的なマイナスの伸びはいわば非常事態と言ってよい。なぜなら、これは1人当たりの資本ストック・平均教育を受ける年数、技術進歩という三つの要素の中で少なくとも一つが大きく低下したことを意味するからである。以下の統計データの分析からわかるように、従来の統計方法で計算すると、ここ十数年、世界の生産性成長率は持続的に低下しており、とりわけ2008年の金融危機以降、全要素生産性の伸びまでマイナスになっている。

二、世界的な生産性の変革と質の高い発展

　現在、世界全体と国別の生産性に関する研究はほぼ全米産業審議会（The Conference Board）のデータが使われており、そのデータには次のような特徴がある。一つ目の特徴は、123の国と地域を調査対象としており、さらに先進国と発展途上国に分類されていることである。二つ目の特徴は、データは比較的長期間にわたって採集されたもので、中でも全要素

生産性のデータは1990年、労働生産性のデータは1950年まで遡ることができ、時系列分析に非常に役立つことである。三つ目の特徴は、生産性に影響する要素の分類が行われ、成長率・労働生産性・全要素生産性以外に、労働者・資本の二つの要素が経済成長と生産性に与える影響とに分けられていることである。

さらに、労働者は量の増加と質の向上に分けられ、労働者の質の向上は労働者の教育を受ける年数・職歴などと関連付けており、資本はICT業界（情報通信技術）資本と非ICT業界資本に分けられている。前者からはコンピュータやインターネット業界投資が経済成長に及ぼす影響が読み取れる。以上のような長所があるので、このデータは各国の生産性の比較に広く用いられるようになっている。

（一）労働生産性の伸び率鈍化の先進国と高い発展途上国

本研究では代表的な国の労働生産性向上の変化を計算しているが、このうち、先進国はG7（アメリカ・日本・ドイツ・イギリス・フランス・イタリア・カナダ）、オーストラリアと韓国を、発展途上国はBRICS 5カ国（中国・インド・ブラジル・ロシア・南アフリカ）、インドネシア・ベトナム・メキシコを取り上げた。

1、労働生産性の伸び率鈍化が顕著な先進国

1950年代に中期データの統計が始まって以来、先進各国における労働生産性の伸び率は毎年大きな変化を見せている。しかし、5年平均の推移から見ると、多くの先進国では、その成長率が上下しながらも次第に低下してきていることが確認できる。2000年以降、次の四つの特徴を呈している。

第一に、労働生産性の伸び率は次々と史上最低記録を更新し、多くの国では最小値を示している。たとえば、アメリカの2011年の伸び率は過去

242　Ⅱ部　テーマ別研究

3番目に低く、5年間の平均伸び率は2013年に史上最小値を更新し、日本・ドイツ・イギリス・フランス・イタリアは2008年以降に史上最小値を記録している。

　第二に、多くの国で労働生産性の平均伸び率は2%を下回っている。5年間の平均伸び率を見ると、ドイツは2000年、カナダは2001年、フランスは2003年、日本は2004年、イギリスは2005年、アメリカは2006年から、相次いで2%以下の低い伸びに転じた。イタリアはすでに1996年に2%以下に転落しており、2007から2010年まで連続してマイナスとなっている。その中で、韓国は例外的に、労働生産性の平均値は年々低下しているものの、まだ2%を上回っている。先進国の現在の2%以下の伸び率は、1960年代から70年代までの4%以上の伸び率と対照的である。

　第三に、いまの労働生産性の低下は長期的なものであり、ほとんどの国が下降傾向にあり、2年以上続いたという回復はほとんど見られなかった。例えば、アメリカ史上最長の労働生産性減速期は短期的な回復を挟んで1963年から1979年までの16年間続いたことがあったが、今回の減速は2002年から現在にいたるまでの15年間続いており、史上最長期間を更新する状況である。他の国は減速の持続期間がさらに長い。たとえば、フランスは1984年、日本は1989年、ドイツは1993年、イタリアは1995年、カナダは1999年、オーストラリアは2000年にすでに始まっている。2014年以降、これらの先進国の労働生産性は低水準でありながら安定しており、そのうちのイギリスとアメリカの生産性は小幅に回復してはいるものの、全体的なV字回復は難しい状況である。

2、労働生産性の成長にばらつきの大きい発展途上国

　第一に、各国の労働生産性には大きな差がある。発展途上国の労働生産性の推移は大きく二つに分けられる。一つは、労働生産性の成長率が先進国よりも高い国である。たとえば、中国の労働生産性の伸び率は近年鈍化

してはいるものの、1990年代以来一貫して6%を上回っている。インドは最初こそ低かったが、徐々に上昇してきており、2004年以降は5%を超える勢いである。ベトナムは「U字型」変化を呈し、2012年以降は5%以上を維持している。この3か国は世界でも労働生産性伸び率がトップクラスである。インドネシアは21世紀に入ってから労働生産性が徐々に上昇してきており、2010年以降ほぼ4%程度を維持している。もう一つは、労働生産性の伸び率が鈍化しており、近年マイナスの伸びになっている国々である。たとえば、ブラジルの伸び率は「逆U字型」を示しており、2009年から下がりはじめ、2014年以降はマイナスが続いている。南アフリカは2008年以降低下し続け、2013年以降マイナスとなっている。ロシアは2005年まで6%以上の伸び率が徐々に減速し、2015年からマイナスに転じている。メキシコの労働生産性の伸び率は一貫して2%を下回っており、21世紀以降「U字型」の変化を呈し、2008年から2010年までのマイナスの時期を挟んで、近年になって伸び率が少しずつ回復していることが確認されている。

　第二に、発展途上国の大国と先進国の労働生産性の動きはほぼ同じであるのに対し、それ以外の国はそれぞれ異なる動きを示している。中国・インド・ブラジル・ロシアの労働生産性はいずれも2008年前後をピークに、その後次第に低下しているが、その状況は多くの先進国とほぼ同じである。しかし、ベトナム・インドネシア・メキシコなどはそれぞれ異なる動きを見せており、2008年の国際金融危機の際は、ほとんど影響を受けなかったし、近年も生産性の伸び率はともに上昇しているのである。

　第三に、一部の発展途上国では深刻な労働生産性のマイナス成長が見られるということである。先進国と比べ、ブラジル・南アフリカ・ロシアなどの労働生産性のマイナスの伸びがずっと長引いており、影響も大きい。例えば、ブラジルの成長率は2016年、2017年にそれぞれ-1.6%、-1.7%となったことがある。一般的に発展途上国の1人当たりの資本ストックや教

育を受ける年数の伸びは安定しており、先進国からの移転によって技術進歩も容易に実現できるため、労働生産性の伸び率は高くなるはずだが、実際にはそうでもなかった。

(二) 労働生産性の低下と全要素生産性成長率の減速

前述のように、労働生産性の変化は技術進歩が深く関係しおり、技術進歩は全要素生産性（TFP）で示すことができるのだが、同時に、労働者の質、1人当たりの資本ストックなどにも関係しており、それを労働生産性とTFPの差で示すことができる。この差が比較的安定していれば、労働生産性の変化は主として技術の進歩によるものである。そこで、1990年以降の世界主要国における労働生産性と全要素生産性を試算してみた（図1参照）。

1、世界全体の生産性と景気変動との関係

図1に見られるように、いくつかの年を除けば1990年以降の世界経済は主に三つの景気循環を経験している。一つ目の循環は、1998年のアジ

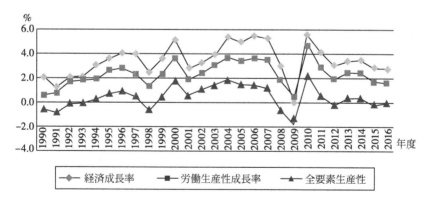

図1　1990年以降の世界の生産性伸び率の推移
出所：全米産業審議会

テーマ二　世界的な生産性変革と質の高い発展　245

ア金融危機から 2001 年のインターネットバブル崩壊までである。二つ目
の循環は、2002 年から 2008 年のアメリカ発の世界金融危機までである。
三つ目の循環は、2009 年から現在までである。この三つの景気循環にお
いて、経済成長率・労働生産性の伸び率・全要素生産性の成長率はすべて
同じ方向に変動し、中でも経済成長率が最も高く、労働生産性がそれに次
ぎ、全要素生産性の伸びが最も低かった。これは、前述した内容と一致し
ている。

2、労働生産性の減速と TFP の変化

　表 1 は 21 世紀の世界の労働生産性・全要素生産性の変化を示しており、
その変動を集計した結果、TFP の変化が大きく、最も高かったのは 1.5%
（2004 年）、最も低かったのは－ 2.4%（2009 年）であり、労働生産性の変
化とほぼ一致していることが分かった。一方、TFP と労働生産性の差は、
最小値 1.5%（2001 年）、最大値 2.7%（2010 年）で、変化の幅は TFP よ
りはるかに小さかった。これは、労働生産性に影響する 1 人当たりの資本
ストック・教育を受ける年数などの要素がなおも着実な伸びを見せ、労働
生産性の向上に大きく寄与したことを示している。つまり、全要素生産性、
いわば広義の技術進歩が労働生産性を左右する重要な要素になっていると
いうことである。

3、国際金融危機後の世界 TFP 伸び率

　図 2 に示すように、具体的な世界 TFP 成長率を見ると、世界金融危機
初期の 2008 年と 2009 年には、それぞれ－ 1.0% と -2.4% と大きな低下が
見られ、その後、2010 年と 2011 年には回復したものの、2012 年以降再
び低下に転じており、特に 2015 年と 2016 年になると、それぞれ -0.7%、
-0.5% とマイナスの伸びであった。以上に基づいて試算すれば、2016 年の
TFP は 2007 年の 96.9% に相当し、金融危機発生前の水準にまだ回復し

246   II部　テーマ別研究

表1　2000年以降の世界の生産性の変化（%）

年	経済成長率	労働生産性の伸び率	全要素生産性の伸び率	労働生産性の成長率−全要素生産性の伸び率
2000	5.0	3.4	1.5	1.9
2001	2.6	1.6	0.1	1.5
2002	3.1	2.2	0.7	1.5
2003	3.8	2.9	1.1	1.8
2004	5.3	3.5	1.5	2.0
2005	4.9	3.2	1.2	2.0
2006	5.4	3.5	1.1	2.4
2007	5.2	3.3	0.9	2.5
2008	2.7	1.6	-1.0	2.6
2009	-0.5	0.1	-2.4	2.5
2010	5.6	4.6	1.9	2.7
2011	4.0	2.7	0.2	2.5
2012	2.9	1.6	-0.6	2.3
2013	3.3	2.2	0.0	2.3
2014	3.3	2.2	0.0	2.2
2015	2.7	1.3	-0.7	2.1
2016	2.5	1.3	-0.5	1.8
2017	2.9	1.9	-0.5	2.4

出所：全米産業審議会

ていないことがわかる。5年平均のTFPをみると、1990年以来、一つの周期を経験しており、1990年初めから2005年までの間は上昇段階にあり、最大値1.1%に達していたが、その後は低下に転じ、2007年以降の10年近くはほぼマイナスの伸びであった。2008年から2016年の世界の年平均TFPの伸び率は-0.4%であり、1999年から2007年までの0.9%という伸び率とは鮮明な対照をなしている。

4、先進国のTFP伸び率

　世界金融危機勃発後の最初の数年間、アメリカ・ヨーロッパ・日本という3つの先進国・地域のTFPb伸び率の差は大きかったが、2015年から先進国のTFP成長はほぼ同じであり、最大値と最小値の差は1%以下で

テーマ二　世界的な生産性変革と質の高い発展　　247

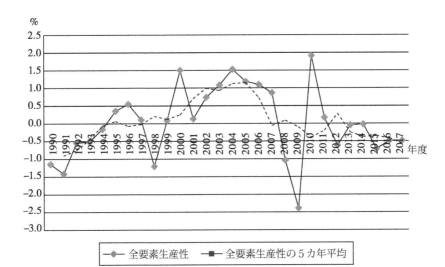

図2　1990～2017年の全要素生産性の推移
出所：全米産業審議会

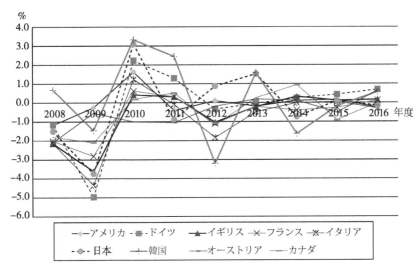

図3　2008～2016年の主要先進国の全要素生産性伸び率の推移
出所：全米産業審議会

あった。2008年から2016年まで韓国のTFPは年平均0.4%の伸びに転じ、その伸びは先進国の中で最も際立っている。その次に日本のTFPは年平均伸び率がゼロ、アメリカ・ドイツのTPFは年平均0.1%の低下、他のいくつかの国の年平均減少幅はすべて0.5%と高く、つまり先進国・地域は全体的にマイナスの伸びであった。

5、発展途上国のTFP伸び率

図4、表3から分かるように、世界金融危機後、発展途上国におけるTFPの差が拡大しており、一部の国のTFPの伸び率は先進国よりはるかに高いレベルに達しているが、その他の国のTFP伸び率は大きなマイナスになっている。これは各国の労働生産性の動きとほぼ一致している。

中国のTFP伸び率は2007年の8.2%から2008年の4.1%まで急激に低下したものの、その後、3.3%以上のレベルで推移し、比較的安定していた。さらに、2008年から2016年までの年平均成長率は4%に達し、世界の大国の中でとびぬけて高いレベルを維持し、ひと際目立つ存在となっている。インドは発展途上国の中で中国に次いで2位となり、2008年から2016年までの年平均伸び率は1.4%であり、2011年以前のインド

表2 2008年以降の主要先進国の全要素生産性の伸び率（%）

国別	2008年	2009年	2010年	2011年	2012年	2013年	2014年	2015年	2016年	2008-2016年平均
アメリカ	-1.2	-0.3	1.6	-0.4	0.1	-0.2	0.1	0.2	-0.3	-0.1
ドイツ	-1.2	-5.0	2.2	1.3	-0.3	0.0	0.2	0.4	0.7	-0.1
イギリス	-2.1	-3.6	0.4	0.3	-1.0	-0.2	0.3	0.1	0.2	-0.5
フランス	-2.0	-2.8	0.6	0.3	-1.1	-0.2	-0.4	-0.3	0.1	-0.6
イタリア	-2.1	-4.4	1.2	-0.1	-1.8	-0.5	0.0	0.0	-0.3	-0.9
日本	-1.5	-3.7	3.1	-0.9	0.9	1.5	-0.7	0.1	-0.2	0.0
韓国	0.7	-1.5	3.3	2.4	-3.2	1.6	-1.6	-0.2	0.6	0.4
オーストラリア	-2.1	-0.6	-1.0	-1.1	-0.2	0.2	0.1	-0.5	0.7	-0.5
カナダ	-1.8	-2.1	0.2	0.5	-1.2	0.3	0.9	-0.9	0.0	-0.6

出所：全米産業審議会

テーマ二　世界的な生産性変革と質の高い発展　　249

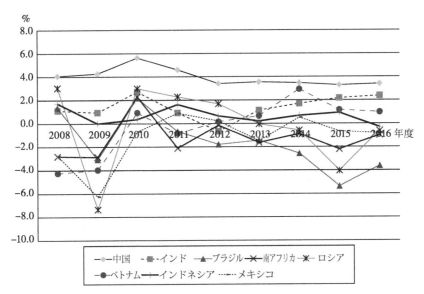

図4　2008～2016年の主要発展途上国の全要素生産性伸び率の推移
出所：全米産業審議会

表3　2008年以降の主要発展途上国の全要素生産性の伸び率

国別	2008年	2009年	2010年	2011年	2012年	2013年	2014年	2015年	2016年	2008-2016年平均
中国	4.1	4.3	5.6	4.6	3.4	3.5	3.5	3.3	3.4	4.0
インド	1.1	0.9	2.7	0.9	-0.7	1.1	1.7	2.2	2.4	1.4
ブラジル	1.4	-3.1	2.2	-0.7	-1.8	-1.5	-2.6	-5.4	-3.6	-1.7
南アフリカ	-2.8	-2.9	2.3	-2.1	-0.1	-1.6	-0.9	-2.2	-1.0	-1.3
ロシア	3.0	-7.4	3.0	2.3	1.7	0.0	-0.6	-4.0	-0.6	-0.3
ベトナム	-4.3	-4.0	0.9	-0.9	0.2	0.7	2.9	1.2	1.0	-0.3
インドネシア	1.7	0.0	0.4	1.6	0.6	0.2	0.7	0.9	-0.3	0.6
メキシコ	-2.8	-6.3	-0.7	0.9	0.2	-1.5	0.5	-0.7	-0.8	-1.2
カナダ	-1.8	-2.1	0.2	0.5	-1.2	0.3	0.9	-0.9	0.0	-0.6

出所：全米産業審議会

のTFP伸び率は中国のそれを約3%下回ったが、2012年から上昇に転じ、2016年には2.4%に達しており、中国よりわずか1%の僅差であった。それ以外の発展途上国はTFPの変動が大きく、全体的に低下傾向である。このうち、ブラジルは年平均1.7%低下しており、調査対象国の中で、最も減少幅が大きく、中でも2015年の減少幅が一番際立っていた。南アフリカとメキシコはいずれもマイナスが続き、それぞれ年平均で1.3%と1.2%の低下率であった。ベトナムは年平均0.3%低下したが、主に世界金融危機の間に限られ、その後伸び率はV字回復し、近年までプラス成長が続いている。

6、TFP伸び率の低下と世界経済

われわれはGDPの成長に影響する主な要素を労働者数・労働者の質（教育・研修など）・情報と通信技術（ICT）産業投資・非情報通信技術（ICT）産業投資及びTFPの寄与に分けて分析を行い、以下の結論が得られた。

第一に、近年、ほとんどの国の経済成長は量的な成長であり、先進国でも発展途上国でも経済成長は主に伝統的な要素の投入に依存している。つまり、労働者数の増加と非ICT産業の投資増加によって支えているのが現状である。インド・南アフリカ・ロシアの要素増加のGDP成長に占める割合（寄与率）はそれぞれ61%、154%、186%であり、アメリカ・ドイツ・イギリス・フランス・イタリア・韓国はそれぞれ71%、65%、77%、61%、62%、82%であった。前述のように、これらの成長は量的な成長と言える。しかし、中国と日本は例外で、両国の要素増加による寄与率はそれぞれ35%、36%であった。

第二に、要素の内生化による質的成長、すなわち労働者の質とICT産業投資の経済成長への寄与率が低く、多くの国で3分の1に満たしていない。

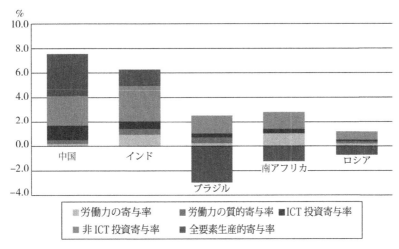

図5　BRICsのGDP成長率に影響する各要素の分析
出所：全米産業審議会

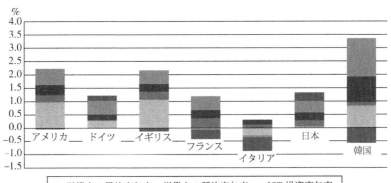

図6　主要先進国のGDP成長率に影響する各要素の分析
出所：全米産業審議会

　第三に、一部の国ではTFPのGDP成長への寄与率が低く、マイナスとなる国さえある。たとえば、ブラジル、南アフリカ、ロシア、イギリス、

252 Ⅱ部 テーマ別研究

フランス、イタリア、韓国の TFP による寄与率はすべてマイナスであり、特にブラジルの TFP による寄与率は -3.0% であった。つまり、TFP の経済成長に対する影響は他の要素の寄与を帳消しにしているか、あるいはマイナス要因になっていることが読み取れる。もちろん、中国はその中でもまれにみる例外であり、2012 年から 2016 年における中国の年平均の伸び率は 7.5% で、TFP の寄与率は 3.4%、成長への寄与率は 45% を超え、質的成長を実現した唯一の大国である。

　総じて言うと、世界金融危機後の全要素生産性の低下は、世界経済の回復を遅らせる主な原因であり、成長の質的低下を招いていることも明らかである。

三、経済成長の質を左右する新技術の開発

（一）成長の質的向上をもたらした新産業革命

　理論的には、新たな技術開発による産業革命は、技術進歩の経済成長への寄与度を高め、経済成長の質を大きく向上させることになる。1760 年代の産業革命以降、世界経済は過去の緩やかな成長から急速な成長の階段に入り、世界の生産性は著しく上昇して、経済の成長を推進する重要な原動力になった。蒸気機関を代表とする第一次産業革命、電気を代表とする第二次産業革命がもたらした影響は大きく、全世界全体の生産性の向上に 100 年あまりにわたって寄与してきた。たとえば、第二次産業革命は各種の電気製品と電力設備、及びディーゼル機関車・自動車・飛行機などの交通手段を新しく登場させた。さらに大事なのは、それが人々の生産と生活様式を大きく変え、企業の大規模な生産、都市の郊外への拡張などを可能にしたことであり、また科学技術の進歩によって表れたスピルオーバー効果で、要素資源の利用効率が大幅に向上し、それによって質の高い発展が可能になったのである。第三次科学技術革命は 1950 年代から始まり、原

子力・宇宙・コンピュータ・バイオテクノロジーなど幅広い分野にわたった。特に1990年代のコンピュータやインターネット技術の開発と普及は、過去2、30年間、世界の生産性の高いレベルでの推移を可能にした。この時期、多くの国、とりわけ先進国は、高齢化に加えて労働力や土地などの資源の拡大が困難になったため、技術革新によって成長の質を高めるしかなかった。第三次技術革命の経過から、技術革新は長期にわたって、全要素生産性を高め、質の高い発展を実現させてきたことが明らかである。

　21世紀、特に2008年の世界金融危機以降、新たな産業革命が盛んに展開されており、新産業・新業態・新モデルが絶えず生み出されているが、一方では伝統的な統計手法によって算出された世界の生産性の伸び率は徐々に減速していることも明らかである。つまり両者の間には乖離が生じているということである。このような乖離が生じる原因について、従来の統計手法が生産性の伸び率を過小評価しているという説明もあるが、より重要なのは、現在の新しい技術による産業革命は、まだ初期段階にあり、世界の生産性の伸び率をより高い水準に引き上げるほど行き渡っていないという現実である。将来、この産業革命が広く行き渡って、世界的に生産性が大幅に向上すれば、世界経済は新たな成長期を迎えることになろう。

（二）従来の統計手法と新しい経済の生産性

　生産性は産出と投入の比率のことであり、新しい技術開発による産業革命に伴い、経済成長のモデルも大きく変わり、新しい経済・産業・モデル・業態などが相次いで生まれるのだが、従来の統計手法を踏襲すれば、生産性を過小評価したり過大評価したりすることが生じてくる。

　産出の面から見ると、第一に、新しい産業形態が多くの新興サービスを生み出すので、サービス業の持つそれ自体の「無形」という特徴から、その統計が製造業よりも難しくなる。一方、知価経済・デジタル経済など、多くの新興サービスは、従来の統計手法では測定が難しいため、統計漏

れの可能性がある。第二に、新たなビジネスモデル——たとえば、インターネット検索、Eメールサービス、クラウドストレージなど——の多くは無料で使用されることが多く、GDP統計に取り入れることが困難である。第三に、一部のサービス業——たとえば、シェアハウスやシェアバイク——のように、貨幣を使わずに取引することが多く、取引双方がお互いに相手のサービスを利用するにもかかわらず、貨幣決済はかならずしも必要でなくなるため、これら部分もGDP統計に取り入れにくい。第四に、生産もサービスのあり方も小ロット、カスタマイズへ進む傾向がある。たとえば、シェアハウスやカーシェアリングなどの主体は往々にして個人であるが、従来の統計手法は主に大・中・小の企業を対象とし、零細企業や個人サービス提供者まで網羅していない。そのため、既存の統計手法ではGDPの統計だけでなく、新しい産業形態によって創出された社会的価値も過小評価してしまう。

　投入の面から見ると、フリーランスやパートタイムなど新しい業界・業態への就業者は、正規の労働力統計に含まれておらず、従来の統計手法では実際の労働力投入を過小評価することになる。

　総じていえば、新しい経済の産出と投入は従来の統計手法では過小評価されやすく、とりわけ産出に対する影響が顕著であることがわかる。したがって、新しい技術革命を背景に、労働生産性の伸び率がある程度過小評価されることは避けられないかもしれない。さらに言えば、全要素生産性はもともと残高計算により算出されるため、産出が労働貢献度よりも過小評価されやすいことなどから、全要素生産性への過小評価はむしろ必然的な帰結なのかもしれない。

（三）新技術の導入期と経済の質的成長

1、第三次産業革命及びその成長押し上げ効果の逓減

　技術革命もいずれは収穫逓減の法則に左右されるという過去の経験則か

ら言うと、もし、新たな技術革命がなければ、従来の技術による生産性アップと成長の質的向上はかならず減速し、終りに近づいていく。前の3回の技術革命は大きな産業変革を促し、次々と新たな産業を生み出し、投資効率を大幅に向上させ、長期間にわたって比較的高い労働生産性を維持してきた。しかも、どの技術革命もそれぞれ持続可能な期間があった。すなわち、前回の産業革命の効果がまだ明らかに減速する前に、次の技術革命が勃興し、最盛期を迎えたため、生産性の顕著な低下が見られなかった。たとえば、第三次産業革命は原子力技術・宇宙技術・コンピュータ技術・バイオテクノロジーなどの技術に代表され、特に原子力技術・宇宙技術は1950年から70年代に急速に発展したが、80年代以降その衰えが見え始め、1980年代に世界の生産性の伸びを減速させた。しかし、同時にコンピュータとインターネット技術の急速な成長に伴い、1990年代から世界経済は再びIT革命をきっかけに、生産性が上昇に転じて、10年以上に及ぶ新たな成長期に入った。とりわけIT技術の質の高い発展への貢献は持続時間が最も長く、効果も顕著であった。さらに新たな産業を次々と生み出し、生産や生活様式をも大きく変貌させた。具体的には、たとえば近年のモバイル決済・電子商取引・シェアリングエコノミーなどの新たな業態が世界的に普及され、経済のグローバル化を大いに促進したことがその好例である。しかし、2000年代半ばごろから、IT技術・第三次産業革命の生産性を押し上げる効果が減少し始めたものの、次に来る新技術の普及がその効果逓減の空白を補うことがまだできないのが現状である。

2、新たな技術革命は経済全体を左右する新技術・新産業を生み出しておらず、依然として成長期・導入期にある

今回の技術革命は幅広い分野に広がっており、「インターネット＋」、IoT（モノのインターネット）、ビッグデータ、ロボット、AI（人工知能）、VR（仮想現実）、3D印刷、無人運転、シェールガスなど多くの分野で進

展が見られているが、波及効果はまだ小さく、各分野において相乗効果が形成されておらず、普及、応用の余地がまだ大きい。さらに言うと、経済全体の変革を牽引する技術的ブレークスルーはまだはっきりと現れていない。過去の技術革命を見ると、機械・電力・コンピュータなどの新しい理論・発明や技術的ブレークスルーは多くの分野に浸透し、広く応用され、長期間にわたって新産業を生み出し、人間社会に大きなインパクトを与え、人間の考え方や価値観にまでも影響を与えるようになった。たとえば、電磁電力理論を基礎とした電気革命では、電気モーター・電灯・電話・各種の工業用電気製品や家電製品が次々に発明され、さらに、広く応用され、生産と生活様式を根底から変え、経済の質的成長に数十年にわたって寄与してきた。今の新たな技術革命を見ると、大きな期待が寄せられ、すでに一部採用されはじめた新エネルギー技術でさえも、その普及及び生産性への押し上げ効果は、まだ電力のそれとは比べ物にならないのである。

　また、いまの新たな技術革命による成長は、主にビジネスモデルの革新に集中していることである。シェアリングエコノミーなどのビジネスモデルの革新は主に需要側の要求に対応するため、現有技術を応用する形で行なわれるものであり、産業技術のイノベーションと比べると、ハードルが低く、難易度が低く、効果が現れやすく、模倣されやすいという特徴があるが、質的成長への寄与度や持続可能などの面では産業技術イノベーションには及ばない。しかし、技術革新においては、現在、AI（人工知能）・エネルギー貯蔵技術・癌治療・再使用ロケットなど多くの技術・発明は、まだ開発段階にあり、ブレークスルーがまだ見られていないため、質的成長への寄与度はそれほど高いとは言えない。スマート製造や「インターネット＋」などの技術はまだ導入段階にあり、成長の質を押し上げる効果もそれほど顕著ではない。

3、従来のパターンとは異なる新たな技術革命

　過去の技術革命は、一般的に重大な理論的発見を基礎とし、独創的イノベーションと重要な技術のブレークスルーを前提に、新たな産業を次々と生み出しており、供給サイドに起因する経済成長が特徴であった。それに対して、今回の技術革命は、既存技術の集成・運用とビジネスモデルのイノベーションにとどまっており、いわば需要サイドからのイノベーションとも言える。今日まで二百年以上発展し続けてきた現代科学は、理論的な大発見を求めるのがますます困難になっており、生命科学などの一部の分野を除けば、2、300 年前のような大きな理論的大発見は不可能に近い。そのため、新たな産業革命は重大な技術のブレークスルーよりも、その多くは技術革新やビジネスモデルの革新によるものになっている。

　一方で、新たな技術革命が生産性を向上させる形態も過去とは大きく異なっている。つまり、これまでの重大な技術的ブレークスルーから現有技術の革新とビジネスモデルの革新に転換されている。

　一方、経済の質的成長はイノベーションのブレークスルーではなく、イノベーションの量に頼り、生産性の向上への寄与度は過去より下がっているが、「ダイバーシティ」というのが特徴である。また、イノベーションの分野が広く、それぞれの分野の相乗効果により、経済の質的成長に大いに寄与している側面もある。むちろん、中ではスマート製造や AI などを使って、これまでの生産モデルに決定的に転換させ、生産性を大きく向上させたようなイノベーションもある。もう一つ、生産性向上の周期が短くなっているのも特徴である。経験知の蓄積、情報化とグローバル化の加速により、イノベーションの産業への転化スピードが速くなり、産業のライフサイクル短縮及び技術の模倣・コピー製品の生産が容易になっている。これは、比較的短期間で世界範囲での生産性向上や質的成長の推進には有利な一面もあるが、生産性の成長率を減速させている弊害もある。国内のシェア自転車を例にとると、最初のスタートから市場がほぼ飽和状態にな

るまでわずか2年しかかからなかった。結論として、このような新たな技術革命の中で、生産性の安定伸びを維持するには、持続的なイノベーションの推進が求められている。

4、質的成長より代替効果を主とした経済への貢献

　現在の新経済（ニューエコノミー）は新産業というよりも、新業態・新モデルであり、これはある意味でもともとあった経済活動の置き換えに過ぎず、過去の技術革命のように巨大な創出効果を引き起こすまでには至っていない。たとえば、新エネルギー車（NEV）は、これまでの自動車に取って代わるのは間違いないが、従来の化石燃料自動車が電池とモーターに変わっただけで、自動車誕生当時の大規模な道路建設、輸送効率の大幅な向上、都市規模の拡大などの大きな創出効果は当然見られない。自動車産業だけでなく、他の分野でも同様のことが言える。たとえば、伝統的な取引が電子商取引に、伝統的な小売店がオンラインモールに、タクシーがシェアカーに取って代わられようとしている。これで効率がよくなったことは確かだが、従来の経済モデルの置き換えであり、その創出効果は小さく、質の高い発展への寄与度も限られている。

5、新たな技術革命と発展途上国の独自の優位性

　一部の発展途上国は経済成長率が高いが、その要因は次の二つが考えられる。一つ目の要因は、開放政策の実施による質の高い経済成長である。すなわち、先進国からの資金・技術などの導入・普及が経済成長をもたらしたケースである。たとえば、近年ベトナムなどでは、開放政策を一層推進し、外国から資金・技術などを導入して、高い経済成長率を実現したが、実をいうと、これは新たな技術革命によるものではなく、もともとあった技術の導入によるところが大きい。二つ目の要因は、新経済を通じて、質の高い発展を推進しているケースである。ただこのケースは逆に発

展途上国特有の優位性に依存している場合が多い。たとえば、伝統的な経営や消費モデルがまだ完全に形成されておらず、ネットショッピングなどの新しい商取引モデルの普及には絶好のチャンスとなった。また、新しい商取引モデルの創設においては、発展途上国も先進国も同じスタートラインに立っているが、前者は大きな国内市場と安価な労働力があり、新経済の成長にとって大きな優位性がある。とりわけ中国がその典型的な例であり、近年、電子商取引・ネットショッピング・モバイル決済などの面では世界をリードするポジションにある。これとは逆に、先進国では伝統的な商取引モデルが支配的であり、新経済の導入は従来の市場秩序や生産・消費モデルとは競合関係が避けられず、さらには「創造的破壊」も起こるため、新しいモデルの普及は途上国よりも難しい一面がある。

（四）新たな技術革命の将来性についての展望

　成長の可能性から見て、新たな技術革命が今後成熟期に入っていれば、世界の生産性は産業革命以来の平均値に回復する可能性がある。そうなれば、多くの国の生産性はどん底から回復し、経済は低迷から上昇に転換し、さらに成長率がいままでの三つの技術革命の実績を超え、再び質の高い発展期に入るかもしれない。これを実現するには次の三つのルートが想定される。一つ目のルートは「インターネット＋」、特に「インターネット＋製造業」により、製造業の複雑化が促進され、コストの削減、タイムリーなレスポンスなどが強化され、伝統的製造業の効率の大幅な向上につながっていくことである。二つ目のルートは、世界をリードする技術や産業を生み出す可能性である。特にロボットとAI技術分野で大きなブレークスルーが得られ、広く普及されれば、現場作業員・店員・配達員・運転手など、ブルーカラーの仕事がロボットに取って代わられるだけでなく、翻訳・医師・記者・マネージャー・研究開発技師など、ホワイトカラーの仕事もAIに取って代わられ、社会全体の生産・消費・分配システムにも、

かつてない変化が起こる。また、収穫逓減などの経済理論も書き直される
かもしれないし、このような変革の大きさと衝撃はこれまでの技術革命に
勝るとも劣らないだろう。三つ目のルートは、いくつかの研究分野で大き
な転機を迎えようとする時期に差し掛かっているということである。たと
えば、生命科学・エネルギー貯蔵技術・量子通信など多くの技術革新が短
時間で同時に技術的ブレークスルーが遂げられ、広く普及されると、その
相乗作用を通じて、経済の質の高い発展の実現が加速されることになるだ
ろう。

（五）質の高い発展の実現と取るべき政策

　新たな技術革命において、中国はむしろ大きなチャンスに恵まれ、先進
国との競争の中で、いわゆる「コーナー・オーバーテーキング」により、
一気に抜け出すことができるかもしれない。そのために、様々な有効な政
策を実施して、新産業・新技術・新業態・新ビジネスモデルのブレークス
ルーを実現し、世界の生産性の向上をリードできるように取り組まねばな
らない。

　いま、中国ではモバイル決済・電子商取引・シェアカーなど新業態・新
ビジネスモデルの構築に向けて、もはや世界をリードする勢いである。こ
れから、これらの商業モデルを、国際市場で普及するように後押しし、輸
出構造のグレードアップに取り組んでいくことが大事である。また、国内
では、引き続き市場競争原理を積極的に活かしつつ、商業モデルなどのイ
ノベーションを推進していくこと、政府の過度の規制や干渉を排除し、企
業経営者の創意工夫を引き出し、世界的に影響力のある新しい商業モデル
の創出を推進していくことなどが必要である。

　新しい技術・産業の創出について、われわれは基礎研究・産業基盤・開
発成果の事業化などの面で先進国と大きな開きがあり、新しい研究開発の
面でも遅れを取っている。この現状を変えるために、以下のようなことに

もっと取り組む必要がある。第一に、政府の予算を増やして、基礎研究・公共技術プラットフォームなどへの投資を拡大し、基礎研究や技術開発の最先端を目指して取り組むことである。第二に、企業の研究開発や技術革新をサポートし、より多くの資源が研究開発とイノベーションに集中できるようにすること。第三に、開放政策に微調整を加え、高速鉄道の技術導入の経験を参考にして、新技術普及の空間を確保するために、国内市場の一時的な保護を図りつつ、海外から技術・研究者など研究開発に必要な資源を積極的に導入することが特に大事である。

註
1) 執筆者：陳長纓、国家発展と改革委員会対外経済研究所副研究員。

テーマ三

所得分配と質の高い経済発展[1]

質の高い発展を実現するために、政府は効率的で公正な所得分配制度を構築し、公正な所得分配、社会の公平・正義、全人民の「共同富裕」を実現し、基本的公共サービスの均等化の推進に取り組むことが必要である。

一、所得分配の現状と問題点

（一）深刻な所得格差問題
1、全体的に顕著な所得格差

際的基準としてジニ係数が0.2以下であれば、住民の所得分配はほぼ平等であることを意味し、0.2から0.3は比較的平等、0.3から0.4は比較的公正、0.4から0.5は大きな所得格差があり、0.5以上の場合は所得格差が極めて大きく不平等であるとされている。図1に示すように、国家統計局のデータによると、2003年の中国のジニ係数は0.479と高く、2003年から2017年までは0.46となり、EU、アメリカ、ロシアなどの先進国より高かった。2008年に0.491とピークに達した後、年々低下し、2015年に0.462になったが、2016年から再び上昇した。総じて中国のジニ係数は長年にわたって高水準にあり、社会の安定・人民の幸福・質の高い発展に

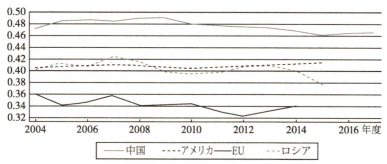

図1　中国及び主要先進国のジニ係数の推移
出所：中国のジニ係数は国家統計局、その他の国家のデータは世界銀行

とって明らかにマイナスである。

2、都市・農村の大きな所得格差

　2017 年の都市部住民の 1 人当たり可処分所得は 3 万 6396 元であり、2003 年より 42% の増加となった。その一方、農村住民の 1 人当たりの可処分所得は 1 万 3432 元であり、2012 年より 38% の増加であった。都市・農村の 1 人当たりの可処分所得の比率は 2.71（農村部住民所得 =1）であり、2012 年より 0.1 低下した。都市部と農村部の収入格差は低下傾向にありつつも、都市・農村の 1 人当たりの可処分所得の差は依然として大きい。各地域における都市・農村の所得不均衡の程度はまちまちであり、2016 年度、天津市と浙江省の都市部と農村部の 1 人当たりの可処分所得の比はそれぞれ 1.89 と 2.12 であったが、甘粛省と貴州省ではそれぞれ 3.56、3.49 と高かった。

3、顕著な地域間所得格差

　2000 年に 1 人当たり可処分所得の最も高い省（直轄市）である上海市は、最も低い山西省の 2.48 倍、2012 年の 1 人当たり可処分所得の最も高い省（直轄市）である上海市は最低の甘粛省の 2.34 倍、2016 年の 1 人当たり可処分所得の最も高い省（直轄市）である上海市は最も低い甘粛省の2.25 倍であった。地域間の所得格差は徐々に縮小傾向にあるが、依然として大きい。

　また、各省内にある都市間の所得も不均衡が目立つ。たとえば、広東省は、1 人当たりの可処分所得は全国の上位であるが、省内の所得格差の大きいことも全国でトップクラスである。

4、大きな業界間の所得格差

　2012 年度の最も収入の高い金融・保険業従業員の平均賃金は 8 万 9743

266 II部 テーマ別研究

表1 業種別従業員の平均賃金 （単位：元）

業界	2014 年	2015 年	2016 年
従業員平均賃金	56,360	62,029	67,569
農林牧漁業	28,356	31,947	33,612
鉱業・採石	61,677	59,404	60,544
製造業	51,369	55,324	59,470
電気・ガス・水道	73,339	78,886	83,863
建設業	45,804	48,886	52,082
水利・環境・公共施設管理	39,198	43,528	47,750
運輸・郵便	63,416	68,822	73,650
卸売・小売・飲食	55,838	60,328	65,061
宿泊・飲食サービス	37,264	40,806	43,382
金融・保険	108,273	114,777	117,418
不動産	55,568	60,244	65,497
リース・ビジネスサービス	67,131	72,489	76,782
サービス（住民・その他）	41,882	44,802	47,577
教育	56,580	66,592	74,498
医療・社会保障・社会福祉	63,267	71,624	80,026
文化・スポーツ・娯楽	64,375	72,764	79,875
公共管理と社会団体	53,110	62,323	70,959
学術研究・専門技術	82,259	89,410	96,638

元であり、最も低い農林牧漁業従業員の平均収入は 2 万 2687 元と、約 4 倍の差があった。2016 年に金融・保険業従業員の平均賃金は 11 万 7418 元、農林牧漁業従業員の平均賃金は 3 万 3612 元と、約 3.5 倍の差があった。2016 年は 2012 年と比べて業界間の所得格差は縮小しているものの、その格差は依然として大きい。特に独占業界と金融業界の収入が高いことは市場競争や実体経済の健全な発展に悪影響をもたらす恐れがある（表1 を参照）。

5、GDP に占める労働者所得の比較

中国の GDP に占める労働者所得の割合は 1990 年の 53.4% から 2007 年の 39.7% に下がったものの、その後は上昇傾向となり、2016 年には 47.5% に達した。ちなみに、同時期のアメリカでは、GDP に占める労働者所得の割合は 1990 年・2007 年・2016 年にそれぞれ 56.8%、54.7%、53.2% で

あった。中国の GDP に占める労働者所得の割合が、アメリカより低いことが明らかである。

6、道半ばの貧困層支援と貧困撲滅

全国 31 省（自治区・直轄市）16 万世帯の住民に対するサンプル調査の結果を現行の農村貧困基準に基づいて試算すると、2017 年末、全国の農村部の貧困人口は 3046 万人であり、そのうち、東部地域 300 万人、中部地域 1112 万人、西部地域 1634 万人となっている。第 18 回党大会以来、貧困層への支援は大きな成果を収め、全国の農村部の貧困人口は延べ 6853 万人減少し、貧困率は 2012 年末の 10.2% から 2017 年の 3.1% に低下し、計 7.1% の下げ率であった。しかし、貧困層の総人口はまだ多く、貧

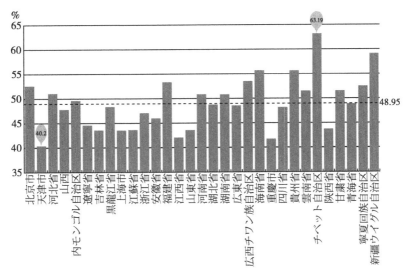

図2　2016 年、各省の GDP に占める労働者報酬の割合
注釈：2016 年の各省の労働者報酬の占める割合は、
当該年の GDP に占める労働者所得の割合で測定され、
このデータから見た各省の格差は 5.22 であった。

268　Ⅱ部　テーマ別研究

困層への支援・貧困撲滅事業は依然として道半ばである。

（二）基本的公共サービスへの投入不足、大きな地域間格差、資源配分の不均衡などの問題

1、教育

　第一に、教育への投入が不足していることである。2000年から2014年にかけて、高所得国においてGDPに占める教育費支出の割合は4.5%以上であり、中所得国においては2009年以降ほぼ4.5%以上で推移している。しかし、中国の場合、2017年の「全国教育支出統計速報」によると、2016年に中国のGDPに占める教育費支出の割合は初めて4%を超えたが、アメリカ・ドイツの4.9%、イギリス・フランスの5.5%、デンマークの8.6%と比べると、まだ大きな開きがある。

　また、中国の在校生1人当たりの教育費支出も先進国のそれをはるかに下回っている。小学校・中学校・高校の1人当たりの平均教育費の総支出はそれぞれ1万2177元、1万7544元、1万8575元であった。2017年の人民元の実質為替レートを1ドル＝6.7518元で計算すると、それぞれ1803.52ドル、2598.42ドル、2751.12ドルとなる。これをアメリカ・日本と比較すると、アメリカでは1998年に初等教育の1人当たりの平均支出が5499.795ドル、中等教育の1人当たりの平均支出が9603.407ドル、日本では初等教育の1人当たりの平均支出が6799.257ドルであった。つまり、教育費の支出において、中国は先進国より20～30年ほど遅れていることになる。

　第二に、教育費支出に大きな地域間格差があることである。2016年に1人当たりの教育費（教育費支出合計／総人口）は全国平均2812元であり、最も高い地域のチベット自治区、北京市、上海市は、それぞれ5612元、5492元、4636元となり、最も低い地域の河北省、黒竜江省、河南省はそれぞれ1910元、1931元、1983元であった。各地域内においても、都

テーマ三　所得分配と質の高い経済発展　269

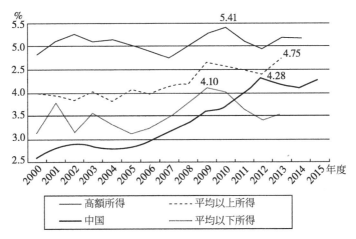

図3　中国のGDPに占める教育費支出の割合推移と他国との比較

市間の教育経費支出には大きなばらつきがある。域内の格差が最も大きいのは寧夏自治区であり、最も小さいのは新疆ウイグル自治区であった。

　第三に、就学前教育と職業教育が遅れていることである。中国の就学前教育の総就園率は、2016年には83.70％であった。しかし、ドイツの就園率は2001年にすでに100％に達している。また、日本とイギリスの就園率は、1998年にすでに82％、75％以上に達している。これらの国と比べると、中国の就学前教育の普及率は先進国と5年から10年の差があるといえる。2016年、中国で「職業教育」（中等・高等専門学校教育）を受けた生徒数の割合は41.03％であったが、同じ製造大国であるドイツはすでに46.79％に達していた。

　注目すべきは、農民工（出稼ぎ労働者）に随伴して都市に入った「流動児童」と農民工の戸籍地に残った「留守児童」の教育問題である。国家統計局が2018年4月27日に発表した2017年農民工モニタリング調査報告書によると、2017年に農民工の総人数は2億8652万人に達し、前年度より1.7％（481万人）の増加となり、伸び率は前年度より0.2ポイントの上

270   Ⅱ部　テーマ別研究

表2　「留守児童」の保護者に関する調査結果

項目	保護者が祖父母の場合	保護者が親戚や友人の場合	片方の親が出稼ぎ、もう一人の親に保護能力がない場合	保護者がいない場合
人数（万人）	805	30	31	36
割合（％）	89.30	3.30	3.40	4.00

昇であった。そのうち、55.8％にあたる農民工は子供の就学について、何らかの問題に直面していると回答している。とりわけ「高額な教育費の負担」「居住地での進学難」「子供の面倒を見てくれる人の不在」の三つの問題に意見が集中しており、同報告書では、それぞれ 26.4％、24.4％、23.8％に達していた。3 歳から 5 歳の就学前児童について、55.7％の農民工の親は都市での幼稚園入園は難しいと訴えている。「2017 年中国留守児童精神状況白書」によると、中国の農村には 2300 万人以上の「留守児童」がいるが、2016 年の「中国教育追跡調査（CEPS）」では、メンタルヘルス・学習成績・認知能力のどの項目についても、都市の児童は遥かに高い数値だった。その一方で、農村の「留守児童」は、いずれの項目も最低の数値しか得られなかった。

2、医療・保健

　まずは、医療・保健への財政支出が足りず、地域間格差が大きいことがあげられる。2011 年から 2015 年にかけて、中国の GDP に占める医療・保健支出の割合は 5％〜 6％であり、アメリカの 1965 年、日本の 1990 年のレベルに近い。2016 年時点で中国の予想平均寿命は 76.25 歳である。これらの国と比べてみると、日本がこの数値に達したのは 1981 年、アメリカは 1997 年、イギリスは 1992 年であった。予想平均寿命で医療技術のレベルを図ってみると、中国は世界の先進国より 10 年以上遅れることになる。

　地域間格差を見ると、2012 年度、1 人当たり医療支出の最も高い北京市は 1237 元、最も低い山東省は 437 元であった。2016 年に 1 人当たり医療

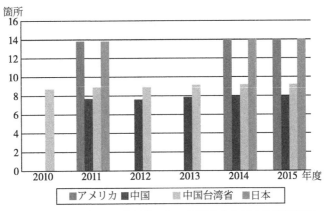

図4　世界主要国（地域）人口1万人あたりの医療機関数

支出の最も高いチベットと北京はそれぞれ2114元と1831元だったが、最も低い遼寧省と河北省は702元と733元であった。また、各省内の都市間でも大きなばらつきがあり、最も経済発展している広東省でも、都市間の医療支出の格差がまだ完全に解消されたとは言えない。

　次に、構造上の問題が依然存在していることである。2014年から2015年までの調査データによると、中国の1万人あたりの医師数は日本・アメリカを下回っているものの、その差は大きくなかった。また、中国の1万人あたりの病床数は年々増加し、すでに英米などの先進国とほぼ同レベルになっている。しかし、病床の稼働率は1級病院・2級病院のような末端病院では比較的低く、3級病院のようなハイレベル病院、公立病院では高く、ときには病床のひっ迫も見られるほどである。2016年のデータでは、1級病院と3級病院の病床稼働率は2級病院よりもはるかに高い。そのため、病院の3級分担医療体制が上手く機能しておらず、患者の病状に応じて異なるレベルの病院で受診させることを難しくしている。つまり、患者のほとんどは3級病院になだれ込み、結果として需要と供給のミスマッチをもたらしている。2017年と2018年のデータによると、末端医療機関が

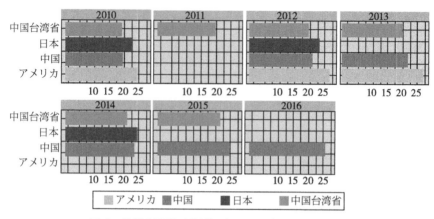

図5　世界主要国（地域）人口1万人あたりの医師数

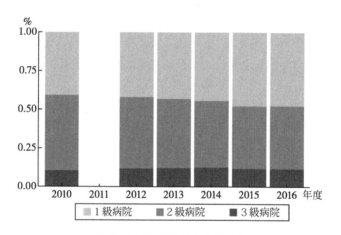

図6　中国の各等級の病院比率

提供するサービスはすべての医療機関サービスの約55%を占め、比較的に大きな割合を占めているが、末端医療機関の入院サービスが少なく、その退院患者数は全医療機関の退院人数のわずか20%に過ぎない。

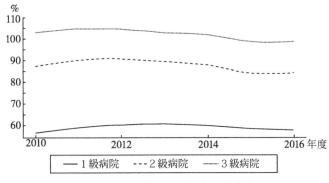

図7　中国各等級病院の空き病床率

3、社会保障と雇用支援サービス

　まずは、社会保障と雇用支援サービスの支出が不足していることである。2016年、中国の財政における社会保障支出は3251億8470万ドルであり、年度GDPに占める割合は2.9%であった。欧米先進国——たとえばイタリア、ドイツ、ノルウェー、アメリカ——の社会保障支出はそれぞれGDPの22.4%、26.5%、25.4%、19.3%を占めた。1人当たりの社会保障支出をみると、2016年の中国の1人当たり社会保障支出は1564.49元であり、購買力平価で計算すれば、欧米など先進国の1980年の水準に相当する。2016年、中国のGDPに占める年度中央財政の雇用特別支出金決算の割合は0.06%であり、先進国よりはるかに小さい（2015年のアメリカのGDPに占める雇用支出の割合は0.28%、日本は0.32%）。中国の失業保険加入者数は年々上昇しており、2016年には1億8000万人に達している。そして、2016年の失業保険給付額は309億4000万元であり、GDPの0.04%を占めていた。2015年の給付額は269.8億元で、GDPの0.039%を占めたが、同じ年のアメリカの0.18%、日本の0.17%と比べて割合が相当低い。中国の職業安定所は職員1人当たり463名の失業者にサービスを提供するとの計算であるが、EU諸国の平均値は150名、国際労働機関（ILO）の提案は100名で

274　II部　テーマ別研究

表3　世界主要国の社会保障支出

国家名	2016年社会保障支出（億ドル）	2016年社会保障支出/GDP（％）	1990年1人当たりの社会保障支出（ドル）	2013年1人当たり社会保障支出（ドル）	2016年1人当たり社会保障支出（ドル）
中国	3251.847	2.9	-	-	235.812
ドイツ	8799.34	25.3	6920.139	10999.975	11598.918
ノルウェー	931.398	25.1	13018.03	19301.44	22662.494
イギリス	5699.65	21.5	4361.077	8759.233	9038.543
アメリカ	35983.8	19.3	4361.08	8759.234	9038.543

ある。

　次に、地域格差が際立っていることである。2015年、1人当たり（財政）の社会保障と雇用支援支出の最も高い北京市は3227元であり、最も低い福建省は890元であった。2016年、1人当たり（財政）の社会保障と雇用支援支出の最も高いチベット自治区と上海市はそれぞれ6298元と4085元であり、最も低い福建省と山東省はそれぞれ901元、997元であった。また、各地域内の都市間格差も著しく、たとえば、広東省は最も経済発展している地域だが、同時に省内各地域の失業保険加入率と年金保険加入率の格差が高いのが特徴である。

　最後に、社会保障支出の構造問題である。社会保障支出のうち、割合の最も高い部分は、依然として公務員、行政法人などの職員の年金・社会保険基金支出金であり、特に後者は30％以上の割合を占めている。弔慰金と社会福祉救済、都市部と農村部の住民最低生活保障、雇用支援、災害救助などの支出は少なく、割合はいずれも10％以下である。

　また、出稼ぎ労働者に対する職業訓練や社会保障支出も明らかに不足している。2017年に中国の農民工総数は2億8000万人に達しており、ほとんどは職業訓練を受けずに就職している。いままで彼らが従事している企業は産業構造のシフトや市場の変化などにより、働き口が減少している上、企業の求人も慎重になっているため、雇用の安定維持がより難しくなっている。その一方、農民工の社会保険加入率が低く、とりわけ年金保険の負

担が重い。と同時に、現有制度の仕組みは勤務先が常に変わる農民工には適応が難しく、農民工すべてが年金保険に加入するには制度面の問題があまりにも大きい。

4、インフラの整備

21世紀経済研究院が発表した『2016投資環境指数報告』では、1人当たりの輸送線（鉄道・道路・水路）の長さ、地域別の1人当たりGDP1単位の貨物輸送量、インターネットブロードバンドアクセス率、1万人あたりの軌道交通の長さという四つの指標（各25％の加重平均比率）に基づいてインフラ環境指数が作成されている。2016年、インフラ指数が最も高いのは上海市・北京市・浙江省・安徽省・重慶市・江蘇省・遼寧省などの順であり、インフラ整備が遅れているのは広西チワン族自治区・内モ

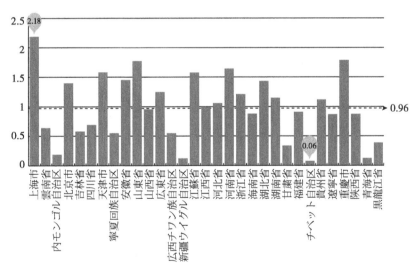

図8　2016年の各省の道路開通距離

注釈：道路開通距離は、2016年各省の道路距離と鉄道営業距離の和と本省面積の比で測定した。

ンゴル自治区・四川省・甘粛省・雲南省・新疆ウイグル自治区・吉林省・青海省・黒竜江省であった。このうち上海市のインフラ指数は 0.7 であり、全国 1 位であったが、最低の黒竜江省は 0.15、青海省・吉林省は 0.17、新疆ウイグル自治区・雲南省は 0.22 であった。

二、所得分配と基本的公共サービス均等化に関する国際比較

（一）所得再分配の比較

　国家統計局の 2017 年度経済・社会統計データによると、その年の住民 1 人当たり可処分所得は 2 万 5974 元であった。収入格差は主に都市・農村間、地域間および業界間に現れている。たとえば、都市・農村間の住民 1 人当たりの所得格差は 2.71、つまり、その収入比率は 2.71 となり、ジニ係数は 0.4 の警戒ラインを超えている。全人口を 5 等分したとき、所得の最も高い 20% の人口が全社会の半分近くの富を占め、所得の最も低い 20% の人口の 10.9 倍であり、現段階で中国の貧富の格差は依然高い水準にとどまっている。そのため、中国では北欧の先進国の再分配制度を参考に、税制の所得是正機能を強化し、社会保障制度をさらに設置・整備していくことが大事である。次にいくつかの指標について、国際比較を行うこととする。

1、ジニ係数

　世界銀行のデータによると、ジニ係数で示された世界各国の所得分配には明らかな格差が確認されている。一般的に、ジニ係数が小さいほど所得分配は平等であるとされている。具体的には 0 から 1 までの数値によって表され、0.4 が所得分配格差の警戒ラインとされている。図 9 はジニ係数で各国の所得分配格差を表した分布図である。この中で北米・北欧・西

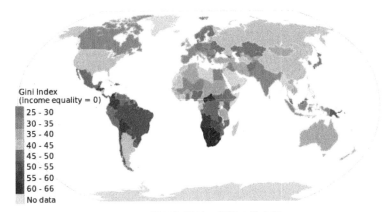

図9　世界各国ジニ係数の分布図

欧・オセアニアなどの地域はジニ係数が0.4の警戒ライン以下であり、所得分配格差は相対的に小さく、南アメリカ・アフリカ南部地域はジニ係数が警戒ラインをはるかに超えており、所得格差の大きいことを表している。

以上を踏まえ、われわれは世界銀行が公表した各国のジニ係数の具体的なデータに基づいて、以下24か国の比較分析を行った。この24か国のうち、北欧諸国（ノルウェー、スウェーデン、デンマーク）のジニ係数は0.3以下と相対的に低く、西欧主要国（イギリス、フランス、ドイツ、イタリア、スイス、スペイン）のジニ係数は0.3〜0.4であった。アジアでは日本と韓国のジニ係数は0.32であるのに対し、中国のジニ係数は0.4の警戒ラインを超え、アメリカやロシアより高くなっている。

ジニ係数を見ると、先進国では貧富の格差が相対的小さく、新興国と発展途上国では貧富の格差が相対的に大きいことがわかる。多くの新興国と発展途上国では、ジニ係数が0.4を超えており、貧富格差の大きいことが確認されている。分析の結果、住民の貧富の格差は経済の成長段階と一定の関係があることが分かった。つまり中・低所得国、特に南アフリカ・ブラジル・メキシコ・ロシアなどの新興国のジニ係数はいずれも高く、貧富

表4 2008 ～ 2016 年の世界一部の国のジニ係数（%）

国家	2008 年	2009 年	2010 年	2011 年	2012 年	2013 年	2014 年	2015 年	2016 税
オーストラリア	35.4		34.7						
オーストリア	30.4	31.5	30.3	30.8	30.5	30.8	30.5	30.5	
ブラジル	54	53.7		52.9	52.6	52.8	51.5	51.3	
カナダ			33.6			34			
中国	42.8				47.4	47.3	46.9	46.2	46.5
デンマーク	25.2	26.7	27.2	27.3	27.8	28.5	28.4	28.2	
フランス	33	32.7	33.7	33.3	33.1	32.5	32.3	32.7	
ドイツ			30.2	30.5		31.1		31.7	
ギリシア	33.6	33.6	34.1	34.8	36.2	36.1	35.8	36	
アイスランド	31.8	28.7	26.2	26.8	26.8	25.4	25.6		
イタリア	33.8	33.8	34.7	35.1	35.2	34.9	34.7		
日本	32.1								
韓国	32.3		32		31.6				
ルクセンブルク	32.6	31.2	30.5	32.1	34.3	32	31.2		
マレーシア		46.3							
メキシコ	44.6		45.3		45.4		45.8		43.4
ネパール			32.8						
ノルウェー	27	26.2	25.7	25.3	25.7	26.4	26.8	27.5	
ロシア	41.6	39.8	39.5	39.7	40.7	40.9	39.9	37.7	
スペイン	34.2	34.9	35.2	35.7	35.4	36.2	36.1	36.2	
スウェーデン	26.8	26.3	26.5	26.9	27.1	27.8	28.4	29.2	
スイス	33.8	32.9	32.6	31.7	31.6	32.5	32.5		
イギリス	34.1	34.3	34.4	33.2	32.3	33.2	34	33.2	
アメリカ			40.4			41			41.5

の格差が大きいことがわかる。それに対して、デンマークやスウェーデンのような高所得国は社会保障と福祉制度が整備されているため、貧富の格差が小さく、ジニ係数も 0.4 以下に低く抑えられているのである。

2、再分配制度の構築

　中国の所得再分配制度の改革は、主要先進国及び新興国の所得分配、社会保障と公共福祉制度を参考にして、進めていくことが大事である。アメリカの所得再分配政策は大きく分けて二種類ある。一つ目は税制による一次分配、二つ目は貧困層の生活を援助する社会保障制度である。日本も税

制と社会保障の二つの制度を通じて貧困層の最低生活水準を確保している。日本の税制には固定資産税・住民税・所得税・その他の税が含まれており、相続税は個人資産に対する再分配の役割を果たしている。ドイツの再分配制度は、社会救済・社会保険・社会福祉という三点セットである。その所得再分配プロセスは主に税制による課税と社会保険制度による課金を通じて財源を集め、そのお金を年金保険金・医療保険金・病気休暇期間中の給与・雇用支援支出・公務員の年金・児童手当・社会救済・住宅手当などの形で国民に広く分配される。イギリスでは再分配制度として優れた税制と社会福祉制度があり、所得格差の是正、貧困解消の上で大きな役割を果たしており、また世界ではじめて個人所得税と相続税を導入した国でもある。

　西欧と北欧では、税制による所得是正が概ねうまく機能していると言える。たとえば、フィンランドでは、低所得者と高所得者に適応される税制にそれぞれ大きな区別がある。1990年代、高所得者への最高税率は65%に達し、現在も56.1%の水準を維持している。もちろん、この高所得者に高い税率が適応される政策は、住民の所得格差を是正し、富の公正な再分配を実現することが目的である。フィンランドは中所得者が総人口の約80%を占めており、逆に富裕層と貧困層の総人口に占める割合はいずれも小さく、ジニ係数は0.25から0.26に抑えられ、社会全体の富の分布はオリーブの構造を呈していて、所得格差の最も小さい国の1つである。したがって、われわれは主要先進国の分配制度を参考にし、再分配制度を構築して、所得格差の是正に取り組んでいくことが何よりも大事である。

（二）医療制度

　前述したように、近年、中国の医療制度は全体的に大きな改善が見られ、医療機関の数も欧米先進国に近づいているが、構造上の問題がまだ未解決のままである。たとえば、一般の公立病院と、私立病院の空き病床率が高く、最も医療水準の高い3級甲とされる病院では病床がひっ迫しているこ

と。また、医療費支出と平均寿命のどちらにおいても、中国と米欧日などの先進国とは10年以上の差がある。

　まず、中国と各国（地域）の2010年から2015年までの医療機関数を比較すると、中国の1万人当たりの診療所数と人口1万人当たりの病院数は増加傾向にあるものの、アメリカや日本などと比べて明らかに遅れを取っているのが現状である。（図10を参照）

　上記の各国の医師数・病床数の比較から分かるように、中国の1万人当たりの病床数は年々増加しており、アメリカ・イギリスなどの先進国と肩を並べるようになったものの、実際の病床使用率をみると、1級病院・2級病院のような末端病院では空き病床率の割合が高く、3級病院や公立病

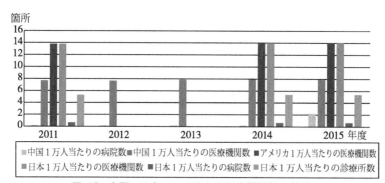

図10　中国・日本・アメリカの医療機関数の比較

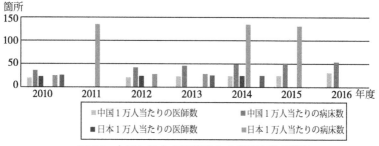

図11　中国と日本の医師数および病床数の比較

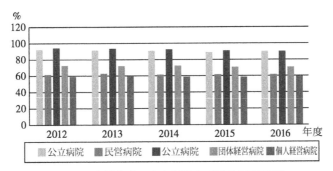

図12　中国病院の病床利用率（登録と所属別）

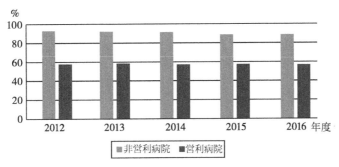

図13　中国の病院の病床利用率（経営形態別）

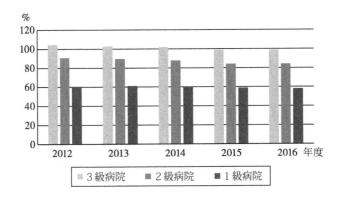

図14　中国の病院の病床利用率（病院等級別）

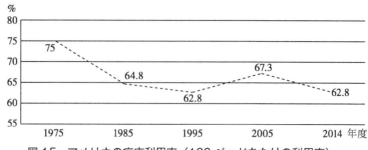

図15 アメリカの病床利用率（100ベッドあたりの利用率）

表5 中国の各種病院における病床利用率（%）

種別		2012年	2013年	2014年	2015年	2016年
登録別	公立病院	94.2	93.5	92.8	90.4	91
	民営病院	63.2	63.4	63.1	62.8	62.8
所属別	公立	96.4	95.4	94.5	91.9	92.4
	団体	73.7	73.4	73.6	72.6	72.1
	個人	59.9	60.5	60.1	59.9	60
経営形態別	非営利	92.6	91.7	90.9	88.3	88.6
	営利	57.9	58.3	57.3	56.9	57.2
ランク別	三級病院	104.5	102.9	101.8	98.8	98.8
	二級病院	90.7	89.5	87.9	84.1	84.1
	一級病院	60.4	60.9	60.1	58.8	58
	合計	90.1	89	88	85.4	85.3

院の割合が低く、病床ひっ迫が発生することもある。アメリカでは、全体的に病床使用率が低いのに比べて、中国の場合、需給のミスマッチがある。そのため、1万人当たりの病床数の単純比較だけでは中国の医療保健の現状を的確に把握することはできない。

次に、各国の平均寿命からもその国の医療レベルを見ることができる。中国の平均寿命は2016年にようやく76.25歳になった。しかし、先進国でこの数値になったのは日本が1981年、アメリカが1997年、イギリスが1992年であった。つまり、平均寿命から見て中国の医療レベルは世界の先進国より10年以上遅れていることがわかる。

最後に、各国のGDPに占める医療支出の割合を見ると、過去数年間、

図16 中国のGDPに占める医療支出の割合

　中国のGDPに占める医療支出の割合は5%から6%となり、1965年のアメリカ、1990年の日本と同水準である。

　上記のいくつかの指標を見ると、現在の中国の人口1万人あたりの医療機関数・医師数・病床数はいずれも同じ時期の先進国の水準を下回っている。つまり、現在、中国の1人当たりの医療サービスは、同じ時期の先進国より遅れていることが分かる。

　医療サービスについて、完全に市場主導であるアメリカとは異なり、中国の現行の医療制度とサービスは、市場と政府との混合体制であり、そのうえ、政府が主導的な役割を果たすという特徴がある。これは政府主導で立ち上げ、徐々に民営化改革を推進してきたイギリスの医療体制と似たようなところがある。そのため、中国のこれからの医療・保健制度の改革はイギリスを参考すればよい。1990年代以前、イギリスの医療・保健サービスはすべて政府主導で行われており、政府は医療サービスの提供者であると同時に、医療サービスの購入者でもあった。病院は国有であり、地域保健局が直接所有・運営したため、病院独自の裁量権がなかった。地域の保健局は税収による公的資金をそのまま医療サービスに投入し、納税者である国民はほぼ無料で平等な医療サービスを受けてきた。しかし、競争がないため、医療の効率やサービスの質の低下、患者より病院側の利益を優先させるなどの弊害が目立っていた。また、無料であったため価格メカニ

ズムが働かず、サービスの供給が患者の需要に応えることもできず、患者の待つ時間が長くなり、とりわけ入院・手術をする患者は長く待たされること多かった。このため、逆に多くの不公平が生じるようになった。そこで、イギリス政府は1990年代から医療・保健の改革に着手し、従来の医療サービスの提供者・購入者である政府の役割を分離させ、市場メカニズムや契約制導入により、病院間の競争を促すように取り組んできた。この改革で取られた重要な措置の一つは、政府の医療行政部門の役割変更であった。つまり、医療行政部門はサービスの提供者・購入者ではなく、購入・監督のポジションに変わり、公立・私立の医療機関から契約という形でサービスを購入するようになった。これは病院にとって大きな制度的な制約となり、病院の経営に競争原理を取り入れたのである。

(三) 教育システム

中国の教育体系（システム）は以下のような問題が存在している。第一に、就学前教育は日本・アメリカ・ドイツなどに比べて5年から10年遅れており、総支出が高いわりに1人当たりの支出が比較的に低く、教員不足が深刻なことである。第二に、職業教育への参加率は高いが、質が低いことである。第三に、義務教育の小・中学校の就学率は高くなったが、高校への進学率は先進国と比べて大きな開きがあり、特に農村部の中退率が高いことである。第四に、1人当たりの平均就学年数は先進国と比べて2年から5年の開きがあるということである。

1、就学前教育

世界銀行のデータベースにより、中国と先進国の就学前教育普及率、生徒対教師の比率、教育費などを比較してみると、以下のような問題があることがわかる。①就学前教育の粗就学率について、20年の間、中国の入園率は増加しており、2016年に83.70%に達したが、就学前教育制度の導

入が遅く、レベルも低いため、主要先進国とはまだ大きな差がある。ドイツ・イギリス・日本のような就学前教育の普及率が高い先進国と比べると、中国は就学前教育において5年から10年遅れている。②生徒対教師の比率では、1998年から低下傾向にあり、2016年には19.08となり、就学前教育の普及率が高いドイツと3倍近くの差がある。すなわち、同じ就学前教育でもドイツでは教員1人当たりの児童数が1人の場合、中国の教員1人当たりの児童数が3人ということになる。③経済の成長に伴い、就学前教育の支出は、近年すでに一部の先進国に近づいているかあるいはそ

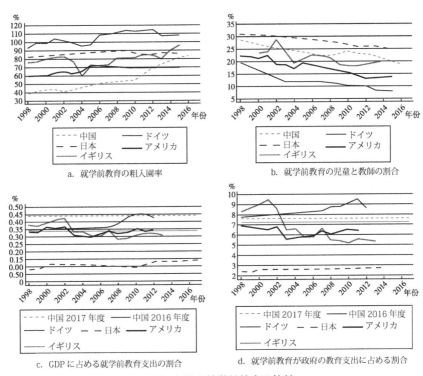

図17　各国の就学前教育の比較
　　　出所：a、bデータは世界銀行、c、dデータは国家統計局、
　　　　　　他の国のデータは世界銀行。

れ以上のレベルになっており、2017年にGDPに占める割合は0.440%に達している。しかし、中国は人口が多く、就学前児童数も多いため、1人当たりの教育支出は決して高くない。1人当たりの所得、国民生活のレベル向上に伴い、就学前教育の質的向上を求める声が高まっているため、近年、中国政府は就学前教育支出の増加に取り組み、2016年の就学前教育支出の政府教育支出に占める割合は7.01%となり、2017年には7.65%と上昇を続けており、増加幅は8.7%であった。

　また、先進国の就学前教育の実態を見てみると、アメリカ、イギリスとフランス政府の就学前教育支出の引き上げは、いずれも全人民対象の包摂的国家計画を基本としており、しかもそれぞれの国の事情に合わせて段階的にそれを無償化していくということである。アメリカとイギリスの政府主導の大型就学前教育プロジェクトは、財政支出による格差是正の機能を活用し、貧困層児童の保育・教育を支援する目的がある。その上で、就学前教育支出を国の財政支出とし、予算の確保と有効な活用を法律により明文化されていることも各国の共通したところである。

2、職業教育

　図18に示すように、2016年に職業教育に参加した中国の中学生の比率は19.74%であった。すなわち、約5人に1人の中学生が職業教育に参加しているという計算である。ドイツや日本などの先進国と比べても、現在、中国の職業教育に参加する中学生の割合は相対的に高いレベルだが、イギリスと比べるとまだ低いレベルである。また、職業教育に参加する高校生の比率をみると、2016年に41.03%であった。しかし、高校教育の段階では、すでに義務教育ではないため、このぐらいの生徒数は相当多いということを意味している。この割合は、近年、日本やイギリスなどをすでに超えているものの、職業教育が最も進んでいるドイツとはまだ開きがある。

　ドイツの職業教育の実態考察から以下のような示唆が得られた。①従来

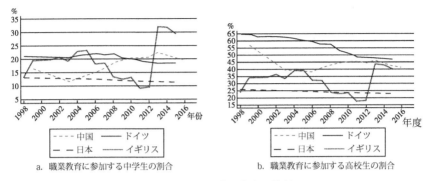

a. 職業教育に参加する中学生の割合　　b. 職業教育に参加する高校生の割合

図18　各国の職業教育の比較
出所：世界銀行

の古い考え方にとらわれずに、職業教育改革を全面的に推進していくことが大事である。ドイツの学生は小さいときから職業意識が強いのに対して、中国の学生は学歴中心の意識が強く、職業教育には抵抗感を持っている。そのため、中国では職業教育の推進にいっそう取り組んでいく必要がある。すなわち、社会に多様な人材を送り出すためには、従来の意識を転換させ、職業教育への支出を拡大し、職業教育への参加を奨励すると同時に、大学教育の多様化を促進し、技術・技能教育を専門とする大学とアカデミックな教育を専門とする大学のそれぞれの人材育成目標を明確にする必要がある。②教師のレベルアップに一層注力することが大事である。ドイツの職業教育の展開は優秀な教授陣によって支えられていると言っても過言ではない。それに対して、中国では教師の資質向上のため、いろいろとアクションを起こしてきたが、ドイツと比べて、教師全体の質はまだ低いのが現状である。今後、製造強国の戦略を目指して、国情に合った実行可能な教師補強計画を策定し、教師のスキルアップやイノベーション活動への参加を奨励する必要がある。③学校と企業との連携を推進することである。まず、法律を制定して、企業の職業教育参加の権利と責任を明確にし、企業の職業教育への参加を義務づける。次に、学校は積極的に企業と

288　Ⅱ部　テーマ別研究

連携を図り、学科の設置、カリキュラムの制定、教員の配置、スキル学習などの面で企業に意見やアドバイスを求め、企業の人材ニーズの変化に常に対応できるようにすることが大事である。④評価制度を整備することである。ドイツの成績評価を参考にし、スキル学習の割合を増やす。さらには第三者評価を導入し、確実に教育と評価の分離を実現することが大事である。⑤「デュアルシステム」式の職業教育を導入して、職業教育の指導体制を整備することが必要である。というのも、ドイツの職業教育の特徴の一つは政府と企業との緊密な連携体制にあり、政府・企業・業界団体・社会組織が共同参画して職業教育運営に当たっている。そのため、職業教育はつねに社会のニーズを考えながら運営することができたのである。したがって、中国もドイツの「デュアルシステム」式の職業教育を参考にし、教育行政部門・労働行政部門・業界間のコミュニケーション不足という現状を打破して、「デュアルシステム」の構築、地域の優位性の発揮、マクロコントロールなどを通じて職業教育の成長を促進していかねばならない。

3、義務教育

　中国の義務教育に対する本考察は、主に就学率と中退率の2つの数値を指標とした。中国では義務教育制度の導入が遅れていたため、中学校の粗就学率は相当低かった（1999年の80.03%）。しかし、20年間を経て、すでに先進国に追いつき、一部追い越すようになった（2010年から100を上回り、2016年に104.0%に達した）。しかし、高校への粗進学率を見ると、主要先進国とまだ開きがある。2016年に中国の高校粗進学率は85.89%であったが、イギリス・日本・ドイツの高校粗進学率は1998年に100%に近づき、近年までずっと100%以上を維持しており、中でもイギリスの2015年の高校粗就学率は135.53%に達している。

　小学校と中学校を一つの教育段階（中国の義務教育段階に相当する）とすると、中国の小学校と中学校の粗就学率は近年、主要先進国と比べて1

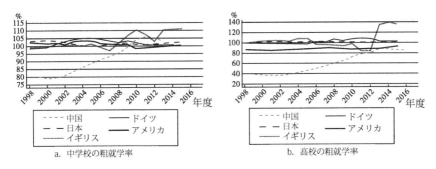

図19 各国の中、高等学校の粗就学率の比較
出所:世界銀行

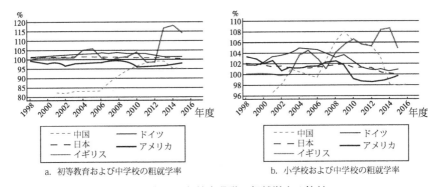

図20 各国の各教育段階の粗就学率の比較
出所:世界銀行

から5ポイントの差がある。初等・中等教育を全体としてみると、近年の中国は、ドイツ・日本・イギリス・アメリカなどの先進国と比べ、3から15ポイントの差がある。上記のように中国の初等・中等教育の普及には先進国と大きな差があり、追いつくには5年から10年が必要であろう。

中国では学校中退問題が非常に深刻であり、義務教育の普及と教育の質の向上に大きく影響している。われわれは8回に及ぶ調査で得た農村の中学生2万4931名のデータを集計し、サンプル地域の学生52名にインタ

ビューを行った。調査の結果、農村地域全体の中等教育段階（中学校・高校・中等職業学校）の累積中退率が63%に達し、しかも農村の中等教育各段階の中退率がすべて高いことが分かった。たとえば、中学校では、1年から2年生の初めまでに4.4%〜13.3%の学生が中退したが、2年から3年生の初めまでに約9%の学生が中退し、中学校3年生になって、卒業を控えていながら4.2%〜8.7%の生徒が中退するということである。この考察では中学校での累積中退率は17.6%〜31%であり、国が公表している中退率の2.6%をはるかに超えていることが明らかである。

一方、日本・アメリカ・イギリスの中学校の中退率は図21に示すように、日本の中退率は極めて低く（毎年0.5%以下）、イギリスとアメリカの中退率は変動があるものの、近年はいずれも1%程度である。よって、中国の中学校中退率は主要先進国と比べて非常に高いことが明らかである。したがって、義務教育の完全普及と都市、農村を問わず均等な義務教育を確実に実現する必要がある。そのためには、まず中学校の中退、とりわけ

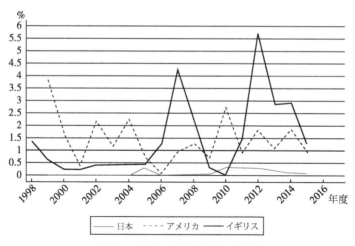

図21　各国の中学中退率の比較
出所：世界銀行

農村及び貧困地域における中学校の中退問題を解決することが何より大事である。

4、1人当たり就学年数の引き上げ

世界銀行のデータによると、もともと中国の就学前の平均就学年数と初等教育の平均就学年数は少なかったが、ここ10年間で大きく伸びてきて、すでに先進国に近づき、または追い越すところまで来ている。中国の中等、高等教育の就学年数は過去20年間で上昇傾向であるが、主要先進国とは

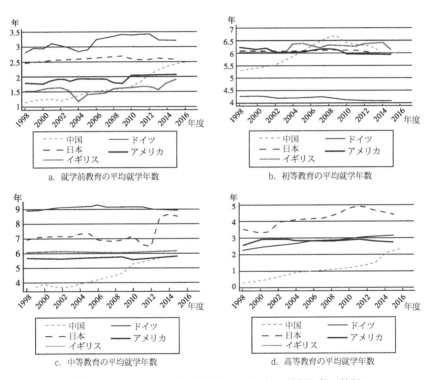

図22　各教育段階における1人当たりの就学年数の比較
出所：世界銀行

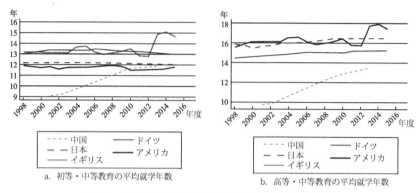

図23　教育段階別の1人当たりの就学年数の比較
出所：世界銀行

まだ一定の差が存在している。したがって、中国は今後の教育事業において各段階の均衡のとれた発展を推進していくことが必要である。

また、初等、中等教育を1つの段階（高等教育を受ける前の教育年数）と見なすと、中国のこの段階における1人当たりの就学年数も主要先進国に遅れを取っている。また、1998年から2013年まで中国の1人当たりの初等・中等・高等教育の就学年数は4年から5年増え、50％近くまで向上したが、先進国に比べてまだ2年から5年ぐらい短く、この差を埋めるには10年から20年ぐらいはかかるとの計算である。そこで、中国は今後、初等・中等・高等教育の1人当たりの就学年数の増加に重点を置き、長期計画のもとで、国民全体の教育レベルの向上を図らなければならない。

（四）失業保険制度

中国では失業保険制度がまだ普及しておらず、そのカバー率も低い。また、保険料の納付不足、就業者支援の不充分、全体計画の欠如、法制度の不備といった問題がある。先進国と比べて、中国の失業保険制度はまだ不完全である。失業保険制度は西側の先進国から始まったものであり、先進

テーマ三　所得分配と質の高い経済発展　293

国の経験を参考にしながら、中国の失業保険制度のさらなる整備を図ることが大事である。

1、アメリカの失業保険制度

アメリカの失業保険制度は主として失業保険の支給であり、「社会保障法」と「連邦失業税法」によって規定されている。失業保険制度の施行初期には失業保険の対象者は私営の工商業企業の従業員に限られていた。1970年代のオイルショックに伴い、1970年に失業保険への加入者を非営利部門の就業者、1976年に農業と州・地方政府の公務員、1978年にほぼすべての就業者へと次第に拡大してきた。

アメリカでは、失業手当受給状況から、失業者が失業手当をもらえるかどうかは本人の再就職意欲に関係しているということである。これを主に従業員の過去の賃金と就職状況から判断することになっている。ほとんどの州では失業手当を申請する前に三つの条件を満たすこと必要である。一つ目の条件は、失業者が再就職する意欲があることである。二つ目の条件は、失業者の履歴に瑕疵がないことである。たとえば、違反事項がないこと、退職理由が妥当であること、勤務態度がよいことなどである。三つ目の条件は、失業者の勤務状態と賃金に条件があることである。全米の18の州では、失業者は手当を申請する前1年間での就業時間が少なくとも15週から20週あることが必要であり、約4分の3の州では、前年の最低収入が州失業手当の数倍、あるいは四半期の最高賃金の数倍でなければならないと規定されている。言うまでもなく、このような高い条件設定では、新規労働者、パートタイム、低所得者を失業保険制度から排除されることになるが、ほかに失業者に対する一時的支援プログラムもある。

アメリカのほとんどの州では失業手当の受給できる期間を最長26週間と規定されている。また、「失業ラッシュ」時には、失業者は手当の受給期間延長を申請することができ、その期間は通常13週間程度で、最長39

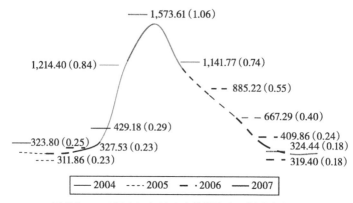

図24　アメリカにおける失業保険金の財政支出額
注釈：括弧内は当該年のGDPの1％に占める失業保険金の財政支出比

週間と規定される例もある。給付金は連邦政府と州政府が半分ずつ負担している。アメリカのほとんどの州の失業保険財源は主に事業主が納めた失業保険税によって賄われている。事業主はそれぞれ連邦財政と州財政に失業保険税を支払っており、税率は州によって異なる。アメリカにおける失業保険の財政支出は図24に示すように、2008年の金融危機のような変動を除けば、GDPに占める割合はほぼ0.18％程度で安定していることが見て取れる。

2、日本の雇用保険制度

日本の雇用保険制度の設立は1947年に国会で可決された「失業保険法」の施行である。また1974年には雇用保険法が成立し、失業保険を雇用保険と改称され、現在まで適用されている。日本の雇用保険制度は失業支援と失業防止と大きく言って二本柱から構成されている。失業支援は失業者に収入を失った期間に一定の手当を支給し、最低限の生活レベルを確保するためのものであり、失業者を登録、統計、調査し、手当を支給するという四つのステップがある。失業防止は企業の求人能力の向上と従業員の技

能向上が主な内容であり、失業や就職後の再失業を防止することを目的としている。

　日本の失業支援システムの主たる内容は失業手当の給付であり、失業期間中の生活を保障することが主な目的であるとともに、失業者の再就職のための準備も含まれている。手当支給には主に一般失業者給付・高齢失業者給付・短期雇用失業者給付・日雇失業者給付などがあり、その財源は主に政府・雇用主・従業員が応分負担している。その内分けは、まず政府が25％を負担し、残りは雇用主と従業員がそれぞれ半分ずつ負担することになっている。失業手当支給の受給対象者は以下の条件を満たさなければならない。まず、1年間（疾病傷害、出産などの場合2年間まで延長）の保険加入期間が半年以上であり、短期労働者は離職日までの2年間に保険加入期間が少なくとも1年間、日雇失業者は離職日までの2か月間に保険加入期間が少なくとも28日間が必要である。次に、公共職業安定所（ハローワーク）で失業登録をすることである。それから、再就職する能力と意欲があり、毎月1回就職活動を報告しなければならない。希望退職または大きなミスをした失業者、また、再就職や職業訓練を拒否した者は、1か月から3か月の失業手当支給を取り消されることになる。受給できる時間については、一般の従業員は加入期間により、最長180日となり、倒産や解雇された者は保険加入期間と年齢に応じて最長330日であり、そのうち45〜60歳の失業者への給付期間が最も長くなる。失業手当給付の金額は被保険者の離職前の6か月の平均賃金の約60％〜80％である。

　失業防止システムには雇用安定事業と能力開発事業が含まれる。政府が実施する各防止措置の主な受益者は雇用主であるため、財源は雇用主だけが負担することになり、負担額は、建築業の事業主は4‰、その他の事業主は3‰を支払うことになっている。雇用安定事業は日本の失業保険制度の第2の柱であり、次のような内容である。①不況や産業構造の変化により生産規模が縮小した企業に助成金を与え、一時的に失業した労働者を訓

練または雇用できるようにすること、②定年退職者・障害者・若者を雇用する事業主に助成金を与えること、③就業条件の悪い地域にいる雇用主に助成金を与え、新しい事業の開拓を奨励し、地域の住民により多くの雇用機会を提供し、地域間の格差縮小に繋がっていくということである。

能力開発事業は日本の失業保険制度の第3の柱として、在職者の専門技能の向上、自身の潜在力の発掘をサポートするために、政府が職業訓練や施設運営への支援に関する政策の総称であり、その内容は次の通りである。①公共職業能力開発施設を設置・運営し、労働者の能力向上を目指すこと、②職業訓練施設の設置によって、失業者の労働技能訓練を強化すること、③実地で講座や技術訓練を主催する事業主、また職業訓練に積極的に参加し、関連資格を取得した従業員を支援することなどである。

図25は日本の失業保険の財政支出を示すものであり、2008年の金融危機による変動を除いて、財政支出に占める失業保険の割合はほぼ0.22%程度で安定しており、アメリカなどの先進国とほとんど大差がない。

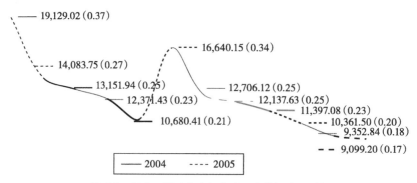

図25　日本の財政支出に占める失業保険の割合
注釈：括弧内は当該年のGDP1%に占める失業保険の財政支出比

テーマ三　所得分配と質の高い経済発展　　297

（五）養老保険制度

　中国の養老保険（年金保険）加入率は、先進国よりはるかに低く、全体の保障レベルが低く、サービスが遅れており、養老保険制度がうまく運営されているとは言えない。そのため、中国の養老保険制度はアメリカや日本のモデルを参考にし、限られた資源を活用し、最大の効果を発揮させ、質の高い年金保険サービスを提供し、養老保険制度の完備にさらに取り組んでいく必要がある。

1、中国の養老保険制度

　まず、表6は2016年時点で中国の都市・農村の基本養老保険の実態を示したものである。都市部住民は主に都市部職工（従業員）基本養老保険に加入しているが、それを都市部住民養老保険と合計した総加入率は農村部の養老保険加入率よりも逆に低いという結果になっている。また、中国の養老保険加入率の平均はまだ64%前後であり、先進国の80%から100%に比べると遥かに低いレベルである。

　上述のように、都市部職工基本養老保険加入率と都市部住民養老保険加入率との合計が都市部養老保険総加入率となるが、都市部住民養老保険加入率は農村部のそれよりも低い。統計データを見ると、都市部住民養老保険加入率は50.75%であるのに対して、農村部では82.29%に達している。また、農民工の都市部職工基本養老保険への加入率が低いのも問題である。政府の人力資源社会保障部の統計によると、2008年から2016年まで全国

表6　中国の都市部・農村部住民基本養老保険の現状（2016年）

項目	都市部	農村部
住民養老保険の加入者数（万人）	2313.3	48533.8
都市部職工基本養老保険の加入者数（万人）	37929.7	
総人口（万人）	79298	58973
養老保険のカバー率（%）	0.507490731	0.822983399

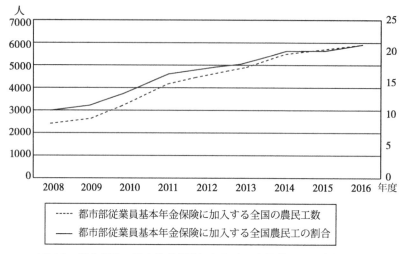

図26　都市部職工基本養老保険に加入する全国農民工の人数と割合

の農民工の都市部職工基本養老保険加入者は2416万人から5940万人に増加し、加入率は10.7%から21.1%に上昇しているが、農民工の都市部職工基本養老保険加入率は依然として低いことが明らかである。加入への意欲を低下させているのは、現在の保険料が農民工の収入から見て高いことが原因である。

2、各国の年金保険モデル

再保険などのサービスを提供するスイスの保険会社スイス・リー（Swiss RE）が発表した報告書は、65歳以上の高齢者に提供する6か国の年金所得、すなわち「老後の財布」を調査した結果、中国は家庭の負担率が高いのに対して、国の負担率が低いのが特徴であり、1人当たりの年間年金所得はアメリカの4分の1に満たないと指摘する。（表7参照）

現在、社会保障制度が整備されている国で、その年金保険制度は大きく3種類に分けられる。第一に、アメリカ・日本・ドイツなどに代表される

表7　高齢者（65歳以上）1人当たりの年間年金収入（単位：ドル）

国家別	アメリカ	日本	ドイツ	オーストラリア	イギリス	中国
金額	66000	49000	48000	44000	38000	15000

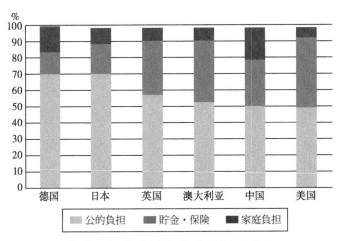

図27　各国における「年金基金」の構成

伝統的モデルである。このモデルは雇用主と従業員の年金保険制度への加入が法律で義務付けられており、保険料は雇用主と従業員が共同で負担する方式である。たとえば、日本の年金保険料の納付は強制的であり、20歳から60歳まで日本在住の全ての住民が強制加入され、保険料を25年以上納めて、はじめて65歳から年金を受け取ることができる。第二に、社会主義国家型と福祉国家型を含む二種類の福祉型モデルである。社会主義国家型はソ連によって創設されたものであり、中国では新中国成立初期にこのモデルを取り入れた。福祉国家型はイギリスで誕生して、後に北欧諸国へ広がっている。この制度は、退職者の社会福祉の最大化を実現することが目的である。第三に、シンガポールやチリに代表される強制貯蓄型年金制度である。シンガポールは中央積立金（CPF）制度を設立し、中央積立金局がその管理・運営に当たり、具体的には積立金の収納・口座管理・

利息計算・年金給付が含まれている。チリは、公的年金制度を民間運営の基金方式に移行し、全国に設立された年金基金運用会社（AFP）が関連する年金事務を担当する形である。この制度の特徴は民間運営により、基金の資本化・市場化が進められ、政府は直接関与しないことである。

　一方、中国の年金保険制度はアメリカや日本などの伝統的なモデルと似ているところもあり、中国の特徴もある。先進国と比べて、現在の中国の年金保険制度は低い加入率、低い保障レベル、不備なサービス網といった問題だけでなく、施設・福祉・社会支援など養老（高齢者ケア）制度をサポートする政策が十分に機能していないため、国民の養老保険ニーズに応じ切れていないのが現状である。このため、われわれは将来急増し、多様化していく養老保険需要に直面しており、先進国を参考にして、様々なタイプの年金保険制度を研究し、現在の養老保険制度の現状を踏まえて、限られた資源を活用して、最大の効用を発揮させ、質の高い年金サービスの提供と養老保険制度の完備を目指していく必要がある。さらに国全体の社会保障制度の構築を視野に入れて、取り組んでいくことも大事である。

（六）コミュニティケア

　コミュニティケアは一部の先進国で生まれた制度であり、運営体制が整備され、運営ノウハウも蓄積されているため、中国のコミュニティケア体制の整備にとって大いに参考になる。現在、中国のコミュニティケアの運営主体は住民委員会や村民委員会などの末端組織であるが、欧米諸国は主にNPO（非営利組織）やNGO（非政府組織）、または老人ホームなどの営利組織である。現段階で中国のコミュニティケア事業は始まったばかりであり、早くからコミュニティケアが展開されているアメリカやイギリスなどの先進国を参考にして、NGOを十分に活用しつつ、コミュニティが提供するサービスの質をさらに向上させる必要がある。

　コミュニティ（社区）は最も末端の組織として、基本的公共サービスの

均等化を推進するために重要な役割を果たしている。中国の経済構造・生活様式・社会組織形態・就業形態が多様化するにしたがって、数多くの定年退職者・リストラによる失業者・出稼ぎ労働者などがコミュニティに大勢入っている現在、その多様化した需要に応じることがコミュニティの重要課題となっている。統計データによると、2016年に中国の都市部と農村部を合わせた各種のコミュニティのサービス施設数は前年比6.5%増の合計38万6186に達しているという。

　図28を見ると、過去数年間、中国のコミュニティサービスセンターの数はあまり変化していないが、コミュニティサービスステーションは年々増加しており、2016年は、前年比7.4%増の13万7533に達し、コミュニティにおける介護施設は33.98%増の3万4924に達している。中国の社会福祉サービスの組織数および寄付金（表8を参照）を見ると、社会福祉施設が受けた寄付金は2015年に16.29%、2016年に28.9%と高い伸び率を示している。またNPOの数も同時に大幅に増加して5559法人に達し、伸び率は13.94%であった。

　図29で示すように過去数年間の主要な社会福祉サービス組織、各種機関の従業員数はすべて上昇傾向を呈しているが、先進国と比べれば、まだ

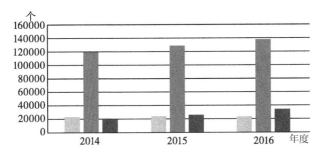

図28　中国の社会福祉施設数

表8　中国の社会福祉サービス施設数および寄付金の金額（2012～2016年）

項目	2012年	2013年	2014年	2015年	2016年
公的施設（万）	49.9	54.7	60.6	66.2	70.2
団体施設（万）	27.1	28.9	31.0	32.9	33.6
基金（万）	3029	3549	4117	4784	5559
民間非営利施設（万）	22.5	25.5	29.2	32.9	36.1
寄付金（億元）	470.8	458.8	524.8	610.3	786.7
自治団体（万）	67.9	68.3	68.2	68.1	66.2
村民委員会（万）	58.8	58.9	58.5	58.1	55.9
住民委員会（万）	9.1	9.5	9.7	10.0	10.3

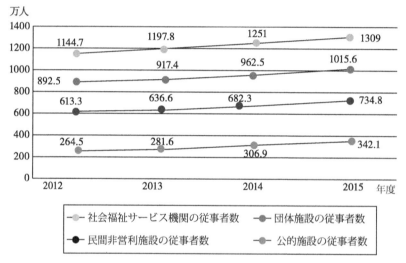

図29　中国における社会福祉サービスの従業員数の合計
（2012年—2015年）

大きな差がある。統計によると、アメリカでは現在約800万人がコミュニティで各種の仕事に従事し、就業者総数の10%を占めており、さらに、毎年9000万人のボランティアがコミュニティ事業に参加している。また、アメリカのコミュニティが提供するサービスは年間約5000億ドルの収入があるが、その70%は政府の財政支出であり、30%はサービス提供や金

銭的寄付によって実現している。

　コミュニティサービスは海外では「コミュニティケア」とも呼ばれ、主にコミュニティ内でのケアとコミュニティによるケアという二つの意味がある。総じて、海外のコミュニティサービスには次のような特徴がある。①サービス提供の主体がNPOであることである。②特定の人（学生や非禁固服役者を含む）をコミュニティサービスに参加させることである。この政策は青少年の正しい価値観・倫理観・道徳意識の確立に役立つと考えられているため、アメリカの多くの州では学生のコミュニティサービスへの参加を要求している。

　また、矯正教育とは刑が確定した一部犯罪者が、コミュニティに入って無償労働するという、刑務所での服役とは異なった非禁固服役のことである。コミュニティでの矯正教育は1970年代前後にまず欧米諸国で実施され、現在ではすでにイギリス・アメリカ・日本・オーストラリア・カナダなどの国で普及している。③アメリカのコミュニティ・カレッジのようなコミュニティ教育サービスを実施することである。④財源ルートの多様性と責任分担システムを確立することである。政府はコミュニティに対して必要な資金援助をする以外に、より多くの資金がコミュニティに流れるように広くアピールし、動員することが大事である。

　また、海外コミュニティサービスの歴史を考察してみると、最初は政府が単独でコミュニティサービスの提供を担っていたが、その後はほとんど政府・コミュニティ・その他組織で分担するようになっている。その際、政府は監督・指導する立場を守り、公共政策及び公共サービスの目標・基準・原則を制定・実施することを通じて、各サービス提供者の目標達成と運営状況を監督し、コミュニティサービスの質、効率、公益性と福祉サービスの向上を促進するとともに、コミュニティの住民に有効かつ良質な行政サービスと公益サービスを提供することである。

　現在、中国ではコミュニティサービスの主体は住民委員会と村民委員会

であり、欧米諸国とは大きく異なる。その他、中国のコミュニティサービスはまだ始まったばかりで、コミュニティ教育などには始まっていないが、以上の先進国の経験は将来中国のコミュニティサービスの参考とすることが大事である。

（七）社会扶助制度

欧米諸国では、低所得家庭・高齢者・障害者・失業者に対する社会扶助システムを早くから構築してきたが、中国の社会扶助制度は歴史がまだ浅く、しかも、都市と農村とでは社会扶助人口に大きな差がある。中国社会統計年鑑と国家統計局の統計データによると、中国では都市部と農村部の社会扶助人口に差が大きく（図30を参照）、貧困層の多くは農村に集中し、2013年から徐々に減少してはいるが、まだ完全に貧困問題が解消したとは言えない。具体的に言うと、都市部の2016年の総人口は約7億9298万人、農村部の総人口は約5億8973万人であり、農村部の人口は都市部より少ないものの、農村の貧困層は都市部のそれをはるかに上回っている。そのため、中国の都市と農村では必要な社会扶助サービスも異なっている。

現代社会扶助制度の発祥地であるイギリスでは、社会扶助システムは非常に整っており、低取得家庭の生活保障・高齢者扶助・障害者扶助・失業者扶助などが含まれ、しかも、イギリスの貧困ライン設定は国際基準より10％も高くなっている。アメリカの社会扶助制度は、公共救済・福祉手当とも呼ばれ、1930年代に創設され、その後の推進によりほぼ行き渡るようになっている。現在、アメリカ政府が提供する社会扶助サービスは70以上あり、主に未成年の子供を育てるための家庭手当・追加的社会保障援助・医療手当・住宅手当・食品手当・教育手当・一般援助などが挙げられる。

中国の社会救済（社会扶助）制度は1990年代初期に発足し、転換期特有の社会扶助の特徴を持っている。先進国の進んだ社会扶助制度と比べ、

中国の社会救済制度は歴史が浅く、直面する課題も特殊で複雑である。諸外国の社会扶助制度はその歴史も国情も中国とは異なっているが、その優れた理念と政策はやはり学ぶべきである。すなわち国際的な経験を参考にして、扶助理念の確立、適応性や持続可能性を重視すべきである。現在中国の社会救済制度は最低生活保障が中心であるが、その多くは事後処理的な消極的扶助に過ぎず、貧困層の貧困脱却の効果は今一つである。また、社会扶助の理念を浸透させ、福祉依存を減少させるべきである。たとえば、アメリカでは、扶助を受ける者が自立できるように就労を支援する以外、税の減免に加えて、いくつかの強制的手段を通じて、彼らの就労を促すようにしており、従わなければ、その援助を減少させ、さらには取り消されることもある。日本では10年以上前から生活困窮者の自立を支援する「自立支援プロジェクト」が実施されている。それに対して、中国の現段階の社会救済は依然としてモノの支援が中心であり、能力の開発や意識の啓発が伴っていない。そのため、先進国の経験を参考にして、社会セフティーネットの構築、さらには社会保障制度全体の整備を推進していく必要がある。

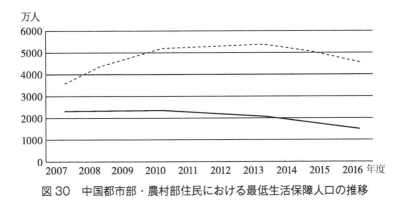

図30　中国都市部・農村部住民における最低生活保障人口の推移

（八）インフラの整備

インフラ施設は、独占的な性質を有しており、民間企業だけでは十分な供給は困難である。2000年から2016年までに中国国内のインフラは急速に整備され、すでに先進国に追いつき、一部の分野では先進国を追い越している状況である。しかし、情報通信分野でのインフラ整備はまだ遅れている部分もあり、情報技術の経済成長における重要な役割からすると、これは早急に取り組んでいかなければならないことである。

1、交通輸送

中国の交通は2000年以降、急速な発展を遂げており、道路の総距離・鉄道路線の総距離・航空海運の貨物輸送量から見ると、中国はアメリカに次いで世界2位になっている。図31は各国における航空・海運の貨物輸送の現状を示しているが、質の面で、中国の都市間交通輸送インフラ施設

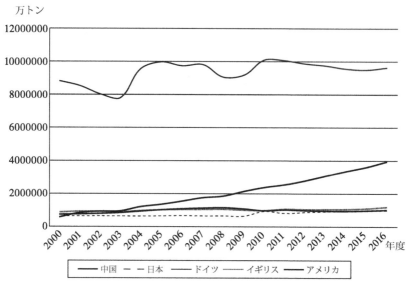

図31　航空・海運の貨物輸送量の時系列的変化

はすでに世界のトップレベルに達している。しかし、市内の交通事情は、依然として大きな問題が存在し、交通渋滞問題がますます深刻になっているのが現状である。日本・ドイツなどの先進国の経験を参考にし、バイパスを作るなど、幹線道路の渋滞を緩和させ、都市計画の実現に取り組んでいくことが大事である。

2、情報インフラ

情報技術とビッグデータは将来の経済成長の原動力である。20年近くの発展を経て、中国の情報インフラはゼロからスタートし、初歩的に整うまでに至った。ブロードバンドの普及率とインターネットユーザーの人口比率を見ると、中国は2000年にゼロから徐々に向上し、2015年にはそれぞれ19.83％と50.3％に達した。しかし、いまの中国の情報インフラは先進国の約10年前の水準であると言ってよい。したがって、中国が国際競争でイニシアチブを取るためにも情報産業の成長をさらに加速させる必要

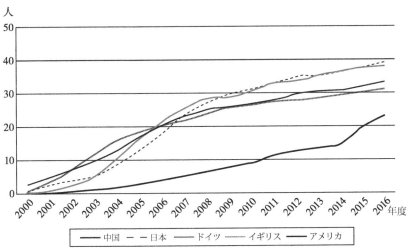

図32　ブロードバンド利用人数（100人あたり）の時系列的推移

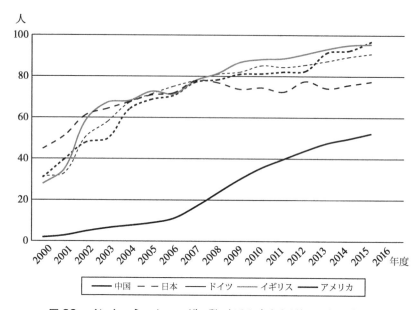

図33　インターネットユーザー数（100人あたり）の時系列的推移

がある。

3、エネルギー供給と環境保護

　改革開放以来、中国のエネルギー消耗と温室効果ガス排出は大幅に上昇している。現在、1人当たりのエネルギー消費量と二酸化炭素排出量は先進国と同レベルである。第18回党大会で、質の高い発展への転換という理念を打ち出され、数年間の努力によって、エネルギー消耗と温室効果ガス排出の上昇傾向は一応頭打ちとなってはいるが、質の高い発展への転換をさらに進めるためには、省エネに力を入れると同時に、エネルギーに関するインフラの整備、エネルギーの有効利用に一層取り組んでいくことが大事である。

　グリーンエネルギーである電力使用の拡大は、経済のパターン転換に大

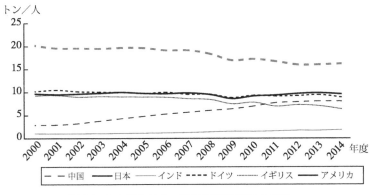

図34　1人当たりの二酸化炭素排出量の推移

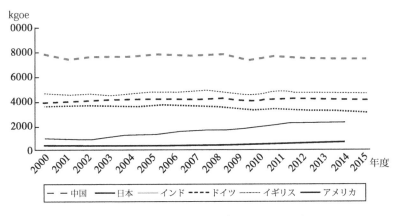

図35　1人当たりのエネルギー消費量の推移

きな役割を果たしている。電力使用状況をみると、中国の1人当たり電力消費量は2000年から著しく増加しているが、未だに先進国を大きく下回っており、アメリカの3分の1、日本やドイツなどの2分の1程度にとどまっている。今後新しい発電技術を利用して電力供給を向上させ、グリーンエネルギーの使用を促進する必要がある。

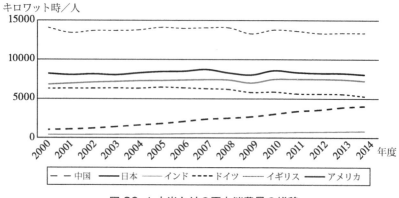

図36　1人当たりの電力消費量の推移

三、所得分配体系の構築と基本的公共サービス均等化の実現

　中国のジニ係数は、先進国と比べて高い水準にある。そして、医療の需要供給の不均衡、1人当たりの教育費支出の不足、1人当たりの就学年数の短いこと、教師・生徒比率のアンバランス、失業保険と養老保険制度の未整備、社会扶助・社会保障の低所得者に対する支出の不足など、多くの問題を抱えている。中国の財政制度は、個人所得税の税源規模が小さく、しかも、課税ベースが限られているため、個人所得税の所得是正機能がほとんど働いていないのが現状である。一方、社会保障支出も逆進性があるため、所得分配の公平をかえって悪化させる可能性がある。さらに問題なのは、中国の資産課税制度がまだ整備されていないことであり、中でも金融資産課税・固定資産税・相続税・贈与税などがまだ整備されていないため、所得格差をさらに拡大させている。質の高い発展を実現するために、まず所得分配の仕組みを見直して、所得格差を是正する税制を導入し、地方交付税・社会保障・社会福祉・貧困層扶助などの所得再分配政策を実施することにより、2020年までに絶対的貧困を撲滅し、ジニ係数を0.40

前後に抑えるように取り組んでいくことが大事である。さらに1人当たりの就学年数を0.5年増加させ、就学前教育教師の人数を倍に増やし、高校への粗進学率を95%に引き上げ、失業保険のGDPに占める割合を0.1%、養老保険加入率を80%にまで高めるように努力すべきである。20年後には、ジニ係数を0.40以下に低下させ、1人当たりの就学年数は2年から3年増加させ、就学前教育の教師の人数は3倍に増やし、高校への粗進学率は100%に引き上げ、失業保険のGDPに占める割合0.15%、年金保険加入率100%を目指し、社会福祉・コミュニティサービス・社会扶助は先進国のそれに追いつくようにしていかねばならない。

（一）租税体系の最適化と税制の所得是正機能の発揮

アメリカは直接税中心の税制である。そのうち個人所得税（35%）、法人税（7.5%）、社会福祉保険税（33.5%）、不動産税（8.8%）を合わせた税収は、税収総額の約85%を占めている。一方、中国は間接税中心の税制である。そのうち増値税と消費税が大きな割合を占め、総税収の約65%の割合となっているが、個人所得税は総税収の約6%しか占めていない。間接税は商品やサービスの消費に対する課税であり、消費者への転嫁が容易であるのに対し、直接税は財産や収入に対する課税であり、転嫁は難しい。もともと低所得層の消費は価格弾力性が小さく、限界効用が高い特徴があるが、さらに間接税の割合が高くなると、低所得層の負担がいっそう大きくなる。したがって、間接税は所得分配の格差の抑制には不利な税制である。ある学者の研究によると、先進国の所得再分配制度はジニ係数を30%程度低下させるのに対し、中国の所得再分配制度は逆にジニ係数を上昇させる傾向があるという結論であった。そのため、中国では公正な所得分配に有利な税制を構築し、所得格差の是正に有効な税制の整備がなによりも大事である。

第一に、財政収入の構造を最適化し、直接税の割合を段階的に高め、間

接税の割合を引き下げる。第二に、現行税制を逐次的に十全化し、個人所得税・相続税・贈与税・財産税・消費税・社会保障税を含む税制を導入する。第三に、被雇用者と雇用者双方の所得税申告制度を構築し、分離課税から総合課税へ転換し、総所得・世帯単位課税、費用と所得控除、累進課税などを導入することにより、個人所得税の累進税率を高め、税収における個人所得税の割合を徐々に引き上げる。第四に、土地家屋等の不動産税、相続税、贈与税の立法手続きを速め、大きな個人所得格差や世代間の所得格差の是正に取り組む。第五に、政府は再分配制度の構築に力を入れ、財政予算における民生の改善、インフラの整備、公共サービス関連の支出を増加させる。

（二）的確な貧困扶助の推進と絶対的貧困の根絶

　貧困層の解消は所得分配政策において最も重要な課題である。国家貧困扶助開発指導グループから発表されたデータによると、現在貧困層の総数は4000万人以上であるという。政府は、2020年に貧困撲滅を達成し、「小康社会」の全面的完成という目標を掲げているが、貧困層の多くは衣食住など基本的生活条件が悪く、生活環境が厳しく、また極貧層もまだ多数存在しているため、貧困撲滅事業は厳しい現実に直面している。

　第一に、極度貧困地域の貧困脱却に特に注目する必要がある。中国には現在、依然としていくつかの極度貧困地域（四川大涼山地域など）が存在し、深刻な貧困状態に置かれており、一般地域とは大きな格差がある。このような地域では経済成長に必要な資源が少ないため、一時的に貧困から脱却してもまた再び貧困に陥る可能性が高く、どのようにしてこれらの地域経済を持続的に成長させるかが、貧困撲滅のキーポイントである。

　第二に、郷村（農村）振興策の実施に貧困扶助を取り入れ、農村の土地制度改革、財産権制度改革、産業振興、六次産業化の推進、農家起業の支援などにより、貧困層の自立を促して、農村の貧困層が進んで貧困から脱

却するよう取り組んでいく必要がある。

第三に、都市部の貧困層にも支援が必要である。農村地域の貧困層と異なり、都市部の貧困層は土地などの生産要素を持っておらず、生活を営む住まいにも事欠く者もいるぐらいなので、農村部の貧困層よりも厳しい状況に置かれているかもしれない。政府はコミュニティや勤務先などと連携して貧困層の情報を的確に把握し、社会保障・社会扶助・職業訓練などの政策を活かして、これらの人たちが貧困から抜け出せるように支援していくことが大事である。

第四に、貧困撲滅の実施にあたっては、まず貧困の原因をしっかりと把握して、効果的な対策を講じる必要がある。たとえば、移住・転居、生態環境損害賠償、産業振興、人材育成、資金支援、農業技術供与、職業訓練、社会保障など、多種多様な方法を用いるべきである。

第五に、的確な貧困撲滅とは、単に貧困層に金銭的な援助を与えるだけではなく、貧困から抜け出す能力を育てていくことを基本目標としなければならない。こうして、はじめて貧困への逆戻りを防ぐことができる。

(三) 地域間の調和発展と所得格差の縮小

中国は省と省の間の所得格差、または省内の所得格差が目立っている。地域間の所得格差は客観的かつ長期的に存在し、各地域の地理的条件や資源賦存など、成長の基本的条件が異なるため、経済が同じペースで成長することは不可能である。しかし、このことは地域間の経済格差の縮小が不可能と言っているのではなく、政策や資源配分の不公平などによる地域格差の解消が是非とも必要だということを強調しているだけである。そのために、次のいくつかの課題をとりあげておくこととする。

第一に、経済的に後れた地域、特に貧困地域のインフラ整備と教育に対する支出を増やす。

第二に、デジタルプラットフォームを構築し、成長の後れた地域に就職

情報やマーケット情報を提供し、そこの人々を沿海地域へ移動させ、地域の製品が沿海地域で販路を開拓できるように努める。

第三に、地域の閉鎖と業界の独占を打破し、市場障壁を除去し、地域間横断的な生産要素の自由流動を促していくことである。さらに、発達した地域と後れた地域との間の生産要素の相互補完性を生かして、資源の効果的配分を図り、「飛び地経済」などを活用して、資本移動と産業移転を実現する。

第四に、後れた地域に現代財産権制度の導入を推進し、行政管理体制の最適化に取り組み、また、行政サービスの最適化と生産要素の活性化を突破口として、市場体制の改革と行政管理方式の刷新を推し進め、後れた地域で法治化・国際化・利便化を旨としたビジネス環境の整備を図る。社会信用システムを構築し、マーケットルールを明確にし、地区企業のコンプライアンス意識を高め、誠実で信用を守る社会環境をつくる。

第五に、様々な形での協力・支援体制を構築する。たとえば、省内において成長の進んでいる都市と遅れている都市の１対１の支援・協力を行うことができ、他省の都市との１対１の支援・協力を行うこともできる。無償援助・人材派遣・技術移転・産業育成・資本投入などを強化し、「輸血型（与える）」支援から「造血型（自立を目指す）」支援への転換を促進する。

第六に、地域経済の調和発展を促進するために最も重要なのは、生産要素の移動の加速化である。行政手段や特定のプロジェクトによって資金を後れた地域に投入するのではなく、良好なビジネス環境とマーケットルールを構築することが大切である。というのも、行政による強制的なやり方は後れた地域の優位性を活かすことも、経済効果を生み出すこともできないからである。そればかりでなく、資源配分の有効性が歪められ、経済成長に負の影響を与える恐れもある。

第七に、遅れた地域の行政改革を促進するため、進んでいる地域の優秀

な幹部を遅れた地域に派遣し、効率的かつ清廉な行政システムが構築できるように指導的な役割を果たすことが必要である。つまり、地域の成長が遅れているのは往々にして、資源要素ではなく、制度によるところが多いため、政府は人材、とりわけリーダーとなる人材の役割を十分生かしていくことが大事である。

（四）社会保障支出の増加と所得分配格差の縮小

　中国は住民の所得格差が高い水準にあり、所得分配の不公平が大きな問題である。これは税制の所得是正機能が働いていないだけでなく、GDPに占める社会保障支出の割合が低く、社会保障による所得再分配効果が弱いことなども原因である。2016年、中国の社会保障と雇用支援支出は財政支出の11.5%、GDPに占める割合はわずか2.9%であった。しかし、1995年に、アメリカ・日本・スウェーデン・イギリスなどの国々では、GDPに占める社会保障支出率の平均値がすでに32.2%となっており、中国の社会保障支出率がいかに低いかが明らかである。それだけでなく、中国の社会保険料の中で、失業保険料と養老保険料だけがわずかながらも所得格差を縮小する役割を果たしているが、医療保険料及びその他の保険料は逆進性があり、所得格差を逆に増幅させ、都市・農村の所得格差を拡大させている可能性がある。そのため、社会保障と社会福祉制度による所得是正機能を活かすためには、以下のことに取り組む必要がある。

　第一に、社会保障支出の規模を拡大し、普遍性原則と特別取扱の両方を兼ねた社会保障と社会福祉制度を構築することである。

　第二に、社会保障と福祉制度、特に年金制度と医療保険制度の普及を引き続き推し進めることである。

　第三に、社会福祉と社会保障制度の格差を段階的に是正することである。都市部と農村部を別々に取り扱う現行の保険制度は、社会保障による所得分配の是正機能を活かすことができず、逆に所得格差を増幅している。そ

のため、社会保障制度を一本化して、制度に起因する格差を減らし、公共資源をより公平に配置できるようにすることが大事である。

第四に、保険料徴収において、所得が高ければ保険料の金額も上がるという累進制を採用する。

第五に、社会救済・社会福祉制度を整備する。最低生活保障制度の適用対象を絞り込み、同時に給付金を引き上げる。これを通じて、低所得者層への支援事業をさらに拡大していく必要がある。

第六に、雇用の促進とセフティーネットの設置とのバランスに留意し、人民に相応の社会保障を与えると同時に雇用の促進にも取り組む。具体的には、労働者の権利・利益を守り、GDP に占める労働報酬の割合を高め、労働者の就職・起業を支援し、失業保険・社会保障制度の失業防止、労働者の就職などにおけるセフティーネットの機能を活かしていく必要がある。

（五）医療制度改革と受診難や高額医療費問題の解決

現在、中国では都市住民基本医療保険制度、就業者基本医療保険制度、新型農村医療保険制度などの公的医療保険制度があり、合計 13 億 5000 万人をカバーしている。これは中国の経済成長、国力の増強の大きな成果である。しかし、10 年にわたる医療制度改革の中で以下の問題が浮き彫りになった。

一つ目の問題は、医療サービスの需要と供給の間にギャップがあるということである。級別診療（重いものは上級、軽いものは下級医療機関で治療する制度）がまだ確立されておらず、受診難、医療費高騰などが依然として大きな問題である。

二つ目の問題は、医療資源配分のアンバランスが著しく、医療技術や設備の遅れている地域がまだ多数ある。

三つ目の問題は、医療保険基金の収入が不足していることである。公的医療保険基金は一応健全な運営を維持しているものの、地域によりばらつ

きが大きく、収支がマイナスに陥っている地域もある。高齢化社会に向けてどのようにして全人民に効率的かつ良質な医療サービスを提供し、持続可能な医療保険を普及させていくかが大きな課題となっている。

上述の問題に対し、政府は次の取り組みが必要である。

第一に、公立病院の市場化改革を行い、級別診療制度を整備する。公立病院が中心の医療体制で、基本的に病院は三つの等級に分類されている。そのため、優秀な医療スタッフは当然ハイレベルな公立３級甲病院への就職を求めている。そうなると初診の患者でも外来の患者でも条件のよい３級病院へ殺到するのは当然のことである。これとは対照的に、先進国・地域では、80% 以上の外来や急患は私立の診療所で受診している。中国の現在のような医療体制では、政府がいくら患者の分散受診を進めてもあまり意味がない。この問題を解消するには、公立病院の民営化を推進し、病院を独立した経営体にする必要がある。同時に公立病院医師の準公務員扱いを廃止し、医師に自らが医療機関を開設する権利を与え、優秀な医師や医療資源がコミュニティ病院や民間病院に流動できるようにすることが大事である。

第二に、病院経営に関する政策規制を緩和し、公立病院の独占体制を打破し、医療サービス市場の競争を促進する。結局、いまの３級甲病院が良質な医療資源を独占しているため、医者も患者もそこに集中しており、民営病院には競争しても勝ち目がないのである。この独占体制を打破してこそ、医療資源配分の最適化が可能になる。特に医療資源が稀少な中・西部地域では、民間資本の導入、市場メカニズムの活用などにより、優秀な医師と良質な医療設備が中・西部地区へ流れるようにしていかねばならない。

第三に、全科診療医師の育成を加速させる。専門医師の育成を主とした中国では、今後、級別診療制度の整備に伴って、大量の全科診療医が必要となる。そのため、計画的に医科大学や大学の医学部に全科診療医の育成を目的とした学科を設立する必要がある。

318　II部　テーマ別研究

　第四に、医療保険制度における政府の役割の転換、つまりいまの直接関
与から政策立案や行政監督に転換することである。医療サービスのコスト
コントロール、サービスの質や量の規制は需供市場、つまり保険医療機
関・病院と患者に任せ、政府はもっぱら管理・監督の責任を果たしていく。
また、複数の保険機関の導入など競争原理を導入することにより、医療
サービスの質を向上させ、医療サービスのコストを削減していくことが大
事である。

　第五に、医療保険制度の一本化を推進することである。現行の医療保険
制度は職業別に形成された従業員医療保険、戸籍別に形成された都市住民
医療保険と新型農村医療保険によって構成され、この職業と戸籍からくる
差別が医療サービスの格差を一層増幅している。そのため、医療サービス
の供給体制を改革し、最終的に全国統一の医療保険制度、すなわち画一的
な保険料徴収標準と手続き、平等な医療保険費用の支払いを実現し、都市
と農村間の格差の解消を目指していくことが大事である。

（六）教育費投入の引き上げと人的資本の蓄積

　遅れた地域の経済成長、貧困脱却を実現するために、投資・産業政策・
補助金などの政策手段だけを頼りにするのは無理である。仮にこれらの
手段によって一時的にGDPや所得が上昇したとしても、長続きはできず、
結局は人材の蓄積や技術進歩などに頼るしかない。そのために、政府は教
育への投入をさらに拡大していくことが必要である。

　第一に、都市・農村の義務教育を一本化して、その普及に力を入れるこ
とである。都市部の教育資源は農村部よりはるかに豊かなので、政府は農
村部、特に貧困地域への教育予算の投入を優先し、ハードウェア施設だけ
ではなく、優秀な教師をより多く派遣するように努力することが大事であ
る。また、ネット技術を活用して農村部や遠隔地域でオンライン授業を開
設することにより、教師の居住地や勤務地を変えることなく、農村部の児

童・生徒が都市部と同様の教育が受けられるようにする必要がある。

　第二に、義務教育の期間を9年から12年に延長し、農村部の中退率を食い止め、農村出身者の高校・専門学校への進学率を高めるような政策支援が必要である。

　第三に、職業教育により力を入れることである。産業の高度化、中国経済の原動力の転換にともない、ハイレベルな技術労働者への需要が大幅に増加することが予想され、職業教育のさらなる充実が求められる。政府は職業教育予算の投入を増やすと同時に、これまでの考え方を改め、より多くのルートを利用して学校運営に必要な資金を調達する。それと同時に具体的な雇用状況を見ながら、育成計画の変更を図り、市場の需要に対応していくことが大事である。さらに成長パラダイムの転換と国の成長戦略の実現を念頭に、職業教育の中・長期計画を制定し、デュアルシステム、企業とのカリキュラムの共同開発、特定企業のための人材育成などの教育プランを取り入れ、職業教育が市場ニーズに答えられるようにする必要がある。

　第四に、積極的な雇用政策を実施して雇用促進を図ることである。たとえば、公共サービスプラットフォームを立ち上げ、起業審査手続きを簡素化し、起業・革新を奨励すること、起業の媒体の発展、インキュベーター及び「メイカーズスペース」の建設を加速させていくこと、会社の立ち上げや個人営業をはじめようとする大学卒業生、就職難に直面する人々に補助金を出すこと、さらには、起業ファンドを作り、創業者には中小企業向けの融資を提供することなどが挙げられる。

　第五に、職業技能訓練に力を入れ、職業訓練・技能検定・技能コンテスト・カリキュラムの開発・就職支援サービスなどを中心とした総合的な技能訓練センターをつくり、それぞれの訓練によって就職の拡大を促進することである。また、失業者と貧困層には無料の技能訓練プログラムを提供し、農民には無料の農業技術サービスの提供により職業技能を引き上げ、所得を向上させることが大事である。

（七）「留守児童」の健やかな成長のために

　中国では工業化・都市化が進む中で、数多くの農村住民が都市へ出稼ぎに行くようになり、「留守児童」の問題が日々深刻化している。両親の不在により、「留守児童」は学習の面だけでなく、道徳意識が欠如したり、「心の病」を患ったりして、問題が頻発している。経済的に後れている辺境地域では、保護者不在などにより、「留守児童」の身の安全も問題である。中国の「留守児童」の総数は 902 万人（2016 年統計）であり、高齢化が進む中、これらの子供は将来中国社会の貴重な人材として重要な職責を担っていくはずなのだが、心とモラルの問題を抱えていれば、社会の健全な発展にマイナスの影響を与えかねない。このような事態を避けるために、政府は次のような取り組みが必要である。

　第一に、戸籍制度改革を加速させることである。現段階では原則的に学齢児童は戸籍所在地で就学するという義務教育法の規定があり、「留守児童」問題解消の制度面での最大の障害となっている。そのため、現行の戸籍制度改革を加速させることが、「留守児童」を減少させ、農民工子女の「入学難」問題を改善する重要な一歩である。

　第二に、現行の義務教育費支出のルールを変更することである。戸籍制度と関連するもう一つの問題は、中国では義務教育支出は主に地方財政が負担することであり、また、地方への教育交付金も基本的に実際の居住人口ではなく戸籍人口によって計算されることである。しかし、この算入方式では当然農民工の子女が親の居住地にある学校へ移籍することができない。言い換えれば、地方の教育予算は流動人口や非戸籍人口を対象としていないため、地方政府には「流動児童」に教育サービスを提供する義務がないのである。現行の教育予算のルールを変えなければ、「留守児童」の「入学難」や「高額な学費」といった問題は解消されず、親の居住地の学校に入ることももちろんできない。現行制度にメスを入れて、教育交付金を実際の居住人口に基づいて計算し、「人の移住とともに財源も移動する」

という制度に改めると同時に、中央政府は人口流入の多い地域により多く交付金を増額することが大事である。これらの改革により流動人口の義務教育経費の中央、省およびその他の地方政府による応分負担体制を確立すべきである。

　第三に、教育改革を推進し、流動児童の転入に対して教育行政部門が設けている様々な条件を緩和し、農民工の子供を居住地の義務教育の対象とし、平等に教育が受けられるようにすること。政府は都市と農村の二重構造、特に戸籍制度による入学制限を解消することなどが必要である。入学の面では、同じ学区内で住所を持つ無戸籍人口が戸籍人口と同じ教育を受けられるようにし、教育環境の良い学区で家賃の安い賃貸住宅の供給量を増加させ、農民工の子供も都市住民と同等の教育が受けられるようにすることが大事である。

　第四に、基礎教育への投入を増やし、農民工子女への入学制限を緩和し、「入学難」の問題を解消していくことである。一つの試みとして、「農民工子弟学校」の設置は公立学校の資源不足の解消、農民工子女の就学難に解決の糸口を見出したことは確かだが、このような俄かに設置された学校は「教育の質が悪い」「運営資金の不足」といった問題が存在しているのも事実である。それに、農民工子女が「農民工子弟学校」しか入れないことは、格差社会を生み出し、将来の彼らの社会進出にもマイナスである。このこと自体が一種の差別であり、子供の心身の成長にも好ましくない。その解決策として、基礎教育の予算をさらに増やして、公立学校の募集枠の拡大を支援し、農民工子女にできるだけよい教育環境を提供することこそ、彼らの「入学難」問題を解決する唯一の道である。

　第五に、留守児童の教育問題は基本的に学校や教師を中心に議論すべき問題である。つまり、この問題の解決は学校の教師が親身となって、留守児童に関心を寄せ、温かい気持ちで接し、とりわけ彼らの心の問題に気を配ることが大事である。農村地域の学校ではカリキュラムを改正して、メ

ンタル教育・カウンセリング・メンタルケアなどを行うべきである。両親の不在による家庭教育の不足を補うために、道徳教育、躾のための教育や心身に有益な活動を増やして、躾がよく健康な子供が育てられるように取り組んでいくことが大事である。

第六に、農民工向けの安価な賃貸住宅や公団住宅を増やして、農民工子女が親と一緒に生活できる基本的な環境を作っていくことも支援策の一つである。

第七に、義務教育段階の児童だけでなく、幼児の養育や教育問題にも注意を払う必要がある。就学前の「留守幼児」には養育やワクチン接種などの問題がある。また、農村地域では保育所や幼稚園が不足しているため、幼小児期に良い生活習慣や保健意識を身につけなければ、子供の栄養・健康・規範意識の育成に悪影響を与えてしまい、将来の社会進出にもマイナスである。そのため、農村地域で公立の保育所と幼稚園を増やして、幼児育成に好ましい環境と教育内容を提供すべきである。

第八に、社会全体が一丸となって「留守児童」を守ることである。ボランティア、大学生、民間団体などを動員して、教育と生活の両面から留守児童を支援し、愛情と責任感のある家庭を留守児童の里親として認定するなどして、留守児童が健やかに成長できるよう取り組むことが必要である。

（八）コミュニティケアとサービス供給の社会化・市場化

中国では、社会の発展とともに、すでに出生率の低下と平均寿命の延伸が同時進行する事態を迎えている。これにともない、中国の少子高齢化がますます深刻化している。大家族から核家庭へと転換している現在では、世帯平均人数が減ってわずか 3.02 人となり、高齢者世帯の増加が加速し、80 歳以上の高齢者は毎年 100 万人以上のペースで増加している。子供の世話と高齢者の介護を家族で負担するという従来のモデルに変化が生まれ、さまざまなサービスに対する需要が高まっているが、高齢者・児童・障害

者向けの基本的公共サービスが相当不足しているのが現状である。家庭サービスの自給能力がだんだん弱まっている中で、数億の高齢者・就学前児童及び 8000 万人以上の障害者を抱えては、社会福祉やさまざまなサービスへの需要が高まる一方である。コミュニティケアとサービス供給の社会化・市場化を促進するために、次のようなことに力を入れる必要がある。

第一に、サービスの社会化・市場化を普及させ、都市・農村住民が低価格でサービスを利用できるようにする。サービスの供給は政府・市場・家庭を中心にして、政府が管理・指導、財政面の支援を行い、企業・ボランティア組織・家事支援団体などがサービスを提供し、利用者は一定の料金を支払って、サービスをうける。サービスの社会化・市場化の推進において、政府は企業や団体が積極的にサービス市場に参加するように動員し、財政政策・産業政策などの実施を通じてサービスの社会化・市場化を促進していかなければならない。

第二に、ソーシャルワーカーの職業化を推進する。現在、一部の大学や専門学校には「ソーシャルワーカー」の学科が設置されているが、求人側からの需要がまだ少ない。つまり、ソーシャルワーカーという職業はまだ社会から広く認められていないのである。しかし、今後の社会発展を考えると、このような人材への需要は必ず増えてくると予想されている。したがって、政府は良質な人材が確保できるように、ソーシャルワーカーの資格認定、給与待遇を保障し、業務の研修を強化すると同時に、サービスに携わるボランティアの育成にも力を入れる必要がある。

第三に、障害者支援や 1 人暮らし高齢者の介護に関わるコミュニティや NGO の役割を十分に発揮させること。現在、民間団体・NGO は障害者への社会支援の重要な担い手となっており、政府組織と NGO との連携が強く求められている。政府部門は管理・指導の役割、つまり 1 人暮らし高齢者や障害者へのサービス提供に、管理・指導・協調・保障・資金援助などを担当し、実際のサービス提供は NGO とコミュニティが主体となって行

う。両者の連携により、障害者と1人暮らし高齢者へより良い生活支援を提供できるようにすることが大事である。

第四に、情報技術・ビッグデータを活用し、サービスの提供をさらに拡大する。そのためには、情報技術を生かして、スマートコミュニティの実現を促す必要がある。たとえば、まずコミュニティ住民に対するアンケート調査を行い、住民の必要な個人情報と健康状態などの基礎データを集めて、データベースを設置する。その上で、支援の必要な住民にリアルタイムで相談に乗るなど、「インターネット＋」をコミュニティの介護・医療・救助などで生かしていくこと。また、コミュニティではワンストップ式サービスを実施して、コミュニティの運営コストを下げ、効率を高めていくことなどが考えられる。

第五に、「社区養老」（在宅を基本とし、コミュニティを中心とした介護形態）を積極的に推進すること。中国の伝統的な家族意識の影響もあり、欧米で採用されている老人ホーム方式は中国の家庭にあまり人気がない。それに、入居費用が高いことも老人ホームが敬遠される原因の一つである。したがって、「社区養老」が中国の実情にもっと適しているモデルかもしれない。このモデルは従来の在宅介護と違い、コミュニティにある一部の施設を利用し、コミュニティサービスセンターが設置され、日常生活に必要な家政・飲食・介護・生活サービスなどを提供することが特徴である。これで、介護の費用が減らされるだけでなく、高齢者が施設には入らないので、家族との面会も簡単である。今後、政府としては関連政策を法案化し、個人・企業・社会団体が共同でコミュニティ老人施設を作るように支援していく。コミュニティは医療・商業施設・娯楽などを活用し、「社区養老」のネットワークを構築すると同時に、介護ノウハウを「社区養老」サービスに活かして、より良い介護サービスを提供する役割を担っていくことが大事である。

註

1) 執筆者：宋敏、武漢大学経済と経営学院院長、教授。羅知、武漢大学経済と経営学院准教授。李旭超、武漢大学経済と経営学院准教授。趙仲匡、武漢大学経済と経営学院アシスタント・プロフェッサー。

テーマ四

イノベーションと質の高い発展[1]

現在、アメリカでは中国のハイテク産業の成長を妨害しようとして、さまざまな禁輸法案が採択され、EUでは中国資本の進出を食い止めようとして、外資買収の審査制度がわざわざ設置されている。また、EUと日本はアメリカと足並みを揃って、WTOに中国の「差別的なライセンス規制」を訴えようとするなど、中国が外国企業のM&Aや国外のハイテク企業・ベンチャー企業への投資を通じて先端技術とブランドを獲得することはますます難しくなっていく情勢である。しかし、技術の導入や技術イノベーションは質の高い発展を推進する上でぜひとも必要な条件である。外国からの技術導入が難しくなった以上、できるだけ早く中国の特色ある科学技術自主イノベーションに取り組み、技術進歩による成長寄与率を高め、質の高い発展を推進していくことがますます大事になってくる。

一、イノベーション力向上の基本的条件

現在、中国のイノベーション能力を示す国際競争力は確実に高まっている。2018年のグローバルイノベーション指数ランキングで、中国は世界126の国と地域の中で17位となり、2017年より五つ、2016年より八つ順位が上がっている。ビジネス環境、知識と技術の産出は上位、研究者数・特許出願数・科学技術関係の出版物はいずれも世界一となった。

また、研究開発への投資は絶えず増大している。近年、中国の科学技術への資金投入は持続的に増加しており、2017年のR&Dストレングスは2.12%と確かに増えているのだが、地域間の格差も明らかである。東部地域のR&D強度はすでにOECDの2.4%の平均レベルとEU15カ国の平均レベルの2.08%を超えており、一部イノベーション能力を持つ大学・研究所・ユニコーン企業・コア技術及び技術サービスプラットフォームが頭角を現している。中西部地域は全体的にまだ科学技術イノベーションの前期段階であり、一部の中心都市では、すでにイノベーションを中心にして、

新たな産業クラスターや大学群が形成されている状況である。

二、イノベーション力の向上とその阻害要因

　第一に、イノベーションのイニシアティブを取る能力が欠如していることである。具体的には、長期にわたって欧米を目標とし、欧米に追いつく中で形成された思考パターンでは科学技術イノベーションに必要なオリジナルな発想・能力が育たず、グローバルな見地に立ち、科学技術イノベーション戦略の策定や海外との協力を推進する能力、先頭に立って世界の科学技術イノベーションをリードする準備などがともに欠けていることが挙げられる。また、国内外の技術・資金・人材など必要な要素のイノベーションへの集積や利用がまだ不十分であり、それらの要素の利用価値を最大限引き出す努力が必要なことである。イノベーションのための資源が巨大都市に集中すると同時に、コストの持続的な上昇も発生しているため、イノベーションやベンチャー事業の参入障壁がいっそう高くなっていることなども挙げられる。

　第二に、イノベーション成果の事業化率が国際レベルより低いことである。2017年、中国の発明特許出願件数、許可取得件数はともに世界一であり、有効発明特許件数も世界3位であったが、特許事業化率は10％未満であり、国際水準を下回っている。研究開発成果の事業化を阻害する要因として次のような課題がある。「産・学・研」連携が順調に進んでいないこと、イノベーション政策と財政・金融・産業政策との間の連携が不十分であること、政策の実行性が足りないことなどが考えられる。

　第三に、「政・産・学・研」連携によるイノベーション体制をさらに強化していく必要がある。「政・産・学・研」連携は依然として技術移転・共同開発・委託開発などの低いレベルにとどまっており、研究開発施設と技術連盟を共同で運営するなど、ハイレベルな連携は比較的少ない。コ

ア技術の開発について、政府の中心的な役割をさらに強化する必要がある。また、「四本柱」と称される「政・産・学・研」の連携、すなわち大学・研究機関・政府・企業がそれぞれ基礎研究、応用技術、重要なコア技術、研究成果の事業化を担うようにすべきだが、そのような連携によるイノベーションはまだ見られていないのが現状である。それに、知的所有権や利益配分の体制がまだ確立しておらず、インセンティブメカニズムやリスク・コントロールメカニズムも完全でないため、イノベーションための共同体の結成をいっそう難しくしている。

三、イノベーション力向上に関する政策提言

（一）国際協力戦略の見直しとコア技術の開発

　欧米諸国は成熟した技術の提供を禁じることができても、新規技術の開発を禁じることは難しい。研究開発に関して、一つの有力な方法は、海外に拠点を設けて国際提携を行い、欧米が禁じてない新規技術と生産技術を獲得していくことである。たとえば、浙江省は米国のシリコンバレーに在米浙江省イノベーションセンターを設立し、海外の優れた研究者とプロジェクトの浙江省への誘致に成功し、中米両国の人材・技術・資本などの協力を実現している。また、資本参加を通じて先端技術の獲得を図ること、たとえば、ベンチャー・キャピタルが海外のベンチャー企業を中心に投資やＭ＆Ａを通じて知的財産権及び国際競争力を有する企業を買収することなども挙げられる。

（二）軍民連携の技術イノベーションシステムの構築

　アメリカはかつてハイテク産業を発展させるために、防衛産業振興の産業政策を実施し、強い防衛産業の構築を実現すると同時に、民間のハイテク産業の振興にも役立ったのである。アメリカの経験を参考にし、軍民協

同の科学技術イノベーション体制の構築を加速させる必要がある。そのためには、第一に、軍需企業の持つ「優位性」を活かして、そのコア技術の所有権を明確にする。第二に、国の安全と発展という大局から、軍民協同の科学技術イノベーション体制を構築し、軍民による知的資源の共有を促進していく。第三に、軍需企業の主導の下、軍需技術の民間移転を促進すると同時に、民間技術の軍需への供与を促し、軍民技術連携の代表的なプロジェクト、ハイレベルプロジェクトの建設、軍民共同運営のプラットフォームの設置、インフラ、重要な実験室及び研究施設の共同使用に取組み、障壁を取り除いて、科学技術イノベーション資源の双方向の流動を促していくことが大事である。

(三) 中国の特色あるイノベーション環境の整備

　科学技術イノベーションを中心に、産業・研究開発・金融・財政政策の連携を強化し、いわゆる「政・産・学・研・資」（政府・企業・大学・研究機関・投資機関）が参加するイノベーション環境を整え、「企業集積＋各産業間の分業と協力＋研究開発拠点のクラスター化」のようなイノベーションネットワークを構築し、研究開発拠点の川上と川下との連携を実現させ、研究成果の事業化を促進する必要がある。そのためには、研究開発の効率を高め、研究開発への投資及び投資効果を高めることが大事である。まず、在来産業のモデルチェンジとレベルアップを促進する。「斜陽技術はあっても、斜陽産業はない」とよく言われるが、従来型の産業は新しい技術の導入を通じて生産効率と収益性を向上させると同時に、工業汚染を抑えることも可能である。次に、政府は汎用技術とコア技術の開発に力を入れる。具体的には、たとえば、江蘇省の経験では、地元政府による産業振興ファンドの設置や汎用技術開発機関の設立などがある。また、ドイツの経験では、政府系研究機関を設置して主要技術、コア技術の開発を主導し、科学技術イノベーション体制を補強することなどがある。最後に、政

府は研究開発成果の事業化プラットフォームを構築し、コア技術開発プロジェクトの支援、設備導入のサポートと研究開発拠点のクラスター化の推進に取り組む必要がある。たとえば、広東省東莞市では中国最大の研究開発のインフラ施設である核粉砕中性子源（CSNS）の導入に成功し、2007年の建設から2018年の稼働までの十何年の間に、その周辺地域に多くの研究施設と企業が集まり、完全なCSNS関連の産業チェーンとイノベーション環境が形成された例がある。

（四）研究開発グローバル・ネットワークの構築

　イノベーションの推進は当然グローバルなオープン・イノベーション・ネットワークの構築が必要である。現在の科学研究とイノベーション活動は、地域横断的・学際的・分野横断的な特徴を呈している。同時に、競争的・動態的・複雑な仕組みであるため、単一の企業や地域では、大規模なイノベーション活動を遂行することができなくなっており、グローバルなオープン・イノベーション・ネットワークの構築がぜひとも必要である。つまり、産業チェーンを中心に技術開発チェーンを配置し、技術開発チェーンを中心に資金供給ルートを形成させる必要がある。技術開発と経済とのリンク、研究開発の成果と産業とのリンク、開発プロジェクトと実際の生産能力増強とのリンク、技術開発チェーンと人材育成をめぐる国際的協力などを強化し、世界との共同協議・共同建設・共同享受を旨とするイノベーション・ネットワークを構築することが大事である。

（五）アメリカとドイツの経験とイノベーション活動の奨励

　まず、シリコンバレーを参考にし、国際イノベーションセンターを設置し、大学の研究チームと産業界との連携を促進し、イノベーションの環境を整え、企業の技術開発の活性化を図る。包摂的なイノベーション理念を確立し、開拓精神を尊び、失敗の許容、イノベーションのための冒険とハ

ングリー精神を提唱する。大学と研究機関のクラスター化を推進し、知的財産と技術の集積を高め、「資本―人材―開発成果」の好循環を作り出す。ベンチャーキャピタルを活用して、技術開発企業の成長と技術の事業化を実現させることなどが必要である。統計データによると、アメリカではベンチャー投資の経済に対する寄与度を測る投入産出比率は1：11であり、技術革新への寄与は一般投資の三倍であるという。また、ドイツの「政・産・学・研」（政府・企業・大学・研究機関）連携のイノベーション制度を参考にし、政府系研究機関の設立、コア技術と汎用技術の研究開発を主導する必要がある。ここでの研究開発は、民間企業の必要に応える形で行うことが基本であるが、状況に応じて方針を微調節することもある。ドイツでは、研究開発の経費の50％が連邦政府から、残りの50％は各州政府が捻出することになっている。ドイツの四大研究協会の内、フラウンホーファー協会はヨーロッパ最大の応用科学研究機関であり、72の研究所と研究機関、25000名の研究スタッフとエンジニアを擁し、年間研究予算は23億ユーロに達している。またここは「インダストリー4.0」戦略をいち早く提案したところでもある。

（六）イノベーションの社会環境の最適化

　まず、製品の公開入札について公正な参加基準を設定する必要がある。現在の入札基準は技術の開発能力ではなく、会社の売上高と社員数によって参加資格が決められているため、中小企業は、往々にして規模や社員数で参入から排除されたり、保守的な審査員に否定されたりしてきたため、市場参入条件を緩和し、主催企業のCIO/技術担当者には入札企業の技術能力で製品を選択するように説得することが大事である。また、国内企業にはその考え方を改め、基礎的ソフトウェアの役割を大事にし、その知的財産権をしっかりと守り、国産ソフトウェアをさらに採用するよう指導していく必要がある。国内企業は長い間APPの価値とサービスに着目して、

基盤ソフトウェアの価値を疎かにしてきたが、基盤ソフトウェアの開発は
巨額な投資が必要であり、投資の回収期間が長いため、採用する企業が少
ないと、国産基盤ソフトウェアの成長は難しい。企業には、国産基盤ソフ
トウェア開発の必要性、コア技術や知的財産権の保護意識を高めていく必
要がある。

註
1) 執筆者：逯新紅、中国国際経済交流センター戦略研究部研究員。

テーマ五

中米貿易摩擦の長期性と
質の高い発展[1]

2018 年 4 月 4 日、アメリカ合衆国通商代表部（USTR）は公式サイトで中国に対し、追加関税の対象となる約 1300 品目のリストを発表し、その輸入額は約 500 億ドルに相当する。製品の種類は航空宇宙・情報通信技術・ロボット・機械などの分野にわたった。それはリストに含まれる中国製品に 25% の追加関税を課す制裁案である。

最近、中米貿易戦争は一層激化しつつある。7 月 10 日、アメリカ政府はさらに対中制裁追加関税リストを発表し、約 2000 億ドルの中国製品に 10% の関税を引き上げようとしている。また、アメリカは頻繁に国家安全保障を理由に中国の対米ハイテク分野への投資をより厳しく制限しようとしている。

一、中米の技術競争とサプライチェーンの争奪

中米貿易摩擦の実質は中米両国の戦略に関わる「ハイテク戦争」である。これは単なる貿易戦争ではなく、その目的は貿易赤字の削減以外に、ハイテクと先端製造業分野で中国との技術競争及び産業チェーンの争奪であり、これらの分野における中国の発展を抑えることにある。技術競争とサプライチェーンの争奪は将来中米の経済力・政治影響力を左右するものである。

（一）貿易赤字と産業競争における中米両国の勝負

貿易赤字はアメリカが技術や産業分野で中国を抑えようとする口実に過ぎない。実は国際分業体制における中国の立ち位置がすでに中米貿易の実態を表しているのである。

改革開放以来、中国は安価な労働力という比較優位を生かして、加工貿易を中心とする外資系企業の誘致に成功し、それが貿易と国内産業の育成に重要な役割を果たし、貿易に占める加工貿易の割合がずっと 50% 近くまで上昇していた。たとえば、1995 年から 2006 年までの加工貿易額は

中国輸出入総額の 47% 以上を占めており、2007 年頃から加工貿易の割合が年々低下傾向にあるとはいえ、現在でも 30% を維持している。つまり、このような加工貿易の性質とサプライチェーンの世界的な配置の構造的特徴が中国のモノ貿易の黒字をもたらしており、現行の統計基準と方法によるところも大きい。中国の製造業分野での競争力がますます強くなるにつれて、多くの分野で川上、川下の産業がきちんと整ったサプライチェーンが形成されている。現在、中国の産業競争力はバリューチェーンの「川上」へのシフトが加速しており、中米両国のハイテク産業分野での競争も徐々に激化してくる。

(二) 中米の技術とサプライチェーンの争奪

　まず、アメリカはその戦略的な思惑から中国のハイテク産業に対する抑制を強化しようとする意図が明らかである。国際戦略問題研究所 (CSIS) のスコット・ケネディ (Scott Kennedy) 研究員は、「中国の能力と目標は、バリューチェーンのさらなるシフトであるが、これは、アメリカ最強の経済分野、かつ国家安全に関わるハイテク産業を脅かすことであり、もうこれ以上見過ごすわけにはいかない」[2]と述べている。このような認識を背景に、アメリカは中国に対して通商法 301 条に基づく調査を発動している。

　具体的な内容を見ると、「301 条調査」は中米間の貿易赤字を減少するために、発動したように見えるが、実際にはハイテクや先端製造業分野でアメリカに対する中国の現実的または潜在的な挑戦を抑制することが目的である。　2017 年 8 月 18 日、米国通商代表部は中国に対する「301 条調査」を正式に発動し、一年後の 2018 年 3 月 23 日にその調査報告書が発表された。「301 条調査」報告書では、中国の産業政策と目標が紹介され、とりわけ「中国製造 2025」に指定された 10 大産業の分析に重点が置かれている。その中で中国が不公平な技術移転策、差別的なライセンス規制、

対外投資政策などを利用して先端技術を入手したと非難し、中国の関連法規・政策・やり方がアメリカの産業競争力に脅威を与えており、特に中国の産業政策上重要とされる産業部門がその中心的な役割を果たしたと指摘されている。また、中国政府は投資審査を通じて外資を制限する一方、対外M&Aによってハイテク資産を取得している。これらの措置を通じて中国は企業への技術移転を強要し、中国産業の全体的な技術向上を図ろうとするとも指摘された。

　また、2019年以来、アメリカは中国の正当な主張と誠意を無視し、さらには両国協議で合意された内容を反故にし、激しい剣幕で迫ってくる。その一連の行動の目的は、貿易赤字の解消ではなく、実はハイテク産業をめぐる優位性の争奪にあるのである。

二、中米貿易摩擦の見通し

（一）長期化する中米貿易摩擦

　アメリカが貿易戦争を仕掛けた二つの動機から考えてみると、貿易赤字と技術分野での争いは短期間では終結しない。貿易赤字が貿易摩擦の真の理由ではないにしても、短期間でこの貿易赤字が解消されないのは、両国の経済と産業構造によって決められているからである。また、中米貿易戦争の本質は中米両国が技術とサプライチェーンをめぐる争奪だと言っても、実は、技術もサプライチェーンもシステミック的で、生態系そのものであり、グローバル化の中で、アメリカが貿易戦争を仕掛けることで、資本・技術移転・サプライチェーンの移転を阻止しようとしても、おそらく独り勝ちはできないだろう。

　アメリカのトランプ政権は反体制・反グローバル化・ポピュリズムの高まりの中で発足し、貿易赤字縮小をそのマニフェストの一つとして掲げてきた。もちろん、このマニフェストは貿易赤字に対する、誤った認識によ

るものであり、事実と論理的な根拠が欠けている。それにもかかわらず、中国の経済的・政治的影響力が拡大するにつれて、アメリカ国内では中国に対する反発の声が高まっている中で、ポピュリズムまたは違った形で現れるポピュリズムは短期間で消えることはないだろう。したがって、中米間の貿易摩擦はトランプ政権に限ったものではないともいえる。

(二)「戦略競争」の行方を左右する中国自身の実力

中米の「戦略競争」については、開放をさらに拡大し、技術革新と産業構造の高度化を加速させ、戦略的判断を持ち続け、改革をさらに浸透させ、中国の自身の優位性を生かしていくことがなによりも大事である。

1、対外開放の拡大と外資導入優位性の確保

多国籍企業及びその投資活動は技術と産業移転にとって非常に重要な役割を果たしており、また、新たな技術革命は世界のバリューチェーンの再構築を引き起こしている。その中で、ハイテク産業を中国へ誘致するために、対外開放をさらに推進して、外資を積極的に導入することは何よりも大事である。

これまで、市場と生産コストが中国の外資導入の二つの有力な条件であった。中国の膨大な人口は潜在的な消費市場を意味し、外資導入の最大の優位性として、中国の改革開放のあらゆる段階においてクロスアップされてきた。

また、生産コストについては、21世紀に入ってから、中国の外資導入は2段階に分けることができる。つまり2000年から2012年まではコスト優先の段階であった。2001年のWTO加盟により、中国の本格的な対外開放が始まり、2012年までは低い生産コストが外資系企業にとって最大の魅力であった。2012年以降は効率優先の段階に変わっている。2012年頃から、中国では労働者の賃金が上昇しはじめ、人件費が徐々に高くなっ

ており、また、新しい労働法の施行もある程度人件費の押し上げ要因となった。この頃からサービス業中心・コスト削減・インフラの整備などが外資導入の先決条件になったのである。

2、イノベーションによる産業構造のシフト

改革開放以来、中国では科学技術イノベーションへの投資においても、イノベーションの成果においても著しい成長を遂げた。2000 年から 2013 年まで、中国の R&D 投資額は 20% 近くの高度成長を維持している。2014 年以降その伸び率が鈍化したものの、依然として 10% 前後の伸び率を保っている。

三、政策提言：開放政策の継続と質の高い発展への転換

中国の中米貿易摩擦に対応するキーワードは、技術革新と産業の高度化である。中米貿易戦争が長期的で戦略的なものであるため、その対応も長期的なものにならざるを得ない。大事なのは、中国自身の発展に立脚して開放を拡大するとともに、国内経済発展の構造的問題を解決することである。

（一）構造の最適化、技術のブレークスルーと産業の高度化により、質の高い発展の推進を

改革の深化を堅持し、経済発展の中での不十分・不均衡現象を中心に据え、長年抱えている構造問題の解決に注力する。地域間、都市・農村間の調和発展を促進し、金融市場分野のリスクコントロールを強化し、政府機能の十全化を加速させ、生態文明の建設を保障し、内需拡大に積極的に取り組むことなどが大事である。

革新駆動戦略を実施し、産業の高度化を促進すべきである。というのは、革新駆動は質の高い発展を実現する最も重要な条件であり、イノベーションへの投資を増すことは大きな意義があるからである。そのためには、イノベーション体系を十全化し、R&D 経費の増加を奨励し、国家・企業・国有資本・民間資本のそれぞれの優位性を発揮させ、さらにイノベーション人材の育成に有利な環境を構築することが必要である。

（二）外資導入のさらなる強化

外資導入のさらなる強化について大事なことは、ビジネス環境の改善である。グローバル人材を育成すると同時に、希少な技術人材を積極的に引き入れ、ネットワーク環境と IT インフラを改善し、情報の自由流通と有効利用ができるようにすること、また、法制度の整備を強化し、法による支配を堅持し、行政の規制を緩和させること、外資系企業に内国民待遇を与え、投資や貿易の国際ルールに合わせるように取り組むことなどが大事である。また、これまでの優遇措置をなくし、国内企業と外資系企業を同じ条件で競争させる環境を構築することも必要である。外資投資の管理体制をさらに改革し、外資参入へのネガティブリスト管理を実施し、外資参入の規制を緩和し、公正な競争環境を整備しておくことが急務である。

（三）中国企業の「外に出ていく」支援

企業の競争力の向上を前提に、技術・資源・市場を獲得するために、より多くの中国企業が海外へ進出し、国際競争に積極的に参加しているが、これを力強く支援していく必要がある。たとえば、「一帯一路」構想に基づき、沿線国のインフラ整備への参加を推進し、中国企業の一層の「外に出ていく」のを後押しすること、産業協力やサービス貿易分野などで沿線諸国との連携を強化すること、自由貿易圏を構築し、互恵的な対外開放を実現することなどが考えられる。また、対外投資の多様性を図り、国際間

の産業協力を促進し、世界的な貿易・投融資・生産・サービスネットワークを形成させ、国際競争力の向上を図っていくこともわれわれの目指すべき目標の一つである。

（四）輸入のさらなる拡大

輸入拡大は国内の多様化・個性化してきた消費需要への対応、国内産業の活性化及び人々の生活の豊かさの向上に役立つものであり、また、輸入拡大により形成されたより競争的な市場環境は、国内企業の競争力強化にも役立つであろう。さらに、輸入拡大・貿易黒字の削減・人民元の国際化の推進は、国内でマクロコントロール政策の実施、中国の世界経済に対する発信力の強化にも有利である。このような経済・貿易の関係強化は安定した国際関係の構築に資するものであり、アメリカの制裁や挑発に対応するための国際政治・経済の環境作りにもなるかもしれない。

註
1）執筆者：林江、中国国際経済交流センター経済研究部リサーチ・アソシエイト。
2）「For the U.S. and China, a Technology Cold War That's Freezing Over」、『ニューヨーク・タイムズ』、2018年3月26日

テーマ六

長江内航輸送のレベルアップと地域協調[1]

2018 年 4 月、習近平総書記は武漢で開かれた長江経済ベルトの発展推進に関する座談会において、重要談話を発表した。その中で、「共に自然保護に取り組み、大規模な開発をしない」ことが改めて強調され、生態優先・グリーン発展の弁証法的関係を実現し、長江経済ベルトの発展で経済の質の高い発展を促進することを明確に述べた。総書記が言及した五つの関係の処理の中で、この章では、地域独自の発展と共同発展との関係に重点を置いて私見を述べる。

一、長江内航輸送のレベルアップと質の高い発展

習近平総書記は長江ベルトの経済成長について、次のように述べた。「長江経済ベルトが有機的に融合した効率的な経済体（エコノミー）とするよう努める。流域経済としての長江経済ベルトは内航・道路・港・沿岸・産業・都市など多分野に関わるため、システムアプローチ理論の応用による取り組み、地域独自の発展と協同発展との関係を正しく把握する。長江経済ベルトの各地域及びその各都市は、自身の発展を図る中で、長江経済ベルト全体の発展の大局に立って、『一局の碁（全国が一丸となる）』という考え方を打ち立て、独自の発展、調和発展、有機的融合を実現し、全体的な一丸の力を形成することができる」。科学的な体制・メカニズムを確立してこそ、「自分の縄張りを重視する」というような従来の思考から脱却して、ベルト全体の成長を実現することが可能である。具体的な取り組みとして、①効率的な内航輸送を通じて内航と海上輸送力を高めること、②港間の業務提携を通じて港湾の競争力を向上させること、③税関のワンストップサービスを通じて通関業務の効率を改善していくことなどにより、長江内航輸送の利用価値を一層向上させることである。

（一）長江ベルト経済と質の高い発展の内容としての「生態優先・グリーン発展」

　長江経済ベルトの生態系保護は、中国経済全体の質の高い発展に関わる課題である。長江ベルトには、11 の省・自治区・直轄市が含まれ、5 分の1 以上の国土をカバーし、人口規模と GDP 総額はともに全国の 40% を超えている。長江の内航輸送を軸として、このベルト地域は中国の東部・中部・西部の三大地域に跨り、南部・北部をつなぐ中心地域でもあり「経済的バックボーン」であると言ってよい。そのため、長江経済ベルトの質の高い発展は、中国経済全体の質の高い発展、グリーン発展の重要な支えになると想定されている。

　生態文明建設の先行モデルベルトの整備は、すでに目覚ましい成果を上げている。第 18 回党大会以降、長江沿岸地域では生態優先・グリーン発展を中心に、長江経済ベルトの質の高い発展の模索を続け、すでに著しい成果を得ている。たとえば、河川の水質汚濁の回復、航路の整備、湿地の回復、水質モニタリングなどの対策が積極的に実施され、とりわけ化学排水汚染の防止が最優先事項とされてきたことである。化学排水汚染は長江の主な汚染源の 1 つであり、それを根絶する必要があった。そのうえ、一部の斜陽産業を淘汰する目的で、国が長江沿岸の環境脆弱性地域にある化学工業団地と関連企業を移転または閉鎖するという特別な行動計画を実施していることもあって、各地方政府は歩調をあわせて、「無臭化学工業団地」の建設、新型化学工業企業の誘致に取り組み、すでに一定の成果をあげている。

　イノベーションの加速により、長江経済ベルトのグリーン発展の原動力の変革を推し進められた。各地方政府は現状を踏まえ、いわゆる「黄金の 10 か条」など、経済の実体に即した一連の効果的な政策を打ち出している。その具体的な内容は、民間企業の成長促進、実体経済への金融支援、企業誘致の促進、起業・革新の支援、人材の育成、研究開発の促進、ヘッ

346　Ⅱ部　テーマ別研究

ドクォーターエコノミーの推進などが含まれ、その目標は実体経済の発展
パターンの転換、質と効率の向上、革新的発展の実現である。たとえば、
上海自由貿易区では、イノベーション理念の転換を図り、すでに 100 以上
の制度革新の成果をあげている。成都自由貿易区は設立から 100 日のうち
に、すでに 1000 億元以上の新規投資を獲得している。湖北自由貿易区で
は新しい優遇策が次々と打ち出され、区内企業に実質的な便宜をもたらし
ている。

（二）長江経済ベルトの質の高い発展と内航輸送ルート建設

　長江の内航輸送は中国の戦略的インフラの一部である。アメリカの内陸
州とヨーロッパ内陸国の経験から見ると、内航輸送は内陸国経済成長のた
めの戦略的インフラの一部だということがよくわかる。内航輸送が発達す
れば、内陸国の経済成長が加速し、内航・海上の輸送を通じて、さらに世
界に進出することが可能である。たとえば、米国の有名なミシシッピ川の
内航輸送、ドイツのライン川の内航輸送など、その経済効果はいずれも世
界トップクラスにランクインしている。長江は国内水資源の 36.5%、開発
可能な水力資源の 48%、内航輸送総距離の 52.5% を占めており、その貨
物輸送量は世界内航輸送の第 1 位である。また中国の東部・中部・西部の
三大地域を横断しているため、中国経済社会の持続可能な発展のための戦
略的インフラであると言える。

　内航輸送ルートの建設を通じて長江ベルト経済の質の高い発展を促進し、
中国経済の新しい成長エリアとして育成していくことが急務である。

　当面は、次のような取り組みが求められる。まず、長江内航輸送能力の
向上、総合的・立体的な輸送ルートの整備、産業構造のアップグレードの
加速、沿岸都市の立地条件の最適化、対外開放の新たな優位性の構築、エ
コ生態系の建設、地域協調体制とメカニズムの変革などであり、これらの
包括的な政策措置を実施することを通じて、長江内航輸送ルートを長江ベ

ルト経済の質の高い発展のための基軸として建設を進めていくこと。次に、長江内航輸送ルート特有の優位性、ユーラシアのランドブリッジとしての役割を十分発揮させ、長江デルタ都市群、長江中流地域にある中部都市群と成都—重慶などの西部都市群を含む三大都市圏を中心とする上海・武漢・重慶の三大輸送センターとしての役割をさらに強化し、中西部地域の産業のモデルチェンジ・高度化を加速させることなどを通じて、長江ベルトを最も国際的な影響力を持つ経済ベルトに構築していくことなどが必要であり、もちろんこれは十分実現可能なことである。

（三）内航輸送能力の向上と地域協力

　長江経済ベルトには地域間の経済格差が大きく、地域協力体制が完全に確立されたとはまだ言いがたい。このベルトには、東部の江蘇省・浙江省・上海市の経済先進地域と、西部の雲南省や貴州省などの経済的に遅れた地域があり、経済成長のばらつきが大きいのが特徴の一つである。2017年、江蘇省・浙江省・上海市の1人当たりGDPは約1万6000ドルだったが、貴州省の1人当たりGDPはわずか5000ドルほどであった。

　地域協力によって、長江の内航輸送能力を向上させ、長江経済ベルト地域を完全に統合された産業集積地域に構築していく必要がある。現在、長江ベルトの11の省・市・自治区の間には、行政上の障壁、産業構造上の類似性、市場環境の不備などの問題がある。そのため、改革開放を深化させ、行政上の障壁を取り除き、長江内航輸送ルートを利用して、沿海地域と中西部地域との相互補完を実現し、相乗効果が得られるような経済ベルトを構築すること。さらに、長江デルタ地域・長江中流地域・成都 - 重慶の三つの主要な都市圏のインフラの共同整備、生産要素移動の自由化などの取り組みを通じて、地域の政策連携・産業の相合補完・内航輸送能力の向上を実現し、全流域で統合され、オープンで完全競争の市場環境の構築を目指していくことが大事である。

二、長江内航輸送の成果と課題

近年、長江内航輸送ルートの建設は順調に進んではいるものの、課題も若干残されている。

（一）ベルト地域の経済成長の促進と長江内航輸送ルートの建設

これまで、長江内航輸送幹線の整備により、その輸送能力が増強され、全域への経済波及効果がすでに現れてきており、また、総合的・立体的な交通システムの建設計画の実施が加速され、いわゆる複合一貫輸送の面でも一定の成果を収めている。具体的には、第一に、市場の資源配分機能が十分活かされ、下流の長江デルタ地域から中西部への産業の順次移転が進められ、3大都市圏の中核都市では世界レベルの産業クラスター育成の進展がすでに見られていること。また、世界の技術革命と産業変革の有利なチャンスをしっかりとらえて、長江の全流域で要素駆動から革新駆動への転換が図られているということである。第二に、産業集積・地域連携・実情に合った政策対応などの基本的な考え方を踏まえ、地域の特色を持つ新型都市化の道を模索することである。都市化発展の体制・メカニズムの刷新により、都市化の質的向上を図る。第三に、「一帯一路」イニシアチブに呼応する形で、対外開放の新しい局面が形成されていることである。具体的には、長江デルタ地域が引き続き対外開放の主導的な役割を果たしていること。また、雲南省の東南アジア地域との協力強化を目的とする対外開放センターの建設が進められており、海上「シルクロード」経済ベルトとの連携がいっそう緊密になっている。国際間の陸路輸送では中国－ヨーロッパ間の貨物列車の運行がすでに恒常化しており、2017年に貨物列車の運行はすでに前年比116%増の3673本に達しているが、これは過去6年間の合計を上回っている。対外開放の窓口である貿易港の通関速度は大幅にアップしており、長江沿岸ではすでにワンストップ通関が実現され、

今後、通関の迅速化による利便性は長江流域全体に波及していくものと推定される。最後に、地域協力の体制作りにおいて、地域行政障壁の解消と経済協力メカニズムの活用により、経済協力圏が確立されることである。つまり、地域協力メカニズムが機能することによって、地域市場の統合が促進されること。地域の産業開発計画をもう一度見直し、ベンチャーキャピタルファンドを設立し、地域の土地開発協力体制を模索することによって、インフラ整備と公共サービス普及への連携を強化することなどである。

(二) 主な課題

　長江経済ベルト地域の経済協力ビジョンのさらなる充実が必要である。第一に、長江ベルト地域の経済協力と「一帯一路」イニシアチブとの連携を強化する必要がある。第二に、各種開発計画間の連携がまだ不十分であることである。国家開発計画・地域開発計画・特別開発計画の間の相互関連がはっきりしないため、一部地域では開発計画の実施が滞ることもあった。第三に、計画推進の優先順位について地域間の協調が不十分であることである。長江ベルト開発戦略の枠組みの中で、各省・市では重点プロジェクトを中心に開発が進められているが、プロジェクトの立案・難関突破・秩序ある推進などの面でお互いに協調を図りながら取り組んでいくことが大事である。特に農村地域の道路建設にはさらに力を入れる必要がある。

　ベルト地域の政策連携体制が十分機能しているとは言えない。第一に、既存の地域協力体制は比較的緩やかなものであり、包括的・専門的かつ協調性のある協力プラットフォームが設置されておらず、本当の意味での長江ベルト地域の協力体制はまだ確立されていない。第二に、地域本位の思考が地域統合の妨げになっている。第三に、ベルト地域の産業育成協力体制がまだ形成されていない。産業育成が単独で進められているため、各地域の産業構造も域内で形成されるところがほとんどである。地域全体の効

果的、合理的な産業育成の制度的枠組みが欠けているため、地域間の産業
構造の類似性が大きな問題となっている。

　さらに、ベルト地域の協力枠組みの構築には、阻害要因がいくつかある。
第一に、行政上の協同・協調および共同推進の体制・メカニズムがいまだ
形成されておらず、いくつかの顕在的・潜在的な障害が存在している。た
とえば、生態系の保護制度が確立されていない。西部の貧困地域での鉄道
建設について収益性が過度に強調され、その公共性が疎かにされている面
がある。第二に、投融資・許認可・鉄道事業などいくつかの重要分野にお
ける改革を遅らせている要因がまだ残されており、その解消に力を入れる
必要がある。

三、政策提言

　長江経済ベルトの振興は、複雑かつ困難極まる長期的なプロジェクトで
ある。この戦略的な構想を実施するには、中央政府の統一的手配の下、大
局に目を向け、トップダウン設計と制度設計を強化することによって、長
江内航輸送の計画および実施を加速させる必要がある。さらに、長江経済
ベルトの質の高い発展を推進する計画を策定し、ベルト地域開発に関する
法制度の整備を促進することにより、開発の目標を実現するための地域間
の協調・協力体制の構築を加速させる必要がある。

（一）長江内航輸送の整備計画の策定・実施の加速

　長江内航輸送ルートの整備のトップダウン設計を強化し、地域包括的な
開発計画の策定に取り組む必要がある。「長江経済ベルト発展計画要綱」
「長江内航輸送に依拠した長江経済ベルトの発展促進に関する指導意見」
「長江経済ベルト工業のグリーン発展推進に関する指導意見」など関連政
策の実施に力を入れ、長江内航輸送ルートの整備を加速させるための特別

プロジェクトの設置や関連条例を策定する。関連計画との連携を密にし、長江内航輸送ルート整備計画の実施、モニタリング・評価体制を整える。プロジェクトの進捗状況や国内外の新しい環境変化につねに留意し、新しい変化に応じて計画内容を調整・刷新していく。既定の目標を達成するために、明確なスケジュールとロードマップを策定し、着実かつ段階的に実行する。

(二) 長江ベルトの良質な経済成長計画の策定

長江経済ベルトは中国経済の中核部分であり、経済の活力と持続可能な成長のカギを握っており、国全体の質の高い発展の実現に関わっている大問題と言ってよい。新たな局面を迎えた中国経済は、すでに質の高い発展段階に入っており、長江経済ベルトを中国の質の高い発展のモデルケースにするために、有効な開発計画を早急に策定する必要がある。R&D 強度という指標があるが、これは経済の成長段階を観測するのに非常に便利な指標である。R&D 強度が 1.0 未満の場合は資源先行型経済であり、2.0 未満は投資先行型経済であり、2.0 以上はイノベーション先行型経済である。R&D 強度により、長江ベルトの 9 省 2 市をイノベーション先行型・投資先行型・資源先行型の三つに分類し、さらに質の高い発展の先行地域（外需主導）、後続地域（モデルチェンジおよびアップグレードのための産業移転先）、後発地域（生態系の脆弱な地域が多く、地方交付税や補助金交付の面での優遇が必要）に分けて、対応策を考える必要がある。

(三) 長江流域開発における法制度の整備

以下の法規体系を整備していく必要がある。たとえば、ベルト地域の社会統治と行政制度、環境と経済成長に関する包括的な法規、ベルト地域間の水利事業の推進、水利関連産業のモデルチェンジ、水資源の分配、水利施設建設への投融資制度などを含む法制度、ベルト地域の内航輸送ルート

の建設を統合させ、長江航路を統一管理し、堤防補強責任を明確にし、船舶の標準化および流域生態系の回復などの法制度、長江ベルト地域の各主要水域の特別な要求に応じて、水源地生態系保護のレッドラインの設定、洞庭湖と鄱陽湖の水資源の有効利用、三峡ダムを中心とする長江主支流ダム群の水資源の有効配分、河川口の整備、河川への排水口のモニタリング、各地域の水利施設の管理に関する法制度などの整備に取り組む。

註

1) 執筆者：馬慶斌、中国国際経済交流センター産業研究部研究員。逯新紅、中国国際経済交流センター戦略研究部研究員。

テーマ七

広東省の質の高い発展の
実態に関する考察[1]

第19回党大会の報告は、中国経済はすでに高速成長から質の高い発展の段階に入ったと指摘されており、2019年「両会（全国人民代表大会と中国人民政治協商会議）」期間中、習近平総書記は広東省の発展に非常に関心を寄せ、「四つの先頭に立つ（経済の質の高い発展を促す体制・メカニズムの構築で全国の先頭に立つ、現代化経済体系の構築で全国の先頭に立つ、全面的開放の新たな枠組みの構築で全国の先頭に立つ、共同建設・共同統治・共同享受に基づく社会統治システムの確立で全国の先頭に立つ）」という新たな要求を行った。現在、世界はこの100年にはない大変動の真っただ中にあるといわれており、この情勢の下で広東省経済の質の高い発展を推進していくことは、それ自体大きな意味を持つと言えよう。

中国の改革開放の最前線にある広東省は、これまでの40年間、とりわけここ10年間の改革の発展によって、供給側構造改革、構造の転換、成長原動力の転換において全国の先頭を走っている。当面、広東省はより高い見地に立ち、改革を浸透させ、より高いレベルの対外開放、より高い次元でのイノベーションの推進に取り組む必要があり、またその環境もすでに整っている。この状況の下、広東省が、課題を変革の原動力に変え、質の高い発展の実現に取り組んでいくことは、むしろ時宜にかなったものと言えよう。

一、国内外経済情勢に関する基本的判断

（一）当面の課題：主要国経済の弱含みの回復と両極化

国際通貨基金（IMF）が発表した報告書や米連邦準備制度理事会（FRB）のパウエル議長の発言などを総合すると、当面、世界の主要国経済は成長が減速する見通しである。中でもドイツと日本は今年度の前半3四半期の年間成長率はそれぞれ1.2%、0.8%に減速するとの予測であり、アメリカは利上げなどの影響から、不動産などの先行指標はすでに下がり

始めており、IMF はすでにアメリカの 2019 年度の成長見通しを 3.5% から 2.5% に下方修正している。その他、イギリスの EU 離脱、アメリカ・イラン間の紛争による石油供給の不安定なども世界の経済成長を制約する短期的な不安材料である。

（二）将来的な課題：ハイテク製造分野での排除、通常製造分野での競争激化

世界産業チェーンにおける中国の立ち位置の変化に備える必要がある。アメリカはすでに中国を戦略的競争相手と見做しており、たとえ中米の貿易摩擦が一時的に緩和されたとしても、長期的には多くの分野でますます競争が激化していくだろう。将来、ハイテク材料・輸出規制・投資制限・人材交流・知的財産権などの分野で攻防が激しくなることが十分に予想される。ファーウェイ（華為）や ZTE（中興通訊）を 5G の公開入札名簿から削除されたことはその一例である。アメリカの一連の政策措置の狙いは、中国の実体経済、とりわけ製造業やイノベーション、とりわけハイテク技術力を弱体化していくことである。アメリカは日本やヨーロッパと手を組む姿勢を鮮明にする中、インドやベトナムなどのミドル・ローエンド産業の成長が勢いづいており、中国の一部輸出企業は海外移転の動きが活発化しているのが現状である。

総合的に見て、国際経済情勢は短期的にも、中長期的にも厳しさが増してくるのが確実であり、特に広東省は対外開放の中核地域として、輸出総額が全国の約 3 分の 1 を占めており、大きな影響を受けることが予想される。一方、中国経済の内需主導型の成長は、ここ数年新しい進展が見られているのも事実である。2008 年の国際金融危機以降、輸出依存度が徐々に下がってきており、貿易の GDP に占める割合は 30% から 15% へ、その内、貿易黒字の GDP に占める比率は 11.3% から 1.3% にまで下がっている。内需の経済成長への貢献率はすでに 100% を超え、2018 年度の第 3 四半期には 109.8% にまで拡大している。それ故、われわれが自信を持っ

356　Ⅱ部　テーマ別研究

て構造改革とイノベーションを推進し、経済の安定性と強靭性の増強に取り組む環境は十分整っていると言えよう。

二、広東省経済情勢に関する判断

　当面の国内経済は順調な成長を維持しつつも、変化が見られ、相対的に緩やかなものとなっている。広東省の経済は外需中心という特徴が顕著である上、アメリカとの貿易戦争の最前線でもある。こうした国内外の諸要素を考慮に入れて見ると、今年から来年あたりまでは安定の中でも経済の下押し圧力が強く、緩やかな推移を維持しつつも、危機があるという基本的な状況は変わらないが、対応次第ではあるいはその危機がチャンスになる可能性もあるかもしれないというのがわれわれの基本的なスタンスである。実は、ここ数年来の国内経済減速の主因は海外ではなく、国内にあったと言ってもよい。したがって、経済成長および産業育成の基本法則に従い、当面の中国経済は量的な高速成長から質の高い発展への転換の過渡期であることをしっかりと把握し、中央の要求にしたがって改革を深め、質の高い発展に適した政策措置を講じれば、外部の圧力を成長の原動力に転換させることも可能である。

（一）広東省当面の経済情勢とその要因の分析
1、広東省の経済は当面安定を保ちつつも変化が見られ、危機の中にもチャンスがある

　広東省の経済情勢は次のような特徴がある。第一に、安定を保ちつつも圧力を受けているということである。投資・輸出・消費などの指標は2017 年の同期に比べると減速傾向にあり、とりわけ製造業投資と民間投資の減少が一段と顕著になっている。一方、当面の貿易データを見ると輸出にやや増加傾向がみられるが、それはアルゼンチンのブエノスアイレス

で開かれたG20（主要20か国・地域）サミットで、習近平主席とトランプ大統領との会談により、2019年元日から米国が中国製品2000億ドル分の製品に対する追加関税を10%から25%への引き上げが見送られたという一時的な要素によるものであり、2019年輸入する商品の事前契約や将来の交渉における不確定要因などを考慮に入れると、広東省の輸出は大きな影響を受ける可能性が依然として高い。

　第二に、安定を保ちつつも不安材料があることである。一部の民営企業とりわけ中小企業が深刻な経営難に直面しており、資金調達が難しく、土地や労働力のコスト上昇、環境保護と社会保障関連の税・費用などの大きな不確定要素により、生産を中止したり、倒産したりする企業が続出するなど、企業の事業構築、投資拡大などの経営マインドに悪影響を与えている。陶磁器業界を例に取ると、筆者の実地調査で、例年は、11月になってはじめて窯を止めるのだが、2018年には年度早々の3月にすでに窯を止めた企業も少なくなかった。また、7月と8月の業界の売上高は例年より18.9%減少し、設備稼働率は50%強しかない（1～8月の実際の生産量は61.3億㎡であったが、総生産能力は114億㎡もある）ことが分かった。2019年からアメリカの対中関税の引き上げや関税リストの拡大が実行されたら、この問題はますます深刻化していくだろう。

　第三に、安定を保ちつつも変化があることである。その中で、大手企業・有名企業・コンプライアンスのしっかりしている企業は、利益率や市場シェアなどの指標が順調に伸びるとともに、産業の集積度が上昇しており、科学技術イノベーションへの投資の増加、企業の競争力と貿易摩擦に対するヘッジ能力の向上が見られるなど、安定を保ちつつ上向いている。省内の大手企業やイノベーション先行企業は概ね市場変動に対応する能力が高いので、政策面のバックアップや誘導を適時実施すれば、経済下方修正の影響を吸収する可能性は十分ある。

2、海外ではなく、国内経済の下押し圧力が主因

当面、中国経済の下押し圧力の主因としては、中米の貿易摩擦など外面的なショックによるもの、とりわけ企業が為替変動のリスク、関税の引き上げ、東南アジアやインドなどの新興経済国の競争力の上昇などへの対応に起因するものもあるが、一方では、前期政策調整の影響、たとえば不動産開発への規制、環境保護や会社従業員を対象とする社会保障政策の改正など構造改革からの影響もある。これ以外に、政策を実施する過程で経済、産業育成の要求に反するやり方によって、企業側の負担をさらに増大させた一因もある。

（二）いくつかの課題

政策を実施する中で、国のマクロ経済政策の安定性と地方での政策運営の柔軟性との間の歩調合せが課題である。こうした両者のミスマッチについて、ある地方政府の幹部は、当面の経済運営の矛盾について、次のように語った。「政策実施の中で、実は中央政府と地方政府との思惑は必ずしも一致するとは言えない。国が景気対策を実施するには、もちろん景気の上昇が望まれるが、地方政府は逆に景気後退のほうが都合よい。というのは、景気が上昇していくと、中央政府は景気過熱を警戒し、引締め政策に転じる傾向が強く、やることすべてが制限されてしまう。しかし、景気後退となると、今度は逆に銀行の金融政策が緩和に転じ、発展改革委員会のインフラ整備投資や国家開発銀行の政策融資の規模も拡大するようになる。多くの政府部門はマクロ的な統計データを参考に政策を立案するので、景気上昇局面では、過熱を抑えるために効率の悪い部門を引き締めると同時に、効率がよく、さらにより良い方向へ向かっている部門にもストップをかけてしまう。その一方で、景気の後退局面では、いままでの制限がすべて緩和に転じていく。要するに、満遍なく無差別な政策の施行が多く、政策の立案も市場の変化や法的なルールを踏まえたものではなく、不透明な

ものが目立つ」。この幹部の話は実に印象深いものであった。

1、民間企業の経営やイノベーションに対する不安

筆者の実地調査の中で、ある経営者は「ぶるぶる震えている」という言葉で民間企業が当面の経済情勢や政策動向に対する心境を表現していたが、とりわけ一部のメディアで展開されている民間企業の位置づけ、民間企業への労組幹部の派遣および従業員持ち株などの問題についての議論は、民間企業の敏感な神経にさらに刺激を与える結果となっている。それに対して、中央が改めて「二つの揺るぐことなく（①揺るぐことなく公有制経済を打ち固め、発展させる、②揺るぐことなく非公有制経済の発展を奨励し、バックアップし、導く）」を強調したことは、政策に対する予期せぬ不安を払拭するものであり、民間企業の投資拡大、経営マインドの維持に好影響を与えている。

2、中米貿易摩擦などに対する国内企業の対応の乱れ

アメリカが一方的に貿易戦争を仕掛けたことによって、中国企業の貿易空間が圧縮される事態となっている中で、さらに、一部の国はその機に乗じて、関税および非関税障壁を設けたので、中国企業の輸出はこれまで以上に困難に直面している。筆者の実地調査では、広東省のある陶磁器製造企業は最近の貿易摩擦の影響を受け、輸出許可が何か月経ってもまだ下りてこないという前代未聞の事態に遭遇しているのである。また、輸出環境が悪化する中で、企業が税負担や為替リスクの分担などの問題について海外の相手企業と交渉するとき、国内企業同士間の協力意識が薄く、関税の引き上げ、為替レートの変動及び第三者の参入などによるリスクへの対応にちぐはぐさが見られるなど、足並みの乱れが問題である。

3、企業許認可制度の円滑な実施の課題

現在、地方政府の政策担当者の法的意識は徐々に向上してはいるが、逆にルール厳守が過度に強調された結果、政策の執行に融通が利かず、形式主義になり、政策コストが高くなり、効率が下がっていくことが問題である。たとえば、投資プロジェクトの審査・認可など実際の手続きの施行において、軽重緩急を問わず、すべてを一連の会議にかけて決めるため、会議や書類は増えたものの、効率は逆に低下している。これについて、ある地方政府の幹部は、「いまはコンプライアンスを守れということで、正式な行政文書に書いていないものは実施しないし、実施できないというのが現状である。今までは、法規と言っても大雑把なものが多く、不条理に見えても現地の実情に合った施策ができたため、企業の政策環境はわりとゆったりしたものだった。しかし、現在は統制が厳しく、潜在力のある企業や有望な事業プロジェクトも貴重なチャンスを失ってしまう」と感想を漏らしていた。

要するに、政府は行政簡素化と権限委譲を推進すると同時に、規制の撤廃や緩和に力を入れることが必要である。そのためには、一日も早く許認可に関するネガティブリストを策定し、法の枠組みの下での政策実施のプロセスを整備し、不急不要の会議・書類・査定などを減少させなければならない。たとえば、ある地方の新エネルギー自動車の生産メーカーは、設備・技術・市場などの諸条件が揃っているのに、政府部門の許可がなかなか降りてこないために、稼働できないというケースがあった。こういう成長可能な産業に対しては、柔軟な対応・ワンストップの手続き履行が必要であり、法的規範さえ逸脱していなければ、過度の行政介入は極力回避すべきである。中国経済の成長は地方政府や民営企業の努力によるところが大きいため、地方政府の施策に柔軟性を持たせるべきである。特に新規産業の場合、完璧な企画立案を整えてからはじめるのは現実的に無理があり、成長の好機を逃してしまう可能性がある。権限を集中するのではなく、移

譲すべきであり、財政補助金を出すのではなく、不要な介入を止めるべきある。現在の中国では、国有企業のみが頼みの綱であるため、すべて優遇して存続させているのだが、本当はそうではなく、存続させる部分もあれば、集中、淘汰すべき部分もあり、新たに進出する部分もあれば、撤退していくべき部分もあるのが本来のあるべき姿である。

4、現行税制と投融資制度の地方投資への影響

第一に、租税政策など所得の再分配機能が歪められたため、地方政府の実体経済に取り組む意欲を低下させているという問題である。その具体的な現れとして、産業を育てるには相当な苦労をしたのに、結局メンツは立っていても実利はない。つまり、製造業への投資は事業が稼働しても、利益が生まれるのを後何年間も待たなければならない。しかも、そこから上がる税収は、中央政府75%・地方政府25%の割合で配分されるため、前任者が木を植え、後継者がその陰で涼むという問題が生じる可能性が高いと、ある地方政府の幹部が述べている。しかし、土地開発に投資すると、短ければ数か月、長くても一年ぐらいで利益が得られる。

第二に、投資資金の配分は国有企業が優先され、民間企業には不利である。つまり、投資資金拠出のほとんどは市場原理に基づくのではなく、政府によって配分されるので、事実上政府保証の投資融資市場が形成されているようなものである。とりわけ、国有銀行の融資は民営企業への「雪中送炭（困っているところに援助の手を差し伸べる）」よりも、むしろ国有企業への「錦上添花（美しいものをさらに美しいもので飾る）」が顕著である。また、民営銀行の融資も国有銀行のそれを踏襲するところが多く、民営企業は結局、地方政府の支援を頼むか、外資系の銀行に融資を仰ぐより仕方がないのである。たとえば、広東省のある企業の場合、一時資金繰りに困っていた時期があって、作っている製品は十分に競争力があったので、地元政府はその問題解決に一役買って出て、国有銀行や民営銀行に

200万元の融資をするようにと説得したが、失敗に終わった。結局外資系のシティーバンクに1000万ドルの融資をしてもらったということであった。

5、建設用地供給の逼迫と新規プロジェクトの実施困難

現行の建設用地割り当て制度はすでに時代遅れになっており、その改革が当面の経済の下押し圧力を緩和するための重要な突破口になる。たとえば、肇慶市技術開発区では70のプロジェクトが建設用地の使用許可を待っているが、これまでの批准手続きでは、後何年間も待つしかない。このことについて、ある地方幹部は、「問題は建設用地の割り当て制度の非効率性にある」と指摘していたが、まさにその通りである。その原因を考えてみると、以下の通りである。

一つ目の原因は、全国的に見て中西部より東部地域のほうが建設用地の供給が逼迫しているということである。たとえば、土地供給について、広東省の1人当たりの建設用地が最も少なく、中西部地域のほうが遥かに多い。しかし、土地の経済効果は、東部地域のほうがずっと高い。

二つ目の原因は、建設用地の譲渡・再利用制度の問題である。事業が清算された後の工場土地は原則として、直接土地流通市場を通じて転売することはできないが、政府の許可があれば、もともとの工業用地を商業用地に転換してその差額収入を手に入れることができる。そのため、多く企業は事業が失敗してもすぐにその土地を手放すことはしないのである。かといって、工業用地は厳しく規制され、取得が難しいので、政府がこの遊休地を回収すれば、政府と企業との矛盾（対立）が激化するのは必至である。

三つ目の原因は、建設用地の割り当てについて、プロジェクトの規模と許認可の権限との間に不一致があるということである。地方政府はよく大型の投資プロジェクトを好むため、小規模プロジェクトは往々にして無視されがちである。しかし、大型の投資プロジェクトの場合、数百数千畝

（ムー）以上の土地が必要とされ、都市1年分の割り当てに相当することもある。また、大型プロジェクトの土地取得については、地方政府の許認可の権限が限られ、手続きが複雑で、時間もかかってしまい、投資のチャンスを逃すこともよくある。一方、中小・零細企業の小規模投資は10畝（約0.666ヘクタール）前後の土地使用がほとんどであり、許認可の権限も地方政府にあるので、いち早く着工し、すぐに稼働できるという利点がある。

さらに、このような土地制度の不備に乗じて、不法な建設用地の投機さえ現れている。かれらは一千億元以上の投資プロジェクトを架空申請して、銀行融資で土地を買い集めて、貯めておく。5年〜10年後、土地の価格が上昇するのを待ってそれを分割、転売する。まさに土地ブローカそのものである。当然、これによって建設用地のコストが吊り上がられるのは言うまでもない。

6、環境保護・社会保障制度の硬直性と地方政府・企業の困惑

現行の社会保障と環境保護制度はその策定と実施の両面において、経済の成長過程や産業育成の現実を十分考慮しておらず、画一的で柔軟性を欠き、「風呂の湯と一緒に赤子を流す」ような問題が散見される。たとえば、広東省には化学工場の固体廃棄物処理プロジェクトの例がある。このプロジェクトは環境基準に達していないため建設中止となったが、それによって、関連する地元のいくつの工場も廃棄物の処理ができなくなり、生産中止・生産減少を余儀なくされる羽目になった。この例を見てもわかるように、廃棄物処理において、環境基準などを理由に廃棄物処理施設の設置を中止すると、それに関連する生産企業も廃棄物の処理ができなくなり、当然環境基準にも満たせなくなるので、生産中止・生産減少に追い込まれる連鎖反応となるのである。

もう一つは、砂利工場が閉鎖された例である。その閉鎖により、いくつ

かの公共施設と土地開発の建設現場は建築資材や原料の供給が突然断たされ、代替供給が見つかるまで、作業中止を余儀なくされ、コスト上昇にも繋がっていた。要するに、産業育成の現実と経済成長過程の特徴を無視する政策の横行が企業の経営難の大きな原因となるのである。

さらに、産業育成において、地方では国の環境保護政策に応えるため、工業団地の進出プロジェクトは、NEV・ハイエンド製造設備・新素材・バイオ医薬などのハイテク分野に限定され、それに関連する電気メッキ・化学工業・プラスチック成型・金属加工業などの企業参入はすべて排除されているが、問題は産業チェーンの一部として、関連企業が入ってこなければ、上述のNEV、ハイエンド製造設備、新素材とバイオ医薬の生産はどのように進めていくのか、明らかに問題である。

筆者はかつて京都の中心地にある工業団地を実地調査したことがあるが、そこでは住宅密集地の隣にメッキ工場があるのを見たことがある。実際に京都には1000社ほどのメッキ工場が集中しており、地元の電子・電気製品・自動車などの産業チェーンの下支えとなり、ハイテク製品を生み出す製造工程の重要な一部分となっている。つまり、環境や土地などの政策の実施にあたっては柔軟性のある施策を模索すべきであり、画一的なやり方一点張りではないのである。

（三）いくつかの提言

広東省経済の質の高い発展を推進するには、当面、次のような重要事項に取り組む必要がある。具体的には、地方政府は腰を据えて成長に取り組むこと、ゆったりとした雰囲気の中でみなが仕事できること、国有企業が大きな目標を目指して成長すること、民間企業が安心して経営に専念できること。外資系企業が不信感を抱かないこと、消費者が安心して消費できること。みなが心を一つにして困難に立ち向かうこと、粤港澳の協力体制を構築していくことなどが大事である。そのためには、次のことに取り組

む必要がある。

第一に、質の高い発展の過渡期に相応しい制度の構築を加速させる必要がある。現在、中国は高速成長から質の高い発展への過渡期にあり、筆者はこの転換にはおよそ5～7年の努力が必要であると考えている。政策の策定は過渡期の実情に合わせればよいので、必ずしも質の高い発展のあらゆる要求を満たす必要はない。地方政府の政策構想や企業の事業プランには一定の過渡期を設けることが大事であり、政府は政策実施面での指導、企業経営面でのサポートが必要であり、一方的な政策の押し付けは極力避けるべきである。

第二に、行政の簡素化・権限委譲・規制撤廃などに同時に取り組む必要がある。特に当面の経済情勢の下では、地方政府の投資や産業育成の自主権をいっそう拡大すべきである。プロジェクト投資や建設用地割り当ての決定権などを末端政府にもっと委譲するとともに、架空のプロジェクトによる建設用地の違法入手・買い占め・転売行為に対する取り締まりをさらに強化しなければならない。より柔軟な思考で政策を立案し、政策の施行には優先順位をつけ、より余裕を持たせて、潜在的競争力のある新規企業の成長可能性をいっそう引き出す必要がある。

第三に、すぐに現行財政制度の改正が難しい場合、まず地方交付税、交付金制度の最適化に手を付けるべきである。ある地方幹部から、現在の五段階政府予算制度の下では、減税・料金引き下げの実施に従い、末端の地方政府、とりわけ町役場レベルの財政事情がさらに悪化し、破綻する可能性がある。あらかじめ、対策を考えなければならないと警告を聞いたことがあるが、その意味するところは、地方財政に対して、現行のプロジェクトごとの補助金ではなく、緊急避難のための赤字補填が必要だということである。

第四に、環境政策について、その目的は企業の技術アップグレード、汚染削減技術及び生産工程の採用を促進することであり、ただ単に企業を閉

鎖して済ませることではない。産業チェーンの視点からより現実的な政策を策定すべきであり、環境汚染をいまだに続ける企業と汚染対策に取り組む企業とを同一視してはならず、また、汚染の軽微な企業と汚染の酷い企業とを同一視すべきではない。

第五に、国内企業間の連携を強化し、力を合わせて中米貿易摩擦問題に対応する必要がある。関税の引き上げ・為替レートの変動などの問題に対処するには、中央官庁・地方政府・業界団体が一丸となって当たることが大事であり、貿易相手と交渉をする際はできるだけ歩調をあわせること、為替レート変動への対応については情報の共有やノウハウの提供などが考えられる。

第六に、未来志向の態度で、インドなど新興国の台頭によってもたらされた外部リスクに対応する必要がある。当面、いわゆる「インドのレンガ」に代表されるインド製品の台頭が勢いを増しており、インドのほかに、ベトナム、メキシコなどの製造業も急速に成長している。中米貿易摩擦を背景に、その勢いはさらに増幅していく可能性が高い。これに対して、われわれは中国標準（スタンダード）・中国ブランド・中国技術育成のための政策的サポートを強化し、国内企業が場当たり的に生産ラインを移転したり、売却したりするのではなく、科学技術イノベーションのいっそうの加速を通じて対処していくべきである。また欧米のハイエンド市場と周辺諸国のミドル・ローエンド市場にともに参入できるように知恵を絞ることが大事である。

三、地域開発と産業育成に関する具体的提言

第四次産業革命を前にして、広東省は短期的な景気変動に対応すると同時に、質の高い発展の推進を中心に、科学技術イノベーションに取組み、オリジナルな技術（5G 通信システム・量子通信・超伝導・宇宙探査・精

密医療など）の研究開発や未来産業の誘致・育成に力を入れること。日本の経験に学び、品質管理の一環として、「広東ブランド」の構築に全力をあげることが大事である。具体的な取り組みとして、次のような措置が考えられる。

第一に、「イノベーションの広東」を推進し、原動力の転換を通じて経済成長の潜在力を引き出していくことである。これを実現させるには、以下のような取り組みが必要である。経済発展の内的エネルギーを引き出して、第二次産業・第三次産業の統合を図り、製造業の高度化を推進すること。もう一つは、政府主導の伝統的な融資制度はすでに新しい成長ニーズに対応できなくなっている。それを見直すとともに、新しい融資制度の構築に力を入れることなどが大事である。

第二に、「オープンな広東」を推進し、将来性のある大型プロジェクトを積極的に誘致して、地方経済成長のパラダイム転換をサポートしていくことである。たとえば、香港との共同プロジェクトの推進に力を入れ、開発能力や香港の「アジアの窓口」としての役割を生かして、協力と相互補完を通じてウィンウィンの実現を図っていくこと。これについては、恵州市・肇慶市などの地方政府が「飛び地経済」構想を打ち出した例がある。つまり、香港での工業団地建設を通じて、香港の国際協力の窓口と橋渡しの役割を活かしていくということであるが、これは検討に値する提案である。

第三に、科学技術イノベーション力を強化することである。世界から優秀な人材を広東省に呼び寄せるために、これまで広東省政府は科学技術体制の改革取り組むと同時に、研究機関の間の協力強化、中国（東莞）核破砕中性子源、国立スーパーコンピューティングセンター（広州）、国立スーパーコンピューティングセンター（深圳）、江門ニュートリノ実験室、国家遺伝子バンクなど重要な科学研究インフラ施設の建設に力を入れてきた。これらのプロジェクトの推進により、広東省のオリジナルな研究とコ

ア技術開発のいずれにおいても確実な向上が見られており、これらのインフラ施設の周りにはさらに研究機関や開発企業が大量に集ってきており、ハイテク産業チェーンと科学技術イノベーションのクラスターが次第に形成されつつある。

　第四に、「共に豊かになる広東」の建設目標と「一核一帯一区」（珠江デルタ中心区域・沿海経済帯・広東北部生態開発区）地域開発戦略の下、広東省は「一湾一廊一半島」（粤港澳大湾区・技術開発回廊・雷州半島）の開発に取り組む。さらに、この技術回廊を世界で最も活力を持つ産業集積地、最もイノベーション力を持つ人的資源集積地、最もオープンな科学研究実験室の集積地、知的財産権を保護する先行地域に築き上げること。雷州半島と海南島との連携強化によって、南三島から逐次に開発範囲を拡大して、「一点五島自由港」（東海島・硇洲島・特呈島・調順島・南三島）を構築していくことなどが必要である。

　第五に、「リスクマネジメント広東」の建設と中米貿易摩擦への対応を強化していくことである。たとえば、多元的な国際市場の開拓へのサポートや海外投資・貿易保険制度を完備させること、新しい「産・学・研」（企業・大学・研究機関）の協力プラットフォームを構築すること、中小企業・民営企業への支援を強化すること、企業間の協力によってサプライチェーンの川上と川下、生産・供給・販売の間、さらに国内と海外市場との間の統合を目指す産業協力体制を構築していくことなどが大事である。

　第六に、「交通広東」の建設とインフラ投資の強化を図ることである。たとえば、「一核一帯一区」（珠江デルタ中心区域・沿海経済帯・広東北部生態開発区）構想の実施、省内道路網の建設を促進し、主要都市間の地下鉄や鉄道の建設を加速させる。単位面積や1人当たり平均を東京やニューヨークなどの大都市と比べると、広東省（1人当たり110km）の地下鉄の敷設はまだ遠く及ばず、さらに建設を推進していく必要がある。ちなみに日本の東京首都圏の鉄道交通が特に発達しており、電車（JR・私鉄）・地

下鉄・モノレール・GMT 及び路面電車など縦横に走る交通網が早くから整備されていた。

第七に、「法治広東」の建設と香港の経験を取り入れて、現代的統治体系（ガバナンスシステム）を構築することである。香港は都市開発及び管理において貴重な経験を有し、参考に値するところが多い。広東省は香港と距離的に近く、文化・経済的にも共通したところがあるため、その経験を取り入れるのに有利な条件が揃っている。たとえば、地域横断の司法機関の設置などを通じて、地域経済統合の法治化・市場化・ルール化への推進も選択肢の一つであろう。

第八に、多様性のある経済体制の構築と民営企業・民間資本・農民工（出稼ぎ労働者）などを含む民間経済に力を入れることである。その理由として以下の三つが挙げられる。一つ目の理由は、2017 年以降、広東省の輸出構造が大きく変化してきており、いままでの「外資系企業＋加工貿易」から「民営企業 ＋ 一般貿易」への転換をすでに遂げていることである。つまり民間企業の力強い成長により、その製品の輸出はいまや輸出全体の大きな割合を占めるようになっているということである。現在、広東省では、民間経済が活発になれば、経済は安定し、民間経済が強くなれば経済が成長するとも言われている。二つ目の理由は、党中央の「二つの揺るぐことなく」という明確な表明にしたがって、広東省は民営企業に関する法整備の強化と民営企業の経営難からの脱却を支援すると同時に、投資ネカディブリストの策定、市場アクセス条件の緩和などを含む制度の構築に取り組むことが必要である。三つ目の理由は、農村出稼ぎ労働者のための住宅建設に力を入れ、市場の需給変化に見合った公営住宅賃貸料金制度を実行し、これらの人々で構成される消費者層の購買力アップや若い労働力の定着を図っていく必要がある。

370　Ⅱ部　テーマ別研究

註
1）執筆者：馬慶斌、中国国際経済交流センター産業研究部研究員。

テーマ八

国内実地調査に関する
事例分析 [1]

一、質の高い発展のバックアップ体制を構築する広東モデル

（一）東莞市

新しい時代を迎え、広東省は「経済の質の高い発展に相応しいメカニズムの導入、現代化経済体系の構築、対外開放の新たな枠組みの形成、共同建設・共同統治・共同享受に基づく社会統治の整備、この四つの面で全国の先頭を走る」という新たな使命を担っている。広東省でGDPランキング4位の東莞市は、2017年のGDPが前年比8.2％増の7582億元に達し、増加幅が全省平均の7.5％よりも高かった。かつての「世界の工場」「広東四小龍」（経済成長の速かった東莞市・中山市・南海市・順徳市）（南海市と順徳市は現在、仏山市の南海区と順徳区になっている）の一つであった東莞市は、すでに大都市にまで成長しており、広東省の「四つの先頭に立つ」構想の実現に重要な役割を果たしてきた。また一方ではさまざまな課題を抱えているのも事実である。今後、これらの課題に真剣に取り組み、積極的に「四つの先頭に立つ」の役割を果たして、国内及び世界一の成長センターに築き上げることが大事である。

1、「四つの先頭に立つ」から見る東莞市の経済成長

（1）経済の質の高い発展を促進する体制・仕組みの構築

東莞市というと、どうしてもローエンド製造業の集積地という印象が強かった。その「玩具の製造基地」「家具の製造基地」「靴の製造センター」などの異名は、過去30年余り加工貿易の形で進出してきた外国投資プラス中国の安い労働力によって生まれた奇跡とも言える。しかし、人口ボーナスの減少などもあって、改革開放初期の安価な労働力から来る「低コスト」効果が徐々に失われつつある。現在、東莞市では第一線の労働者の月給は平均3000～4000元であり、ミャンマーやベトナムの労働者の2～3

倍になっている。これを背景に、一部の企業は付加価値が減り、技術が劣化し、労働集約型の外資系企業は倒産や撤退を余儀なくされ、より競争力のある地元企業が頭角をあらわすようになっている。

2017年に、東莞市のGDP総額は7582億元に達し、広東省内のランキング第4位となっている。GDP成長率は前年比8.2%増であり、省内平均の7.5%よりも高く、直近4年間の最高レベルとなった。市内の第一次・第二次・第三次産業の比重はそれぞれ0.4%、47.3%、52.3%であり、製造業を中心とする実体経済の基盤が一層強化されるようになった。数十年におよぶ成長により、東莞市ではすでに整った製造チェーンと多様な業種を有する産業群が形成されているが、さらに、市は先端の設備製造業、電子情報産業への積極的な支援、民営企業の育成にも真剣に取り組んでいる。その結果、経済構造の改善、質の高い発展への転換のいずれにおいても顕著な進展が見られるようになっている。2017年に、大企業を中心とする製造企業の成長率ランキングで、東莞市は珠江デルタの九つの市の中で2位となり、特にハイテク製造業の成長率は50%を突破し、国内企業の生産額・一般貿易の輸出入総額・ハイテク製品の輸出割合はいずれも全体の40%を超えている。具体的には、現代サービス業の生産額は8.6%増の2403億3200万元、生産関連サービス業の生産額は7.7%増の2064億1400万元、民営企業の生産額は9.0%増の3739億4800万元となっている。1日平均で864社の企業が新たに誕生しており、1000人当たりの企業数はすでに先進国の水準に近づいている。

第18回党大会以降、東莞市は「行政の支援、企業の自主経営、市場の自由競争」という原則の下、大企業を中心とする製造企業の技術向上に取り組み、税制の優遇を含む様々な奨励策を実施してきた。電子・食品・紡織・アパレル・家具・靴業など、労働集約型企業において製造過程の「無人化」を進め、企業の労働生産性と技術貢献度を高め、産業のモデルチェンジと高度化を加速させた。質の高い発展への転換は徐々に結果が出始めており、実体経済成長の推進力となっている。2017年、市内の技術補強

のための投資額は433億3400万元に達し、前年比30.1%の増加となった。企業の労働生産性は平均2.5倍に向上し、製品の歩留まりは平均86.1%から90.7%にアップし、製造コストは平均9.43%の減少となった。

　R&D強度の指標で見ると、東莞市は2.5%で、省内の平均2.65%より低く、広東省ランキングの3位である。その原因は、東莞市には製造企業は多いものの、研究開発を行っている大企業が少ないこと。また、既存の大企業は6割以上が外資系企業であるが、研究開発への投資があるのは50%未満であり、平均的なR&D強度も高くないことなどがあげられる。

　製造業中心の都市として、東莞市では産業のモデルチェンジと高度化が立地条件の限界に近づいているという現実に直面している。東莞市の総面積は2465㎢あるが、土地開発強度はすでに46.7%に達しており、深圳市と同じく、国際的に認められている上限の30%をはるかに超えている。いままでのような生産要素の投入と規模拡大による成長モデルは、もはや持続不可能になっている。そのため、東莞市は「企業の集中合併と利益の倍増計画」を実施し、スケールの経済性と技術集約的成長を求めるように全力を挙げている。具体的には、まず214の主要企業を中心に技術・業態・ビジネスモデルの転換を実施し、土地など従来の生産要素を増加しないか、微増するという条件の下で、3～5年のうちに技術開発など内生的成長、つまり、売上の拡大と利益の倍増によって局面の打開を求め、発展の原動力の転換と経済のパターン転換を加速させる計画である。

（2）現代化経済体系の構築

　まずは科学技術イノベーション体制の構築である。2017年には、市内にハイテク企業が2049社増加し、ハイテク企業総数は4077社となり、広東省同レベルの都市のうち、1位となっている。市全体の特許出願数は8万1275件、認可件数は4万5204件に上っており、そのうち、発明特許出願件数は前年比31%増の2万402件となり、特許出願総数の25%を占め、省内第4位である。発明特許の許可件数は35%増の4969件となり、PCT

国際特許出願数は 109% 増の 1829 件となり、省内ランキング 3 位にランクインした。また、研究開発のインフラ整備が加速しており、市内で新たな研究開発機関が二つ増え、合計 34 機関になっている。科学技術インキュベーションは国家レベルの 15 か所を含めて、98 か所に達した。2017 年に中国（東莞）国際技術協力ウィークと広東スマート博覧会が成功裏に開催され、現在、省レベルの研究開発機関主催の研究プロジェクトは 31 あり、省内第 3 位である。市レベルの研究開発機関は 27 に達しており、国家レベルのイノベーションモデル区と国家レベルの持続可能な開発実験区の建設も着実に進んでいる。イギリス、アメリカと日本に続き、中国も核破砕中性子源設備の自主開発に取り組んでおり、2018 年 3 月に初めて中性子ビームの捕獲に成功している。市はまた研究開発に対する金融面でのサポートを強化し、研究開発への融資や保険事業に力を入れ、19 の銀行が合わせて東莞市の 1112 社に 2201 件の融資を賄っており、融資総額は 95 億 6900 万元に達している。さらに、94 社が研究開発保険に加入しており、保険金総額は 164 億 6000 万元、保険料は 828 万 5700 元に達している。保険料に対する財政補助金支出は合計 274 万 3500 元であり、特許担保融資総額は合計 64 億 9300 万元に達している。

　次に金融システムの整備である。2017 年、市内金融業の総生産額は、前年比 3.9% 増の 474 億 3200 万元であった。2017 年末現在、市内には、41 の銀行（一つの駐在員事務所と三つの独立したクレジットカードセンターを含む）、56 の保険会社、35 の証券先物会社を含む 132 の金融機関がある。また、上場企業 43 社、上場申請企業 135 社、New OTC（新全国中小企業株式譲渡システム）で公開された企業 202 社があり、あわせて 500 億元弱の資金調達を実現した。さらに、全国中小企業株式譲渡システムで公開する企業が 200 社あり、省内同レベルの都市では第 1 位となっている。2017 年末現在、金融機関の国内預金と外貨預金の残高は、前年度比 8.3% 増の 1 兆 2497 億 9700 万元であり、預金残高と貸出の比率は前年

比 0.8% 減の 55.9 であった。

東莞市の貯蓄率は相対的に高いが、これは市の経済力の現れであり、こ
れらの資金をうまく使えば、東莞経済のモデルチェンジと産業の高度化、
とりわけ新たなプロジェクトの導入とベンチャー投資の推進で大きな役割
を果たすことになる。また、東莞市の今後の経済成長は産業チェーンをさ
らに伸ばすこと、技術開発人材の受け入れとハイテク産業へのシフトなど
が必要である。そうしないと、この資金も上海市、広州市、深圳市など、
よりイノベーション力のあるところへ流出する可能性があるので要注意で
ある。

（3）地域間の協調、都市・農村の統一

東莞市では域内の共同開発を強化するために、行政区画に合わせて、市
全域を六つの開発地域に分割し、あわせて 14 の開発先行区が設置された。
その中で、まず松山湖エリアの「1 + 6」共同開発モデル区建設は大きな
進展を遂げ、全国ハイテク開発区ランキングにおける総合開発力順位は
23 位にまで上昇している。次に、濱海湾新区と東莞港の建設は両者の統
合が図られ、新たに管理委員会を設立されるなど、濱海湾新区の敷地面積
が 83.2㎢ に拡大され、粤港澳大湾区のクラスター推進計画の主要なプラッ
トフォームになっている。さらに、水郷ニューエリアの建設が順調に進め
られ、域内の経済成長率は 9.3% に達し、市の成長率より 1.1 ポイント高
くなっている。

農村地域の振興については、開発が遅れている町や村興し活動への積極
的な支援があげられる。3 年間であわせて 30 億元の特別支援基金が設立
され、市直属部門による共同支援、重要支援事項に関する連絡会議などの
体制が整備され、一部開発の後れている農村地域の成長が加速されるよう
になっている。具体的には、これまで開発が後れていた八つの町の成長率
は、平均 10.2% に達しており、市平均より 2 ポイント高くなっている。70
の開発後進町村（コミュニティ）の純収入は 14.5% 増加しており、市の平

均より 5.5 ポイント高くなっている。東莞市はまた隣の韶関市への支援も担当しており、産業間の協力による 117 のプロジェクトについて契約が締結され、投資規模は 326 億 6000 万元に達している。

(4) グリーン生態発展

東莞市では、水質汚染解消への取り組みを突破口として、生態文明の建設が推進されている。これまで 767.8km の汚水専用のパイプラインが新たに敷設され、九つの下水処理施設が新たに建設され、35 の汚水処理施設の拡張工事が行われ、76 の内陸河川で浄化作業が展開され、国家基準・省基準の水質保障体制が着実に整備されつつある。そのため、67 の水質汚染企業の改善と撤退が実施され、合わせて 167 万 2000 トンの工業廃水の排出量が削減された。大気汚染と固形廃棄物汚染解消への取り組みも強化され、2068 の主要企業の VOCs（揮発性有機化合物）の改善プロジェクトがすでに完成し、391 の粉じん汚染改善事業が推進され、1 万 1877 台の排気ガス基準オーバーの車両が廃棄処分された。域内の大気指標は 301 日間継続で基準を満たすという記録の刷新、国の「大気 10 か条」の最終評価をすべて満たしている。八つの廃棄物埋立工事、三つのエコ火力発電所の拡張工事、麻涌エコ火力発電所および食堂廃棄物処理工場の新規建設工事がすでに完成しており、また南東部医療廃棄物埋立地の用地取得手続きが完了し、建設工事が始まるところである。市のごみ焼却能力は 1 日あたり 1 万 1300 トンに増加し、無害処理率は 100% に達している。埋立地の浸出液の直接排出は完全に遮断されており、産業廃棄物処理施設建設工事の準備作業も着々と進められている。全体的に市の生態系の回復が加速しており、たとえば、市内森林面積の拡大と都市景観植林帯の建設は着実に推進され、麻涌新沙と道滘大羅沙に湿地公園建設工事が完了した。また、東城・清渓・道滘が広東省の森の町として認定されたことなどが挙げられる。さらには、海洋生態系保護のレッドラインが設定され、46 の伝統的な海洋利用プロジェクトの中止が決定され、30 万 7000 畝（約 2 万 473 ヘ

クタール）の恒久基本農地の指定手続きがすでに完了している。

（5）新たな対外開放の推進

2017 年、東莞市の輸出入総額は 1 兆 2264 億 3700 万元であり、前年比 7.5% の増加であった。そのうち、輸出は 7.6% 増の 5236 億 9900 万元、輸入は 7.4% 増の 7027 億 3000 万元であった。「一帯一路」周辺地域との輸出入額は 5.5% 増の 2099 億 9400 万元であり、電子商取引による輸出入額は 13.5% 増の 4202 億元であった。貿易形態別では、一般貿易輸出は前年比 29.1% 増の 3050 億 4700 万元、加工貿易輸出は 2.1% 減の 3713 億 4900 万元、その他の輸出は 85.8% 減の 18 億 3300 万元であった。全国に先駆けて「企業ベース」の加工貿易管理体制の改革が実施され、そのうちの 25 項目は優れた管理手法として推奨対象となっている。さらに、113 項目の自由貿易区建設の基準が導入され、貿易港での「三つの相互」（情報の相互交換・申請の相互認可・執行の相互支援）による通関手続きのネットワーク化が推進され、貿易の一層の成長に道を開いている。投資と貿易の実績については、一般貿易（保税輸送分を含む）が貿易全体の 46% を占めており、外資系企業の国内総売上高は 19% 増加して、国内外総売上高の 38.1% を占め、前年比 3.1 ポイントの増加となった。外資導入は通年 925 の新規投資プロジェクトの招致に成功し、契約ベースでは前年度より 44.9% 減少して 26 億 800 万ドル、実行ベースでは 56.2% 減の 17 億 1900 万ドルであった。また、電子・通信機器製造業では実際に 13.1% 増の 3 億 100 万ドルの外国投資が利用されたものの、特殊機械製造業では 82.6% 減の 2600 万ドルであった。

（6）共同建設・共同統治・共同享受に基づく社会統治の枠組み構築

東莞市ではコスト引き下げキャンペーンが大々的に展開され、「10 の実体経済優遇策」が実施され、企業の負担軽減は年間合計約 370 億元に上っている。先駆けて広東 - 香港 - 澳門間企業登録のための行政・銀行手続きの統一が図られ、この緩和策により市内の 96% の企業が便益を受ける計

算である。また「全プロセスのオンライン化＋許認可センター」制の企業登録改革がさらに進められ、「ワンストップ」「ワンウィンドウ」「ワンドア」の行政サービスモデルが実施された。この一連の改革により、市場にさらに活気がもたらされ、域内の企業登録総数は 100 万を超え、広東省内の同レベルの都市の中では首位となっている。社会信用システムの構築が積極的に推進されており、そのための市場モニタリングを目的とする協同イノベーションプラットフォームが設置され、その上、さらにスマートモニタリング、信用モニタリング、協同モニタリングが取り入れられ、企業の内部規制、社会の共同管理と政府の行政規制を特徴とする市場モニタリングシステムが構築されている。さらに、市場アクセスの促進を目的とするネガティブリスト制度の導入が段階的に実施され、社会信用を向上させるための奨励策と信用失墜行為に対する処罰の諸制度が徐々に形成されつつある。

2、東莞市の「四つの先頭に立つ」構想が直面する課題

（1）質の高い発展の課題

　東莞市は「新しい時代・新しい出発・新しい東莞」の目標達成を目指して、質の高い発展の推進を加速している。そのための具体的な取り組みとして、第一に、まず GDP の倍増計画を明確に打ち出し、20 の実質的な措置と 22 の付帯政策を確実に実行する。次に、専門サービス・リソースプール、財産権の再確認、M&A 基金などの「政策パッケージ」、倍増計画特別支援策などの活用により、企業の成長力をアップしていくと同時に、支援策の対象を個別企業からすべての企業に拡大し、域内企業の成長と倍増計画の実現に力を入れることである。第二に、インテリジェント製造産業チェーンとインダストリアルインターネットの構築を積極的に推進し、リーディング産業クラスターの育成、ファーウェイ・OPPO・vivo・紫光などの重点プロジェクト建設を加速し、コアチップ、ハイエンドディ

スプレイパネルなど産業成長のネックとなっている部品の開発加速により、電子情報産業の優位性アップに努めることである。第三に、在来産業のアップグレードを促進し、繊維、アパレル、食品、飲料及び家具製造などの産業クラスター化をさらに推進していくことである。第四に、新素材・ロボット・人工知能・バイオ医薬・第3世代半導体・現代建築など新しい産業の育成を加速させ、大型研究装置に関連するフロンティア産業の導入に積極的に取り組み、新しいリーディング産業クラスターの導入と育成に力を入れることである。第五に、製品の品質向上を突破口として、「品質東莞」「ブランド東莞」の建設を推進し、リノベーションエキスポ、台湾名産展示会、漫画博覧会、スマート博覧会などの展示会を積極的に誘致し、コンベンションのグローバルアライアンスに積極的に参加し、「東莞製造のグローバル化」を推進して、東莞製造のブランド力と知名度の向上に努めることである。

　東莞市ではまた以下のような具体的な課題に直面している。第一に、製造業は全般的にレベルが低く、バリューチェーンのミドルかローエンドにあり、その全体的なレベルをさらに向上させることである。第二に、在来製造業のインテリジェント化に向けた転換はまだ道半ばであり、新たな原動力の構築にさらに力を入れることである。第三に、国際的に通用する経営手法や貿易方式がまだ確立されておらず、外国投資の誘致、貿易の拡大にさらに力を入れることである。第四に、立地条件や開発ビジョンなどの制約により、企業の設備投資とインフラ整備投資はまだ不十分であることである。第五に、土地や人材などのボトルネックの制約が顕在化していることである。

（2）現代化経済体系構築の課題

　現代化経済体系の構築を加速させるために、東莞市では革新駆動型発展戦略を実施し、産業バリューチェーンでのハイエンド化を目指して、企業のコアコンピタンスの向上に取り組んできた。たとえば、粤港澳大湾区と

広州 - 深圳科学技術イノベーション回廊の建設に積極的に参加し、松山湖エリアの「1 + 6」式の工業団地の共同開発を中心に、松湖ハイテク産業開発区など主要な技術開発プラットフォームに中心に、良質な技術開発プロジェクトと優秀な人材を誘致し、イノベーション先行の産業構造への転換と研究開発モデルの構築を加速させ、産業のイノベーション力と競争力の向上に努めてきたこと、業界間の収益バランスの見直しと産業リソースの有効配分を促進し、開発の進んでいるエリアと開発が後れている旧工場エリアの統合を推進し、良質なプロジェクトを誘致するための立地環境を整えたこと、企業の自主開発能力を向上させるために、東莞市では企業イノベーション特別支援ファンドを有効に活用し、企業の研究開発投資を奨励し、企業・大学・研究機関の連携をさらに深め、技術開発成果の事業化、ベンチャーキャピタルと技術開発との連携、企業への人材斡旋サービス、研究開発基地の建設などを加速させてきたこと、良質なプロジェクトの誘致を中心に、電子情報、ビッグデータ、インテリジェント設備製造など業界の大手企業が率先してプロジェクトの誘致を実施し、産業チェーン全体の投資促進と産業構造を支えるプロジェクトの建設に全力で取り組んできたことなどが挙げられる。

　しかし、東莞市では現代化経済体系を構築する上で、依然として以下の課題がある。第一に、産業構造の転換がまだ不十分である。現状では、ただ電子情報産業が「一人歩き」をしており、とりわけスマートフォンの製造は高成長を続け、ファーウェイ・OPPO・vivo など国内携帯電話製造企業の上位 3 社が東莞市に集中していることである。しかし、スマートフォンがモデルチェンジすると、転換のリスクは避けられないだろう。第二に、都市の生活基盤の整備が遅れていることである。教育や医療など生活に必要なサービスの供給が行き渡っておらず、企業や個人のニーズに十分応えられず、企業の誘致や人材の受け入れに支障を来している。第三に、人材の流出が余りにも多いことである。東莞市は広州市と深圳市二大都市の中

間に位置し、人材の誘致においてはもともと不利な立場にあり、外来人口の流動性が余りにも大きく、人材の定着率が依然として低いのが現状である。

（3）新たな開放の課題

これまで、東莞市は開放型経済体制の構築において大きな成果をあげてきた。たとえば、浜海湾新区と東莞港の建設が正式に着工して、粤港澳大湾区にアクセスするための重要なプラットフォームになっていること、全国範囲で商務部推奨の 24 のパイロットサーベイの中で、東莞市がその 5 分の 1 超を占めていること、関税総局により発表された中国の輸出入拠点トップ 100 のランキングにおいて、東莞市が初めてトップ 3 にランクインしたこと、東莞市は工業団地の全体的な整備を推進し、松山湖エリアの建設を中心に、その整備計画をさらに水郷・沿海エリアなどの開発に拡大すること、浜海湾新区の建設をはじめとして、粤港澳大湾区への統合、国際ビジネスポートの構築、「一帯一路」下での協力推進、海上シルクロード博覧会の開催に取り組んできたことなどが挙げられる。

全面的な開放の促進において、今後東莞市が直面している課題は以下の通りである。第一に、貿易の新たな成長を促進することである。貿易の新業態の発展を大いに支援し、越境 EC（電子商取引）、市場仕入貿易（認定された卸売市場で業者が商品を仕入れて市場から直接輸出する方式の貿易）、総合サービス貿易会社など新しいタイプのビジネスモデルを導入していくことが大事である。第二に、国際物流チャネルの相互アクセスを奨励することである。「一帯一路」と粤港澳大湾区との統合を推進し、国際物流チャンネルの建設を加速させる必要がある。第三に、体制・メカニズムの問題である。開放型経済の新体制の改革を推進し、行政に対する監督体制を強化し、成長を制約するボトルネックを効果的に解消するために、市場主体の活力と創造力を引き出し、政府の統一的発展計画の役割を発揮させ、行政サービスの効率向上などの面で新たなブレークスルーが見られ

るよう努力することが大事である。

(4) 社会統治の枠組みの課題

東莞市では住民の満足感・幸福感・安心感を政府の使命とし、大衆の利益をすべての施策の出発点・目標にし、皆のより良い生活の実現に焦点を当て、共同建設・共同統治・共同享受に基づく社会統治の枠組み構築に力を入れてきた。たとえば、みなが強い関心を持っている社会治安・食の安全・子供の教育・医療・高齢者介護などホットな課題に真剣に取り組むこと、教育・文化・医療・社会保障などの公共サービスの普及と質的改善に全力をあげてきたこと、個人一人ひとりの成長と社会の全体的な進歩を結びつけて、社会統治の枠組みの構築に取り組んできたことなどが挙げられる。

しかし、社会統治の枠組みの構築において東莞市ではまだ以下のような課題がある。第一に、社会統治能力の現代化である。政府は「良い政治」から「良い行政」へ、「発展型政府」から「サービス型政府」へ、大きな政府から大きな社会へと変貌し、「党委員会のリーダーシップ、政府の施策、社会的協調、市民参加および法的保障」の社会統治の枠組みへ転換していくことが大事である。第二に、公共サービスの供給がまだ不十分なことである。教育・医療・雇用など公共サービスの供給を増やし、「同じ居住者には同じ待遇」を受ける権利がある。第三に、社会統治における民間組織の役割である。民間組織の機能を強化し、政府行政機能の受皿となり、全体の統治能力を向上させていくことが大事である。

(5) ビジネス環境整備の課題

東莞市では、企業の市場参入など最重要課題を中心に、「放・管・服」改革をさらに浸透させ、国際的な投資・貿易規則にかなった経済運営体制の構築を加速させ、経済成長と地域開発のイニシアチブをとるように努めてきた。たとえば、「企業登録手続きの円滑化」を推進して、「国内初」の数々の改革を実施してきたことが挙げられる。国内初の新業態企業の登録、

国内初の「居住情報申告＋ネガティブリスト」の登録方式、さらに、国内初の「インターネット＋許認可センター」という企業登録の新方式を取り入れ、国内初のオンライン許認可センターを開設して、ワンストップ許認可と24時間サービス提供を実現した。市は、またよりレベルの高い成長、法治化かつグローバルなビジネス環境の整備を目的に、10の行動計画を全面的に実施し、可能な限り企業の（許認可を申請するための）所要「回数」と「時間」を減らし、全国で最も標準化レベルの高い許認可制度、所要時間の最も短い審査手続き、最も質の高い行政サービスを備えた近代都市になるよう努力している。たとえば、「インターネット＋行政サービス」の推進、「共有データベース」の構築、「住民が一々出向くこと」を「オンラインで済ませること」に、「住民がたらい回しにされること」を「一つの窓口で手続きが完了すること」に変えて、行政の簡素化と大衆への利便性を図っていくことなどがあげられる。2017年に、東莞市の行政サービス指数は、全国285の都市の中で1位にランクインし、2年連続で全国「新一流都市」に選ばれた。

　しかし、一流のビジネス環境に関して東莞市はまだ以下のような課題に直面している。第一に、政府自体の政策「盲点」がどこにあるかを知ることである。未来志向型のアプローチで政府自体の弱点を特定し、法治政府・サービス型政府を構築し、廉潔かつ高効率な行政環境を整備していくことが大事である。第二に、企業側の「ネック」を把握することである。企業経営の困難や「課題」をキャッチして、適切に対処することが望まれる。第三に、「仕事の重点」を押さえ、計画的に、段取りを追って、テンポよく推進していくことである。第四に、「仕事の突破口」を見つけることである。国際基準にかなった法制度やビジネス環境の整備、質の高い行政サービスの供給を目指して、政府の効率を向上させていくことが大事である。

テーマ八　国内実地調査に関する事例分析　385

(6) イノベーション環境構築の課題

　近年、東莞市の革新駆動型発展について、例をあげてみると以下の通りである。たとえば、中国核破砕中性子源プロジェクトが最初の中性子ビーム突き止めに成功するなど、市の研究開発投資は広東省で3位となり、国家レベルのハイテク企業、省レベルの研究開発グループ、特許申請の件数などいくつかの指標に関して、広東省内同レベルの市の中ですでに1位にランクインしている。市はまた、広州 - 深圳科学技術イノベーション回廊に参加する唯一の地方都市であり、この計画を実現するために、革新駆動型発展行動計画バージョンアップ版を踏み込んで実施し、ハイテク企業関連の「製品の基準設定と品質向上」プロジェクトを実施し、「ケースバイケース」方式でのハイテク産業技術の育成、コア技術の新たな進展のための「クライミングプラン」を実施しており、企業の研究開発に対する助成金を増やし、研究開発機関を設立する企業の割合が38%の目標達成を目指して努力している。知的財産権の統一登録管理を推進し、省レベルのハイテク技術開発区の誘致に積極的に取り組み、広州 - 深圳ハイテク技術開発ベルト「1+ 1 + 11」プロジェクト事業を精力的に推進し、松山湖エリアや中性子研究基地など主要な研究開発プラットフォームの建設を通じて、技術開発とベンチャー企業の統合を促進していること。龍湾梧桐・松山湖・東城金融産業集積区などの中小金融企業集積地域の整備に力を入れ、2018年にはプライベートエクイティファンドの登録件数が400を超えるように努力している。さらに、スタートアップ投資、ベンチャー投資、リース業などの新業態の育成、国有企業のベンチャー金融業への参入などに精力的に取り組んでいることなどがあげられる。

　東莞市のイノベーション環境整備については以下のような課題がある。第一に、イノベーション推進のためのインフラ整備が遅れていることである。第二に、職業教育が遅れていることである。職業教育の質を向上させるために、たとえば華南理工大学、中山大学などの名門大学に職業教育

コースを設置して、一定期間の技能研修を行い、優れた者には学位を授与してもよいのではないか。第三に、深圳市との全面的な統合である。いまある産業チェーンと優れた製造技術などの有利な条件を活かして、隣の深圳市の産業移転を積極的に受け入れることが大事である。

3、東莞市の「四つの先頭に立つ」構想に関する政策提言

　東莞市は「四つの先頭に立つ」構想を実現するために、まず目標を明確にし、国内及び世界一流レベルに焦点を合わせて、国内、さらには世界での競争優位性を目指していく必要がある。今後の参考に以下の事例を述べておこう。

（1）製造技術の優位性を持つ日本の東京湾エリア

　経済の質の高い発展を促進するという意味で、日本東京湾エリアの成功例が参考になる。理由は以下の通りである。第一に、東京湾エリアはハイテク製造業を有しており、戦後世界で最も規模が大きく、最も進んでいる、製造能力の高い産業エリアである。第二に、東京湾エリアでは工業生産総額が高い割合を占めており、幅約6km、長さ約100kmある京浜と京葉の両工業集積地域をあわせると、工業生産総額は国全体の40%を占め、GDPは国全体の26%を占めている。第三に、域内の製造業が強い波及力を有しており、東京湾工業ベルト地帯をはじめ、全国各地で機械や自動車製造などの産業育成が推進され、結果としてアメリカを抜いて、世界最大の工業製品の生産国及び輸出国になった。第四に、グローバルな生産が展開されており、東京湾エリアでは高い工業生産能力と国際的な海上輸送物流システムとの緊密な連携により、グローバルな生産体制が可能になった。第五に、世界で有名な大手製造業企業が集中しており、富士通、キヤノン、オリンパス、三菱重工業など含む製造業の強豪が軒を並べ、この地域はすでにハイエンド製造業のシンボルとなっていることなどである。

（2）イノベーションの優位性を持つアメリカのサンフランシスコ・ベイエリア

イノベーションの環境整備という意味では、アメリカのサンフランシスコ・ベイエリアの成功例が参考になる。理由は以下の通りである。第一に、サンフランシスコ・ベイエリアがシリコンバレーを生み出しており、当のシリコンバレーは、スタンフォード大学の研究チームと産業界との連携による産物である。具体的には、シリコンバレーの企業文化は包容力があり、起業への推奨・失敗への寛容・リスクへの挑戦という文化的雰囲気により、人々のイノベーションと不屈の精神が育まれてきたことである。シリコンバレーのこのようなイノベーション環境と雰囲気は、その地域に活気と創造力をもたらし、多くの大学や研究機関を集結させ、知識と技術力においてはアメリカのトップレベルである。長年の発展を通じて、シリコンバレーとその周辺の大学や研究機関の間では、「資本―人材―研究成果」という好循環が形成されており、ベンチャー投資は、いわばシリコンバレー成長の原動力であり、シリコンバレーの多くの技術は、ベンチャー投資によって事業化されているのである。アメリカベンチャーキャピタル協会の調査によると、ベンチャー投資のアメリカ経済への投入産出比率は1:11であり、技術イノベーションへの貢献率は一般経済政策の3倍である。アメリカ国防総省は長い間、ずっとシリコンバレー半導体部品の安定した買い手であり、シリコンバレーの総売上の40%を占めている。第二に、シリコンバレーは世界的な技術イノベーションの中心地でもあるいうことである。

（3）金融で優位性を持つニューヨーク・ベイエリア

金融の実体経済に対するサポートについては、アメリカのニューヨーク・ベイエリアの成功例が参考になる。理由は次の通りである、第一に、ニューヨーク・ベイエリアは国際金融センターであり、ウォール街を誕生させている。長さわずか1.54km、面積1km²未満のウォールストリートには、3000を超える銀行・保険会社・証券取引所などの金融機関が集中し

ており、実体経済をサポートするためのさまざまな金融サービスを提供している。第二に、このエリアには、ニューヨーク大学、コロンビア大学、コーネル大学、エール大学、プリンストン大学など有名大学が集中しており、全体的に教育水準が高く、優れた人材を輩出している。第三に、立地条件に合った産業構造と優れた都市計画があり、経済の持続可能な成長のための開発計画が実施されている。

（4）国際化・法治化・市場化が進んでいる香港

国際化・法治化・市場化の環境については、香港の成功例が参考になる。理由は以下の通りである。第一に、香港は長い間、国際金融・貿易・国際海運のセンターとしての地位を維持してきたことである。第二に、香港は23年連続してアメリカヘリテージ財団により世界で最も自由な経済地域に選ばれている。世界経済フォーラムが発表した「世界競争力報告」では、香港は世界で最も競争力のある経済地域のトップ10に5年連続でランクインしている。2017年9月に発表された「グローバル金融センター指数」によると、香港の順位はニューヨークとロンドンに次ぐ第3位であった。第三に、香港には世界一流の大学、世界一流の金融システム、世界的に影響力を持つ国際金融センター、そして優れた統治体系・能力がある。東莞市は、香港の国際化と市場経済の環境、国際的に通用する法制度の整備に関する経験を取り入れて、「四つの先頭に立つ」構想の実現に力を入れることが大事である。

（二）**恵州市**

恵州市は広東省でGDP第5位にランキングされており、2017年のGDPは3830億元であり、前年比7.6%の増加、広東省平均の7.5%を上回っている。市は広東省が「四つの先頭に立つ」構想を達成するために大きな役割を果たしてきたが、いくつかの問題に直面している。

1、恵州市「四つの先頭に立つ」構想の実現への取り組み

（1）経済の質の高い発展促進のための体制・メカニズム

GDP 成長率から見ると、恵州市は 7.6% であり、広東省の平均成長率 7.5% よりやや高い。経済規模から見ると、恵州市は GDP 総額 3830 億元であり、広東省内で第 3 のグループに属し、深圳市、広州市、仏山市、東莞市などに比べるとまだ差が大きい。発展駆動型発展から見ると、2017 年に深圳市の R&D 強度 4.13% が最高で、恵州は 2.6% であった。広東省全体の R&D 強度は 2.65% であったので、恵州は広東省の平均よりわずかに低かった。産業構造から見ると、2017 年の統計で、恵州市の占める割合は、第一次産業が 4.5%、第二次産業が 54.8%、第三次産業が 40.7% であった。第二次産業の割合が比較的高く、工業化の特徴がはっきりと表れている。現在、恵州市には主に電子情報産業と石油化学産業という二つの基幹産業があり、経済成長の中心的な存在である。それと同時に、産業構造転換の後れやリスク対応能力の不足など産業化を推進する中で新たな課題に直面しているのも事実である。具体的には、電子情報産業の大きな規模とは裏腹に、ほとんどの企業がバリューチェーンのローエンドにあり、製品の付加価値が低く、研究開発能力が弱いこと、主要技術の研究開発と事業化が遅れていること、生産技術が相対的に劣化していること、企業の自主イノベーション力が足りないなどの問題に直面している。恵州市は、また GDP と GEP の「二重会計と実用化」の導入を積極的に模索しており、そのために、天然資源資産リスト管理制度の実施、グリーン行動への意識の育成、グリーン生産とグリーンライフスタイル改善の推進、グリーン交通、グリーン建築、緑地空間、グリーン発展指数の導入により、他の地域に先駆けて国家レベルのグリーン発展モデル区を建設する。市は、さらに生態系の回復と都市環境の改善に取り組み、グリーン都市とグリーン農村建設のための「六大行動」を実施し、文化歴史景観と自然景観の有機的な融合を実現させ、環境資源の資本価値を高めようと努力しているとこ

ろである。

（2）現代化経済体系の構築

1、国家イノベーション型都市建設 10 大プロジェクトの建設をスタートさせる。その具体的な取り組みとして、以下のことが挙げられる。

第一に、珠江デルタ（恵州）国家レベル自主イノベーションモデル区建設のビジョンと実施計画を策定・実施することである。その具体的な実施内容として、たとえば、第 1 回中国大学科学技術成果フェアが成功裏に開催され、教育部科学技術開発センターと共同経営の形で中国大学科学技術成果ビッグデータセンターの建設が進められている。「ハイテク企業育成行動計画」が実施され、ハイテク企業数は 800 社を超えている。15 の新しい研究開発組織が認定され、売上 5 億元以上の企業にすべて研究開発部門を設置するという目標がほぼ実現した。59 の省レベルのエンジニアリングセンター、六つのインキュベーターが新設され、インキュベーション面積は 100 万㎡を超えており、あわせて 28 の大型イノベーション拠点が設立された。広東省ベンチャー金融総合サービスセンター恵州支部が設立され、13 のベンチャーキャピタルファンドが立ち上がり、約 10 億元の資金調達を実現した。年間 350 件の PCT 特許出願があり、1 万人あたりの発明特許の保有件数は 10.37 件であり、第 19 回国家特許コンクールでは 6 件の作品が優秀賞を受賞している。38 の企業が知的財産権の「基準適格」の認証に合格し、新たに二つの企業が国家レベルの知的財産権保護優良企業の認定を受けている。

第二に、製造業の競争優位性の持続的な向上である。具体的な取り組みは次の通りである。恵州市では「製造業のコストをさらに削減し、実体経済の発展を支援するための 10 の政策措置」が公布され、「コスト削減」と「収益アップ」に関する具体的な措置が 45 項目ほどあげられ、2017 年中国製造業イノベーションサミットや 2017 年中国スマート端末産業フォーラムなどが成功裏に開催された。中国海洋石油グループ恵州支社の石油精

製第2フェーズの1000万トン精製プロジェクトはすでに稼働を始めており、120万トンのエチレンプロジェクトも建設工事が終了し、試運転が開始した。ビエル・クリスタル（Biel Crystal）新工場やサンオーダなどのプロジェクトも建設が完了、もしくは部分的に完了し、稼働が始まった。恵州億緯リチウム新エネルギー産業パーク、東風本田自動車総合パーク、仲愷スマート端末設備製造産業パークなどのプロジェクトの建設が加速され、自動車・設備製造・新エネルギーなどの産業が新たな発展を遂げている。

　第三に、現代サービス産業の成長が加速されていることである。具体例として、恵州空港から新しい航路が六つ開設され、年間の旅客輸送量は95万7000人に上っており、恵州港からは香港や上海への航路が新たに開設され、貨物輸送量は7211万トンに達していること、観光面では国家レベルの観光スポットの創設、西湖の5A観光区認定の申請が着実に進められており、二つの4A観光名所の申請が新たに許可され、巽寮湾沿岸観光リゾートは、省レベルの観光リゾート地として認可され、年間14.4％増の5億3932万人の観光客が訪れ、観光総収入は20.6％増の439億3000万元となったこと、金融業が持続的で健全な発展を続けており、4社がA株式市場の上場を果たしており、ヘッドクォーターエコノミー・Eコマース・技術サービス・情報サービス・ヘルスケア・養老（高齢者ケア）産業及び高齢者介護などの新興サービス産業の成長が加速していることなどが挙げられる。

　恵州市は深圳市に近く、ハイテク産業やイノベーション資源の「波及効果」を取り込む上で有利である。そのために、恵州市は、深圳市のイノベーションの優位性に依存し、イノベーションプラットフォームの構築を加速させ、イノベーション環境の最適化を図り、イノベーション成果の事業化を促進するための「スポンジ行動計画」を打ち出している。

　恵州市の課題は市内に大学が一つしかなく、研究機関が少ない上、ハイ

テク企業数も 255 しかない。逆に加工貿易企業が多く、イノベーション資源も環境も優れているとは言えない点である。そのため、恵州市は国内外にインキュベーターを設置して、グローバルな知的資源を有効に活用する方法を模索してきた。恵州仲愷ハイテク技術開発区には、2012 年に最初の海外インキュベーター（ボストンオフサイトインキュベーター）が設立されて以来、アメリカのワシントンとシリコンバレー、ドイツのケルン、中国台湾、北京、深圳市にオフサイトインキュベーターまたはイノベーションプラットフォームを設置し、グローバルなインキュベーションネットワークを確立し、「欧米での研究開発、恵州での技術普及」を実現している。

2、地域間の協同発展、地域間の協同・融合が加速していることである。具体的な取り組みは以下の通り。

第一に、粤港澳大湾区における恵州市の戦略的位置付けに関するセミナーの開催をきっかけに、それに関連する調査が実施され、粤港澳大湾区構想の下で、地域の協力に積極的に取り組んでいくことである。たとえば、深圳 - 東莞 - 恵州経済圏（「3 + 2」）各政府の主要責任者の数回にわたる合同会議により決定された各協力事項を着実に実施し、深圳市・東莞市・汕尾市・河源市との協力・統合を加速させる。「海綿（スポンジ）行動計画」を徹底的に実施し、100km 臨海産業ベルトと 100km 高速鉄道沿線産業ベルトなどの構想の可能性を検討する。市・県・区がそれぞれ深圳市に投資促進事務所を設立し、深圳市から 196 件の新規投資の誘致に成功し、総投資額は 2210 億 9000 万元に達している。深圳市との計画の共同策定、施設の相互利用、産業の共同育成、公共サービス、地域の協力など、さまざまな分野で協力関係が構築されている。

第二に、主要な産業プラットフォームが目覚ましい成果を上げていることである。たとえば、環大亜湾新区では、地域の連携に重点を置いており、輸送ルートの開設、産業支援、イノベーションの推進、生態系回復などが

同時に推進されているのが特徴である。域内の大亜湾石油化学コンビナートは、総合競争力で４年連続して「全国石油化学コンビナートトップ20」で２位にランクインしており、世界レベルの石油化学産業基地の目標に邁進している。また、三つのスタートアップエリアや深圳近郊「1 + N」イノベーション産業クラスターエリアなどでは、産業プラットフォームの建設が加速され、中山大学恵州研究所は「中国産学研（産業 - 大学 - 研究機関）共同研究モデル機関」として認定されている。潼湖エコ開発区では、投資や人材の誘致に力を入れ、インフラの整備、生態系の回復、主要なプロジェクトの推進などで大きな進展が見られた。思科潼湖研究開発タウンやハルビン工業大学の国際教育研究基地などの主要なプロジェクトの誘致に成功し、中国情報通信研究所華南研究開発基地や南方建設工事検測修復技術研究院など中国のハイレベル研究機関が恵州に本部を開設した。羅浮ニュータウン、ヘルスケアベース、ユニバーシティタウンなどの企画・建設が順調に進められている。

　第三に、新型都市化の加速化である。たとえば、市内全域の開発計画の見直しが行われ、中心市街地の開発計画のカバー率は97％に達し、町や村の開発計画はすでに策定済みであり、またそのための土地利用計画の改正も行われ、建設用地が新たに2000ha増加した。中心市街地の整備と開発が順調に進められ、広東省で唯一の国家レベル「双都市修復（都市病対策と生態系の修復）」都市になった。恵東県・博羅県・龍門県の３県では、県庁所在地の町の規模拡大と都市機能の向上を推進し、「一つの都市に六つのクラスター」という都市開発構想が形成された。都市と農村のインフラがさらに整備され、恵州空港道路の第２期工事が終了し、全線開通した。仲愷大通り拡張工事の幹線部分はすでに完成しており、隆生大橋、四環路の南側工事、稔平半島の道路や給水プロジェクトなどは工事が加速しており、そのほか、都市の地下総合パイプライン・情報インフラ整備・ガスパイプライン・充電パイルなどのインフラがたえず整備されていること。海

綿（スポンジ）都市・スマートシティ・歴史文化都市・エコ都市の建設が加速され、都市機能がさらに向上しており、潼湖科学技術小鎮（町）は、広東省初の特色ある小鎮づくりモデルスポットに選ばれた。

　第四に、新農村建設の加速化である。たとえば、恵州市は新農村開発でいつも広東省の先頭を走っており、150の省・市レベル貧困村の開発プロジェクトがスタートし、その推進計画とプロジェクト管理データベースの構築がすでに完成している。農村における土地請負資格の確認及びその契約率は97%に達しており、1万1000の農村集団所有経営体の資産精査と確認がすでに完了している。農村の公共サービス網はほぼ全域をカバーしており、農村地域の送電網の拡張工事は着実に進められ、広東省ではじめてすべての村に水道管を敷設する目標が達成され、1年前倒しで131万4500人の農村住民の飲み水問題が解消され、さらに、自然村落への1252kmのアスファルト道路の敷設が完成し、すべての村に4Gネットワークとバスが開通した。

　3、省エネ、環境にやさしいグリーン発展の推進が課題である。単位GDP当たりのエネルギー消費量については、2017年に広東省全域が平均3.7%減少しているのに対して、恵州市は逆に2.4%の増加であった。広東省内の基準値より3.9ポイント高かった。その理由は二つある。

　一つ目の理由は、産業構造が重化工業に偏っており、省エネルギーの余地が限られていることである。特に中国海洋石油グループ恵州支社の精製プロジェクトの第2期の稼働と信利、伯恩光学（BIEL Crystel）などのエネルギー消費の拡大により、総エネルギー消費量は年間を通じて10.6%増と見込まれ、GDP成長率よりも2.6ポイント高くなっている。

　二つ目の理由は、エネルギー消費の少ない第三次産業のGDPに占める割合が低く、省エネへの貢献度が低いことである。

（3）全面的な開放体制の構築

　恵州市の開放体制の構築については、まず「一帯一路」構想に参加する

プロジェクトの育成が加速し、661の外国投資プロジェクトが新たに立ち上げられ、九つの海外企業新規投資の誘致に成功しており、11のアウトソーシング企業の増加により、アウトソーシング事業の伸び率は271.4%に達している。中韓（恵州）工業団地の建設はすでに国の承認を取り付けて、着工準備が着実に進められており、恵州製品のメキシコ展示会が成功裏に開催され、1億8600万米ドルの取引契約が取り交わされている。黒竜江省大慶市とカウンターパート協力を強化し、雲南省玉渓市と産業育成協力を締結し、四川省濾州市と姉妹都市協定を交わし、これらの地域とさまざまな分野での実効性のある協力を進めていく。さらに、主要な輸出企業への支援を強化し、加工貿易のモデルチェンジとアップグレードを加速させ、一般貿易の拡大、ハイテク製品の輸出増加、とりわけサービス貿易の一層の拡大、越境電子商取引の推進に力を入れていく。企業の輸出を奨励するための総額450万元の輸出信用保険ファンドが設立されるなど一連の政策の実施により、2017年1月から11月までのオフショアウトソーシング事業の実行額は2892万ドルに上り、前年同期より271.4%の増加となった。

（4）共同建設・共同統治・共同享受に基づく社会統治の枠組み構築

　恵州市政府はビジネス環境の改善について、「1対1」の方法を取り、企業の開発プロジェクトに的確なサービス提供を行っている。企業が直面する問題を解決するために、市はチーフサービスオフィサーをはじめ、チーフサービスオフィシャルチームを編成している。このチームは、市・県（区）・町（街道）役所のメンバー、および市と県（区）の関連部門の責任者で構成され、市の党委員会書記はサービスオフィサー No.001、市長はサービスオフィサー No.002を務める。

　企業育成の面では、たとえば、2017年に広東省の民営企業の生産総額が地域GDPの53.8%を占めている中で、恵州市の割合は43%であり、広東省の平均よりも低かった。この現状を打破するために、市は「放・管・

服」改革を加速させ、権限・責任リストの見直しに踏み切り、60の規制項目が撤廃され、33の規制項目を委譲することとなり、「ワンウィンドウ、ワンネット（一つの窓口、一回のネット接続)」の行政サービス改革とオンラインサービスホールの設置がさらに加速され、1274の村にオンラインサービスホールが開設されたこと。投資プロジェクトに対するワンストップ許認可制度の実施、信用承諾を条件とする許認可優先制度の導入により、民間投資プロジェクトに対する許認可の所要時間は約65%短縮されたこと。社会信用制度の構築については、5年連続して省の考課で第1位にランクインされ、国内で初めての社会信用システム構築のモデルケースにも選ばれており、市内すべての公有財産権の取引は、1つのプラットフォーム、同じシステムで行われ、いわゆる「ワンウィンドウ、ワンネット」で処理され、公有財産権取引総額は、年間628億8000万元であり、それによる収益増加は合計67億4000万元に達していること。市の「オンライン仲介スーパー（行政サービスを仲介するための専用ネットプラットフォーム)」の年間売上高は2億2000万元であり、その経験は広東省全域で推奨されていること。国有企業改革・投融資制度改革・企業登録制度改革・塩業制度改革・公有財産権価格改革が順調に進められていること。全国の文化財消費モデル都市の入選、国家レベル都市化モデル建設の目標を実現し、農村人口の都市人口への転入推進の経験は全国で推奨されていること。国家レベルの水環境モデル都市建設プロジェクトは基本的な評価指標の要件を満たし、広東省初の水権取引プロジェクトは成功裏に行われていること。国家レベルのスマートシティ建設モデルケースや法治制度とビジネス環境の構築など、国・地方レベルの改革モデルケースはいずれも順調に進められていることなどがあげられる。

　恵州市は、また、公有財産権取引制度改革の経験を参考に、オンラインサービスホールの機能を統合し、仲介機関やプロジェクトの関連機関に良質・便利・効率的なサービスを提供する「オンライン仲介スーパー」の設

置に力を入れてきた。市は財政予算内の物件であっても、公開入札基準に達していない物件の仲介サービスを100%仲介スーパーに委譲し、そこの仲介機関の仲介を任せている。仲介スーパーの設置と見直しを進める中で、恵州市は主に「買入申込みのオンライン公開、買入条件のオンライン発表、競争入札のオンライン実施、落札結果のオンライン確認、仲介サービスのオンライン評価、運用実態のオンラインチェック」などを含む10の機能を持つ「オンライン仲介スーパー」の構築を通じ、「干渉ゼロ」の仲介、行政の簡素化と権限の委譲を徹底し、不正腐敗を断ち切る考えである。

2、恵州市「四つの先頭に立つ」構想実施の課題

(1) 経済の質の高い発展の課題

　恵州市は供給側構造改革の推進を軸に、経済の質の高い発展を促進する体制・メカニズムを積極的に構築し、広東省内で質の高い発展のトップランナーになるよう努めてきた。たとえば、2018年、恵州市は2013年以降新たに許可された投資規模1億元以上のプロジェクトの着工率と稼働率を引き上げ、製造業投資プロジェクトを完成・稼働させ、より多くの企業の設備更新を促進するために、総額634億3000万元、247のプロジェクトを含む年間投資計画の実施に全力を挙げてきた。同時に、恵州市はハイエンド産業構造の構築を質の高い発展推進の手がかりとして、「2＋2＋N」現代産業体系の構築を加速させ、TCLモジュール、CNOOCのShellのSMPO／PODなどの主要な産業プロジェクトの建設を積極的に推進してきた。また、NEV完成車と主要部品製造企業の競争力を強化し、IoT、クラウドコンピューティング、スマートロボットなど戦略的新興産業を育成しており、「恵州スマート製造」「デジタル恵州」を積極的に推進し、現代サービス産業の規模と質を向上させ、さまざまな市場参加者の活力を引き出してきた。

　しかし、恵州市は重点プロジェクトの建設を推進する中で、依然として

以下の問題に直面している。

第一に、土地取得と立退きの問題である。インフラ整備プロジェクトのボトルネックは依然として土地取得と立退きであり、このことがプロジェクトの進捗に深刻な影響を及ぼしている。贛州─深圳高速鉄道恵州セクション工事、金山下水処理場の第2期拡張工事、省道S120線の恵城南玄工業地帯から元の横瀝料金所区間の拡張プロジェクトなどがその例である。

第二に、審査・許可の手続きがスムーズにできないということである。土地・森林・海に関する審査・許可の手続き、土地買収と収益補償との間の駆け引きなどが手続きの難航を来している。恵東県高潭旧革命根拠地地域にある潮州－恵州高速道路バイパスの補強・拡張工事、中国広東省原子力発電グループ広東太平嶺原子力発電所の道路建設プロジェクトなどは、広東省の林業局による特別承認が必要であること、河源─恵州─東莞高速道路の恵州平潭から潼湖区間の建設用地の許可が遅々として降りないこと、瀋陽から海口までの高速道路汕尾の陸豊─深圳の龍崗区間の補強・拡張工事（恵州区間）で土地買収と収益補償の交渉が難航していることなどがその例である。

第三に、一部プロジェクトが地域を跨いでいるため、建設工事を巡る具体的な進め方やパイプラインの再配置などを含む交渉が難航しているということである。主に汕尾─湛江高速道路の恵州から清遠までのセクション、仁華─深圳高速道路の新豊から博羅までのセクション、河源─恵州─東莞高速道路の恵州の紫金から恵州までのセクション、河源─恵州─東莞高速道路の恵州平潭から潼湖までのセクション、贛州─深圳高速鉄道の恵州セクション、広州─汕尾鉄道の恵州セクションの建設工事などがその例である。

（2）現代化経済体系構築の課題

恵州市は実体経済発展の推進を手がかりに、発展を最優先課題とし、人材を第一の資源、革新を第一の原動力として、現代化経済体系の構築を加

速させている。具体的には、電子情報産業をさらに強化し、石油化学の中・下流製品および関連製品の開発に力を入れ、NEV及び主要部品製造企業の育成に取り組み、バイオ医薬、ビッグデータなどの戦略的新興産業の成長を加速させ、近代経済システムを支える中核産業の育成を促進していくこと。そのための人材誘致に力を入れ、海外人材を誘致するためのプラットフォームを立ち上げており、現在、受け入れた人材の総人数はすでに100万人を超えており、市の革新駆動型発展戦略の実施、緑豊かで美しい都市景観を有する現代都市の建設に優れた人材の供給が可能になったこと。さらに、「1＋6＋N」文書の発行によって「10大プロジェクト」を確定し、革新リード型発展の第一の原動力がいっそう強化された。

しかし、現代化経済体系の構築を加速させる中で、恵州市は依然として以下の問題に直面している。

第一に、「ゾンビ企業」の閉鎖と赤字企業の倒産、再生である。このような収益が望めない企業は思い切って整理していく必要がある。

第二に、新興産業を育成していくためには貴重な物的資源・金融資源・市場シェアなどが必要であるため、技術的にすでに後れている分野からはいち早く撤退して、その資源を新興産業に投入すべきである。

第三に、政策の確実な実施である。たとえば、実体経済の成長をサポートするために「恵州の10の政策措置」を確実に実施し、さまざまな対策を講じて企業のコストダウンを支援し、企業のビジネス環境を最適化していくことが大事である。

（3）さらなる開放に関する課題

「一帯一路」、粤港澳大湾区など新しい構想の実施、中韓（恵州）工業団地など新しいプラットフォームの導入という高い目標を目指して、いま、恵州市は開放経済体制の構築を加速させ、全面的開放の新局面を切り開き、グローバルな競争の中での「急成長」の実現に努め、緑豊かな美しい都市景観を有する近代都市建設に全力をあげている。

そのために、恵州市は「引き入れる」と「外に出て行く」を積極的に展開し、「一帯一路」構想に積極的に関わってきた。2017年、化学産業の強化・拡大を図り、世界レベルの石油化学工業基地の構築に取組み、産業構造全体のモデルチェンジとアップグレードを促進するために、恵州市とエクソンモービルとの間に石油化学コンビナート建設プロジェクトに関する戦略的協力フレームワークおよび覚書が取り交わされた。

恵州市は、広東省東部・北部、福建省、江西省を結ぶ中心地域として、科学技術産業革新活力区、社会管理革新モデル区、グリーン低炭素発展モデル区の構築に努め、よりオープンな経済枠組みの構築を加速し、粤港澳大湾区のより緊密な協力関係を推進する担ぎ手の役割を果たしてきた。その具体的な取り組みとして、第1回粤港澳大湾区医療保健協力大会が成功裏に開催されたことなどである。

恵州市は、地域間の協力とイノベーションを促進するための体制づくりを加速させるために、仲愷ハイテク産業ゾーン、潼湖エコ開発ゾーン、珠江デルタ（恵州）国家レベル技術イノベーションモデル地域、環大亜湾新区、大亜湾開発区および中韓（恵州）工業団地など「六つの開発区の連携」推進を加速させ、市内の主要なオープンプラットフォームの整備に取り組んできた。

2017年に、両国の貿易と投資拡大実験区や全面開放のためのモデル地域の建設を推進するために、中韓両国の地方間経済協力およびハイテク産業協力の新しいプロジェクトとして、中韓（恵州）工業団地の建設計画が正式に許可された。

恵州市は、また全面的開放の新局面を切り開く上で以下の問題に直面している。

第一に、国際貿易の環境が複雑で急速に変化していくことである。グローバリゼーションに逆行する思想、貿易保護主義の台頭、とりわけ中米の貿易摩擦は激化の一途を辿っており（2017年、恵州市の対米貿易額

は 433 億 8000 万元で、市の貿易総額の 12.7% を占めており、香港と韓国に次いで第 3 位であった。主要な貿易パートナーの立場からすると、ビエル・クリスタルは米国からガラスの輸入が必要であり、TCL グループの対米 LCDTV 輸出はアメリカですでに関税引き上げリストに入っている）、貿易環境には依然不透明な部分が多い。

　第二に、加工貿易のパターン転換である。ハイテク製品、製造プラント、ブランド品などの輸出を奨励し、加工貿易のパターン転換を促進するために、恵州市は対外貿易の構造転換の拠点作り、貿易プラットフォームの設置、国際マーケティングネットワークの構築を加速させていく必要がある。

　第三に、サービス貿易の育成である。文化・観光・建設・ソフトウェア・研究開発・デザインなどのサービスの輸出をさらに奨励し、アウトソーシング産業を積極的に育成していく必要がある。

　第四に、モニタリングの問題である。輸出の新たな伸びを促進するために、モニタリングシステム、サービス体制、政策環境をさらに整備していく必要がある。

　第四に、政策誘導のことである。輸出入がバランスよく伸びるように、より積極的な輸入奨励策を実施する必要がある。

（4）社会統治の枠組み構築の課題

　恵州市は共同建設・共同統治・共同享受の理念によって、大衆の達成感・幸福感・安心感を着実に高めてきた。近年は「安全恵州」と「法治恵州」の建設を全面的に推進し、「大総合」の新局面を開拓し、「大視野」の治安維持プラットフォームを構築し、「大統治」の調和活力を引き出したことにより、恵州市は 3 回連続で国家レベルの社会治安維持優良都市という栄誉ある称号を得て、国内社会治安維持分野での最高賞である「長安杯」を受賞し、「国家レベルの社会ガバナンス改革を推進する優秀都市」の表彰を 2 年連続して受賞、全国の「第 5 次五カ年計画」、「第 6 次五カ年計画」期間中の法知識普及先進都市、中国法治建設のモデル都市に選ばれ、

国家レベルの文明都市を4回連続して獲得している。市所属地域の礼節、調和・安全と安定の維持、人民大衆の幸福感・安心感・達成感の向上、及び経済社会の持続的な発展に寄与するところが大である。

恵州市は社会統治枠組みの構築において、依然として以下の問題に直面している。

第一に、改革と発展の成果を全人民で共有できるように取り組んでいくことである。都市部及び農村部住民の収入をさらに増やすために、所得倍増計画を確実に実施する必要がある。緑豊かな美しい景観のある都市建設を積極的に推進し、住みやすい環境を作り、人々の生活と福祉の向上に全力で取り組む。また社会の公平と正義を積極的に推奨し、効果的な社会統治と良好な社会秩序の形成に力を入れ、大衆の達成感と幸福感を確実に高めることなどが必要である。

第二に、行政介入の不十分や行き過ぎをいかに防止するかということである。社会統治、特にコミュニティ運営では、政府統治、社会的規制及び住民自治との間の良好な相互作用が必要である。

第三に、社会の安定確保のための取り組みである。違法行為の予防と取締まり、取締まりと法治意識の向上との間のバランスを十分意識し、社会安定に対する理解を高め、治安維持面での脆弱部分の補強に努め、具体的な取り組みの中で問題解決に全力を挙げる必要がある。

（5）ビジネス環境整備の課題

恵州市は「放・管・服」改革を突破口として、一流のビジネス環境の整備に取り組んできた。近年、市は世界一流のビジネス環境の整備を目標に、包括的な改革を推進し、法治化と国際ビジネス環境整備のためのモデルケースの構築に努めてきた。

外資導入を促進するための政策を実施し、外資の市場参入をさらに拡大させるべく、政策措置・サービス支援・外資利用の質的向上を促進するための法制度の整備に全力を挙げていく。投資プロジェクト許認可制度や公

的所有権取引制度の改革を推進し、「オンライン仲介スーパー」の建設基準を明確にしていく。「証照分離」改革を全面的に推進し、「さまざまな許可証の一本化」を図り、企業のスタートアップ向けの総合サービスプラットフォームの機能を強化して、スタートアップに便利を計るようにすること。社会信用体系（システム）の構築に力を入れ、ビジネス優先の社会的雰囲気を醸成し、「親身」で「清廉」な新型政商関係（政府と民営企業の関係）の構築に努める。企業登録と行政許認可制度の改革をさらに推進し、「三つのリスト（権限リスト・責任リスト・市場参入ネガティブリスト）」管理制度を導入し、事業環境をたえず整備していく。

2017年に、恵州市は政府の公共サービスに対する満足度評価で広東省の第1位であり、行政環境に対する満足度評価は第2位であった。

恵州市は一流のビジネス環境の整備において依然として以下の問題に直面している。

第一に、政府の「見える手」と市場の「見えざる手」を効果的に使い分けることである。環境整備におけるボトルネックを突き止め、市場の活力に影響を与える「問題点」をリストアップし、大衆が最も必要とし、企業が最も期待する問題の解決から着手し、ターゲットに直接にアタックし、その病状に応じて投薬するようなやり方で対処することが必要である。

第二に、行政の簡素化と権限委譲をさらに推進することである。オープンな許認可システムを構築し、潜在的な障壁を取り除くために、許認可手続きをできるだけ簡素化し、権限をさらに委譲する必要がある。

第三に、サービスを的確に提供することである。各行政部門は、企業の経営と主要プロジェクトの建設をサポートするために、企業のことを自分自身のこととし、「1対1」で丁寧に対応して、企業へのサービス提供の「最後の一里塚」を取り除いていく必要がある。

第四に、企業の負担をさらに軽減していくことである。「放水養魚（内部留保を増やして、企業の経営基盤を強化していく）」を通じて、企業の

諸経費の軽減に取り組んでいくことが必要である。

第五に、国際基準に照準を合わせて、法治化・市場化・国際化のビジネス環境を整備することである。

(6) イノベーション環境整備の課題

恵州市は、科学技術イノベーションを中心に、国レベルのイノベーション型都市建設を加速させている。具体的には、近年、イノベーションプラットフォームの整備を積極的に推進しており、政策を前倒しして実施し、珠江デルタ（恵州）国家レベル自主イノベーションモデル区の建設を加速させ、仲愷ハイテク技術開発区での「357ハイテク技術プロジェクト」の建設を推進し、クラウドコンピューティング、IoT、ハイエンド機械設備製造などの戦略産業の振興に力を入れている。また、国レベルの北斗ナビゲーション・システム端末製品測定センターの建設、潼湖エコ開発区のインフラ整備、思科潼湖研究開発タウン、碧桂園イノベーションタウン、ハルビン工業大学国際教育研究基地、大学イノベーションゾーンなどの建設を推進して、「広東シリコンバレー」の建設を目指している。そして、羅浮ニュータウンの企画・建設や、技術イノベーション企業の育成、イノベーションとスタートアップ環境の整備などを通じて、「海綿行動」計画の実施を加速させる。さらに、深圳市の「東部進出」計画の実施を機に、「深圳市での研究開発と恵州市での産業化構想」を推進し、深圳市の優れたイノベーション資源を導入することにより、知的財産権を有し、イノベーション力を備えた開発型企業の誘致を加速させる。広州—深圳技術イノベーション回廊に積極的に参加し、100km高速鉄道沿いハイテク産業ベルト建設を実施し、珠江デルタハイテク企業データベースの構築、予備データベースの育成、技術インキュベーターと「メイカーズスペース」の共同建設に協力していく。また、珠江デルタ開発計画要綱を確実に実施し、深圳市・東莞市・恵州市「3＋2」共同計画と歩調を合わせ、東莞市・汕尾市・河源市との相互補完関係を強化し、共同開発の実現に取り組むこと

などが挙げられる。

　恵州市はイノベーション環境整備において依然として以下の問題に直面している。

　第一に、革新発展に役立つインフラ施設の整備が遅れており、整備をさらに加速させる必要がある。

　第二に、イノベーションパークでの企業の受入れである。一部のパークはまだ建設中であり、開発型企業、ベンチャー企業の受入れ率を高める必要がある。

　第三に、職業教育が遅れていることである。現在、市の職業教育施設は中等専門学校と高等専門学校しかなく、大学や大学院レベルの教育施設はまだない。職業教育は主に企業内で行われており、企業外の職業教育施設が不足しているのが現状である。

　第四に、優秀な人材の誘致である。人材の誘致・活用・定着には、戸籍・住居・子供の学校教育、出入国の手続きなど具体的な問題を解決する必要がある。

　第五に、深圳市との全面的な連携である。「深圳市での研究開発、恵州市での産業化」をさらに推進していく必要がある。

　(7) 政策環境整備の課題

　恵州市は「四つの先頭に立つ」構想を推進する中で、政策の策定と実施において依然として部門間の利害調整に直面しており、部門間の意思疎通と協力が大きな課題のひとつになっている。

3、恵州の「四つの先頭に立つ」構想の実現に関する政策提言

　広東省の「四つの先頭に立つ」構想を推進する中で、恵州市は、明確な目標を掲げ、国内及び世界一流の都市に照準を合わせ、国及び世界のトッププランナーになるよう努力していくところである。そのための提言を以下に述べる。

（1）日本の東京を参考に経済の質の高い発展を推進

経済の質の高い発展の促進については、日本の東京を参考に全要素生産性・投入産出率・土地産出率の改善を中心にして、1人当たり所得・企業収益・税収などの指標をカバーする。

（2）アメリカのシリコンバレーを参考にイノベーション環境整備を推進

イノベーション環境の整備に関して、アメリカのシリコンバレーを参考にR&DのGDPに占める割合、PCT国際特許出願数、ハイテク企業の規模と質などの指標を使って計測する。

（3）アメリカのニューヨークを参考に金融の実体経済へのサポートの推進

金融の実体経済へのサポート能力を強化するには、米国のニューヨークを参考に、直接金融の比率、中小零細企業への貸付金利などの指標を重視する。

（4）香港を参考に国際化・法治化・市場化の環境整備を推進

国際化・法治化・市場化の環境整備については、香港を参考に、経済の自由度やビジネス環境効率などの指標を取り入れる。

（三）仏山市

1、現代化経済体系及び質の高い発展の基盤構築

（1）経済規模の急速な拡大と総合的経済力の向上

2017年、仏山市のGDPは前年比8.5%増の9549億6000万元に達し、その経済的規模は国内の都市で16位、広東省内で3位にランクインした。2017年、仏山市の1人当たりのGDPは12万6300元（約1万8700米ドル）に達しており、国連基準では、高所得のランクに入ることになる。

（2）製造業が発達し、業種も多く、ハイテク製造業の基盤が形成されている

いままで、仏山市の製造業はGDPの約60%を占めており、2017年、市の主要企業の工業生産額は8.8%増の4930億1000万元であり、工業生産総額は8.7%増の2兆2400億元に達した。工業経済の規模は国内の都市

で6位にランクインした。また仏山市の製造業は、業種が揃っていて、国内製造業の31のカテゴリーのほぼすべてをカバーしており、機械設備製造・家電製品・金属製品・セラミック建材・繊維アパレルなど10のリーディング産業を有している。近年、仏山市は産業のモデルチェンジとアップグレードを積極的に推進しており、ハイテク産業を中心とした製造業が急速に成長している。2017年、市のハイテク製造業の総生産額は1兆1000億元であり、市の工業生産総額の46.2%を占め、仏山市の産業構造の転換と経済成長をリードする主力となった。

（3）民営企業が成長し、活力に満ちている

2017年の民営企業の生産総額は9.5%増の6069億元であり、総売上が100億元を超える民営企業数は18社に達した。そのうち、美的（ミデアグループ）や碧桂園（カントリーガーデン）を含む7社は「2017中国民営企業トップ500」に選ばれた。

（4）地場産業が成長し、独特の産業クラスターが形成されている

仏山市はいわゆる「一町一品」の地場産業の成長が特徴である。市には4つの国家レベルの産業クラスター推進指定区域、12の省レベルの産業クラスター推進指定区域、26の国家レベルの特色産業指定区域、10の省レベルの特色産業指定区域がある。仏山市はブランド作りに力を入れており、市内の9つの「有名ブランド指定区域」が承認を受け、その数は全国の同レベルの都市の中でトップである。仏山陶磁器、南海アルミニウム、南海半導体照明などのブランドが全国の地域ブランドに選ばれ、その数は全国同レベルの都市でトップである。

（5）イノベーションが加速し、新興産業と伝統産業との融合が推進されている

2017年、仏山市には合計2547のハイテク企業、62のインキュベーター、57のメーカースペースがあった。市には省レベル以上、合計629のイノベーションプラットフォームがあり、広東省2位にランクインしている。

ハイテク技術開発プラットフォームの建設が加速し、季華実験室、「一環沿い技術イノベーションベルト」及び禅城―南海―順徳ハイエンド技術イノベーション集積地域などの建設がそれぞれ企画・実施の段階に入っており、仏山市国家レベルハイテク技術開発区の全国ランキングは29位に上昇している。

仏山市は情報化と工業化の高度な融合を積極的に推進しており、新興産業は素晴らしい成長ぶりを見せている。仏山市は率先して「インターネット＋」行動計画を実施し、中国（広東）「インターネット＋」博覧会を3年連続で開催し、実体経済の質的成長と効率アップを全面的に推進してきた。「衆陶聯」プラットフォームをモデルにして、「産業＋インターネット＋金融」という新しい産業集積モデルが形成された。

2、現代化経済体系の構築と質の高い発展推進の課題

（1）産業構造の転換をさらに推進する必要性

仏山市では在来産業が依然として大きな割合を占めており、新興産業の割合はまだ低く、サービス産業の成長が後れを取っている現状がある。2017年、仏山市の第三次産業の生産額は3833.49億元で、市GDPの40.1％を占めており、これは全国及び広東省の平均値を下回っている。市内製造業関連サービスの供給が需要に比べて不足しており、周辺都市からの供給で賄っているのが現状である。基幹産業には有名な大企業が比較的少なく、2017年末時点で、仏山市で総売上が100億元を超える企業はわずか18社であり、寧波市や無錫市などより少ない。

（2）生産要素、資源・環境の制約が課題

土地資源のボトルネックが顕著である。現在、仏山市の土地開発利用率は40％に近づいており、国際的にレッドラインとされる30％をはるかに上回っている。また、仏山市の経済成長は、村・町中心の経済成長が特徴であり、市内で1029の村所有の工業団地があり、土地面積はあわせて

193k㎡に上り、市内の工業用地の３分の１を占めている。敷地面積が広い
わりに産出が少なく、環境汚染が深刻で、経済収益が低いため、整備・向
上が待たれる。

　人材のボトルネックが深刻である。仏山市には高等教育機関が不足して
おり、市内にある六つの教育機関のうち、広東東軟学院と仏山科学技術学
院だけが学部教育の資格があり、その他はすべて短期大学である。2017
年末時点で、仏山市の１万人当たりの大学生数はわずか160人であり、
2016年の長沙市の772人と寧波市の255人をはるかに下回っており、人
材育成能力が相対的に弱い。最近、全国各地でさまざまな優遇策を打ち出
して人材争奪戦が繰り広げられているが、それに比べると仏山市の優遇策
はその度合といい、タイミングといいまだまだ不十分である。

　実体経済への金融サービスのサポートが不十分である。調査によると、
仏山市の中小企業の80%は資金状況が逼迫しているとの回答であり、企
業の20%～30%は資金調達が比較的、または極めて困難であるとの回
答であった。中小企業の資金調達コストは、昨年の同じ時期より10%～
20%も高くなっており、企業にとって融資難、融資コストの上昇が問題
である。また、「金融の実体経済離れ」という潜在的問題が依然として存
在しており、2017年仏山市の新規不動産融資額は730億元であり、市の
新規融資額の106.3%を占め、製造業融資額（28億元）の26倍に相当す
る。新規融資のほとんどが不動産業界に流れており、製造業にクラウディ
ングアウト効果をもたらしている。

（3）地域間発展が依然不均衡、空間最適化が課題

　地域間発展が不均衡である。仏山市の五つの行政区の中で、禅城、南海、
順徳の発展は比較的速いが、高明と三水の開発は比較的遅れており、地域
間発展の格差が大きい。地域間、さらには地域内においても、産業資源・
インフラ・公共サービスなどで明らかな格差があり、その上、長年、独自
の発展思考パターンが形成されており、地域間の資源の共有、計画・配置、

制度の結合が不十分である。

産業パークの配置がアンバランスである。仏山市には村レベルの産業パークが多く、土地の所有権が複雑で、土地利用期間が異なるため、区画整理が難しい。そのほか、村が村民の収入を確保するために、投資を誘致するための必要条件を低く設定するところが多く、目先の利益を求める経営が目立つ。さらに、村の産業パークに入っている企業は、ほとんどが伝統産業であり、技術レベルが低く、集積効果がほとんどなく、経済的収益が薄く、統一的な管理が困難であり、環境汚染などの問題が顕著である。

（4）自主イノベーション力と産業構造転換の課題

産業の技術革新力が低い。仏山市の大企業での研究開発機関の設立率は45％であり、蘇州の93％をはるかに下回っており、企業のイノベーション力の欠如が問題である。仏山市は製造業の主要都市ではあるが、産業用ロボットなどのハイテク製造業のコア技術は外国企業に頼っており、産業チェーンを支える技術力が不十分であり、地域全体のイノベーション力を向上させる必要がある。また、業界中核企業の基礎研究投資が不足し、コア技術の蓄積が不十分であり、関連技術のイノベーション力が低いのが課題である。

全体的にハイテク技術開発のための蓄積が不十分である。2017年末時点で、仏山市では国レベルの技術イノベーション機関またはプラットフォームがなく、専任の（中国科学院など）院士の誘致もまだ進展が見られず、ハイレベルの研究開発機関と人材が不足しているのが現状である。国レベルのハイテク開発区に関する最新のランキングによると、寧波市のハイテク開発区が16位、東莞市松山湖が23位、仏山市のハイテク開発区が29位であった。技術開発プラットフォームの普及、クラスター化をさらに推進していく必要がある。

技術開発成果の事業化チャンネルがうまく機能していない問題がある。仏山市には現在、各種のイノベーション資源や、さまざまなイノベーショ

ン機関を統合するための技術取引プラットフォームがなく、技術移転を仲
介する有力な機関もなく、一連の技術開発成果の事業化指標から見ても、
問題が顕在化しているのがわかる。

（5）生産コストの上昇とビジネス環境改善の課題

土地価格と人件費が急速に上昇している。土地価格を見ると、2015 年
の工業用地の平均取引価格は 528.78 元 /㎡であったが、2016 年には約
40% 増の 739.77 元 /㎡になっており、土地価格は省内及び全国平均よりも
高くなっている。人件費については、各種保険料が人件費の 10% を占め
ており、現在、仏山市の社会保険料率は 26.9% ～ 29% であるが、会社側
の負担率は 18.2% ～ 19.3% を占めており、これは珠江デルタの都市はもち
ろん、国内の他の都市よりも高い。

政策環境をさらに改善する必要がある。仏山市内の区と町には、ほとん
ど地元の経済振興を促進するための優遇策があるが、それぞれの具体的な
事情があり、新旧の政策、異なる区域や部門間の政策には、依然として矛
盾や不釣り合いが存在する。また、一部の政策措置は柔軟性に欠け、実施
が難しく、また一部の政策は現状に合わず、実施効果が思わしくないと
いった問題がある。イノベーションの意欲も実行力も弱いため、行政審
査・認可、企業登録、投資承認などの主要分野の改革はまだ道半ばであり、
行政簡素化と権限委譲には「二つの多い、一つの少ない」——移転と委譲
は多いが、撤廃は少ない——存在し、業務は委譲するが、財源がついてこ
ないため、末端部門の業務施行が持続できず、行政改革と権限委譲の効果
が表れてこない。管理と言うとほとんどは審査・認可であり、リスト管理
など従来の許認可制度に偏っているため、新興産業に適した管理が遅れて
おり、デジタル経済やシェア経済などの新興産業の急速な成長に対応でき
ない現状がある。

3、現代化経済体系構築、質の高い発展に関する政策提言

（1）伝統産業のモデルチェンジと新興産業の育成

　仏山市は有力な工業都市として、しっかりとした製造業基盤を築いており、今後とも経済成長の中心を実体経済に置き、産業構造を一段と充実させ、在来産業のモデルチェンジ・アップデートを加速させ、先見性のある戦略的新興産業を育成していく必要がある。

　戦略的な新興産業およびそのクラスターの育成を推進するにあたり、電子情報産業、AI機械設備製造、新エネルギー自動車産業などを中心に、現有産業の優位性を活かしつつ、業界の有力企業や主要プロジェクトの育成、誘致を積極的に推進し、スマート家電・ロボット・NEVなどの製造業クラスターの育成を加速させることが大事である。

　また、伝統製造業の構造転換を加速させるには、以下のことに取り組む必要がある。国の製造業の振興とアップグレードに関する包括的な産業育成政策を積極的に活用し、製造業の量的拡大から質的向上への転換を促進する。ビッグデータ、クラウドコンピューティング、IoT、AIなど新技術の伝統産業への応用を推進する。企業技術増強のための特別基金を十分に活用し、企業の技術増強と新規設備の導入を推進する。現代サービス産業の育成に力を入れ、工業デザインやクリエイティブインダストリーなどの育成を加速させ、コアコンピタンスを持つデザイン企業の育成し、国際的に有名な工業デザイナー、国際的影響力も持つブランドを育成する。物流産業振興計画を実施し、現代物流とサプライチェーンとの統合を促進する。産業展示会の開催を奨励し、展示会と主力産業との連携を促進する。「衆陶聯」産業プラットフォームの経験を活かして、業界主要企業を中心とする産業チェーンの形成を推進し、企業の内部管理の強化を図り、新技術の導入を加速させ、ビジネスモデルの転換を促進する。消費の経済成長に対する押し上げ効果を最大限に発揮させ、情報消費やグリーン消費などの新業態を育成する。都市部の商圏分布を最適化し、商業施設の独自性の

ある、個性化した経営を推進する。

（2）全体的な統合・協力と生産要素及び制度環境の最適化

調和発展の理念をしっかりと確立し、市の「一局の碁（全体的にとらえる）」要求に従い、行政区の概念を積極的に打破し、経済区の考え方を確立し、市全域が歩調を合わせて成長を推進していく必要がある。

たとえば、村レベル産業パークの整理を加速させ、産業の保護区域を設定することである。それは工業用地を確保し、保護区域内で新規不動産開発プロジェクトの増加を厳格に制限し、工業用地の総規模を維持し、製造業の供給拡大を促進して、産業の構造転換を有利に推進していくための具体策の一つである。

また、公共サービス施設の整備を強化して、市レベルの統合を推進することである。つまり、地方の行政改革をきっかけに、「強力な市・活力の区・実力の町」という基本的な考え方に従って、市・区・町の機能をさらに明確にし、市レベルのトップダウン設計の統一的計画機能、区レベルでの実施・執行能力、町の公共サービス提供と社会統治能力をそれぞれ強化し、市の全体的な統合と末端の活性化とのバランスを保ちながら、活気のある経済成長の道を切り開いていくということである。

（3）良質な教育施設の導入と人材の誘致

良質な教育施設を導入し、人材育成を加速させる必要がある。たとえば、国内外の有名な大学と積極的に協力関係を結び、良質な教育施設の導入と地元人材の育成を加速させ、専門学校や大学の発展を積極的に支援し、専門技術者やハイエンド人材の育成を着実に推進していくこと。産・学・研（産業・学校・研究所）連携のイノベーションプラットフォームを構築し、大学・研究機関・技術開発企業およびユーザー間の共同開発を促進することなどが大事である。

行政の支援を強化し、ハイエンド人材の導入に力を入れる必要がある。たとえば、リーディング産業や主要開発プロジェクトを中心に、ハイエン

ド人材、研究開発のスペシャリスト、スタートアップやイノベーションチームの中心メンバー、海外研究開発プロジェクトチームの中心メンバーを積極的に誘致する。一連の人材誘致支援策を実施し、人材誘致の長期計画を制定して、優秀な人材の誘致を図り、かれらの役割を十分に発揮させる。その中で、海外から帰国した優秀な人材を積極的に受け入れ、彼らの起業活動を奨励・支援することなどが特に重要である。

（4）革新駆動型発展と経済成長の新たな原動力

　重要なイノベーションプラットフォームの整備を統一的に推し進める必要がある。「国レベルの製造業イノベーションセンター」の建設を加速させ、市のイノベーションプラットフォームの建設を推進し、科学技術イノベーション集積区を整備し、広州―深圳科学技術イノベーション回廊の建設に積極的に参加していくことや、仏山 AI 機械研究所をはじめとする多くの新しい研究開発機関の設置を加速させ、ハイレベルの科学研究機関とのさらなる協力を促進し、政・産・学・研（政府・企業・学校・研究所）連携のモデルケースを模索していくことなどが求められる。

　ハイテク企業の育成を加速させる必要がある。そのためには、ハイテク育成企業の支援を強化し、ハイテク企業の成長を促進し、企業内の研究開発機関の設置を積極的に推進すること。科学技術イノベーションへの財政支援を増やし、技術開発型中小企業を対象とする技術革新特別基金を設立する。企業の自主イノベーション、優れた技術者の育成を奨励し、成長可能な技術開発中小企業に資金の融資担保を提供し、企業のイノベーション能力を強化していくことなどが必要である。

　さらに、ハイテク開発区のさらなる成長を促進する必要がある。そのためには、仏山ハイテク開発区を投資駆動型から革新駆動型へ、製造から工業デザインへ、そして資源依存から技術先行への転換を加速させる。企画・建設、投資誘致の方法および管理制度の改革を通じて、経営管理層の意識と能力の向上を効果的に推進する。リーディング産業を中心に、産業

チェーン育成のための環境整備を図り、開発区内の産業チェーンの構築を目指す。

（5）地域・国の開発戦略下での新たな開放

まず、粤港澳大湾区の建設に積極的に参加することである。そのためには、粤港澳大湾区建設を目標とする地域統合の流れに乗り、大湾区他の都市との協力をさらに深め、積極的に大湾区のハブ都市の建設を推進する。「香港＋仏山」という有利な条件を最大限に活かし、香港の国際プラットフォームを利用して「外へ出て行く」のを進め、グローバルな経営を展開する。広州―仏山を地理的連携から実質的な協力に転換させ、広州市の大学・研究機関・企業とより高いレベルの協力と交流を推進する。深圳の技術・資本・人材などイノベーション資源を積極的に導入し、深圳のスピルオーバー効果の受け皿となって、大湾区のイノベーション共同体の構築に積極的に関与する。

次に、「一帯一路」建設とのマッチングを行うことである。「一帯一路」建設を重点に、対外開放というコンセプトに新しい意味を持たせて、「外へ出て行く」と「引き入れる」を同時に展開する。大手企業の貿易投資プラットフォーム設置を支援し、企業グループの海外事業展開を奨励し、企業の商標権およびブランドの海外での侵害を防ぐために、輸出先国での商標登録を進める。

（四）肇慶市

1、現代化経済体系の構築と質の高い発展の推進

（1）工業経済の絶え間ないパターン転換・高度化と現代サービス業の急速な発展

工業経済はパターン転換・高度化を絶えず続けている。近年、肇慶市は「産業で市を振興させる」計画を積極的に推進しており、インダストリー「366」プロジェクトの五か年行動計画、「産業パーク建設年」計画、民間

416 Ⅱ部　テーマ別研究

企業の成長を加速させるための実施細則などの一連の政策実施に取り組むと同時に、実体経済の振興を図るために、10億元の企業投資支援ファンドを設立した。また、産業の構造転換を加速させるための指導チームを設立し、産業の構造転換を促進するためにあらゆる努力をしてきた。

　その結果、企業の年間成長率は当初の目標より3ポイント低いものの、5％増の882億6200万元となっている。中小企業向けの融資支援ファンドと肩代わり貸付基金を設立し、合計4億3000万元のリスク保障融資を行い、112社の資金調達難を解消しており、合計8億8200万元の肩代わり貸付を行い、78社のつなぎ融資を解決し、1500万元の融資コストの節約を実現した。

　NEV・先端機械設備製造・省エネ環境保護の三つのリーディング産業は、それぞれ158億7000万元、294億9000万元、131億9000万元の生産総額を実現し、年間目標の88.2％、71.1％、131.9％を達成した。肇慶ハイテク開発区の中電新エネ社のBEV物流専用車の生産・発売開始、シャオペン自動車の無人運転車開発工業団地（肇慶基地）、鼎星新エネ社の自動車生産プロジェクト、厚能持ち株グループのスマート製造拠点の正式着工、新興際華華南地域の「セーフバレー」、広東明匠工業のインダストリー4.0製造拠点、広東愛高の省エネセントラルエアコン製造拠点などの主要プロジェクトの合意文書などがすでに調印済みである。

　現代サービス産業が急成長を遂げており、2017年、市の現代サービス業の生産総額は7％増の390億元となり、サービス業全体の46.4％を占めるまでになった。製造業向けサービスの総生産額は5％増加し、現代サービス業生産総額の約82％に相当する。金融機関の国内通貨および外貨の預金残高と貸付残高は、それぞれ10.7％と16.1％増加の2259億7600万元と1501億9600万元となった。市内の各観光スポットはあわせて4219万人を受け入れ、観光収入は308億元となり、それぞれ22％と7.7％の増加となった。府城の市街区域（草靴通り）開発プロジェクトはすでに完成

し、端州区岩前半島の観光リゾート地事業はもうすぐ完成する見通しである。四会市奇石河の滝、四会市万興隆のエメラルド市、大旺の澳雪国際の工業観光などの三つの観光スポットが3A レベルの観光地に認定されており、「2017 年新年、広東省へようこそ・肇慶市観光ツアー」「2017 年肇慶国際ハーフマラソン」「鼎湖山音楽祭」などのイベントが成功裏に開催され、星湖フォークソングなど地元のオリジナル音楽が一躍脚光を浴びるようになった。

(2) 供給側構造改革と革新駆動型発展の推進加速

　供給側構造改革は目覚ましい成果を上げている。過剰生産能力の解消については、技術的に立ち遅れた鉄鋼生産設備の撤去がすでに完了しており、54 の国有、9 の民間「ゾンビ企業」の倒産・再生手続きが終了している。同時に、海外進出企業が三つ新設され、追加投資企業が 1 つ増え、海外投資総額は契約ベースで 820 万 8800 ドルに達している。

　過剰債務の縮減については、市内の地方銀行 9 行がレバレッジ比率 4%以下の規制基準をすでに満たしている。市内の A 株上場企業、「新三板」上場企業および地域株式取引市場の登録企業はそれぞれ 7 社、21 社と 67社に達しており、そのうちの 5 社が資本市場を通して 20 億 3900 万人民元の直接融資を受け入れた。

　過剰在庫の消化については、市は国内初の賃貸住宅建設モデル都市の一つに選ばれており、今年年末には、国有の住宅賃貸専門プラットフォームが設置され、最初の賃貸住宅がプラットフォームを通じて借り手に交付される予定である。市内販売住宅の在庫面積は 668 万 7700㎡であり、2016年末より 66 万 1000㎡の減少となっている。旧市街地の開発は 2823 世帯が着工し、3032 世帯がすでに完成しており、省の年度目標をすでに上回っている。

　コスト削減については、税負担・資金調達コスト・制度的取引コスト・人件費・エネルギーコスト・土地コスト・物流コスト等の削減策の実施を

通じて、49 億元の企業負担の軽減となった。生産用天然ガス価格の上限引き下げをまず都市部（端州区・鼎湖区）で先行させ、その後徐々に各県（市、区）へ普及させることにより、年間 1200 万元以上の企業負担の軽減が見込まれている。

　弱い部分の補強に関しては、838 台の新エネルギー車が追加され、二つの充電ステーションと 302 の充電パイルが新しく設置された。技術増強への投資総額は 146 億元、40.6% の増加と見込まれ、市内 23 の工業パーク（クラスター拠点）の生産総額は約 15% 増加し、合計 130 件の新規プロジェクト契約が調印され、投資総額は 567 億 1600 万元に上り、年間目標を上回る伸びとなった。珠江デルタ地域から 54 の産業移転プロジェクトを受け入れ、投資総額は 273 億元と見込まれている。

　革新駆動型発展がスピーディーに展開されている。2017 年に肇慶市の研究開発投資（R & D）は GDP の約 1.5% を占めると予想されている。国レベルのハイテク企業は新たに 107 社増え、合計 288 社になっており、国レベルのメーカースペースが 2 か所、省レベルのイノベーションプラットフォームが 54 カ所、ベンチャー企業を育てるインキュベーターが 12 か所増え、499 のベンチャー企業がインキュベート中である。研究開発部門を設置する大企業の割合は 34.3% に達しており、25 の大企業において「機械と人間の置き換え」が実施され、730 台のロボットを新たに導入する予定である。

　新興産業が中心のハイテク製造の生産総額は、大企業生産総額の 7.4% を占めるようになった。E コマース、ビッグデータ、クラウドコンピューティング、IoT などの分野が急速に伸びており、ビッグデータ工業団地が 1 つ新設され、「西江人材誘致計画」「1 + 10 + N」などの政策パッケージが全面的に実施され、国家レベルの「人材プロジェクト」に市推薦候補が 1 名見事に入選し、「珠江人材育成計画」の支援対象となった研究開発チームおよびチームリーダーの誘致に成功するなど、いずれもゼロからの

脱却を実現した。次に、研究開発チーム六つ及びチームリーダー3名を受け入れ、36名のハイレベル人材の受け入れを実現し、第12期38名の西江一流人材の育成プログラムが終了し、上記ハイレベルの人材（チーム）にはすべて資金及び関連の支援を行っている。さらに、肇慶市最初の省レベルの近代農業科学技術イノベーションセンターが設立され、肇慶ハイテク開発区は2017年国レベルの知的財産権保護モデル区に、ハイテク開発区内のイノベーション・スタートアップ支援センターは国レベルのベンチャー企業インキュベーターにそれぞれ認定され、国レベルのインキュベーターゼロからの脱却に成功した。

（3）主要プロジェクトの順調な実施、改善されたビジネス環境

　主要プロジェクトの実施は順調に進んでおり、2017年には、市の100の主要建設プロジェクトが年間投資計画の106%にあたる545億2800万元の投資を行っており、そのうち、35の省レベルの主要建設プロジェクトは年間投資計画の152.7%に当たる195億3000万元分を完成させ、進捗状況は省内第5位、珠江デルタ第4位となっている。具体的には、北嶺道路網の補強プロジェクトはいくつかの道路工事が完成し、都市部の主要交通プロジェクトはすべて着工しており、旧府城の保護と修復プロジェクト、江濱堤防道路補強プロジェクト、肇慶新区中心地域のパイプ敷設プロジェクトなど多くの重要な都市インフラ工事が急ピッチで進められている。

　ビジネス環境が絶えず改善されている。2017年、市は行政簡素化と権限委譲の実施を加速させ、「肇慶市投資プロジェクト審査認可制度改革深化の試行方法」及びその実施計画を打ち出して、行政の責任と権限の再構築に取組み、「ワンウィンドウ、ワンネット」方式による行政サービス制度の改革を推進している。「移動ゼロ」というオンライン許認可手続きを取り入れ、318件のサービス提供が実施され、実施リストは142項目まで拡大している。

　また、実名登録・企業登録・税務情報・印鑑登録・銀行口座の開設など

をワンストップで済ませる行政手続きの簡素化を推進し、起業時の行政手続き利便度は省で第4位にランクインされ、同レベルの都市では一歩進んだ形となっている。「肇慶市企業登録管理の暫定方法」の実施により、新規登録企業の件数は43.5%増加した。市が所属する公的機関と国有企業の公用車改革を推進し、個人専用の公用車は全面廃止となった。

　信義・誠実建設はその成果がすでに現れている。たとえば、「契約遵守合同インセンティブ及び契約違反懲罰制度の確立、社会の信義・誠実建設加速に関する実施細則」「肇慶市法人団体の契約遵守合同インセンティブ及び契約違反懲罰に関する試行方法」が公表・実施されている。また、肇慶市信用制度の構築に関する表彰と処罰リストの公表暫定措置を実施する中で、「表彰及び懲罰リスト」の公表は合わせて9回実施され、そのうち、3399の団体（個人）が表彰され、団体トップ10と個人トップ10がそれぞれ選出されている。業界団体が中心となって信用優良企業の表彰を行い、工芸品・塩・特殊設備製造業界では、信用を守る優良企業がそれぞれ103、30、19社選ばれた。市内の端州区と高要区ではそれぞれ信用第一のモデル商店街が命名されており、鼎湖区は信用第一のテーマパークが命名されている。

　市の信用情報管理システムには、508万件の信用情報データが収集され、合計189万件の行政許認可および行政処罰のデータが省の信用情報管理システムにアップロードされ、アップロードのデータ件数は、広東省で第1位となっている。また、市・県ではすでに部門間の情報プラットフォームの共同建設、情報の共有を実現した。

（4）ハブ都市としての位置付けと対外開放の優位性

　交通の整備を積極的に推進し、汕尾―昆明、汕尾―湛江、懐陽高速道路肇慶区間、広州―仏山―肇慶高速道路広州石井―肇慶大旺区間は計画通りに進められ、肇慶―高明高速道路と仏山‐肇慶高速道路建設は広東省の高速道路交通網計画に組み込まれている。西江（界首―肇慶）内航航路の拡

張工事は概ね完成しており、閲江大橋はすでに開通し、肇慶大橋の拡張工事が急ピッチで進められている。

「東部とは統合、西部とは連携」という戦略の実施を徹底し、国家および広東省の「粤港澳大湾区都市群開発計画」の策定に積極的に協力して、大湾区における肇慶市の位置付けを明確にする。「国家戦略における肇慶のチャンス」をテーマにした2017年の粤港澳大湾区開発フォーラムが成功裏に開催され、珠江デルタ・香港・澳門との交流と協力関係がさらに強化された。

「肇慶市珠江デルタ全域の協力を強化するための行動計画」を実施し、広東省南西部におけるハブ都市建設を推進する。2017年に広東—広西—貴州高速鉄道経済ベルト市長合同会議では、「広東—広東—貴州高速鉄道経済ベルト建設に関する共同宣言」が協議され、可決された。第14回中国—ASEAN博覧会の会期中、広東省と広西省（地域）の共同開催だった広東—広西協力特別モデル区推進会議において、モデル区建設3年来のイノベーション・投資促進・地域開発の各分野で得られた成果が展示された。「一帯一路」、珠江—西江経済ベルト、広東—広西—貴州高速鉄道経済ベルト及び珠江西岸機械設備製造ベルトとの統合をさらに加速していく。

（5）地域間の調和発展と都市・農村の活性化

地域間の調和発展の加速と同時に、中心市街地の開発も急速に展開されており、市南東部のGDPは年間約4.0%の増加となった。「肇慶市中心市街地地下総合パイプ網特別計画（2017～2030)」の推進、中心市街地海綿（スポンジ）都市特別計画の策定、「三旧（古い工場・古い村・古い市街建設用地の在庫)」の解消計画、および新NEV（EV）充電施設設置に関する計画の策定と専門家による審査などにも力を入れてきた。

端州区では産業構造の転換がさらに加速している。総投資額41億元の松尚オプトエレクトロニクス産業プロジェクトの建設が着工し、肇慶学院の大学サイエンス・テクノロジー拠点が2017年度国家レベルのベン

チャー企業インキュベーターに選ばれ、Dream Buffet メーカーベースは2017年度の国家レベルメーカーベースに選ばれた。ネットコムビルディング、758創意パーク、南国タウンなどのベンチャー企業インキュベーターには、合計113の企業と98のスタートアップチームが入り、511人の若き企業家の支援を行っている。

鼎湖区ではEコマースセンターの建設が完成し、ハイレベル人材誘致のための「双創園（イノベーション・スタートアップ拠点）」の建設、肇慶新区メーカーベースを中心にイノベーション・スタートアップクラスターの構築を促進していく。

高要区では、総投資額72億1300万元の信基産業園と凱中生物産業園など12の工業プロジェクトを新たに導入しており、中には西江国際未来都市、Palm Co.Ltd などの大規模プロジェクトが含まれている。四会市では宝石類文化・創意産業園への道路建設が加速しており、広州—佛山—肇慶教育ニュータウンには、広東華商職業学院を含む三つの大学教育機関が入っている。

肇慶ハイテク技術開発区では、投資総額100億の小鵬スマートカー・NEV プロジェクトと保利軍民融合産業タウンの誘致に成功している。亜鉛大通りの拡張工事はすでに完成し、独水河の生態系修復プロジェクトの工事は一部すでに完成しており、「広東省住み良いモデル賞」を申請中である。肇慶新区の中丹エコ産業パーク（肇慶）は国レベルに引き上げられ、環境保護協力の実施と中丹エコ産業パーク（肇慶）の建設の支援に関する覚書が取り交わされた。

都市部の発展だけではなく、域内山間部の経済も着実に発展を遂げている。肇慶市では、県域の経済・社会の発展をさらに加速させるための行動計画を積極的に実施しており、山間部エリアの総生産額は約5.5%の増となっている。封開県や広寧県などでは、県全体の都市計画をすでにまとめており、広寧県は、広東省の県庁所在地として率先して都市計画及び市街

地の企画を実施し、肇慶市ではじめて国家レベルの知的財産権保護のモデル県になった。徳慶県は広東省観光業推進のモデルケースとなっており、香山大通りなど西区の道路網建設とパイプラインの敷設を加速している。封開県の嘉誠製紙会社と海藍化学工業会社は、年内に1億元以上の売上高を達成する見込みであり、エコ製紙ラインをすでに稼働している。また、協進ぬいぐるみ工場プロジェクトは、今年中に試運転する予定である。

広州―仏山―肇慶（懐集）経済協力区は、年内に16万8900㎡の標準ワークショップの建設が完成予定であり、すでに28の新規契約プロジェクトが入園し、20の新規プロジェクトが着工し、11の新規プロジェクトが稼働し、さらに園内の物流に関する企画もスタートしており、域内の成長が期待されている。広東省―広西チワン族自治区協力特別区（肇慶）は、国内最大のファクトリーパークオペレーターである重慶盈田土地開発グループが進出し、現在、58軒の工場施設の建設が着工し、そのうち22万6600㎡の施設はすでに完成しており、36万6800㎡の施設が建設中である。広東省―広西チワン族自治区協力特別区「1 + 3」実施計画は、すでに広東省政府に上申し、許可を待っているところである。

もう一つは都市化と農村の同時振興である。中心市街地について「一つの川、二つの沿岸、五つの区域」の共同開発構想が実施され、肇慶市の都市計画概要、肇慶市の新型都市化計画、および「第13次五カ年計画」期間中の開発計画など一連の開発計画がすでに公表されている。域内の懐集県は、国家レベルの都市化推進及び出稼ぎ労働者の地元での起業を奨励するモデルケースとなっており、市は農村の都市化を促進するための取り組みとして、「特色ある（都市）町の企画・建設を加速させるための実施細則」を公表し、段取りを追ってその推進に力を入れている。これまで、国レベルと省レベルの都市化推進モデルが四つ追加されており、そのうち鼎湖鳳凰町が国レベルの特色のある町、省レベルの森林の町にノミネートされ、四会市の玉石文化の町、高要区の回龍宋隆町は省レベルの特色ある町

に選ばれた。

（6）生態文明建設とグリーン発展

　市内の省エネ・排出量削減は着実に進んでおり、総生産額 1 万元当たり
の水消費量が 10% 削減され、COD、二酸化硫黄（SO2）、アンモニア態窒
素（NH3-N）および窒素酸化物（NOx）の排出量は国の排出量削減目標
を達成する見込みである。広東省に先駆けて「大気汚染防止に関する 100
日間監査活動」を実施しており、市内都市部の大気状態では良好日数は
93.4% に達しており、年間平均 PM2.5 濃度は 36 μg/㎥であり、市の都市
大気総合指数は広東省でのランキングで前年より 1 位上昇した。

　西江の肇慶流域、賀江川などの主要河川及び県レベル以上の地域の飲用
水水源地の水質は地表水水質基準Ⅱ類に達し、地表水水質が良好な（Ⅲ類
以上の）市の割合は 91.7% に達しており、羚山涌と石咀涌の重汚染水域の
浄化作業は、2017 年度の目標を達成している。また 1 日あたりの汚水処
理能力を 12 万 8000 トン増加させ、肇慶市の中心市街地（端州区・鼎湖
区・高要区）の都市家庭用下水の集中処理率は 92.8%、農村部の家庭ごみ
の分類と削減率は 52.42% に達した。

　また、新たな緑化キャンペーンを実施し、125km の生態系景観森林地
帯を建設し、植林面積は 1.128ha 増加し、新たに 13 の森林公園、1 つの湿
地公園、117 の村緑化が完成して、森林被覆（カバー）率が 70.56% に拡
大した。肇慶市生態文明推進計画（2016 ～ 2030）、肇慶市低炭素生態都市
建設計画、肇慶市生態系保護に関する区分け構想（草案）、肇慶市環境保
護及びエコ産業計画（2016 ～ 2030）、星湖観光地総合計画などの策定、生
態系保護に関する区分け作業が急ピッチに進められている。

2、現代化経済体系の構築と質の高い発展の課題

（1）産業計画が大まかで、成長の質よりもスピードに固執

　本プロジェクト研究チームの調査によると、肇慶市政府はこの地域の優

位性と不足への分析、および産業振興計画の策定について比較的大雑把であることがわかった。たとえば、肇慶新区では大規模な開発が進められているが、結局以前と同様な産業を導入してしまい、自身の位置づけと変化する市場ニーズに対して柔軟な対応と調整が見られていない。

（2）不充分な工業の構造転換、従来のOEM方式から新たなOEMへの移行

本プロジェクト研究チームの調査によると、肇慶市の新エネルギーなどのいくつかのプロジェクトは急速に発展しているが、工業のパターン転換・高度化の角度から見ると、従来のOEM方式から新しいOEMへ移行しただけであり、コア技術の獲得がないため、高度化をともなう転換とは言えない。

（3）研究開発投資が不十分、投資は短期的利益が得られる事業のみ

研究開発はリスクの高い長期的な活動である。本プロジェクト研究チームの調査によると、肇慶市の企業投資は短期的に利益が得られる事業に集中しているが、政府も長期的・基礎的な研究開発への投資について主導的な役割を果たしていないことがわかった。

肇慶市の研究開発投資は全体的に少なく、これまでの発展パターンは他地域からの産業移転を受け入れることが中心であって、技術は主に模倣によって取得し、自主開発よりもコストを低く抑えるができた。このような後発者利益を享受している企業は、科学技術イノベーション意識が欠けており、実際の研究開発も比較的少ない。また、珠江デルタ地域の分業では、研究開発は主に深圳市で行われており、肇慶市には研究開発の環境も基盤もないのが現状である。

（4）技術工人材陣と「高度・精鋭・先端」人材陣の不足、大学のなどの誘致には消極的

本プロジェクト研究チームの調査によると、肇慶市にはミドルクラスの人材は比較的多いものの、ローエンドの技術工とハイレベルの「高度・精鋭・先端」人材陣が不足していることが政府と企業への面接調査で明らか

になっている。技術工の不足は、主に「90後（1990年代生まれ）」と「00後（00年代生まれ）」の若者が現場作業を敬遠することによるものだが、ハイレベル人材が不足しているもう一つの原因は、現場では人材が必要とされているものの、人材受け入れの環境が整っていないため、結局のところ、需要と供給が結びつかないことである。ちなみに、2016年現在、肇慶市には表1の通り、五つの大学、20の中等専門学校、七つの専門学校があるのみである。

（5）公共サービス施設の不足と人口の流入と定住が課題

　珠江デルタ地域は、改革初期の出稼ぎ労働者の主な出稼ぎ先の一つであり、珠江デルタに属する肇慶市にも出稼ぎ労働者が多く、また、ここで長く働いてきた人々の中では家族も一緒にここに移住するか、またはすでに移住している人も多い。しかし、肇慶市のインフラ施設と医療・教育・交通・高齢者ケアなどの公共サービス資源は限られており、外来人口の転入は、もともと不十分だった公共サービスの供給に大きな負担をかけている。さらに、一般的に、出稼ぎ労働者は地元の労働者に比べると、賃金が低いわりには、労働意欲が高い。競争原理から言うと、彼らは、労働市場での競争力が高く、地元労働者の就職難を引き起こすことにもなった。出稼ぎ労働者には基本的な公共サービスを保障することができない一方、地元の住民は出稼ぎ労働者との競争圧力にさらされており、社会の不安定要因となっている。さらに、市の治安関連のリソースが不足しているにもかかわ

表1　2016年の肇慶市の学校の概況

学校の名前	所轄官庁	学校レベル	備考
広東理工学院	広東省教育庁	大学	私立
肇慶学院	広東省	大学	
広東ビジネス短期大学	広東省教育庁	短大	私立
広東情報工学短期大学	広東省教育庁	短大	私立
肇慶医学短期大学	広東省	短大	

らず、警察など治安維持関係者への待遇が悪く、これが経済発展のマイナス部分として、質の高い発展への転換を制約する大きな要因になっている。

(6) 香港との協力がまだ不十分

本プロジェクト研究チームの調査によると、肇慶市と香港との間の協力および産業移転の受け入れは比較的少なく、制度面での阻害要因が多く、産業協力のチャンネルはかならずしもスムーズに機能していないことがわかった。

3、現代化経済体系の構築と質の高い発展に関する政策提言

いかなる国・民族・社会・都市も、発展は一夜にして成し遂げられるものではない。中華人民共和国誕生以来、われわれは社会主義公有制経済体制の構築を主とする「第一の創業・模索」、改革開放以降の社会主義市場経済体制の構築を主とする「第二の創業」、中国の特色ある社会主義の新時代の現代化経済体系の構築、より質の高い発展へと絶えず向かうことを主とする「第三の創業」を経てきたが、改革・発展の道は「任重く、道遠し」である。とりわけ今後30年の間、中国が「二つの百年」という目標を達成し、社会主義現代化国家を築き上げる中で、国内外からのさまざまな挑戦と課題に直面する。これから国内では経済成長のスピードダウン、人口の高齢化、さまざまな不均衡・不十分の問題に直面することになる。他方、国際的には米国を中心とする先進国は、新たなグローバル・ガバナンスの枠組みの構築をめぐって中国を敵視しており、中国に挑み、弱体化させ、競争に勝とうと虎視眈眈している。

そのため、われわれは、GDP総額を以って盲目的に驕り高ぶったり、自己満足したりしてはならず、1人当たりGDPと格差の問題を十分知っておくことが大事である。習近平総書記が第13期全国人民代表大会第1回会議での演説で述べたように、われわれは決して現状に甘んじ、安逸を貪り、「楽しみて憂いを忘れ」てはならず、必ず初心を忘れず、使命を銘

記し、発奮して何かをなさんとし、新時代に属する輝かしい業績を生み出すよう努力しなければならない。中国の実情と発展段階は先進国と大きな違いがあり、養老・医療・文化・スポーツなど消費の高度化は絶対に発展させるべきものだが、それは21世紀半ばまでの主要任務ではない。21世紀半ばまでの重要な使命は、製造業のモデルチェンジ・アップグレードを基礎に現代化経済体系を構築し、製造強国、科学技術強国、質強国、インターネット強国、デジタル中国を築き上げることだとはっきりと認識しておく必要がある。

　そこで、本プロジェクト研究チームは肇慶市の現代化経済体系の構築、質の高い発展の推進に関する現状と問題を分析し、以下の対策と提言を述べたい。

（1）ハイテク産業の育成と差別的な開発戦略の必要性

　広東省は一貫して市場メカニズムを尊び、市場機能が十分活かせるよう様々な環境整備を進めてきた。これにより確かに市場の活性化と経済の成長を促してきたが、市場と資本は実は盲目的であるため、政府の「見える手」の役割も十分発揮させるべきであり、これはまさに広東省の強化すべきところである。実際に、省政府は段階的に戦略産業の育成計画を策定し、同一プロジェクトの同時着工を避け、市場によって示された方向性を見つけ出し、ガイダンスを出す必要がある。

　さらに、広州市・仏山市・肇慶市の地理的優位性と残り少ない土地利用の可能性を十分に活用し、産業移転の受け入れを強化し、主要な地域での同じプロジェクトの導入や生産過剰の問題をぜひとも避けるべきである。

　経済の質の高い発展のための行政システムと指標システムの確立を加速させるために、開発計画・経済政策・事業企画を制定し、質の高い発展戦略に従い、新たな発展理念・質第一・効率優先の原則を守るべきである。独自の産業基盤と生産コストの優位性がなければ、同じタイプ、類似性の高い製造業をわざわざ導入する必要はない。肇慶市は差別化を付けた開発

を推進し、広州市と仏山市の裏庭として、美しい緑地景観を活かして、新たな発展の道を開いていくことが大事である。

（2）基礎研究分野の重要性と開発投資、研究チーム育成の必要性

研究開発はきわめて困難な作業であり、研究開発投資は基礎固めの性格が強く、回収期間が長いといった特徴がある。しかし、国内外の多くの事例によれば、そのメリットも大きい。つまり開発者が技術を独占し、それを事業化して、最終的に利益を獲得することができるのである。

したがって、現在のコア技術・独自ブランド不足に直面して、政府は経済成長スピードを若干犠牲にしても、質の高い発展により力を入れ、大規模な経済開発の理念を転換させ、研究開発投資、とりわけ基礎研究への投資を増やしていくことが大事である。政府主導で優秀な人材を集め、重要な分野に必要な人材を誘致し、優秀な研究チームを確保し、その活動を支援していく必要がある。

他地域の基礎研究の経験を取り入れ、まずは「追い付く」から「並走する」までの目標を実現し、さらに特定分野での「リード」を目指していくことが大事である。

それと同時に、「インセンティブと支援」を通じて、関連企業の技術向上を促進し、企業が徐々に成長理念を変えていくように導いていくことが必要である。「インセンティブ」とは、技術のブレークスルーの実現と技術開発で成果を挙げた企業に一定の報奨金を授与することであり、「支援」とは、企業向けの技術改良基金を設立し、技術的に後れている企業の技術向上を積極的に促進し、年間稼働率が6か月未満の企業が技術のアップグレードを通じて再起を求めるのを支援することである。

（3）業界団体の育成と企業のコスト削減・事業転換・海外進出への支援

市場化の推進伴い、中小零細企業が次々と誕生しているが、これらの企業は事業基盤が弱く、市場競争に耐えていく能力も不足しているのが特徴である。中小企業を含む業界全体を統合させ、業界や特定の産業チェーン

を中心に協力メカニズムが構築できれば、次のいくつかの面で産業の発展を促すことができる。

第一に、資源を集中させ、発展の難題を共同で解決し、産業全体をアップグレードして、イメージアップを図ることである。

第二に、業界の情報を一本化し、より大きな取引ネットワークを構築し、企業の仕入れルートを一新し、取引コストを削減できるようにすることである。

第三に、業界の資源の集中とビジネスモデルの刷新を通じて、資金調達能力を向上させることである。

産業界及び企業間関係の確立、相互の協力メカニズムの構築と維持を実現するためには、業界組合・業界団体を作って、業界企業間の関係を強化する必要がある。しかし、業界企業間のさまざまな利益相反があり、自発的に形成された業界団体や業界組合を運営するのは難しい。

政府は政策支援や資金的援助などによって業界団体や業界組合の設立を積極的に促し、業界団体と業界組合設立初期の運営を支援する必要がある。その後、政府はその方向性を明確にし、団体や組合の運営能力の向上に取り組み、これらの団体が企業のコスト削減・技術の向上・「外へ出ていく」などで役割を果たすよう促していくことが大事である。

（4）公共サービス施設の整備と出稼ぎ労働者の定着

これからの社会では、人材を確保できる地域だけが経済成長の可能性を持つ。移民を受け入れるためには、まずインフラを整備し、必要な公共サービスを提供することが必要である。肇慶市は公共サービス供給の現状と今後の発展可能性を詳細に分析し、特に移民の家族連れ転入に関連する戸籍登録・住宅・医療・教育・高齢者介護などを含めて、計画的かつ段階的に基本的な公共サービスの提供を改善・拡大していくことが大事である。

同時に、地域の人口受容能力の限界を考慮し、肇慶市の人手不足の主な職種をリストアップし、特定な対象に絞って戸籍優遇政策を適用させ、行

政サービス提供の効率を引き上げる必要がある。

（5）専門学校や大学の新設と産業界と教育の連携の推進

ある意味では技術力が生産能力であり、教育は技術力を向上させる基本的なインフラである。アメリカ・日本・韓国・シンガポール・中国台湾などの国や地域を歴史的に見てみると、製造業は経済成長の基本であり、製造業という強固な産業基盤を築き、経済成長が一定のレベルに達した後、サービス・金融産業へシフトしていくことがわかる。

肇慶市の製造業が直面している最大の問題は技術力の不足であり、その背景には専門的な人材の不足がある。実際、都市の現状力から言うと、肇慶市には多くの製造企業があり、大学・専門学校も多数あるが、カギとなるのは産業と学校との連携であり、政府としてはそれをいかに推進していくかが問題である。一つの選択として、たとえば肇慶市にハイレベルな技術者を養成する単科大学を新たに設置して、デュアルシステム教育など人材育成のモデル転換を模索し、大学には人材の供給が逼迫している専門学科の新設を検討する、それによって、産業界に優れた人材を次々と送り出して、経済のさらなる成長を図っていくことが大事である。

（6）香港との協力と政策の協調を真剣に検討することが必要

肇慶市はハブ都市として、陸上交通と海上輸送の便がよく、外国との協力に有利な条件を持っている。「珠江デルタ地域改革と開発に関する計画要綱（2008 ～ 2020）」のメンバー都市になってから、肇慶市と香港との協力・交流は確かに頻繁になってきてはいるが、さらに協力できる分野などについて検討していく必要がある。それを通じて、対内的には肇慶市の産業構造の転換と立地分布の最適化を加速させ、対外的には香港の持つ国際化の有利な条件を活かして、製品・資本・技術の「外へ出ていく」と「引き入れる」を促進し、要素の有効配分に関する体制上・メカニズム上の障壁を打ち破っていく必要がある。

香港はオープンな理念と制度上の有利な条件により、世界中からつねに

新しい技術と管理ノウハウを受け入れている。また、歴史的な経緯から、香港は世界多くの先進国と緊密な経済的パートナーシップを結び、貿易と投資に関して優位性を持っている。この点は隣の澳門も同様である。

そのため、国内の他の地域と比べて、広東省の都市には、香港と澳門を経由して国際化を実現するという地理的・文化的な優位性がある。肇慶市はこの機会を利用して、香港との協力文書を交わし、肇慶市・香港共同開発の体制づくりにできるだけ早く着手し、粤港澳大湾区、国家レベルの戦略プラットフォーム、経済特区及び国レベルの開発区などによる開発要素の集積の役割を最大限に活用していくことが大事である。

二、競争優位性を活かして質の高い発展を推進する上海モデル

上海は、トップランナーとして、質の高い発展を推進し、現代化経済体系を構築し、他の地域に先駆けて、経済の質の高い発展を達成するという使命と責任を負っている。2017年の上海のGDPは、前年比6.9％増の3兆133億8600万元であり、成長率は全国平均とほぼ同じであるが、経済成長の安定性はむしろ向上している。また、上海は質の高い発展を模索する中で一定の成果を上げたものの、課題もあり、新たな方策によって現状を打開する必要がある。

（一）上海の質の高い発展を推進するための主要な政策と成果

上海は、質の高い発展を推進し、現代化経済体系を構築する上で、一定の成長率の維持、制度的優位性の活用、質の高い発展の追求といった三つの基本理念を堅持し、労働生産性・TFP・投入産出率を高め、より少ないコストで持続的な成長の実現が求められている。それに加えて、ハイエンド産業チェーンの育成、供給体系の質的向上、市場の機能性と政府の効

率の追及を促進し、都市のサービス提供と資源配分能力を高め、都市の創造力・競争力の強化が課題となっている。

　また、消費者の高まる消費ニーズに応えるために、次のいくつかの点に力を入れる必要がある。第一に、質第一、利益優先の原則を守ることである。第二に、新たな発展理念を掲げ、供給側構造改革を中心課題とすること。第三に、革新駆動型発展を堅持することである。第四に、改革開放を基本的な戦略とすることである。第五に、都市農村・地域間の調和発展を具体的な要件とすることである。第六に、人民の素晴らしい生活への要求を満たすことを基本的な目標とすることである。

　発展目標の設定について、2018年上海「政府活動報告」で、現代化経済体系の構築を概ね完成させるための向こう5年間の主な目標について明確に述べられている。具体的には、市の年平均GDP成長目標を6.5%に設定し、産業構造は現代サービス産業を中心とし、戦略的な新興産業がリードし、先進的製造業を支えとする現代的産業体系を基本的に形成し、市GDPの約25%を製造業が占め、戦略的新興産業の総生産額が製造業総生産額の約35%を占め、一部の企業がグローバルな競争力を持つ世界一流企業の仲間入りを果たすということである。

　上海の都市建設目標は、国によって正式に承認された「上海市都市開発計画（2017～2035)」によると、上海市を2035年までに、社会主義の現代的・国際的大都市にし、重要な経済指標は世界の先進国レベルに達し、産業のハイエンド化・サービス化・集積・統合・低炭素化を実現し、世界経済に対する中国経済の資源配分能力と波及効果を高めていくこととされている。

　上海は一貫して質の高い発展の道を模索し、たゆまぬ努力を払ってきた。質の高い発展、現代化経済体系の構築を推進する中で、上海が講じた主な政策措置とその成果は、次のとおりである。

1、「四つのブランド」戦略を本格的に推進し、質の高い発展を実現するための上海モデルの構築に取り組んでいく

　上海は、「上海サービス」「メードイン上海」「上海ショッピング」「上海文化」の四つのブランド戦略を打ち出している。まず、製造業は上海の全体的な競争力の現れであり、質の高い発展を推進するための原動力ともいえる。長年にわたる努力により、上海の経済成長はすでに「あるかどうか」「十分かどうか」というレベルを通り越して、これからは質的に「よいかどうか」「優れているかどうか」が問われる段階に入っている。

　ブランドとは製品の高品質・高い評判の代名詞であり、企業の競争力とコアコンピタンスの象徴と言ってよい。質の高い発展を推進するために、上海市は「メードイン上海」3か年行動計画を策定し、「四つの名、六つの創」という10の実施計画を打ち出した。その中で、「四つの名」とは、有名ブランドの創出、有名企業の育成、その道の名人の結集、有名パークの建設のことであり、「六創」とは、技術の創新（革新）、ブランドの創響（つくって名を轟かせる）、品質の創優（良いものをつくる）、創新とスマート技術の融合、クラスターの創建（建設）、グリーン創先（優先）の推進のことである。これらの施策により、「メードイン上海」のブランド戦略を全面的に推進し、グローバルな製造拠点になるよう取り組んでいくことである。

　そのための具体的な取り組みとして、「1 + 4 + X」の実施体制を早急に確立し、計画通りに推進していく必要がある。「1」とは、トップダウン設計と全体的配置を強化し、事業推進の全体的な計画を制定するということである。「4」とは、「4大ブランド」を創設するための主な目標・重点任務・具体的な取り組みを明確にするために、それぞれ「3か年行動計画」を策定・実施するということである。「X」とは、以上の目標を実現するために特別なプロジェクトを機動的に実施することである。

　最初の計画として43の特別プロジェクトが許可され、今年の上半期の

実施が決定された。キーポイントとして、それぞれのブランドを中心に取り組んでいくと同時に、「4大ブランド」の協調・協力も大事だということである。「4大ブランド」戦略は、それぞれ独自の取り組みがあるが、お互いに繋がり、協力可能な部分もあることから、実施にあたっては、方向性を定めて取り組み、急所難所に更に力を入れることが大事である。

たとえば、「上海サービス」は波及効果が焦点であり、市場の資源配分機能を強化し、サービス提供の範囲を継続的に拡大し、さまざまなプラットフォームキャリアを強化し、ハブ都市としての波及効果とサービスの質を向上させ、「上海サービス」をより広く普及させていくことである。

「メードイン上海」は、その影響力の拡大が焦点であり、コア技術・ハイエンドの産業クラスター・優れた品質という三つのキーポイントをしっかり押さえて、上海を新興産業の育成地、ハイテク製造業の集積地、グローバルな製造拠点として築き上げていくことである。

「上海ショッピング」は、消費者のブランド品への実体験が焦点であり、たとえば、最新の商品、最高のブランド、最良のショッピング環境、最高のコストパフォーマンスなど、需要を満たし、創出し、リードすることにより、国際的な消費都市の建設を加速させていくことである。

「上海文化」は、上海のアイデンティティを示すことが焦点であり、高品質の文化製品を生産するためのコンテンツ制作、素晴らしい興業活動、輝かしい文学と芸術の巨匠、魅力な文化のランドマークなどを内容とする、国際的な文化大都市の構築を加速させることである。

2、自由貿易実験区の建設を突破口にし、改革開放の深化と質の高い発展の推進

2018年は上海自由貿易実験区設立5周年を迎える年である。自由貿易実験区の改革加速を突破口とし、第1回中国国際輸入博覧会の開催を契機とし、対外開放をさらに拡大し、市場参入条件を大幅に緩和させ、外資を

積極的に導入し、開放の新しい局面を切り開くためのトップランナーとしての役割を果たしてきた。その具体的な成果として以下のとおりである。

（1）上海自由貿易実験区建設の全面的推進

2013年9月正式に設立して以来、自由貿易実験区の建設は大きく進展し、制度面での構築がほぼ完成しており、100以上の経験が全国各地で導入され、普及されてきた。2017年3月末、中国政府は「中国（上海）自由貿易実験区の改革開放を一層加速させる計画」を発表しており、その計画で取り上げられた98項目の改革措置の実施はまだ進行中であるが、その76％がすでに完了している。

その結果として、自由貿易実験区は開放とイノベーションの同時進行を内容とする総合的な改革実験区として成果を上げ、開放型経済体系におけるリスク・ストレステスト区として重要な進展が見られ、政府の統治能力向上の実験区として行政サービス提供能力の向上を実現し、国の「一帯一路」構想の推進、企業の海外進出の拠点としてその取り組みが加速している。

次の取り組みとしては、「三区一堡」と「三つの連携」に中心に、改革の有効性と達成度の向上に努めていく必要がある。今後、残りの24の項目の実施を首尾よく完成させ、改革先行者としての優位性を持続させるためには、上海自由貿易港の建設をいっそう加速させていくことがポイントである。具体的には、自主改革・革新を強化し、外資の市場参入規制をさらに緩和させ、自動車製造、金融サービス、電気通信、インターネット、文化教育など分野での開放を積極的に推進して、金融面での開放と変革をさらに深め、自由貿易口座の資金調達機能の適用範囲と対象を徐々に拡大していくことなどが必要である。

（2）中国国際輸入博覧会の開催への取組み

中国国際輸入博覧会の開催は、党中央がハイレベルの改革開放を推進するために下した重要な決定であり、中国が積極的に市場開放に取り組むた

めの大事な施策である。第 1 回博覧会は 2018 年 11 月 5 日から 10 日まで
上海で開催され、現在、第 2 回国際輸入博覧会の準備が進められている。
次の目標は、 中国国際輸入博覧会の開催をきっかけとして、対外開放の
レベルアップを図っていくことである。具体的には、中国国際輸入博覧会
に関連する都市サービスの提供をしっかり行い、「虹橋国際貿易フォーラ
ム」、「6 日 + 365 日」貿易サービスプラットフォームのレベルアップ、博
覧会の波及効果、派生効果と増幅効果を十分に活かし、より多くの有名
な国際ブランド品とサービスが上海から中国市場へのアクセスを促進し、
徐々に世界をカバーする輸入ネットワークを構築していくことである。

3、科学技術イノベーションセンターの設立と供給側構造改革の深化
（1）科学技術イノベーションセンター建設の全面的推進

世界的に影響力を持つ科学技術イノベーションセンターの建設は、中央
政府から上海に託された重要な国家戦略プロジェクトである。それを受け
て、上海市は科学技術イノベーションと制度革新に同時に取り組み、科学
技術イノベーションセンター建設の基本的条件及び全体構想をいっそう明
確にしてきた。

その具体的な取り組みとして、以下の二つが挙げられる。第一に、自主
イノベーション力の強化に力を入れることである。グローバルな視野と世
界標準を踏まえて、張江総合国立科学センターと張江科学都市の建設を推
進し、大規模な科学研究施設集積地の建設を加速させる。基礎研究開発
と技術移転のプラットフォームは年内に 18 か所の着工が予定されており、
ハイテク産業と企業の成長を促進するために、七つの重要な科学技術イノ
ベーションセンターの建設を加速させる。また、大衆による起業・革新を
大いに推し進め、現在、国レベルの起業・イノベーション拠点が 7 か所設
置され、ベンチャー企業インキュベーターが 500 以上になっており、その
90% 以上が民間企業によって設立されている。

第二に、科学技術体制・メカニズムの改革である。科学技術イノベーションセンターの設置について22項目の実施細則を公表し、技術開発成果の事業化、知的財産権の保護、外資系研究開発センターの支援に関する九つの付帯政策を実施して、全面的革新・改革のテストを踏み込んで実施する。

上海の人材獲得の優位性をさらに強化するために、人材誘致に関する「20の政策」と「30の政策」を次々と策定・実施し、「対象に合わせた一人一策」によって、ハイレベル人材誘致プロジェクトの実施を促進し、グローバルな競争力を持つ人材の誘致、育成制度の構築を加速させてきた。過去5年間で留学生の帰国者数は5万6000人に上り、その前の5年間の2.7倍となった。これまでに、2人の中国科学アカデミー会員、ノーベル賞受賞者、アメリカ科学アカデミー会員を含む500人近くのトップレベルの研究者の国内外からの誘致に成功している。

（2）引き続き産業構造の調整を強化

実体経済の競争力の向上を促進するための50の実施細則を公布し、「四つの新経済（新技術、新産業、新業態、新モデル）」の成長、産業の革新、製造業の基盤強化、品質改善など実体経済のレベルアッププロジェクトを推し進め、集積回路（IC）や新型ディスプレイなどの分野の重要なプロジェクトの建設が正式に着工している。その一方、斜陽産業の淘汰と非効率的な建設用地の削減を加速させている。2017年に1436の産業再編プロジェクトがすでに完了しており、17の主要エリアが再開発区域に指定され、非効率的な建設用地の削減は8.4㎢に達した。2018年、上海市は実体経済のコストを削減するための一連の政策措置を実施しており、2016年と2017年の2回にわたるコスト削減措置の実施により、企業の負担軽減は合計1530億元以上に上った。2018年にも企業の負担をさらに削減する計画であり、年間の負担軽減は総額500億元に見込まれている。

4、世界一流のビジネス環境の構築と良質な成長のための環境整備への取り組み

ビジネス環境は経済成長の重要なソフトパワーにしてコアコンピタンスである。上海市は「ビジネス環境の最適化への注力と開放型経済体制の構築加速に関する行動計画」と「世界の先進レベルを目標とするビジネス環境改善に関する上海市の特別行動計画」を公表し、政府の「放・管・服」改革を手掛かりに、ビジネス環境の整備を強化し、世界銀行が定めたビジネス環境に関する10の評価指標を参考に、具体的なビジネス環境指数の改善に努めてきた。

その具体的な取り組みは、以下の通りである。

まず、規制緩和の「引き算」をすることである。行政簡素化と権限委譲、手続きの簡素化、企業の負担軽減に力を入れ、商事制度改革を深め、「証照分離」と「営業許可書が先、行政許可書が後」改革のテストを行い、市場と社会の起業・革新活動を大いに促した。

次に、行政サービスの「足し算」をすることである。つまり、事前の審査、許可を減らし、実施中および事後のモニタリングを強化することである。とりわけ新しい産業・ビジネス形態・事業モデルへの管理・監督を柔軟なものとし、政府のサービス提供の立場を徹底していくことなどが求められる。

審査認可手続きの簡素化に関しては「かけ算」をすることである。政府サービスの革新・最適化に力を入れ、スマート政府の構築を加速させ、「一網通弁（オンライン・ワンストップであらゆる手続きができるようにする）」で政府サービスの利便性をいっそう普及させ、企業や個人向けの行政サービスのネット上の受理・全市カバー、一度足を運べば手続き完了することを順次実現する。

さらに、上海ビッグデータセンターを設立し、データの集積・データの共有・共同アプリケーションを強化し、企業や個人向けのサービスのネッ

トでの受理を加速させ、「オンライン行政」のデモンストレーション効果とサービス能力を向上させ、企業向けの事業審査とサービス提供は基本的に1回のネット申請だけで済ませられるようにし、市・区レベルの企業向けの事業審査とサービス提供の90%以上の案件は1回で済ませられるように全力で推進していく。

5、長江デルタ地域の一体化発展の協同推進と質の高い発展の新局面の構築

長江デルタ地域の一体化発展は早くからスタートしており、産業基盤もしっかりしているのが特徴である。近年、3省1市が、グローバルな影響力を持つ世界クラスの都市群を構築することを目標に、地域間の調和発展を積極的に促しており、長江デルタ地域のグローバルな競争力と持続可能な成長力が大幅にアップしている。

次の目標は、長江デルタ地域の一体化発展をさらに促進するための突破口を特定し、長江デルタ地域を全国革新発展理念貫徹のモデルエリア、世界的に展開されるアジア・太平洋地域の成長センター、及びグローバルな競争力を持つ都市群に築き上げるよう努力することである。

そのためには、まず、共同開発計画の実施により力を入れていかなければならない。目下、「長江デルタの共同開発のための3か年行動計画」について、地域をあげて検討し、策定しているところだが、これはインフラ整備や産業配置などでの地域連携を強化し、開発の方向性や突破口をさらに明確にするための重要な一歩であり、計画の確実な実施を確保する必要がある。

次に、戦略的協同と改革の連動を強化することである。協同革新共同体の構築に力を入れ、より多くの国レベルの重要な研究開発用設備と主要な研究プロジェクトの地域への誘致に力をあわせて取り組むことや、国レベルの改革開放試験区の建設をさらに推進して、改革の成果をともに分かち合い、モデルケースとしての役割を一層果たしていくことが大事である。

同時に、プロジェクト別の協力を加速させることである。まず、相互連結できるインフラ整備に取り組み、汚染地域の修復など緑豊かで美しい長江デルタ地域の建設をともに推進する。

次に、市場体系の統一的開放を共同で推進することである。まず、中国国際輸入博覧会の共同開催及び一流のビジネス環境の整備から着手し、市場の閉鎖性や制度上の障壁をさらに取り除き、規制緩和により取り組む。

さらに、地域協力の体制・メカニズムの革新に着実に取り組む。まず、長期的に有効な常態化した体制・メカニズムを一層深く十全化し、長江デルタ地域協力弁公室がすでに上海で設立され、合同執務が行われている。

(二) 上海の質の高い発展の課題

近年、上海市は供給側構造改革の推進において大きな成果を収め、質の高い発展を推進するための確固たる基盤を築いてきたが、質の高い発展の達成、現代化経済体系の構築を率先して実現するという国の期待からすると、補強すべきところやボトルネックが依然として存在しており、さらに取り組み、積極的に対応していく必要がある。

1、産業のモデルチェンジ・アップデートへの取り組みと新しい成長株の育成

上海はいま新旧産業構造と成長原動力の転換の大事な時期にあり、ハイテク産業と伝統産業の「端境期」が当面直面している最大の課題である。現代サービス産業の発展にしろ、先進的製造業の発展にしろ、「伝統」産業の衰弱と「新興」産業の伸び悩みが大きな課題である。上海の産業育成は、優位性の欠如、産業集積の不十分、同業間の競争激化、産業サポート施設の不備などの課題が残っている。いま、上海市は市内各区域の産業過当競争を回避させるために、産業地図の作成を検討している。

2、対外開放の余地と開放型経済体制建設の加速

2017年以降、上海の外資導入は全体的に言えば、構造的最適化がほぼ実現しており、企業収益が好転しているが、導入総額は契約ベースと実行ベースの「両方で減少」しているのが問題である。2018年以降、外資導入はやや改善され、第1四半期に契約ベースで7.3%増加したが、実行ベースでは依然として2.2%の減少となっている。その理由は、市場開放・産業アクセス・政策環境にまだ不備な点が存在することが挙げられる。

とりわけ、最近の中米貿易摩擦の激化が上海に与える短期的及び長期的な影響に積極的に対応する必要がある。短期的には輸出に直接影響を与える可能性があり、米国の301条と232条調査の影響を受けた輸出量は542億6000万元に達し、市の総輸出額の4.1%に相当する。長期的には、多国籍企業の生産と投資の意思決定に影響を及ぼし、上海企業の外資導入と海外進出に悪影響を与える可能性がある。

3、技術イノベーション能力の向上と環境整備の必要性

第一に、次世代産業を育成し、成長可能性を先取りする能力が不十分である。長期にわたる「キャッチアップ」の中で生まれた「右へ倣え」や横並び思考により、重大科学・技術の革新において独自のものを生み出す考え方・能力が不足しており、世界の科学技術発展をリードしていくための意識が欠如している。

第二に、イノベーションにつながる各要素の協同性を一段と強化する必要がある。国内外から技術・資本・人材など、イノベーションに必要な要素の集積と融合が不十分で、科学技術イノベーションセンターの設置と国際金融センターの導入との間の協調と連携を引き続き強化していく必要がある。

第三に、企業の技術革新の主体について、所有制別、規模別の分布の「バランスが取れていない」問題がある。具体的には、中央国有企業・地

方国有企業・外資系企業・民営企業がそれぞれ「4分の1」を占めている
という基本的な構成には変わっていないが、それぞれ事情がある。つまり、
国有企業は規模こそ大きいが強くはなく、外資系企業は実力があるが、イ
ノベーションには消極的、民営企業は積極的であるが実力がないというこ
とである。また、企業のイノベーションには構造的な不均衡があり、伝統
産業の分野ではすでに世界クラスの大企業と多国籍企業があり、2017年
に合計八つの企業グループが世界のトップ500ランキングに入っているの
に対して、新興経済分野の大手企業や競争力のある中小企業が数少ない。

　デロイトが公表したユニコーン企業ランキングによると、アメリカと国
内その他の省や市とを比べると、上海のユニコーン企業はまだ少なく、業
界分布も偏っており、時価総額が低いといった問題がある。革新・起業を
促進する具体的なビジョン、そのための環境整備が必要である。

　第四に、研究開発成果の事業化にはいくつかの「障碍箇所」がある。各
種の革新主体間の産研学結合の依然としてスムーズではなく、イノベー
ションへの奨励策と税財政・金融・産業政策間の協調が不十分で、一連の
政策を実施しても効果が薄いなどが問題である。

　第五に、革新・起業のコスト上昇に注目する必要がある。交通費・生活
費・教育費・人件費・住宅価格はいずれも上昇を続けており、これが上海
の人材確保と競争優位性の維持に一定の影響を及ぼしていると考えられる。

4、生態環境の整備とグリーン発展の強化

　大気・水・土壌の汚染などの環境問題に着実に取り組んでいく必要があ
る。PM2.5の年間平均濃度は大幅に低下したが、オゾン汚染は逆に増加し
ている。PM2.5の上昇の抑制とオゾン汚染の解消は、今後一定の期間にわ
たって全力で取り組んでいく最重要課題であり、難関である。市内の水環
境、とりわけ中小河川の水質は改善しているが、アンモニア窒素と全リン
汚染は依然として顕著であり、一部の河川はまだ環境基準をまだ満たして

おらず、劣化Ⅴ類の割合は、周辺の省市と比較してまだ高い現状がある。

5、行政サービス満足度と「放・管・服」の必要性

　世界最高レベルを目標に、上海のビジネス環境整備を強化する必要がある。世界銀行が発表した「ビジネス環境レポート」によると、2017年中国の順位は前年と変わらず、世界190か国中78位であり、上海と北京のウエイトはそれぞれ55％と45％であり、10の評価指標のうち、低いものは建設工事の許可（177位）、税制（131位）、起業（127位）、投資家保護（123位）であった。他の省・市の経験と上海自身の実績に照らしてみて、上海の「放・管・服」改革にはさらに推進していく余地がある。

（三）上海の質の高い発展を促進するための政策提言

　質の高い発展を促進するために、上海はグローバルな視点で自身の位置づけをもう一度見直して、自らの優位性を最大限に発揮し、率先して範を示し、質の高い発展に関する数値目標を早急に策定して、企業成長の妨げになっているいくつかの難問の解決に全力で取り組んでいくことが大事である。

1、グローバルな視点から上海の位置づけをもう一度見直すこと

　上海は中国政府により国際経済・金融・貿易・海上輸送の中核都市と位置付けられており、国内ではトップレベルの都市であり、都市運営も国内では定評あるが、世界的に見てまだ開きがある。グローバルな視点から見ると、上海は国際化・法治化・近代化・生態系保護・居住環境などにおいて、まだ改善の余地が残っている。上海はだいぶ発展してきてはいるが、国際的に見ると、グローバル大都市とか世界的大都市というより、いまだ中国の大都市である。国内外の情勢の変化に伴い、上海の将来を再定義する必要があり、グローバルな視点、中米の戦略的対話および国の次の成長

目標などから、上海を位置づけ、その存在価値を見直す必要がある。

　グローバルな視点から、上海を国際的な影響力・グローバルな価格決定力・グローバルなルール作りに関与する能力・国際的責務を果たす能力を備えたリーダー格の都市にすべきである。

　中米戦略的対話の視点で考えると、上海は戦略的・長期的な見地から、国際対話において主導的な役割を果たすべきである。中米貿易摩擦が激化する中で、両国間の争いは、結局グローバルの総合的な競争力、全体的な実力と影響力をめぐるものである。そのため、上海は自身の置かれた立場や影響力を再考し、より大きな役割を果たすべきである。

　中米間競争の核心は、アメリカは「中国製造2025」という中国が世界で主導権を握る可能性のあるハイテク産業を封じ込めようとするが、中国はそれをなんとかしてブレークスルーしようとするということである。上海は、基礎研究・応用研究・開発実験のいずれの分野においても国内のリーダー格であり、10のハイテク産業の主要な技術分野・プロセス・製造設備に関する開発活動に精力的に取り組み、コア技術を手に入れる必要がある。

　国家の使命・戦略・立ち位置の視点で考えると、上海は中国が質の高い発展と現代化経済体系の構築を実現するための「トップランナー」「トップリーダー」であり、成長エンジンとしての役割を果たす必要がある。上海の将来性は、国際経済・貿易・金融・海上輸送の四つのセンターから、国際経済・金融・貿易・海上輸送・技術イノベーションセンター＋国際文化大都市という5つのセンター＋世界都市という位置付けに転換していくことが大事である。中国経済の質の高い発展と近代経済システムの構築という至上命題からして、上海への期待はさらに高まっていく。上海は、中国の改革と開放の「先兵」、技術イノベーションの「トップランナー」、そして現代化経済体系の構築の「リーダー」としての役割を果たしていく使命を背負っているのである。

質の高い発展推進につながる体制・メカニズム、現代化経済体系の構築、全面開放の新局面の形成、共同建設・共同統治・共同享受に基づく社会統治の枠組み構築において上海は先頭に立って取り組んでいくことが大事である。

そのためには、それぞれの目標を明確にし、国内および世界の一流に照準を定め、それを追い越すことを最終目標にすることが大事である。具体的には、日本の東京ベイエリアを参考に現代的製造業の質の高い発展を促進し、サンフランシスコ・ベイエリアを参考にイノベーションの環境整備を強化し、ニューヨーク・ベイエリアを参考に現代金融の実体経済に対するサポート能力を向上させ、そして、香港を参考に上海の国際化・法治化・市場化の環境整備に力を入れていく必要がある。

これらの役割を果たすため、国は上海にそれ相応の地位と能力を持たせる必要がある。たとえば、上海自由貿易試験区では100以上の制度改革が取り上げられているが、「参入できても営業できない」という問題がさまざまなレベルで存在し、開放政策に関して国と地方との歩調がかならずしも一致しておらず、自由化の推進と規制緩和に関して業界間の進展が異なっており、対外開放の推進も具体的な進展が乏しい現状がある。

国レベルの政策立案について次のように提案したい。それは長いスパンでの判断・総合的な検討・全体的な把握の見地から、上海の開発を考案し、上海の対外開放をさらに拡大し、市場アクセス、ビジネス環境と投資環境の整備を強化し、経済環境の国際化・法治化に取り組んでいくということである。

次のいくつかの取り組みについて中央政府の各省庁の協力が必要である。第一に、企業経営の課題に真剣に取り組み、企業負担を減していくことである。たとえば、資金調達コスト・人件費・物流コスト・各種課徴金など企業や社会の関心の高い問題や重要分野に焦点を当て、改革をさらに加速させ、コストや負担の削減を効果的に推進していく必要がある。

第二に、連絡や意思疎通を密にして、中央官庁の地方政府への権限委譲を促していくことである。地方教育課徴金や中央政府の各種基金や行政課徴金などについて上海市に減免や徴収中止の権限を付与することなどが求められている。

　第三に、行政審査・認可制度の改革を加速させ、起業・革新の活力を引き出すことである。行政審査・認可制度の改革を一段と深め、行政による認証文書や認証事項を全面的に見直し、行政審査・許認可手続きの仲介制度の改革に取り組み、行政コストの削減をしっかりと推進していくことが大事である。

2、独自の優位性と新規事業への開拓

　経済指標の設定は、国の統一基準だけでなく、地域の事情も反映されるべきである。2018年4月の中央政治局会議は第1四半期の経済情勢を分析・検討した上で、各地方政府が実情を踏まえ、質の高い発展の道を模索することを積極的に支援すべきであると強調したが、ここでは国レベルのマクロ的な指導意見（ガイドライン）を検討・策定すると同時に、各地方それぞれの意欲と創意工夫を十分に活かし、自らの優位性を十分に発揮して、新規事業への開拓を支援していく必要がある。

　まず、対外開放のさらなる推進である。2018年は改革開放40周年であり、中米貿易摩擦激化などの外部リスクを前にして、改革開放を推進していく決意を新たにし、全面開放の新たな成果によって外部のリスクをヘッジすることを提言したい。

　対外開放は上海の最大の優位性と言ってよい。そのため、ここでは上海自由貿易試験区を拠り所とし、金融サービス・自動車製造・VAN（付加価値通信）・文化教育・専門サービスなどの分野における対外開放と事業創設を促進し、習近平総書記がボアオ・アジア・フォーラムで発表した対外開放重要政策を確実に実施していくことが大事ある。

次に、ビジネス環境の整備である。上海は現在、ビジネス環境の改善に向けた取り組みを強化しており、改革の効果如何は、中国のビジネス環境の世界ランキングと国際的な評価に直接影響を与える。「世界の先進レベルを目標とするビジネス環境改善に関する上海市の特別行動計画」では、世界銀行の10のビジネス環境評価指標を参考にビジネス環境の改善に努めてきた。その結果段階的な成果が得られ、世界5番目にランク付けされた契約履行指数は継続的に改善が示されており、電力の供給能力・建設工事の許可・企業登録・不動産登録・貿易の五つの指標のスコアとランキングは大幅に上昇すると予想される。ただ、資金調達・少数投資家保護・破産手続き・税制など四つの指標は国の法体制に関わるため、短期的に大きな進展を期待することは困難であり、関連省庁の特別な協力が必要である。また、貿易・動産担保登録・「公司法」の改正などいくつかの改革は国家レベルでの法整備が必要である。そのため、国が具体的な支援策を講じることが大事である。

さらに、科学技術イノベーションについてである。米国の「301条調査」は主に航空・宇宙開発・航海・情報通信技術・医薬品・ロボットなど「中国製造2025」の主要な技術開発分野を狙い撃ちし、アメリカのハイテク技術を取得するための中国の投資を制限し、中国のハイテク産業の成長とグローバルバリューチェーンのハイエンドへのシフトを阻止しようとしている。

こうした中で、国は地方の自主イノベーション力の向上を積極的に支援し、上海の国立研究機関の設置を加速させ、2030年までに国家レベルの研究開発プロジェクトの受け入れ能力を強化し、地方政府が科学技術管理体制の改革を推進して、技術開発人材の確保し、研究成果の事業化などの面で新規事業を開拓していくのを支援していく必要がある。

3、質の高い発展に関する数値目標の設定と地方経済の成長

2017年12月の中央経済会議では、質の高い発展のための数値目標・政策体系・標準体系・統計体系・業績評価・政績査定体系の構築を加速しなければならないと指摘したが、現在の統計指標体系は、すでに質の高い発展の必要を完全に満たすことができなくなっている。質の高い発展の実態を反映した一連の数値指標を構築し、その「風向計」と「タクト」の役割を活かすことが急務である。現在、上海市発展改革委員会は、上海市統計局など関連部門と共に良質な成長に関する数値指標の設定を模索しており、国の関連部門の指導を期待している。

まず、質の高い発展の内容と要件をしっかりととらえ、国レベルの質の高い発展の数値指標を設定して、全国統一の評価基準を明確に示し、次に、地方政府が国の要求にしたがって地域の現状にあった数値指標体系の策定にアドバイスすることが大事である。

数値指標には国民生活に役立つ指標体系を増やすことを提案する。その理由は、改革を推進し、構造転換を図り、経済を安定させる最終目的は結局国民生活を向上させることにあるからである。この民生数値指標は、都市住民の失業率、生産年齢人口の教育を受ける平均年数、都市と農村住民の住宅事情指標、文化・教育・娯楽について都市住民の支出割合および国民の生態系環境に対する満足度など、住民の生活の質を反映する二次的指標が含まれる。

(四) 企業経営が直面しているいくつかの課題

企業を対象に行った調査によると、中央政府や上海市政府に解決してほしい問題は次のとおりである。

1、市場参入の緩和

大企業の公開入札は通常、技術力ではなく、企業の売り上げや従業員数

などによって合否を判断する。一部のプロジェクトでは、ベンチャー企業が規模や従業員数によって排除されることが多く、たとえ排除されなくても、入札審査時に専門家によく否決される。会社の実力は、会社の規模ではなく、会社の果たす社会的責任であり、技術のブレークスルー的革新を通じて生み出した社会的価値である。そのため、企業のCIO/技術担当者が、技術の視点から仕入れる製品を選択するように指導していくべきである。

2、消費習慣と知的財産権の保護

国内の消費者はアプリケーションとヒューマンサービスを愛用しても、汎用、基本ソフトウェアに対してはその価値を十分認めていない。基盤ソフトウェアは通常、莫大な研究開発投資と長い回収期間を必要とするため、その購入を皆が拒めば、国産基盤ソフトウェアの市場がますます縮小していく。実際、外国基盤ソフトウェアの中国での販売収入もその全収入の約5%しかないため、これは国内外の共通問題である。企業を含む全消費者に、基本的なソフトウェアへの巨額の研究開発投資を理解してもらい、コア技術と知的財産権保護に関する意識を高める必要がある。

3、過当競争と市場秩序の維持

政府に対しては、有効な措置を講じて、独占・寡占を利用した過当競争を取り締まり、より良い市場環境を整備していくことを要請する。

4、租税特別措置と企業支援策の強化

①ソフトウェア製品には徴税時の全部または一部還付などの優遇措置はあるが、関連技術サービスの提供には税制上の優遇措置はまだない。政府には技術サービスの面での奨励策の導入をしてもらいたい。

②法人税については、「2免3減半（利益が生じ始めた年度の1年目と2

年目は全額免除、3年目から5年目は半額免除）」の優遇を受けた後の利益は一律33%の法人税をかけることになるが、企業はビッグデータシステムの構築と維持に多額の資金を投入する必要がある。現行の所得税制では、多くの投資項目でコスト算入ができず、法人税の徴収は企業のキャッシュフローを圧迫することになる。そのため、法人税により多くの優遇措置を設け、できるだけ多くの利益余剰を会社に残して、会社の競争力をさらに強化していくことが大事である。

　③企業の従業員は、比較的収入の高い技術者が中心であるが、毎年多額の個人所得税を納めなければならない。2017年、上海市だけで個人所得税の税額は769万元に達しているが、卒業したばかりで、結婚し、所帯を持つことを控える若者に取って、納めた所得税をある程度払い戻すことができれば、従業員のゆとりある生活の確保や会社への帰属意識の向上、企業の成長促進に役立つと思われる。

5、基本ソフトウェアの開発技術者などへの戸籍制度の優遇策

　優秀な人材の戸籍に関して、国内大都市（北京市・上海市・深圳市など）では基本ソフトウェアの開発に従事する技術者などに対し、より柔軟な戸籍政策を適応すべきである。たとえば、以下のような条件を満たしている優秀な人材であれば、戸籍取得をすぐ許可すべきである。

　①世界の名門大学卒業生、学士号及びそれ以上の学位取得、コンピュータ、ソフトウェア開発など上海のハイテク産業に必要な専門分野の専攻であり、または独自開発の特許や学術論文の発表がある者。

　②ビッグデータ・AIの開発、企業レベルのクラウドコンピューティングの開発およびビッグデータ、人工知能のコア技術プラットフォームの開発に携わり、これらの分野での一流の専門家であり、業界をリードする技術の開発者。

　③国内の基礎プラットフォーム関連の中心人物または上級管理職であり、

優れた研究開発能力と豊富な管理経験を持ち、部門の開発戦略の実現を目指して優れたチームをつくり、チームを率いてハイテク製品の開発および事業化の実現に成功した者、などがあげられる。

6、インテリジェント製造の先行きの明確

国は将来のインテリジェント製造の発展趨勢を指し示す必要がある。具体的には、企業は効果・利益を第一とし、インテリジェント製造の中でリスクとリターンの分析は専門家に任せる、政府が研究開発のための公共施設とサービスを提供し、企業のR&D強度の強化、開発リスクの回避に資するようにする、インテリジェント製造はさまざまな分野と関連しているため、国による産業チェーンの構築、川上・川下企業の整備などが必要であり、政府はそのためのインターネットプラットフォームの設置基準を設定する、ということである。

7、イノベーションインセンティブ政策の国有企業への適用

現行のイノベーションインセンティブ政策は国有企業には適用されていない。企業はイノベーション活動の主体であるにもかかわらず、この一連のイノベーションインセンティブ政策は、ほとんど大学の研究機関に適用されており、享受できる優遇策は最大70％のエクイティで、それを持ち株の形で所有することができる。しかし、このインセンティブ策は国有企業の研究開発機関には適用されていない。当然、国有企業の従業員は個人として会社の株式を保有することができないので、研究開発チームへの動機付けが問題である。

8、企業の事業転換リスクと政府監督との不一致の解消

企業が事業転換する中で、政府の監督と企業の事業転換との間に不一致が生じる可能性がある。企業にとって事業転換は成長の新しい方向性と分

野を切り開くことになるが、監督する政府の立場からするとこれは制度や規則に違反しているかもしれない。そのため、政府は企業のイノベーションと事業転換を奨励し、新しい分野での試行錯誤をある程度容認する必要がある。

9、国内医療機器製造産業の育成

まず、国には早急に現行政策を転換させ、国産 PET / CT および PET / MR 設備の上海での「試運転」を提言したい。そのためには、次のことに取り組む必要がある。一つは、国産 PET / CT および PET / MR の試運転のための拠点の設置、国産設備の臨床試験装置の導入及び大規模な臨床試験を許可することである。もう一つは、国産 PET / CT および PET / MR の販売拡大を支援するために、資金調達・買付・入札手続・設置許可証申請などの面で特別な支援をすることである。

次に、医療設備産業チェーンの必要に応じてイノベーションを展開し、長期的な産・学・研・医（産業・学校・研究所・病院）の連携を促進する必要がある。そのために、政府関係部門は協力プラットフォームの構築に資金的・政策的な特別支援をし、世界中からの優秀な人材の誘致を加速させ、世界レベルの研究プラットフォームを構築する必要がある。これにより、医療技術の研究成果の実用化を促進し、正確な臨床診断・治療・予後判断のための科学的根拠を提供し、さらに、国内の医用映像設備の自動操作・スマート診断・無人サービスを実現し、最終的にデジタル医用映像設備からスマート医療映像設備へのアップグレードを実現していく。

さらに、資金と政策支援を強化し、世界レベルの中国医療設備のブランドを構築し、聯影（United Imaging）など国内メーカーの「グローバル化」がより良く、より速く進展するよう支援していく必要がある。関係部門は、新興ブランドが「外に出て行く」難しさを理解し、ODI アプリケーションの割り当てを優先させるだけでなく、聯影（United Imaging）

454　II部　テーマ別研究

の海外販売・アフターサービス・セールスプロモーションなどについて、資金的・政策的な支援を引き続き行っていく必要がある。

10、上海独自の支援策と AI 事業へのサポート

　次世代の AI 開発をさらにサポートすることが大事であり、関連支援策の導入を加速させ、AI 事業の質の高い発展を促進する必要がある。そのためには、この分野での人材の誘致に力を入れ、コア技術のブレークスルーを目指し、開発成果の事業化・実用化を促進し、国レベルの開発拠点の設置を加速させる必要がある。

11、半導体産業育成への支援

　半導体産業について、政府は競争力のある企業のみを支援すべきであり、「ばらまき」をしてまんべんなく支援すべきではない。企業はしっかりとした戦略を持ち、特定の分野に焦点を定め、自主イノベーション・研究開発によってコア技術を獲得して市場シェアを拡大し、さらに世界一流の製品を開発して、自らの立ち位置を産業チェーンや製品市場のハイエンド部分に位置づけることが大事である。なぜかというと、市場シェアを獲得し、産業チェーンや製品市場のハイエンドに入ってはじめて、より大きな利益が得られ、国際市場での影響力を確保することができ、それによって、中国の半導体産業は他国に干渉を受けずに成長していくことができるからである。

12、ボトムアップ方式と企業中心の産業戦略策定

　産業化の潮流をリードしていくのは、大学や研究機関の専門家ではなく、企業の経営者である。前者は専門家ではあるが、いま最も売れている製品は何か、製品化するためのコストはいくらであるかは知らない。かりに国の政策や産業戦略の策定をアカデミーの会員や教授などの専門家に任せて

テーマ八　国内実地調査に関する事例分析　　455

も、おそらく実際の市場動向や市場のニーズに応えることはできない。したがって、産業育成に関連する戦略や政策は、産業・企業を中心に策定していくことを提言したい。つまり、専門家や学者に任せるのではなく、より多くの産業・企業の代表が策定に参加できるようにする。こうしてこそ、ボトムアップの政策意思決定が可能となり、効果的な産業育成につながるのである。

13、ベンチャー企業の育成と環境アセスメント基準の一部変更

現在の環境アセスメント基準は、従来の企業が対象であり、ベンチャー企業は対象ではない。そのため、ベンチャー企業が経済開発区に入ることが困難である。ベンチャー企業の成長を促進するために、環境アセスメント基準の変更が望まれる。

14、政府と企業との役割分担

たとえて言うと、企業はキノコを育て、政府は森林を育成する役割を担っている。雨が降ればキノコは育つが、森林という恵まれた環境があってこそである。そのため、政府の役割は、産業の生態系や環境を保全し、税制・知的財産権など法制度を整備し、森林という産業基盤を整備することが大事である。

三、高い目標を掲げる江蘇モデル

（一）主な施策と成果

江蘇省は現代化経済体系を構築し、質の高い発展を推進する中で、中央政府の政策を確実に実行し、精力的に取り組み、著しい成果を収めている。たとえば明確かつ効果的な改革の進め方の確立、改革による市場環境の改善、都市群建設の積極的な推進などがあげられる。

1、健全かつ効果的な改革の進め方の確立

　第19回党大会において質の高い発展への転換という党の方針が明確に打ち出された。それを受けて、第13期江蘇省共産党委員会第3回総会は、質の高い発展の推進は持続可能で健全な経済発展を維持するための必然的帰結であり、発展の環境変化に適応するための必然的な選択であり、さらに中国東部の進んだ地域である江蘇省が担わなければならない大きな責務であると明確に表明した。また、質の高い発展の中で、江蘇省は全国を先駆けて、「六つの質の高い」目標を打ち出した。具体的に言うと、質の高い経済発展・改革と開放・都市と農村開発・文化の継承・生態環境の回復・国民生活の向上などであるが、これらの目的のために、江蘇省は省をあげて取り組んできた。具体的には、以下の通りである。

　第一に、実施計画の策定である。江蘇省党委員会は「質の高い発展を推進する中で全国の先頭ランナーとしての行動規範に関する通知」を公布し、省の第13期党委員会第3回総会で打ち出された目標の実現に向けて、省内の各地方と部門に、自らの目標・ロードマップ・実施に当たっての政策保障・具体的な仕事の分担などについて実施計画を提出するよう要請した。それを受けて、地方や部門は、現在、質の高い発展を推進するための具体的な行動計画を策定中である。

　第二に、数値指標体系の確立である。江蘇省統計局・開発改革委員会・江蘇省共産党委員会研究室・江蘇省政府研究室の4部門が共同で、質の高い発展に関する数値指標体系の策定に着手しており、現在、モニタリング指標と考課指標の構築が進められているところである。

　モニタリング指標は、国の質の高い発展の数値指標にリンクしており、考課指標は年次目標を反映させ、その内容は江蘇省党委員会と省政府の年次主要目標と具体的な取り組みを各地域政府への年次ノルマとして組み入れ、その遂行を要求している。これは「優位性の拡大と弱点の補強」を促し、中央と省党委員会、省政府の主要目標と具体的な取り組みが確実に実

施されるように監視・指導していく。この指標システムは、2018年7月の第13期省党委員会第4回総会で、すでに江蘇省の「三つの制度構築」の一部として正式に公布・実施された。

第三に、社会主義現代化建設の模索を始めたことである。2018年に、社会主義現代化の基本的実現の数値指標システムを初歩的に検討・策定するとともに、また江蘇省南部のいくつかの県（市・区）を選んで試行作業を行った。

2、ビジネス環境の整備と最適化

江蘇省は「放・管・服」改革と行政改革を全面的に推進し、政府の役割を転換させるための「第一歩」として、制度改革とビジネス環境の整備と最適化を積極的に模索し、若干の成果を収めている。

第一に、「非対面サービス」改革の積極的推進である。「オンラインサービス・集中審査・共同執務・地域集中受付・エージェント制度・非対面手続き」を主な内容とする「非対面サービス」の改革を推進し、具体的な政策を実施するために、以下の措置が講じられた。

まず、「オンラインサービス」の基盤強化のために、省・市・県のレベルそれぞれの職権リストを作成して、その基準制定を完了させている。次に、「集中審査」を推進するために、市場アクセス、新規投資および関連分野の審査を新設の行政審査局に移管する。そして、「共同執務」を推進するために、「五つの共同と一つの簡素化」「複数の審査を一つに」「書類のオンライン共同審査」「電子手段による実地調査」などの経験を普及させる。さらに、「地域共同アセスメント」を模索し、多部門が共同で従来のエネルギーアセスメントと環境アセスメントから「地域エネルギーアセスメント・環境アセスメント + ブロックエネルギー消費・環境基準」モデルへの転換を実施する。　また、大型プロジェクト向けの「エージェント制度」を導入し、一部の開発区や郷鎮（町）で企業が建設プロジェクト

に投資する際の「ワンセット代理制」を実施する。具体的な代理リストを公開して、企業にワンセットで、的確かつ無料サービスを提供するということである。

　「非対面手続き」を実現するために、「二微一端（微博（Weibo）・微信（WeChat）、新聞客戸端（ニュースクライアント））」による審査結果の公表、宅配や代理店配送などのサービス提供など複数の方法が採用され、省・市・県レベルの各政府サービスセンターではすべて、審査結果のEMS配送が採用されている。

　第二に、ビジネス環境の整備は「3550」の改革目標を概ね実現していることである。「企業登録申請の時間がどれだけ短縮されたのか、投資プロジェクトの審査がどれだけスピードアップされたのか、行政サービスがどれだけ便利になったのか」といった具体的な目標について、世界銀行のビジネス環境評価基準を参考に、「企業登録は3営業日以内、不動産登録証明書の取得は5営業日以内、企業設備投資関連プロジェクトの建設許可の取得は50営業日以内」という「3550」の目標を定め、この改革を推進するための実施細則を公布した。

　三つ目は、権限委譲を通じて、オープンで効率的な許認可制度の構築の加速である。2013年以降、江蘇省政府は12回にわたって834項目の行政審査・認可案件を廃止・委譲・手続きの簡素化を実施した。省政府は、2回にわたって合わせて115項目の省レベル企業投資の許認可事項を撤廃しており、省レベルの許認可事項は309項目まで減らしている。「国レベル開発区における全チェーン審査・許認可のエンパワーメントリスト」を公表し、220項目のエンパワーメント事項を明らかにしている。標準的権限リストに基づき、経済的に進んだ町を対象に409項目の経済的・社会的な管理権限を委譲しており、省所属部門の48の権限リストの改訂を実施し、「責任追及」と「責任免除」項目を追加して、新しい権限リストを作成した。

テーマ八　国内実地調査に関する事例分析　459

　第四に、総合的な政務執行を突破口として、事中・事後の監督管理体系を整備することである。南京を含む八つの国家レベルの試験区と蘇州を含む八つの省レベルの試験区で都市管理・市場監督・治安・環境保護などを含む 11 の分野を中心に、部門内・部門間・地域内に分け、それぞれ総合的な政務執行を推進した。

　13 の市で合計 31 の法執行チームが廃止され、1991 人の職員が末端の職場に異動した。法執行の中心を徐々に末端組織に移しており、県を中心に 5 ～ 7 の総合的な法執行チームを作り、「一分野に一つのチーム」の目標を実現し、条件の整った町や住宅街では総合的な政務執行局の設置を推進し、最終的には「一地域に一つのチーム」の目標を実現する。また、徐霞客町の「郷村統治のワンサイト化」と栖霞区の仙林住宅街のグリッド式管理経験を活かし、農村地域の「グリッド式管理」の実現に取り組む。

　第五に、サービスの質を高め、シンプルで便利な公共サービスシステムを構築することである。行政サービスの「ネットワーク化」を加速させ、2017 年 6 月、省・市・県レベルのあらゆる政府を網羅する江蘇省行政サービスネットワークが運行を始めている。

　行政権限のガイドラインの編集に着手し、許認可に必要な資料の提出をリストアップし、法律・条例など法的根拠がない資料の提出をすべて撤廃し、審査・許認可に関連する仲介組織を統廃合し、規範運営を推進し、江蘇省内で現在、18 の省所属部門で 75 の仲介サービス事項が保留され、それ以外はすべて廃止された。省政府は、省許認可改革弁公室と省信用弁公室が起草した「江蘇省許認可関連仲介機関の信用管理強化に関する細則」を公表し、信用管理を通じて、許認可関連の仲介機関への監督強化に力を入れている。

3、都市群建設の積極的推進

　第一に、長江デルタ地域に世界クラス都市群の建設を積極的に推進する

ことである。「長江デルタ地域都市群推進計画」を全面的に実施するために、江蘇省は「長江デルタ地域都市群推進計画（2016 ～ 2020）の実施に関する行動計画」を策定・実施した。長江デルタ地域の協力システムを最大限に活用し、「イノベーション・協同・統合及び世界クラスの都市群建設をともに推進する」というテーマを中心に、上海市・浙江省・安徽省との協力を強化し、南京・杭州生態経済ベルト、淮河生態経済ベルト、江蘇―安徽協力試験区の建設を積極的に推進し、協力のレベルを高め、ヨーロッパとアジアを繋げる「シルクロードエクスプレス」の共同参画、地域間の協同革新、生態環境保護の共同対策、インフラの相互接続、行政サービスの共同建設・共同享受などにおいて大きな成果を挙げ、長江デルタ地域の都市群建設にはっきりとした進展が見られるようにサポートする。

今後、江蘇省は引き続き「長江デルタ地域の都市群建設計画」の実施を推進し、南京など中核都市の国際化と優位性の向上を加速させ、「三つの共同と三つの相互」プロジェクトを積極的に実施し、都市群の共同開発を促進していくことが大事である。

第二に、揚子江沿岸の都市群建設計画を着実に進めていくことである。2017 年以降、江蘇省党委員会と政府は、省全域の長期にわたる成長を考え、江蘇省南部・中部・北部という従来の区分を取りやめ、地域の資源賦与・発展段階・位置づけなどを踏まえて、地域開発の「1 + 3」戦略を打ち出している。これは、地域開発戦略を見直して、江蘇省地域開発の優位性をさらに高めていくための重大措置である。

そのうちの「1」というのは揚子江沿岸の八つの都市を中心とする揚子江都市群のことである。省の経済成長の「エンジン」として、2017 年 6 月に江蘇省党委員会と政府は揚子江都市群の建設に関するシンポジウムを開催し、10 月に「揚子江都市群の建設を加速させるための構想」を公表しており、揚子江都市群の建設について、具体的な取り組み方を明らかにしている。現在、関連部門は、この建設計画を確実に実施していくために、

全体から細部に至るまでの企画・行動計画を策定しているところである。

揚子江都市群は主に南京・無錫・常州・蘇州・南通・揚州・鎮江・泰州を含む八つの都市を指しており、面積5万1000km²、総人口約5000万人であり、地域の年間GDP総額は6兆7818.1億元で、前年比7.6%の増加、省の平均より0.4ポイント高くなっている。世界クラスの都市群の建設を目指して、江蘇省党委員会は揚子江都市群を、グローバルな産業のイノベーションの拠点、世界の先進的製造業の拠点、国内の重要な対外開放拠点、グリーン・エコ・美しい居住地域、文化継承のモデル地域・行政改革のパイオニアとして位置付けられている。

さらに、世界に目を向け、上海と統合を図り、その影響を江蘇省北部と周辺地域に波及させ、長江経済ベルトと長江デルタ地域の世界クラスの都市群の建設をサポートする北部中核地域の構築に努めていくことが大事である。

(二) 江蘇省の質の高い発展の課題

1、「汎用技術」はあるが「コア技術」が少ないという課題

江蘇省は優れた産業基盤と豊富な研究開発資源と教育資源を持っており、大企業が4万6000以上あり、機械設備・軽工業・電子情報・石油化学・鉄鋼・繊維はすべて規模1兆元超の産業である。現在、江蘇省は167の大学と190万人の大学生、750以上の研究開発機関、80万人の研究開発スタッフ、100人の国家科学アカデミー会員と国家技術アカデミー会員を有し、科学技術と教育の分野では相当の実力があり、研究機関数・特許申請件数・大学数・大学生数はすべてトップレベルである。

しかし、成長の原動力としてのイノベーションはまだ低水準であり、産業のコア技術は海外に大きく依存しており、国際分業での立ち位置は組立や加工などのローエンドクラスがほとんどである。伝統産業の経済成長への貢献率は60%を超え、産業構造の転換は大きな局面に直面してい

る。イノベーションの成果、基礎研究、R&D強度は依然として遅れており、とりわけ企業のイノベーションの主体としての地位がまだ確率されておらず、大・中規模企業の研究開発投資はわずか全営業利益の1.07%を占めるのみである。

　国内及び世界的に影響力を持つ大企業は少なく、省内に、年間開発投資額が10億元を超える大・中企業は4社しかなく、イノベーションへの取り組みは明らかに不十分である。2017年に、全国124社のユニコーン企業のうち、広東省が18社、浙江省が13社、江蘇省はわずか4社であった。研究機関と企業との間、研究開発と研究成果事業化との間に「二つの分離」が程度の差こそあれ存在し、科学技術イノベーション成果の事業化率はまだ低い現状がある。

　科学技術イノベーションの優位性はまだ産業の競争力に繋がっておらず、技術開発の画期的な成果や主導的な地位をさらに確保していく必要がある。また、自前の開発を通じて得たコア技術がまだ少なく、「汎用技術」があっても、「コア技術」が少ない現状がある。技術開発成果の事業化チャンネルは十分機能しておらず、開発成果の事業化率は低く、一部の技術成果はまだ「盆栽」であり、産業の「森林」にはなっていない。

　省商務庁の代表との意見交換の中で、次のような指摘があった。つまり改革開放が始まってから、中国は土地・労働者・資源などの総合的な競争力により急速な発展を遂げたが、経済の質の高い発展という新たな段階へ移行してからは、コア技術力・独占的競争力の獲得が必要である。具体的には、独自のコア技術を持つ必要があり、それがないと、国際競争に勝つことは困難であるとの話しであった。また調査対象のEstun Automation Co.Ltdを例にとると、同社が必要とする技術は海外からの移転がほとんどであり、多額の導入費用がかかっているのが現状である。

2、遅れている法制度の整備

法整備と実際の改革との間の不一致が問題となっている。現在、インターネットの急速な発展により、多くの事務処理はオフラインからオンラインに移行しており、効率も大幅に向上しているが、一部の法改正の遅れにより、本来住民の便利を図る改革措置が「違法」状態になり、改革のさらなる進展に支障をきたしている。その例として、「アーカイブズ法」では紙面のファイルの保管が明記されているが、「オンライン処理」で生成されたのは、法律の規定と異なる電子ファイルである。法律の規定と実際の事務処理が明らかに矛盾しているため、担当者はどちらに従えばよいか戸惑っており、改革の推進にも支障をきたしている。

3、「情報孤島」問題

社会信用体系（システム）の構築は大きく進展しているものの、部門と部門の間に深刻な情報障壁があり、「情報孤島」問題が目立つ。国と地方レベルの各官庁が独自の情報システムを開発しており、官庁内のさまざまな部門でさえ、相互に通用しない独立した情報システムを持っている。住民が審査・許認可を申し込む場合は、さまざまな資料を繰り返し提出する必要があり、時間と労力の浪費は筆舌に尽くしがたい。

江蘇省の「非対面行政サービス」を例にとると、申請者は関連官庁による審査のためにオンラインでの資料提出が必要であるが、官庁間の情報共有チャネルがスムーズに機能していないため、互いの情報交換に時間がかかり、スピーディーな事務処理ができない現状がある。面接調査中、江蘇省編制局のスタッフは、官庁間の情報共有が十分でなければ、「非対面行政サービス」を効果的に進めることは困難だという意見であった。

4、公正で秩序ある市場環境の欠如

透明、公正で秩序ある市場環境があって、はじめて企業は独自の運営、

公正な競争ができて、消費者は自由に選択・消費し、商品と生産要素はスムーズに流れ、公平に取引することができる。それによって経済はより高いレベル・複雑な分業・理想な需給構造へと進化していく。調査の中で、民営企業が公開入札などに参加する際、目に見えないところで差別的扱いを受け、国有企業や外資系企業と対等な立場で競争できないという見方が大半を占めている。

　南京高精能伝動設備製造集団（NGC）を例にとると、風力トランスミッションの世界的ブランドとして、同社の風力発電設備の国内市場シェアは約60%、世界市場シェア30%以上、業界トップの座を占めるようになっており、2016年に産業情報技術部によって製造業のシングルチャンピオンにも選ばれている。しかし、同社の話では、海外市場では良質・高価格の製品が認められているのに対して、国内市場では低価格製品がより求められ、悪貨が良貨を駆逐する、ということが起きているという。さらに、民営企業として、創業から時間的にまだ短く、社会的評価がまだ定着していないこともあるが、たとえ製品の品質とサービスが国有企業や外資系企業より優れていても、対等に競争することが難しいという現状である。

　政府の商品の仕入れや建設工事の公開入札などの場合、民営企業に参加する機会を与えないことすらある。座談会に出席した南京高精能伝動設備製造集団の代表は、国内市場に参入するために、アルストムなど多国籍企業とパートナーを組む方法に頼らざるえない場合がよくあると述べた。

5、企業の資金調達難と高い資金調達コストの問題

　実体経済は国民経済の基盤であり、金融は経済成長のカギを握っており、両者は補完的かつ相互依存的な関係である。新常態の下でも、経済成長における金融の役割は変わっておらず、また、金融の実体経済をサポートする上での問題が依然として存在しており、民営企業・中小企業が資金調達する際、資金難、資金調達コストの高い問題は依然としてある。

面接調査に参加した企業の多くは、口をそろえて、資金調達の問題が企業のさらなる成長の大きなネックになっていると訴えている。前出の南京高精能伝動は、ハイテク民営企業として、香港市場への上場まで果たしているにもかかわらず、資金調達コストが依然として 8% を上回っている。このような実力のある大企業ですら、高いコストを払って資金調達をせざるをえないのである。

さらに、農村発展の資金需要が十分満たされていないという問題もある。南京農紛期電子商務公司を例にとると、同社は、大手の総合農業サービスプラットフォームであるが、担保する資産が少ないため、大手銀行からの融資は難しく、信託銀行・ファクタリング銀行・農村商業銀行など、小規模金融機関からの融資しか受けられない。資金コストは基準貸付利率よりもはるかに高くなっている。

6、ハイテク企業への支援策のさらなる強化

経済のパターン転換を促進するために、国からハイテク企業向けの一連の支援策が打ち出されているが、企業にとっては、一部の支援策は条件が厳しく、適用が難しかったり、支援策の内容自体がはっきりしないため、自身の会社に適用できるかどうかわからなかったりする意見が多かった。われわれの調査中で、一部の企業からは国のハイテク企業に対する税の減免の支援策はあるものの、企業の具体的な事情により、収益が少なかったり、赤字であったりすると、これらの支援策をうけることができなくなる。

また一部の企業は、直近数年間、急速に成長してはいるものの、まだ成長の初期段階にあるため、収益を上げることができず、法人税の減税も当然受けることができない。しかし、従業員が納める個人所得税は年間 1000 万元以上にもなっているというところもあった。たとえば、南京八天青年雲商という会社は、成長可能性のあるハイテク企業への支援策には肯定的であるが、政策の具体的な内容にはまだはっきりしない点が多く、

一部のサブセクターの企業に適用できるかどうか心配だという。

（三）政策提言

調査で明らかになった問題への対応、政府部門および企業の意見や提案などを総合的に考え、以下にいくつかの政策提言を述べる。

1、科学技術と産業との高度な融合の強化

イノベーションに力を入れ、科学技術と産業の高度な融合を重点的に推し進め、技術と企業との間の「ファーストワンマイル」及び「ラストワンマイル」を貫通させる必要がある。

第一に、企業を主体とした科学技術イノベーション体系（システム）の確立を推進し、企業を科学技術イノベーションの主体とする考え方を揺るぎないものとして、さまざまな要素の企業への集積を導き、企業を科学技術イノベーションの意思決定・開発投資・開発の運営・成果の事業化推進の主体となるよう取り組むことである。

第二に、科学技術イノベーション成果の事業化を積極的に推進し、江蘇省の産業技術研究所や知識財産権取引市場などのプラットフォームの整備に積極的に取り組み、開発と企業との間の「架け橋」の役割を果たして、科学技術イノベーション成果を事業化していく中での「協力相手が見つからない・交渉がまとまらない・実施が難しい」などの問題を効果的にクリアすることである。科学技術イノベーション成果の事業化につながる政策体系をさらに整備し、科学技術・企業・金融の三者連携を促進し、科学技術イノベーション主体としての企業の研究成果の事業化への意欲を引き出す。

第三に、コア技術の研究開発に力を入れ、基礎研究をさらに強化し、将来を見据えた基礎研究とオリジナルな技術成果を獲得し、「汎用技術はあるが、コア技術が少ない」問題、コア技術の外国依存問題を解決すること

である。その際、問題の所在を見つけ、重要なポイントを押さえ、満遍なく広げるのではなく、いくつかの要所が突破できればよい。具体的には、南京などの研究開発資源の豊富なところには総合的な国立研究センターの建設、研究機関としては、国家レベルの基礎研究施設の設置、将来を見据えたネットワーク実験施設の設立などを推進し、科学技術と産業の成長に主導的役割を担うイノベーションプラットフォームの構築に全力を挙げる。

2、関連する法整備の加速

関連法律の「策定・改正・廃止」の改革を加速する必要がある。いまの「インターネット＋政務サービス」が普及する中で、「オンライン事務処理」の法的根拠・法的支援を保障するために、関連法律を改正・整備し、企業登録・投資の許認可・住民の日常的な行政手続きなどに関連する法律・法規・政府条令・通達などの改正を加速させ、時代遅れで、現状に合わないプロセスや手続きを廃止し、法制に起因する制度的なゆがみを正し、改革をサポートしていく必要がある。

3、社会信用体系構築の加速と行政資源統合の促進

社会信用体系の構築を引き続き推進し、行政のデータリソースの統合を強化する必要がある。国・省・市レベルのプラットフォームの相互乗り入れを通じて、上下間・地域間・部門間の情報共有を加速し、「ネットワーク、データ、アプリケーションのコンパチブル」を早急に実現することが求められる。信用チェックを中心とする事前・事後モニタリングシステムを整備し、国レベルでは信用チェックを中心とする新たなモニタリングシステムの設置を提案したい。そのためには、早急に具体的な実施細則を制定し、契約遵守・契約違反に関するホワイトリスト・ブラックリストを公表し、違法行為への処罰をさらに厳しくして、全社会のカバー・情報共有・統一的監督・合同処罰を旨とする信用モニタリングシステムを整備し

ていくことが大事である。

4、公正な競争が保障される市場環境の整備

民営経済の成長を促進するために、公正な市場環境の整備を推進し、独占の排除にさらに力を入れ、より公平な環境を確保することが大事である。政府は国内企業と外資企業を平等に扱い、外資系企業への盲目的な崇拝をやめ、支援ルールと基準を統一し、中小企業の育成にもっと公正な市場環境を整備していく必要がある。

具体的には、政府調達や公共工事などの公開入札の場合、従来の基準を見直すことが必要である。従来の資産規模や収益などハイテク企業や中小企業に不利な条件を破棄し、新たな基準を満たせば、どんな企業でも入札できるようにし、あらゆる企業に参加の機会を与える。事中・事後の監督を強化し、秩序ある市場環境を整備すると同時に、経営基準を満たしていない企業の取り締まりを強化し、業界参入基準を適時に引き上げて厳格に実施し、業界の違法経営や過当競争を回避していく必要がある。

5、実体経済をサポートするための金融能力の強化

金融機関が製造業、中小企業、とりわけハイテク企業など新興企業を支援するための貸出実績を評価する制度を模索し、質の高い発展と現代化経済体系の構築をサポートしていくことが必要である。また、資本市場と技術開発が進んでいる地域との連携を推進するために、政府は率先して、ベンチャーキャピタルと地元の革新型企業との連携を支援し、地元の革新型企業の成長をバックアップしていくことが大事である。

6、支援策の効果的実施がカギ

新たに設立された科学技術型企業や新興企業への支援を強化し、セグメントした分野への政策解説に注力することが大事である。そのためには、

若い人材の確保や新たな経済モデルをインキュベートする政策などについて、企業が関連政策をよく理解できるようにPR活動を展開していくこと。また、企業の顧客資源、国内外の技術実態の調査分析を強化し、市場化の視点から企業の成長をサポートする。さらに、政府は新興企業の将来性を考慮して、企業の純利益や納税基準を適度に緩和することなどが必要である。たとえば、収益がまだ出ない企業には、法人税の減税は難しいが、その従業員が納める個人所得税の減税などによって支援することは可能である。

註
1）執筆者：張燕生、馬慶斌、逯新紅、林江、綦魯明など。

参考文献

[1] 本報評論員.大力推動我国経済実現高質量発展 [N], 人民日報 ,2017-12-23（001）.

[2] 本報評論員.堅持推動我国経済実現高質量発展 [N], 人民日報 ,2018-12-27（001）.

[3] 畢吉耀，原倩.建設現代化経済体系 [J]. 宏観経済管理 ,2018（10）：21-28 +35.

[4] 蔡之兵.区域経済視角下的現代化経済体系問題研究 [J]. 経済学家 ,2018（11）：62-68,

[5] 遅福林.従三個維度看現代化経済体系建設 [J]. 中国経済報告 ,2017（12）：31 -35.

[6] 遅福林.以高質量発展為核心目標建設現代化経済体系 [J]. 行政管理 改革 ,2017（12）：4-13.

[7] 陳偉俊.以" 両個健康 " 引領民営経済高質量発展 [N]. 人民日報 ,2018-10-18（010）.

[8] 程恩富，柴巧燕.現代化経済体系 :基本框架与実現戦略——学習習近平関于建設現代化経済体系思想 [J]. 経済研究参考 ,2018（07）：3-13 +30.

[9] 董暁宇.大力推動経済高質量発展 [N]. 人民日報海外版 ,2018-03-10（006）.

[10] 馮柏，温彬，李洪侠.現代化経済体系的実現路径 [J]. 経済研究参考 ,2018（42）：20-23,

[11] 馮華,黄晨.創新引領発展和支撐現代化経済体系建設的作用分析 [J]. 国家行政学院学報 ,2017（06）：142-146 +164 -165.

[12] 高国力，卞靖.上海在建設現代化経済体系中的地位和作用 [J]. 宏観経済管理 ,2019（04）：66-75.

[13] 高建昆.現代化経済体系八大横向核心子系統建設重点研究 [J]. 経済縦横 ,2018（06）：92-98.

[14] 高培勇，杜創，劉霞輝，袁富華,湯鐸鐸.高質量発展背景下的現代化経済体系建設 :一個邏輯框架 [J]. 経済研究 ,2019,54（04）：4-17.

[15] 高乙梁.加快推進産業集聚区高質量発展努力打造浙江経済昇級版的先行区 [J]. 浙江経済 ,2013（20）：12-14.

[16] 郭威，楊弘業,李明浩.加快建設現代化経済体系的邏輯内涵、国際比較与路径選択 [J]. 経済学家 ,2019（04）:59-70.

[17] 何立峰.大力推動高質量発展積極建設現代化経済体系 [J]. 宏観経済管理 ,2018（07）:4-6.

[18] 何立峰.貫徹落実新発展理念建設現代化経済体系 [J]. 中国経済導刊 ,2017（34）：4-6.

[19] 何立峰.推動高質量発展是大勢所趨——国家発改委主任何立峰詳解高質量発展内涵和政策思路 [J]. 電力設備管理 ,2018（05）：25-27.

[20] 賀暁宇，沈坤栄.現代化経済体系、全要素生産率与高質量発展 [J]. 上海経済研究 ,2018（06）：25-34.

[21] 何玉長，劉泉林.以実体経済促進現代化経済体系建設 [J]. 経済研究参考 ,2018（66）：33 -34+41.

[22] 胡鞍鋼，張新．現代化経済体系：発展的戦略目標 [J]. 現代企業,2017（11）：4-5.

[23] 黄群慧．建設現代化経済体系的路径是什麼 [J]. 領導科学，2018（09）：21.

[24] 洪銀興．建設現代化経済体系的内涵和功能研究 [J]. 求是学刊,2019,46（02）：91-98+2.

[25] 季暁南．加強現代化経済体系的理論和実証研究 [J]. 経済研究参考，2017（63）：5-9.

[26] 簡新華．新時代現代化経済体系建設幾個関鍵問題 [J]. 人民論壇・学術前沿,2018（02）:14-20.

[27] 李錦斌．努力走出経済高質量発展新路 [N]. 人民日報,2019-04-22（010）.

[28] 李平．上海推進現代化経済体系建設戦略研究 [J]. 科学発展,2019（06）：5-15.

[29] 李雪松．以城郷区域協調発展優化現代化経済体系的空間布局 [J]. 区域経済評論,2018（04）：9-10.

[30] 李学忠．高効有序抓落実推動発展改革事業高質量発展 [J]. 政策瞭望,2018（01）：16-19.

[31] 李文軍．論建設現代化経済体系的核心任務与根本保障 [J]. 経済縦横,2018（06）：71-80+2.

[32] 林兆木．関于我国経済高質量発展的幾点認識 [N]. 人民日報,2018-01-17（007）.

[33] 林兆木．堅持以供給側結構性改革為主線 [J]. 新湘評論,2019（05）：47-49.

[34] 林兆木．我国経済高質量発展的内涵和要義 [J]. 西部大開発,2018（Z1）：111-113.

[35] 林兆木．着力建設創新引領協同発展的産業体系 [N]. 経済日報,2018-0-01（014）.

[36] 佚名．中国経済行進在高質量発展新征程上 [N]. 中国信息界,2018（04）：16-18.

[37] 劉承礼．経済治理体系和治理能力現代化：政府与市場的双重視角 [J]. 経済学家,2015（05）=28-34.

[38] 劉志彪．建設現代化経済体系：基本框架路径和方略 [J]. 経済理論与経済管理,2018（02）：5-8.

[39] 馬慶斌．郷村振興戦略是高質量発展的"圧艙石"[N]. 中国日報,2018-01-27.

[40] 馬名傑．対建設現代化経済体系的幾点認識 [J]. 中国発展観察,2018（07）：32+40.

[41] 馬慶斌，林江．新的歴史条件下推動広東経済高質量発展的幾点建議 [J]. 広東経済,2018(12):28-33.

[42] 馬慶斌，逄新紅．推動協同発展提高長江黄金水道含金量 [J]. 長江航運,2018（05）.

[43] 孟剛．全力推動高質量発展奮力実現発展改革工作新突破 [J]. 政策瞭望,2019（01）：18-21.

[44] 寧吉喆．深入学習貫徹党的十九大精神加快推進現代化経済体系建設 [J]. 宏観経済管理,2017（12）：4-13.

[45] 沈開艶，李双金，張暁娣，詹宇波，張申．基于国際比較的現代化経済体系特征研究 [J]. 上海経済研究,2018（10）：34-42.

[46] 沈文瑋．現代化経済体系建設的主要路径 [J]. 経済研究参考,2018（24）：13 -15.

[47] 涂聖偉．我国産業高質量発展面臨的突出問題与実現路径 [J]. 中国発展観察,2018（14）：13-17.

[48] 汪克強．強化科技創新対建設現代化経済体系的戦略支撐 [J]. 中国科学院院刊 ,2018,33（07）
：687-692.

[49] 王小広．構建現代化経済体系：内涵、理論基礎及重点難点——深入学習党的十九大精神 [J].
貴州省党校学報 ,2018（02）=19-26.

[50] 王一鳴．深化改革建設現代化経済体系 [J]. 中国経貿導刊 ,2018（01）：10-12.

[51] 王一鳴．中国高質量増長靠什麼？[J]. 中国品牌 ,2018（03）：95.

[52] 呉俊杰．論現代化経済体系：一個整体性視角 [J]. 宏観経済管理 ,2018（12）：19-25.

[53] 習近平．高質量共建 " 一帯一路 "[N]. 人民日報 ,2019-04-28（002）.

[54] 習近平．決勝全面建成小康社会奪取新時代中国特色社会主義偉大勝利 [N]. 人民日報 ,2017-
10-28（001）.

[55] 習近平．開放共創繁栄創新引領未来 [N]. 人民日報 ,2018-04-11（003）.

[56] 習近平．深入理解新発展理念 [J]. 奮闘 2019（10）:1-13.

[57] 習近平．携手共進，合力打造高質量世界経済 [N]. 人民日報 ,2019- 06 -29（002）.

[58] 習近平．在民営企業座談会上的講話 [N]. 人民日報 ,2018-11-02（002）.

[59] 習近平．在慶祝海南建省弁経済特区 30 周年大会上的講話 [N]. 人民日報 ,2018-04-14（002）.

[60] 習近平．在深入推動長江経済帯発展座談上的講話 [N]. 人民日報 ,2018-06-14（002）.

[61] 習近平．在中国科学院第十九次院士大会、中国工程院第十四次院士大会上的講話 [N]. 人民
日報 ,2018 - 05 - 29（002）.

[62] 習近平．中国特色社会主義進入新時代 [J]. 党史文滙 ,2018（01）:1.

[63] 許召元．高質量現代化経済体系：核心要素与関鍵環節 [J]. 区域経済評論 ,2018（04）：1-3.

[64] 楊振武．携手合作推動中国経済高質量発展 [N]. 人民日報 ,2018-01-25（013）.

[65] 葉暁楠．中国経済在高質量発展上闖出新路 [N]. 人民日報海外版 ,2018-04-03（005）.

[66] 兪海萍．発展実体経済夯実高質量発展之基 [N]. 光明日報 ,2018-08-11（007）.

[67] 于利中，唐大章．以深化改革推動発展高質量 [J]. 群衆 ,2019（04）：36-37.

[68] 張長春．以开放促進高質量発展 [J]. 中国投資 ,2018（09）：5.

[69] 張燕生．建設現代化経済体系大力推動高質量発展 [J]. 領導科学論壇 ,2018（12）：3-16.

[70] 張燕生．梁靖姝．現代化経済体系的指標体系研究 [J]. 宏観経済管理 ,2019（04）：17-24.

[71] 張翼．中国経済：高質量発展条件不断積累 [N]. 光明日報 ,2018-05-16（010）.

[72] 周紹朋．強国之路：建設現代化経済体系 [J]. 国家行政学院学報 ,2018（05）：51-56+188.

[73] 鄒薇．建設現代化経済体系，実現更高質量発展 [J]. 人民論壇 • 学術前沿 ,2018（02）：31-38.

[74] 周文．包煒傑．国家主体性、国家建構与建設現代化経済体系——基于西欧、美国与中国的
現代化発展経験 [J]. 経済社会体制比較 ,2018（05 ）：1-8.

【著者略歴】

朱之鑫（Zhu Zhixin）

中国国際経済交流センター副理事長、著名な経済学者。中国共産党第十七回中央委員会委員、第十二回全国政治協商委員会常務委員、国家発展改革委員会副主任、中央財政経済指導グループ弁公室主任、国家統計局局長などを歴任。長期にわたって、国のマクロ経済運営に関与し、経済政策の制定と実施に尽力した。

張燕生（Zhang Yansheng ）

国家発展改革委員会学術委員会委員、中国国際経済交流センター主席研究員。研究実績が広く認められ、孫冶方経済学賞、国家発展改革委員会優秀研究賞一等賞などを受賞しており、2008年11月29日に中央委員会政治局勉強会の講師を務めたこともある。

馬慶斌（Ma Qingbin）

中国国際経済交流センター研究員。国家「十二の五か年計画」制定するための前期重要研究プロジェクトである「都市化戦略研究」、国家財政部の「産業構造の変換」などの研究プロジェクトを主宰、参加している。

中文：中国経済出版社有限公司
英文：China Economic Publishing House Co.,Ltd.

【監訳者略歴】

吉田陽介

北京理工大学外国人専門家、日本（中国）研究院研究員。福井県立大学大学院経済学研究科、中国人民大学国際関係学院（法学博士）。中共中央編訳局翻訳者を経て現職。中央編訳局在職期間中、中国共産党の文書や全人代の文書等の各種翻訳作業に従事。その他、中国社会科学院日本研究所『日本学刊』の論文翻訳者、日本（中国）企業研究院、レコードチャイナ、中国通信の翻訳者。主な訳書に、『中国キーワード』（新世界出版社）、『中国キーワード：一帯一路編』（新世界出版社）など。

【訳者略歴】

李愛文

広東外語外貿大学南国商学院教授、中国日本語教学研究会副会長、中国ビジネス日本語研究委員会副主任。対外経済貿易大学教授、『日本語学習と研究』編集

長、地域及び国別研究所副所長などを歴任。

著書と訳書に、『外国文化と国情』（世界知識出版社）、『国際商務環境研究』（対外経済貿易大学出版社）、『金融危機後の中韓経済関係』（中央民族大学出版会）『China's contributions to the World』（ニュージーランド出版社）『日本のビジネス環境研究』（対外経済貿易大学出版社）『現代中国の企業経営』（文真堂）『日本企業論』（中国管理出版社）『現代の学としての経営』（中国経済科学出版社）などの他、論文多数。

津田量

国際関係学院客員教授。東京大学文学部卒業、東京大学院人文社会系研究科、中国人民大学社会人口学院修了（法学博士）。主な訳書に『中国民族性』（1部・2部・3部）、『簡明チベット通史』、『元曲選』（大中華文庫）、『漢語副詞詞典』など多数。

姚慧敏

広東外語外貿大学南国商学院常勤講師。著書に『日語数量詞大全』がある。

章海英

広東外語外貿大学南国商学院常勤講師。

本书受中华社会科学基金（Chinese Fund for the Humanities and SocialSciences）资助

現代中国研究叢書

質の高い発展を目指す中国経済

2025 年 4 月 25 日　初版第 1 刷発行

著　者　　朱之鑫、張燕生、馬慶斌

監訳者　　吉田陽介

訳　者　　李愛文、津田量、姚慧敏、章海英

発行者　　向安全

発行所　　株式会社 樹立社

　　　　　〒 102-0082　東京都千代田区一番町 15-20 フェニックスビル 502

　　　　　TEL 03-6261-7896　FAX 03-6261-7897

　　　　　https://www.juritsusha.com

編　集　　岩井峰人

印刷・製本　錦明印刷株式会社

ISBN 978-4-910326-11-5　C3033

「中国経済高质量发展研究」© 朱之鑫 张燕生 马庆斌，2020

中华社会科学基金 (Chinese Fund for the Humanities and Social Sciences) 資助

Japanese Copyright © 2025　by JURITSUSHA Co., Ltd.

All rights reserved. Original Chinese edition published by China Economic Publishing House Co.,Ltd.

Japanese translation rights arranged with China Economic Publishing House Co.,Ltd.

定価はカバーに表示してあります。

落丁・乱丁本は小社までお送りください。　送料小社負担にてお取り替えいたします。

本書の無断掲載・複写は、著作権法上での例外を除き禁じられています。